网络信息

检索与综合利用

◇ 王裕芳 主编 ◇

◇ 鄢春根 罗晓宁 副主编 ◇

人民邮电出版社

北 京

图书在版编目（CIP）数据

网络信息检索与综合利用 / 王裕芳主编. -- 北京：
人民邮电出版社，2013.9（2018.3重印）
21世纪高等院校电子信息类规划教材
ISBN 978-7-115-32869-4

Ⅰ. ①网… Ⅱ. ①王… Ⅲ. ①网络检索－高等学校－
教材 Ⅳ. ①G354.4

中国版本图书馆CIP数据核字（2013）第185504号

内 容 提 要

　　本书简述信息素质教育与网络信息检索知识，系统、详细地介绍搜索引擎、常用的中文网络数据库和外文网络数据库的检索，并另辟一章讲述专利与标准信息的网络检索，最后介绍网络信息的综合利用，包括网络信息的综合检索、组织、阅读、鉴别与整理，以及学术论文与学位论文的写作和核心期刊、三大检索工具及其投稿指引等内容。全书体例格式规范统一，图文并茂，配有大量详尽的检索示例，具有较强的系统性与实用性。

　　本书可作为普通高校本、专科生的信息检索课程教材，也可供广大信息用户学习参考。

◆ 主　　编　王裕芳
　　副 主 编　鄢春根　罗晓宁
　　责任编辑　王亚娜
　　执行编辑　喻智文
　　责任印制　杨林杰
◆ 人民邮电出版社出版发行　　北京市丰台区成寿寺路 11 号
　　邮编　100164　　电子邮件　315@ptpress.com.cn
　　网址　http://www.ptpress.com.cn
　　固安县铭成印刷有限公司印刷
◆ 开本：787×1092　1/16
　　印张：18　　　　　　　　　　2013 年 9 月第 1 版
　　字数：435 千字　　　　　　　2018 年 3 月河北第 10 次印刷

定价：36.00 元
读者服务热线：(010)81055256　印装质量热线：(010)81055316
反盗版热线：(010)81055315

前言

　　人类社会的信息化与网络化极大地促进了网络信息资源的持续急剧增长。要在浩如烟海、无序的、多样化的网络信息中，查找自己所需的那一小部分并非易事。信息素质是人们尤其是高校学生必须具备的基本素质之一，它是指人所具有的对信息进行获取识别、分析、加工、利用、创新、管理的知识与能力以及情意等各方面基本品质的总和。网络信息检索教育是培养和提高人们信息素质的基本手段之一，而网络信息检索教材是开展这种教育的基础。

　　本书是从实用的角度出发编写的普通高等院校网络信息检索与利用教材，具有如下几个特点：一是内容以学术信息为主，除搜索引擎外，主要介绍网络学术数据库的使用；二是突出检索实践，第 1、第 2 章对信息素质教育与网络信息检索的基础知识作了简单介绍，全书内容主要集中在第 3 章至第 7 章各种常用网络信息资源的介绍以及网络信息的综合利用；三是格式体例统一规范，网络信息资源的介绍统一按资源（数据库）概述、检索平台和检索示例三部分编排，条理分明；四是浅显易懂，理论部分简明扼要，资源介绍图文并茂，配有步骤详细、格式统一的检索示例，易于理解与掌握；五是针对目前全球对专利的重视程度与日俱增的现状，用较大篇幅介绍了专利与专利文献的基础知识，以及专利信息的网络检索与在线分析方法；六是强调网络信息的综合利用，系统介绍网络信息的综合检索、组织、阅读、鉴别与整理、论文的写作与投稿等内容。

　　本书由王裕芳主编，鄢春根、罗晓宁为副主编。其中第 1 章和第 4 章的 4.5 节由刘嵘、刘艳球编写，第 2 章和第 4 章的 4.8 节由唐小荃编写，第 3 章与第 7 章由罗晓宁编写，第 4 章的 4.1 节由王裕芳、许旌莹编写，4.2 节由许旌莹编写，4.3 节与 4.4 节由王裕芳、韩开来编写，4.6 节由王志聪编写，4.7 节由罗晓宁编写，第 5 章由王裕芳编写，第 6 章的 6.1 节、6.2 节与 6.5 节由鄢春根编写，6.3 节由鄢春根、程俊编写，6.4 节由程俊编写，6.6 节由曹远亮、鄢春根编写，6.7.1 由曹远亮编写，6.7.2 由罗晓宁、许旌莹编写。全书由王裕芳修改、校对、统编和定稿。

　　本书参阅了大量的参考文献，在此对参考文献的所有作者表示衷心的感谢。由于编者水平所限，书中难免存在疏漏和不当之处，还请各位读者批评指正。

编　者

2013 年 7 月

CONTENTS 目录

目录 CONTENTS

CONTENTS 目录

信息素质教育

　　随着信息技术以及信息产业的迅猛发展，人类社会已经步入了信息时代，信息正在以各种方式影响着人们工作、学习与生活的方方面面。经济发展的全球化、网络化和信息化使社会对人类自身应该具备的信息素质也提出了更高的要求。信息素质教育也就在这种社会信息化的进程中应运而生了。本章将介绍信息与信息资源、信息素质、信息素质教育等方面的内容。

1.1 信息与信息资源

1.1.1 信息的概念

　　在社会竞争不断加剧的今天，信息不仅使我们得以认识世界，它更是我们改造世界所不可缺少的手段，人们在实际生活和工作中，随时随刻都在不断地接收信息、加工信息、利用信息。如何更加有效地获取和利用信息，已成为当今世界各国所面临的重大课题。

1. 信息的定义

　　什么是信息？信息的概念十分广泛，不同学科的学者有不同的理解和表达，目前还没有公认的定义。信息论的先驱申农将信息概括为"消除事物不确定性的东西"。哲学家认为，信息是物质的一种普遍属性，是物质存在的方式和运动的规律与特点；数学家认为信息是概率论的发展；情报学家则认为信息是物质存在的一种方式、形态或运动状态，也是事物的一种普遍属性，一般指数据、消息中所包含的意义，可以使消息中所描述事件的不定性减少。目前，哲学界和科学界较为公认的看法是：信息是世界上一切事物的运动状态、特征及其反映。现代信息的概念，不仅包括人与人之间的消息交换，而且还包括人与机器之间、机器与机器之间的消息交换，以及动物界和植物界信号的交换。

2. 信息的分类

　　信息按照不同的标准可以作如下的划分。
　　① 按照信息所反映事物的状态划分，分为稳态信息与动态信息。稳态信息反映事物相对稳定状态；动态信息反映事物的发展、变化状态。
　　② 按照信息的时态划分，分为新信息、旧信息和预测信息。新信息是反映事物当前运动

状态和方式的信息；旧信息指储存于人脑、电脑、文献中的反映事物过去的运动状态和方式的信息；预测信息指反映事物未来运动状态和方式的信息。

③ 按照信息的层次划分，分为原始信息和高层次信息。高层次信息是在对原始信息进行一定的思维加工的基础上产生的，例如科学信息(限反映新的科研成果的那部分知识性信息)、预测信息都属于典型的高层次信息。

④ 按照信息是否含有知识内容划分，分为知识性信息和非知识性信息。

⑤ 按照信息的价值划分，分为有用信息和无用信息。

3. 信息、知识与情报

信息、知识、情报的概念是信息科学的基本概念,是研究图书馆学、情报学、档案学等学科及其之间关系的理论基础。

信息是普遍存在的，反映自然界、人类社会及人类思维活动中存在和发生的一切宏观和微观现象。信息的本质属性有两点:一是动态性，二是可传递性。

知识是人类认识活动的成果，是人类以信息为对象进行思维加工后的产物。知识来源于信息，信息只有经过人脑的接收、选择、处理才能组合成为一种新的知识。知识的内涵大于信息，但人们不可能把所有的信息都转换成知识，自然界中的生物信息、机器信息目前尚无法转换成知识，因此信息的容量远远超过了知识，知识量相对于信息量而言是有限的。

情报，本质就是知识，知识性、传递性、效用性是情报的 3 个基本属性。严怡民等根据这 3 个属性提出，情报就是作为人们传递交流对象的知识。情报与社会集团的竞争活动密切相关，是被当作社会集团竞争手段的那部分信息和知识。除了一部分信息可以成为情报以外，某些新的技术知识和某些应用学科的新知识也因社会集团的竞争活动而被赋予了情报价值。情报是一种重要的资源，随着科学技术的迅速发展，人们对情报的需求也越来越多。在社会生活中，人们经常在不同的领域内，自觉地或不自觉地传递情报、接收情报与利用情报。

信息无所不在，知识、情报都是特殊的信息。从逻辑上看，信息、知识、情报三者的概念之间是相容关系。具体来说，信息与知识、情报之间是属种关系，信息是属概念，知识、情报是信息之下具有交叉关系的种概念，三者既有区别又有联系，在一定条件下又可互相转化，但追本溯源，最根本的还是客观世界的信息，是推动人类社会文明的原动力。

1.1.2　信息资源

随着信息经济在近几十年来的迅速崛起，人们越来越重视对信息的开发、利用和研究，"信息资源"已成为与物质、能源相并列的重要资源之一。

信息资源是信息和它的生产者及信息技术的集合，由信息生产者、信息和信息技术 3 部分所组成，对信息资源的选择、采集、组织、开发已逐渐发展成为一门新兴学科——信息资源管理。

1. 信息资源的概念

信息资源由信息（Information）和资源（Resources）两个词汇组成，长期以来，专家学者对"信息资源"及相关问题的研究一直未间断过，对于"信息资源"的概念，目前学术界通常有广义和狭义两种理解。

中国信息经济会理事长乌家培教授认为："对信息资源有两种理解：狭义的理解专指信息的本身；广义的理解，除指信息内容本身外，还包括与其紧密相联的信息设备、信息人员、信息系统、信息网络等。"

马大川在 1996 年信息资源与社会发展国际学术研讨会上提出："广义的信息资源是指信息和它的生产者及信息技术的集合，即广义的信息资源由 3 部分组成：①人类社会经济活动中的各类有用信息；②为某种目的而生产有用信息的信息生产者；③加工、处理和传递有用信息的技术。狭义的信息资源则仅仅指人类社会经济活动中经过加工处理有序化并大量积累后的有用信息的集合，它包括科学技术信息、政策法规信息、社会发展信息、经济信息、市场信息、金融信息等多方面内容。"

1997 年，邱均平归纳信息资源的含义是："一是狭义的理解，认为信息资源就是指文献资源或数据资源，抑或各种媒介和形式的信息的集合，包括文字、声像、印刷品、电子信息、数据库等。这都是限于信息的本身。二是广义的理解，认为信息资源是信息活动中各种要素的总称。这既包含了信息本身，也包括了与信息相关的人员、设备、技术和资金等各种资源。"

2. 信息和信息资源的关系

信息是信息资源的一部分，信息是信息资源的根本。人们利用信息的目的，就是为了充分挖掘信息对社会政治经济所具有的价值。信息资源则是一个复杂的体系，除了信息以外，它还包括其它资源——信息生产者和信息技术。信息资源不等同于信息，它远比后者要复杂广泛得多，信息只是其中的一个要素，并且只有在信息资源这一体系中，信息才能产生并实现其价值。

3. 信息资源的分类

（1）根据信息表示内容的不同和信息提供与需求的不同划分

可分为新闻信息资源、科普传承资源、娱乐互动资源、学习体验资源和商业广告资源。

① 新闻信息资源，主要是新闻媒体在全天不间断地时事报道过程中产生的新闻时事信息，具有很强的新闻性、时效性、舆论导向性。

② 科普传承资源，主要是期刊、杂志、图书，以及音像出版单位、数字图书馆、广播影视机构和媒体网站等出版和发行的科技、文化、学术等知识资源。

③ 娱乐互动资源，主要是广播影视机构、媒体网站和移动媒体运营机构制作、发行和播放的各种广播影视剧目、综艺节目、音乐、体育、时尚、休闲、消费等娱乐节目。

④ 学习体验资源，主要是教学图书出版单位、音像出版单位、广播影视机构、医疗服务机构以及专业的媒体网站等出版、发行、传播的有关教育教学、学习体验和医疗保健等信息。

⑤ 商业广告资源，主要是商务公司、广告经营单位等利用报刊、广播影视、手机媒体以及网站等渠道，刊发或传播的各种商业资讯、 消费信息、广告内容等。

（2）按信息的发展程度划分

可分为零次信息资源、一次信息资源、二次信息资源和三次信息资源。

① 零次信息资源，指未经加工和组织的信息资源，如一些原始数据、拍摄的场景、活动的情景等。

② 一次信息资源，是对零次信息资源进行粗加工形成的，如初次统计表、课件、新闻、拍摄的图片、录制的谈话、摄制的影像片段、资料汇编等。

③ 二次信息资源，指在一次信息资源的基础上进行加工整理和提炼压缩所得到的产物，如对一次信息进行编目、摘要、组稿、深度报道等。

④ 三次信息资源，是用一定的方法对大量的信息资源进行智能化存储、序化、再加工而产生的系统化成果，如建立新闻信息数据库、节目资源数据库、课程资源库、医疗信息库、信息搜索平台、商务交易平台等。

（3）按信息开放的程度不同划分

可分为公开性信息资源、机构内公开信息资源和机构内非公开信息资源。

① 公开性信息资源，是通过报纸、杂志、广播、电视、互联网、手机等媒体向全体社会成员公开传播的信息资源。

② 机构内公开信息资源，是指在一定组织、范围和群体中公开传播的信息资源，如内联网上的部门通知、文件、规章、统计公报、日常事务管理和活动信息等。

③ 机构内非公开信息资源，是指具有排外性质的、事关机构核心竞争力和发展命脉的战略性资源，如公司商业秘密、饮食配方、企业核心技术、机构研发项目、公司战略规划等。

（4）按信息开发的目的不同划分

可分为商业性信息资源、公益性信息资源和保密性信息资源。

① 商业性信息资源，是由商业机构、中介机构或其他机构等以市场化方式收集和生产的，如咨询公司的咨询报告、中介公司的服务信息等。

② 公益性信息资源，是不以营利为目的、在公共流通领域向公众开放的信息，如教育、医疗发展信息、生活气象信息、交通信息、公益广告等。

③ 保密性信息资源，是出于保密的目的而收集、生产的信息，如国防机密、个人隐私、保密期内的关键技术、专利成果等。

（5）按信息的开发程度划分

可分为潜在的信息资源和现实信息资源。

潜在信息资源是以人的大脑为载体的信息资源，现实的信息资源根据其载体可分为体载信息资源、实物信息资源、文献信息资源、网络信息资源4种类型。

体载信息资源：指以人体为载体并能为他人识别的信息资源，包括口语信息资源（谈话、授课、唱歌等）、体语信息资源（表情、手势、舞蹈等）。

实物信息资源：是指以实物为载体的信息资源，包括天然实物信息资源、人工实物信息资源（产品、样品、样机、模型、雕塑等）。

文献信息资源：是以纸张、磁带、光盘等文献为载体的信息资源，包括刻写型、印刷型、缩微型、机读型、声像型5大类。

网络信息资源：是从计算机技术、通信技术、多媒体技术相互融合而形成的网络上可查找到的资源。包括非正式出版信息（电子邮件、论坛、电子会议、电子布告板新闻）、半正式出版信息（学术团体和教育机构、企业和商业部门、国际组织和政府机构、行业协会等单位介绍宣传自己或其产品的描述性信息）、正式出版信息（网络数据库、联机杂志、电子杂志、电子图书、电子报纸等）。

1.2 信息素质及素质教育

信息素质（Information Literacy）是一个动态发展的概念，它脱胎于图书馆素质（Library Literacy）。1974 年，美国信息产业协会主席保罗·泽考斯基在向全美图书馆学与信息学委员会提交的一份报告中最早使用"信息素质"一词，并提出要在未来 10 年内在全美实现普及信息素质教育的目标。

21 世纪是社会信息化的世纪，国民对信息获取、分析、应用的能力和创新能力是一个国家科技发展水平的重要保证，对信息准确地获取、利用以及对信息技术的掌握程度直接影响知识的生产、科技的创新、成果的转化，信息素质的教育和培养日益受到重视。

1.2.1 信息素质

信息素质又称信息素养、信息教养、信息鉴别能力、信息文化，是指人所具有的对信息进行获取识别、分析、加工、利用、创新、管理的知识、能力与情意等各方面基本品质的总和。综合对信息素质定义的理解，其内涵主要包括 4 方面的内容，即信息意识、信息知识、信息能力和信息伦理道德。

（1）信息意识

信息意识是指对信息需求的认知水平及对有用或可能有用的信息的敏感程度。信息意识的强弱决定人们捕捉、判断和利用信息的自觉程度，直接影响人们利用信息的效果。

（2）信息知识

信息知识是指有关信息的本质和特征，信息运动的规律，信息系统的构成及原则，信息技术、信息方法等方面的基本知识。其中信息技术包括传感技术、通信技术、计算机技术和网络技术等，计算机及网络技术教育在信息素质教育中占有重要地位。

（3）信息能力

信息能力是指人们获取信息、加工处理信息、吸收信息并创造新信息的能力。信息能力包括：基本的信息能力，即信息系统（计算机系统）的操作能力、文字处理能力等；较高层次的信息能力，即信息获取能力、信息处理能力、信息利用能力和信息交流和创新能力。

（4）信息伦理道德

信息伦理道德是人们在信息活动中应遵循的行为规范。它包括：在开发信息产品过程中应遵循的伦理道德；在利用信息技术过程中应遵循的伦理道德；处理好人类共同利益和国家利益之间的关系。

信息意识、信息知识、信息能力、信息伦理道德是构成信息素质的 4 个要素，信息意识在信息素质和结构中起着先导作用，信息知识是基础，信息能力是核心，信息伦理道德是保证信息素质发展方向的指导器。

1.2.2 信息素质教育

为满足知识经济时代对人才信息素质的要求，世界各国都在积极寻找各种方法对全民进

第 1 章 信息素质教育

行信息素质教育。我国教育界在《面向 21 世纪教育振兴行动计划》中明确指出：到 2010 年在全国建立起终身学习体系，信息素质是终身学习的条件。早在 1985 年，国家教委即颁布了在高等学校开设文献检索课的通知，目前，信息素质教育已在各高等学校普遍开展，许多院校都开设了文献信息检索、计算机信息检索、网络信息检索等课程，以培养学生的信息能力。信息教育的内涵正在突破传统的文献检索教育的旧体系，已有部分院校开设了电子信息检索、信息传播与利用、知识产权保护等课程。

1. 信息素质教育的定义

指为启发人的信息意识，提高人的信息能力，提升人的信息道德水平所进行的一系列社会教育和培训活动。其目的不仅是培养人们的信息检索技能和计算机应用技术，更重要的是培养人们对现代信息环境的理解能力、应变能力，以及运用信息的自觉性、预见性和独立性，从而提高人们的综合素质。

2. 信息素质教育的基本内容

信息素质教育是当今信息时代摆在高等教育面前的一项新课题。它要求教师不仅要教授知识，更要教会学生如何获取知识，即从"学会"转向"会学"。信息素质教育的基本内容应当紧紧围绕信息素质的 4 个要素进行，着重培养以下能力：①确定解决特定问题需要什么信息的能力；②使用各种信息技术工具和信息资源，找到所需信息的能力；③对收集和查找到的信息进行确认、记录、筛选、鉴别、整理、交流和表达的能力；④对信息进行存取、评价、组织的能力；⑤运用信息工具、技术和信息资源进行学习和研究，解决实际问题的能力；⑥恪守信息道德规范的能力。

1.2.3　大学生信息素质教育

1999 年 6 月，党中央、国务院召开了第二次全国教育工作会议，颁布了《关于深化教育改革，全面推进素质教育的决定》，明确指出，"培养学生收集处理信息的能力、获取新知识的能力、分析和解决问题的能力"，"激发学生独立思考和创新的意识"，这就深刻地表明，信息素质是当代大学生素质结构的重要内容之一，注重对大学生实施信息素质教育不仅非常必要而且非常紧迫。

1. 大学生信息素质教育的必要性

信息素质是信息化社会人才的必备素质，大学生是社会的后备人才，加强大学生的信息素质教育是十分必要的。

（1）社会信息化高速发展的需要

21 世纪的大学生所面向的是经济信息化、社会信息化的时代。大学生必须具备良好的信息素质，熟悉并掌握各种现代信息技术，具备获取信息的能力，并学会运用高科技手段处理信息。

（2）培养创新人才的需要

面对知识经济的兴起与挑战，面对科技革命的浪潮，培养具有创新能力的人才是世界各国教育发展的重点。提高大学生信息素质，引导学生由被动学习转入到主动学习，培养大学生独立思考、独立解决问题以及主动探究问题的学习精神，这对调动大学生的信息能力、勇于创新有着积极的作用。

（3）大学生自身发展的需要

由于科学技术的发展和信息产业的兴起，要求大学生在强化课堂知识学习的同时，更要不断开阔视野，扩大知识面，改善知识结构，以提高对社会的适应能力。只有具备良好的信息素质，具有一定的信息分析、判断和获取能力，才能促进自身的学习与提高。可以说，加强信息素质是大学生走向社会、走向成功的需要。

2. 我国大学生信息素质教育的现状

我国在 20 世纪 80 年代前期就已经开始了通过开设文献检索课的形式，对大学生开展信息素质教育。这 20 多年来，我国高校的文献检索课取得了很大的成就，但也有不尽如人意之处，主要表现如下。

① 信息意识淡薄。许多大学生信息意识淡薄，缺乏对图书馆资料和网络信息资源利用的意识。部分学生除了写毕业论文，一般不会有就某个研究目的通过图书馆或网络获取信息的意识。

② 信息能力较差。部分大学生虽然对信息有所需求，但信息能力不强，不知如何从浩瀚的信息海洋中获取、分析和利用所需信息。虽然接受过专门的入馆教育，但有些同学甚至临近毕业依旧对图书馆的目录组织体系、检索方法和规章制度不甚了解。

③ 信息道德缺乏。信息道德要求人们尊重信息知识的原创性，提高知识产权的保护意识，但还是有部分学生不遵守行为规范，擅自改变计算机设置，将别人的程序改变，盗用别人的资源等。

1.2.4　大学生信息素质教育的方式

对大学生进行信息素质教育可以从以下两种方式着手。

（1）充分利用图书馆的信息资源

图书馆拥有大量的信息资源，其资源经过专业人员加工，且多以学术信息为主，权威性高，因此，大学生应将图书馆作为获取信息的主要渠道。图书馆信息资源的检索可以从下面几方面入手。

① 书目信息检索。图书馆所有的纸质馆藏资源都经过编目加工后输入到馆藏书目数据库中，各大高等学校图书馆、公共图书馆主页上都有联机公共目录查询系统（OPAC）为读者提供检索服务。通过书目信息检索，不仅可以到自己所在学校图书馆查询所需要的书目信息，还可以查询其他图书馆的馆藏文献情况。

② 本校电子信息资源的检索。当前电子信息资源已十分丰富，而且这些资源在我国的学术与科研机构、教育机构尤其是高等学校中已被广泛利用。目前许多高等学校图书馆都购买了大量的电子信息资源，其学术价值很高，针对性强，可以为大学生的论文写作及科研活动提供可靠的信息支持，但仅供本校读者使用。

③ 信息资源导航服务。目前许多大学图书馆都在主页上建有诸如学科导航、专业导航等

各类导航系统，这些信息资源都是图书情报专业人员按照学科或专业认真选取和整理出来的，均为学术价值较高的信息资源，且针对性强，往往具有较高的使用价值。

（2）开展多样化的信息检索课的教学工作

开设信息检索课，是提升大学生信息素质，培养大学生适应信息社会发展的最直接、最有效的途径。信息检索课是一门实用性较强的课程，信息检索课的教学内容应包括信息学基本知识、信息检索的基本原理、检索语言、检索途径、信息检索策略、基本检索方法等，重点介绍图书馆馆藏资源和各种电子资源的检索方法，使大学生掌握信息检索的基础知识与技巧，提高其获取网络信息资源的能力，为大学生将来的学习与研究打下基础。

随着网络技术的发展和网络信息资源的不断丰富，向大学生独立开设"网络信息资源检索与利用"课程是十分必要的,它将在传统的"文献信息检索与利用"课的基础上，进一步提升大学生的信息意识、信息知识、信息能力和信息伦理道德水平，进一步增强大学生的自学能力和独立创新能力 。

习　题

1、什么是信息？信息与知识、情报、信息资源的区别？

2、什么是信息素质？信息素质包括哪些内容？

3、结合自己的实际生活，谈谈你是如何提高自己的信息素质的？

第 2 章

网络信息检索基础

阅读文献是人们获取信息的最普通、最广泛的途径。因此，文献信息资源是信息资源最主要的组成部分。文献的数字化与信息的网络化造就了网络信息资源的现在，并将进一步成就其辉煌的未来。网络信息检索也就顺理成章地成为目前和将来信息检索最主要的部分。

本章将介绍网络信息资源、文献信息资源与网络信息检索的基础知识。

2.1 网络信息资源

2.1.1 网络信息资源概念

网络信息资源是指以电子资源数据的形式将文字、图像、声音、动画等多种形式的信息存放在光、磁等非印刷质的介质中，并通过网络通信、计算机或终端等方式再现出来的信息资源。简言之，网络信息资源就是通过计算机网络传播、利用的各种信息资源的总和。它包括在网络上可以获得的一切信息资源，如网页、电子图书、电子期刊、电子报纸和数据库和软件等。在范围上不仅包括因特网上的各种信息资源，也包括各种局域网和城域网上的信息资源。

由于网络信息资源内容形式极其丰富，且具有传递迅速、内容更新快以及交互性和开放性等特点，目前已成为人们最常使用的主要信息资源之一。

2.1.2 网络信息资源的类型

有关网络信息资源的分类，学术界并无统一的标准。本书无意将这些分类一一列出。网络信息由个人或机构产生，生产者要确定信息的交流方式，例如，是作为学术信息接受专门的功能机构审核从而进入公共传播领域还是仅作为个人信息有感而发。然后要确定信息的表现形式，正式出版的学术信息都有其严格的内容和格式要求，而个人发布的信息则随意性强。最后要确定信息的网络传输方式及存取方式。按照这种思路，网络信息资源可分为以下几种类型。

1. 按信息的来源划分

（1）机构发布的信息资源

这类信息包括企业站点信息资源、学校、科研院所站点信息资源、信息服务机构站点信息资源、行业或协会发布的信息资源、政府部门信息资源等。其中企业站点提供公司概况、本企业产品信息和商业服务信息等；学校、科研院所站点信息资源提供本学校（科研机构）概况、专业设置、招生就业信息和馆藏情况等；信息服务机构提供的内容包括各类数据库、综合信息门户、技术与产品信息和电子报刊等；行业或协会对本行业具有一定的管理功能，一般发布较为系统与完整的行业动态、行业规范、行业概况和行业分析等信息；政府部门信息包括政务信息、办事指南和风土民情等信息。

（2）非机构信息资源

非机构信息是指由用户群体或用户个人所发布的信息，如个人主页、BBS 讨论组、论坛、网上新闻组、博客、RSS 等。

2. 按信息的主题划分

（1）新闻信息资源

因特网上具有十分丰富并实时更新的各类新闻。世界各国的主要媒体网站和大型综合性门户网站是人们获取新闻信息的主要来源。

（2）商业经济信息资源

商业经济信息也是因特网上的主要信息资源。它包括经济新闻、产品信息、价格信息、供求信息、经济统计信息、金融信息、股票信息、企业名录、商业广告等十分广泛的范围。

（3）法律信息资源

因特网上具有大量免费的法律法规、法律事务等信息，并可通过网络获取法律咨询服务。

（4）学术信息

近几年来，网络学术信息得到快速增长。越来越多的电子图书、期刊与报纸，各种学位论文、会议论文和科技报告、专利与标准信息都可通过因特网获取，其中有免费的，也有收费的。

（5）娱乐信息资源

因特网上充斥着大量的娱乐休闲信息，如电影、音乐、游戏、旅游、休闲运动等信息。

（6）其他信息资源

指除以上类型之外的其他各类信息，包括随着各国电子政务的发展越来越多的政府信息、教育信息、就业信息、购物信息、美食信息、家政信息，以及气象、交通、地图等信息。

3. 按人类信息交流的方式划分

（1）正式交流的信息资源

正式交流的信息可分为正式出版的信息与非正式出版的信息。正式交流信息是学术信息交流的主要渠道。

正式出版的信息，指经过合法出版资格的新闻机构或出版机构审核而正式出版的信息。这类出版物大部分是传统印刷文献的网络版，或者是网络版与电子版共存的形式，包括电子图书、电子期刊、电子报纸、电子版参考工具和各类数据库等。

非正式出版的信息包括产生于特殊目的特种文献和各类职能机构或组织自行发布的各种信息。特种文献包括会议文献、学位论文、科技报告、政府文献、专利文献、标准文献等。机构或组织信息包括在政府、企业、院校等网站所发布的各类信息，如以实用为目的的描述性信息、馆藏目录、网络导航、技术推广和行业报告等。非正式出版的信息也来源于正式渠道，具有一定的可靠性。

（2）非正式交流信息资源

由共同兴趣爱好的用户组或个人所发布的动态性信息。其特点是流动性、随意性强、信息量大、信息质量难以保证，但其内容非常丰富、互动性强。如电子邮件、专题讨论组、论坛、Blog、RSS 等。

4. 按信息表现形式划分

① 全文型：典型的传统学术文献，如期刊、报纸、政府出版物、专利、标准等的全文。
② 事实型：如地区或城市介绍、工程实况及记录、企事业机构名录、指南、字典、百科全书、手册等。
③ 数值型：如一些统计数据、产品或商品的规格与价格等。
④ 实时活动型：如各种投资行情和分析、娱乐、聊天、讨论组、网上购物等。
⑤ 其他类型：如图形、音乐、影视、广告等各种媒体。

5. 按网络传输协议划分

（1）Web 信息资源

Web 信息资源也称为万维网信息资源。万维网（World Wide Web，WWW）也称全球网，它采用超文本（Hypertext）技术将因特网上的文本、图像、图形、声音等各种信息集成在一起，采用统一资源定位器（Uniform Resource Locator，URL），将世界上连入 Internet 的信息资源链接起来，构成一个巨大的信息集合，并通过浏览器（Browser）技术为 Internet 资源的浏览和检索提供统一的交互式操作。

Web 信息资源是目前最主要、最常见的网络信息资源。

（2）Telnet 信息资源

Telnet 协议是 TCP/IP 协议中的一员，是 Internet 远程登录服务的标准协议和主要方式。远程登录（Telnet）是指支持一台计算机远程连接到另一台计算机上并可以访问和共享其系统中资源的程序。发出请求的计算机称为客户机，接受请求的计算机称为服务机。用户在与服务机建立连接时要输入账号和口令，这个过程被称为"登录"。

通过 Telnet 可远程登录到世界各大联机系统，如 Dialog、STN、OCLC，可以访问名录数据库、电子公告板、可以查询图书馆馆藏目录等。有些图书馆以 Telnet 方式供用户进行续借、预约及读者记录查询服务。

（3）FTP 信息资源

文件传输协议（File Transfer Protocol，FTP）专门用于文件传输服务，主要提供文件下载、文件交换与共享等服务。FTP 服务程序把计算机中的文件系统映射成为一个 FTP 根下的目录树，使用时，用户应登录到对方的主机上，登录成功后便可以进行文件搜索和文件传送的操作。

FTP 是目前最重要的、应用最多的 Internet 服务之一。许多机构（如政府机构、研究机构、学术团体、学校等）都建立了 FTP 文件库。Internet 网上存有大量免费 FTP 站点，这些资源须用专门的搜索软件或 FTP 搜索引擎查找。

（4）Gopher 信息资源

Gopher 原意为"地鼠"，意指"挖掘信息"。它是 1991 年由美国明尼苏达大学的几位学生发明的。Gopher 是搜集与获取 Internet 网上分布型文件的一种网络协议，在没有万维网时曾是 Internet 上重要的信息查找系统。现在万维网几乎已完全取代了 Gopher。

6. 按信息存取方式划分

（1）书目型

这类网络信息资源是对网络信息的二次组织。其功能相当于文献检索工具中的目录和索引，因此称为书目型。因特网上的信息浩如烟海，众多的信息网站如同一个个信息孤岛。网络信息资源检索工具功能在于搜集、整理与查询网络信息，通过一定的组织规范，展示网站或网页的目录、题录或摘要，并提供链接进入。书目型网络资源根据对所链接网站的加工方式可分为目录式与主题式，前者包括网站导航、主题式资源指引网站（如学科门户网站）和目录式搜索引擎，后者以搜索引擎为代表。

（2）图书馆型

这类网络信息资源被一定的组织有效地、全面性地收集，长时间处理及保存，并且有适当的能力以及有方向性的汇整，提供用户共同研究。如虚拟图书馆、数字图书馆、数字出版平台等。

（3）邮件型

以电子邮件和电子列表（Mailing list，或称邮件清单、邮件群、电子论坛）为代表。电子邮件是指通过互联网进行书写、发送和接收的邮件，Internet 应用最广泛的服务之一，蕴含着丰富的个人信息。电子邮件属于个人隐私，一般不公开。但由于 Internet 邮件服务器能够很好地保存发送和接收的邮件，电子邮件已成为电子取证技术的重要内容之一。邮件列表，指建立在互联网上的电子邮件地址的集合，它是一群有共同兴趣的人通过 E-mail 讨论他们共同关心的话题所形成的一种在线社区形式，用户通过创建或订阅邮件列表来传送或查询信息。

（4）即时型

即通过实时通信系统发布或传递的网络信息。实时通信系统可以在网络上实时传递文字消息、文件、图像、语音与视频信息，并进行多媒体即时交流，包括 QQ、MSN、飞信、Windows Live Messenger、网络电话（VoIP）、视频点播、网络会议和远程教育等。

（5）揭示版型

是指围绕一定的主题收集或发布的信息、提供的数据。这种信息不以长期保存为目的，而是有一定时效性，更新快，以不特定的大多数网络利用者为对象，如各类门户网站（搜索引擎除外）、匿名 FTP 等提供的信息、网络新闻等。

2.2 学术信息交流的主要形式——文献资源

尽管以网络为载体的信息在我们的科学研究和日常生活中扮演着日益重要的角色，主要的学术交流却不是单纯依靠网络发布。学术知识的主要传播媒介如图书、期刊等仍是先以纸质文献发行，然后再被数字化。

从信息检索角度分析，信息需求可分为对具体信息的需求与对文献单元的需求。前者指的"是什么"，包括统计数据、数学公式、一首歌、一个概念、一个具体观点等；后者不但要知道"是什么"，也要回答"为什么"，查找的是一个知识体系。信息需求与信息资源之间存在"知识不对称性"。不管是哪种信息需求，当我们要找到一个意义准确、完整的知识单元时，都可能要阅读众多文献单元，尽管如此仍不能保证这大量的阅读是有效的。

2.2.1 文献与文献信息资源

文献的概念文献一词来源于《论语·八佾》。子曰："夏礼，吾能言也，杞不足徵也。殷礼吾能言之，宋不足徵也，文献不足敷也"。宋代朱熹把"文献"一词释义为"文为典籍，献，贤也"，即典籍与贤才。

现代文献的概念发生了变化。《中华人民共和国国家标准·文献著录总则》（GB3792.1-83）将文献定义为"记录知识的一切载体"。具体地说，这里的"一切载体"包括甲骨文、青铜器铭文、简策、帛书、纸张、计算机、缩微胶片等可记载知识的物质，而记载的知识形式可以是文字、符号、图像、音频、多媒体等。

文献具有人类记忆记载与知识传播的功能。文献的演变经历了4个阶段：第一个阶段是原始形文献，早期人们使用符号来记录事情，如结绳记事、刻木、刻石等，这种形式是文献的雏形；第二个阶段是以文字记录为主的手工刻写型文献，如甲骨文、青铜器铭文、简策、帛书等；第三个阶段以印刷型纸质文献为主；第四个阶段是电子文献与印刷型文献共存的阶段。

文献信息资源就是指以语言、文字、数据、图像、声频、视频等方式记录在特定载体上的信息资源。

2.2.2 文献信息资源的类型

按照不同的分类标准可以将文献（信息资源）划分为不同的类型。

1. 按文献的出版类型划分

按文献的出版类型，可分为常见文献与特种文献两种。常见文献包括图书、期刊和报纸等类型，特种文献包括学位论文、会议论文、专利文献、标准文献、科技报告、政府出版物、技术档案和产品样本等。于知识传播角度，每种文献资源都有自身不同的特点和功能。传统的纸质文献出版类型不同，则资源的发行渠道不同，如图书通过书店销售、报刊要通过邮局订购，而特种文献不公开发行，要获得则相对困难。随着计算机网络的广泛应用，纸质资源大量被数字化，各类型资源的出版发行不再泾渭分明。如中国期刊网是一个综合性的互联网出版发行平台，提供期刊、报纸、会议论文、学位论文、专利、标准等文献的服务。

（1）图书

图书也称书籍，指具有完整定型的装帧形式，由一定出版机构出版发行的文献。包括专著、教科书、论文集和百科全书、年鉴、手册、字典、词典、指南等参考工具书。特点是知识较全面、系统、成熟，出版周期长。

（2）期刊

期刊是指按同一专业领域定期或不定期出版的连续出版物。它通常按一定的编号连续出版，出版数量大、品种多、周期短、内容新颖，能迅速反映国内外的各种学科专业的水平和动向。

（3）学位论文

学位论文是指本科生、研究生为获得学位而撰写的学术论文。主要指硕士论文和博士论文。学位论文一般不公开出版，但现在也有一些数据库收集硕博论文，如中国知网、万方数据知识服务平台和国家科技图书文献中心的学位论文数据库。学位论文必须经专家评审、答辩通过，一般来说具有学术性强的特点，并且往往有独到的见解。

（4）会议文献

会议文献是指在国内外学术团体举行的专业会议上发表的论文与报告。与期刊相比，会议文献传播情报信息更迅速，它反映了某学科、专业的最新成果与发展动向。

会议文献的标志是有会议名称、时间、地点及会议举办单位，一般分为会前会中和会后三种形式。会前资料有会议通知、会议程序单、论文摘要等；会中资料有开幕词与闭幕词、会议决议书等；会后资料有会议结束后经整理出版的专门会刊（Transactions）、会议录（Proceedings）、会议论文（Conference Papers）等。

（5）专利文献

专利文献是指申请人向专利行政部门（一般为专利局）递交的、说明发明创造的技术文件，同时也是实现发明创造所有权的法律性文件。

（6）标准文献

标准文献是指对工农业产品和工程建设质量、规格及其检验方法所作的技术规定。它以文件的形式颁布，具有一定的法律效力，如各种国际标准、国家标准和行业标准。

标准文献按其约束性可分为强制性国家标准、推荐性标准和标准化指导性技术文件 3 种；按标准的使用范围可分为国际标准、区域标准和国家标准、行业标准、地方标准和企业标准等。

（7）科技报告

科技报告是指科技人员真实而完整地描述某项科学研究的进展和成果的特种文献。它可以是对某一课题的研究进展和过程进行的如实记录，也可以是科研成果的总结，它包括大量的图表、数据以及方案论证、理论分析、设计依据、性能参数、试验方法、评价结论等。许多最新的科研成果往往出现在科技报告中。科技报告具有内容覆盖面广、时效性强、技术含量高、实用价值高等特点。

科技报告产生于 20 世纪 20 年代，是国家重要的战略资源，许多发达国家已经形成了完善的科技报告体系。例如美国的四大报告、英国航空委员会报告（ARC）、法国原子能委员会报告（CEA）、德国宇航研究报告（DVR）、瑞典国家航空研究报告（FFA）等。

（8）政府出版物

政府出版物又称官方出版物，是各国政府部门及其下属机构出版的文献。它按性质可分为行政性文献和科技性文献两大类。前者包括政府报告、政府法令、方针政策、规章制度、会议记录、条约、决议指示和调查统计资料等，后者包括科普资料、科技政策和技术法规等。政府出版物具有权威性、可靠性和信息量大等特点。

2. 按照文献的载体形式划分

可分为印刷型文献、缩微型文献、声像型文献和电子型文献。

① 印刷型文献。印刷型文献是指以纸张为载体，用印刷方式记录知识的文献。印刷型文献因方便实用，是人类交流和传播信息的主要载体。它的优点是阅读方便，利于流通，缺点为存储信息密度低、体积大、分量重、占用空间大，不易保存，难于实现机械化和自动化，不利于资源共享。

② 缩微型文献。缩微型文献是指以感光材料为载体，用缩微照相的方式将文字、图形、影像等信息符号按比例缩小后存储在感光材料上，并借助于专用阅读器而使用的文献。目前最常用的是缩微胶卷和缩微平片。它们的优点是信息密度高，信息位序固定，不会散失弄乱，记录速度快，规格统一，体积小，重量轻，传递方便，复制、放大、还原容易，保存时间长，成本低。缺点是制作、保存和使用条件严格，文字图像小，不能直接阅读，必须借助于专用阅读机。

③ 声像型文献。声像型文献是指以磁性材料、光学材料等为载体，利用特定设备，使用声、光、磁、电等技术设备记录声音信息和图像信息的文献，如唱片、录音带、录像带、电影片、激光唱盘等。声像型文献形象、直观，有些用文字难以描述的事物，可以录音、录像或拍成电视片，帮助人们观察和认识某些自然现象，探索物质结构及运动机制。缺点是利用时也需要专门设备。

④ 电子型文献。以前称机读型，以软盘、磁带、光盘等磁性介质为载体，用键盘输入或光学扫描等记录手段，并通过计算机处理后生成的一类文献。它包括计算机文档、光盘数据库、电子图书、电子期刊、电子报纸、电子邮件和电传文本等。其特点是存储密度高，存取速度快，原有记录可以改变、更新；除具有与印刷出版物相当的文献文本之外还可以提供多维的、有序化的可操作的功能；除检索之外，还可以对文本进行有目的的抽取、排序、重新组合，从而产生新的信息产品；可以对文献内容各个知识单元，甚至字频进行计算分析，使文献计量分析得以深化。其中网络文献（信息资源）是通过计算机网络传播、利用的文献，是目前和今后最主要的电子型文献。

3. 按文献信息流的演变发展过程划分

可分为零次文献、一次文献、二次文献和三次文献。

（1）零次文献

零次文献是指著者直接通过观察、实验而获得的知识或数据，具有第一手意义的文献信息，它具备原创性和未正式公开两个特征。这类文献或以通信形式、或以口头交流的形式在本系统（机构）内部或小范围内流通。例如，私人的手稿、信件、日记等，机构内部的备忘录、内部报告、技术档案、实验记录、会议记录等。

（2）一次文献

当研究组织或个人将研究成果发表在获得社会公开认可，或经权威机构认定的公开出版物上时，这类文献即成为一次文献。一次文献为原创信息源，这种原创性是文献内容具有原创性。一次文献型数字资源包括电子期刊、电子图书、电子报纸、学术专著、专利说明书以及全文数据库、机构或组织在网上发布的信息等。

（3）二次文献

二次文献是指对特定范围内的一次文献以文献为单位进行有序化处理，使得读者能够方便地查找，也使得这类文献能够发挥集合的效用。有序化处理的方法是指将一次文献的内容特征（关键词、主题、分类等）和外部特征（题名、著者、出版信息等）提炼（即著录）出来，作为一次文献的线索来"替代"一次文献。这些文献特征被整理、组织成工具类的检索文献，如书目、索引、题录、文摘等。因此，二次文献是指示性信息源。典型的二次文献如馆藏目录和搜索引擎，分别提供图书馆馆藏文献和互联网网站的检索。二次文献型数字资源包括二次文献数据库、搜索引擎、网络资源学科门户网站等。

（4）三次文献

通过对一次文献和二次文献进行深度分析和综合，形成的文献称为三次文献。三次文献不是将一次文献以文献单位进行分析，而是深入研究其知识体系、事实与数据。它并不对二次文献进行进一步加工，只以其为工具查找出所需的一次文献。它分为两种，一种是对一次文献和二次文献进行综合分析而形成的文献，它分为综合研究和参考工具两种，前者是指综述研究，即对某一时期内某一学科或专题的研究内容、成果或技术成就进行动态报告、归纳总结和综合分析。综述研究往往以论文形式编写，包括综述、述评、学科总结、进展报告等。后者则是根据一定需要收集有关资料并按特定的方法编排起来供人学习或查考的文献。参考工具往往以图书形式编写，如百科全书、字典、词典、年鉴、手册等。

2.3 网络信息资源的检索

20 世纪九十年代网络技术逐渐推广，网络载体以其巨大的存储容量、快捷的存取速度和方便的检索性能在信息检索环节已有明显优势。

网络信息检索可以分为按检索内容可以分为全文型检索、事实型检索和数值型检索 3 种类型。检索系统往往含有资源模块、索引模块和检索模块 3 个方面。首先，每个检索系统都会根据将要搜集的资源的特点，设计检索模块。检索模块由不同的检索条件（检索途径组成）。其次，检索系统将搜集信息资源，并采用合适的格式对其进行存储，形成资源模块。每一条信息单元（如期刊论文数据库以一篇期刊论文为单位、字典数据库一个条名词解释为单位等）都应当按照检索模块的设置将其检索条件（可检索点）揭示出来，这个过程称为著录。著录可由专业人员完成，也可由作者提供。如期刊论文、学位论文完成时作者就已经在论文特定位置将题名、关键词、分类号、摘要等检索条件标示出来。而馆藏图书的著录则是由图书馆工作人员完成。最后，信息单元被检索系统收录时，由系统自动提取其检索条件，形成语料库，并生成索引数据库（索引模块）。

用户使用检索系统前，要对信息需求进行分析，并依据检索条件形成检索词。将检索词输入至检索模块相应的检索条件中，然后系统将检索词与索引模块的语料库相匹配，最后满足条件的资源被系统提取出来。这样用户的信息需求就被系统转化成若干条信息单元。整个检索过程如图 2.1 所示。

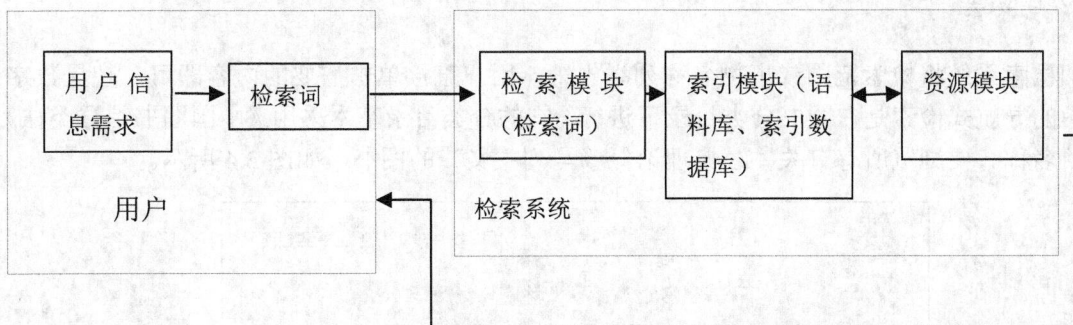

图 2.1　网络信息的检索过程

2.3.1 网络信息的检索方式

1. 命令式检索

　　一些数据库提供专家检索功能，由字段名、检索词、逻辑运算符及其他检索符号构成一个完整的检索表达式来检索文献的方式称为命令式检索。每个数据库的检索语法不同，都会有详细说明。要在中国知网检索题名包括'农村老年人'和关键词包括'社会保障'的文献，如图 2.2 所示。

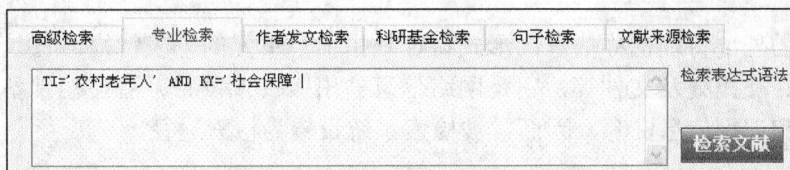

图 2.2　命令式检索图例

2. 菜单式检索

　　菜单式检索是通过菜单式选择检索条件，并以填空方式输入检索词称为菜单式检索。菜单式检索是简单、易操作的方式，也是最常用的一种检索方式。要在超星数字图书馆检索书名为'网络信息检索'的图书，如图 2.3 所示。

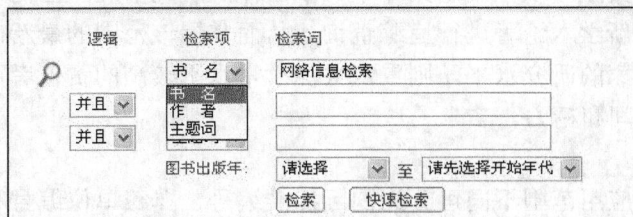

图 2.3　菜单式检索图例

3．导航式检索

即检索系统将检索范围或事物名称列举出来，用户直接单击需要的内容即可。超星数字图书馆的导航式检索是在图书分类目录下进行，它的分类目录基本采用《中国图书馆分类法》的类目名称。要浏览所有有关′经典理论′（马列主义）的图书，如图 2.4 所示。

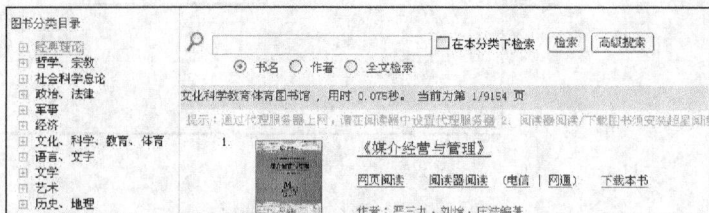

图 2.4　导航式检索图例

2.3.2　网络信息的检索途径

检索途径也称检索项或检索入口，指可以查到一篇文献、一个事实或一条数据的各种途径。检索途径是一座桥梁，联系着用户的信息需求和检索系统收录的信息资源，用户依据它构建检索词，信息单元依据它系统化有序化。信息资源特征是检索途径设置的依据，可分为外部特征和内部特征。

1．网络信息的外部特征

网络信息的外部特征也称信息的形式特征是指信息单元的外表特征，它包括题名、责任者、文献编号、文出处及文种等，它是网络信息被出版（或发布）后自动具备的特征。这些特征可供检索和识别信息资源，因而常被检索系统设置为检索途径。

（1）题名

题名是指文献上出现的直接表达或象征、隐喻该文献内容的主题及其特征，并使之个别化的名称（图书情报词典），如图书的书名、期刊的刊名、学位论文的题名等等。题名不仅可以用于识别一篇文献，往往精辟概述了文献内容，因此一些简略的检索系统也将题名项作为内容的检索入口。

（2）责任者

责任者是指对文献的知识内容和艺术内容的创造或完成负有责任或作出贡献的个人或团体。利用责任者检索文献可以检索出具体个人或团体的研究情况，因而可以对某一领域或专业的代表性人物对最新学术论著进行追踪查询，从而掌握该范围的最新研究动向；同样，如果了解相关学科各专家的研究水平，则重点关注学术水平较高的责任者可帮助用户直接检索到优质文献，节略时间和精力。

（3）文献编号

文献的编号按照应用范围不同可分为国际标准编号、典藏单位编号和部门或组织的文献编号。由于这类号码本身就是为标识文献而产生的，均是一个号码对应一种文献，因而也可作为检索途径。

国际标准编号是指经国际标准化组织通过，用于识别文献的标准编号图书的国标标准书号（ISBN 号）、国际标准连续出版物的标准编号（ISSN 号）、国际标准音像录制品代码（ISRC 号）。典藏单位编号是指因文献加工管理的需要由典藏单位给出的文献编号，如条码号、登录号和排架号等。某个部门或组织的文献编号由部门或组织按一定规则给出。如专利文献的专利号、申请号、公开号或公告号等，标准文献的标准号等。

（4）文献出处

文献出处是指文献的有关出版项。不同的文献出处信息不一样，图书的文献出处包括出版社名称和出版时间，连续出版物包括连续出版物题名、出版年、卷（期）和页码，学位论文包括学位授予单位和论文完成年份等。

2. 网络信息的内容特征

网络信息的内容特征是指用符号语言或自然语言来概述网络信息的内容。如用"情报检索"作为四个字关键性词语来概述书名为《网络信息检索与利用》的内容特征，用《中国图书馆分类法》的分类号 H319.4 来表示有关英语读物的文献。网络信息的内容特征可以由信息作者用总结出来（作者提供的关键词），也可以由存储信息的专业人员进行标引，可以是不受控的自然语言，也可能是按一定语法规则来揭示的检索语言（如分类号、主题词）。由于用户的信息需求往往是特定内容，因此内容特征是最常用的检索途径。

常用的内容检索途径包括分类号、关键词、主题词、摘要和全文等。

2.3.3 网络信息的检索语言

信息检索语言，简称为检索语言，又称检索标识系统、情报语言、标引语言、索引语言等，是应信息的加工、存储和检索的共同需要而编制的语言，是从自然语言中精选出来并加以规范的一套词汇符号，是用以概括信息内容或外在特征概念及其相互关系的表示系统，是一种人工语言。信息检索语言是联系检索工具的编制者与信息用户之间的桥梁。

分类法和主题法是经过长期发展的，最有效的信息检索语言，不仅在传统文献的检索工具中常用，同时也是网络信息资源组织与管理的重要工具。

1. 分类法

分类法是一种先组式检索语言，即类目的排列预先进行了规定。分类法是对文献进行分类的依据，它把文献分类的对象集合，按其特征之间所存在的相互关联关系，事先规定成为一种有序的结构的方法。分类法的具体形式是分类表。

分类表是指按一定的思想观点，以科学分类和知识分类为基础，并结合文献的特点，对概括文献信息内容特征及某些外表特征的概念或术语进行逻辑划分和系统排列而形成的类目一览表，它规定了类目名称与分类号的对应关系，由分类表和分类规则组成。分类表通常由主表、标记符号、复分表、说明和注释、索引 5 部分组成。

分类法的种类很多，新中国成立后，我国影响较大的分类法有《中国人民大学图书馆图书分类法》、《中国科学院图书馆图书分类法》（简称《科图法》）、《中国图书馆分类法》（简称《中图法》）。国外著名的分类法有美国的《杜威十进分类法》（《Dewey Decimal Classification and

Relative Index》，DC 或 DDC）、欧洲的《国际十进分类法》（《Universal Decimal Classification》，UDC）、美国的《美国国会图书馆图书分类法》（Library of Congress Classification，LC）、印度的《冒号分类法》（Colon Classification，CC）等。现在也有一些网络分类法。不少网络联机数据库如 Yahoo、Excite、Infoseek 等均按专业或分类范畴组织和揭示有关信息。

其中，《中国图书馆分类法》原名《中国图书馆图书分类法》。1999 年 3 月经修订出版第 4 版，同时更名为《中国图书馆分类法》，也是国家推荐使用的分类法。在我国，不仅大型综合性图书馆和中小型图书馆普遍采用这种分类法，许多检索工具书也用它来组织款目或编制对照索引。

《中图法》是一种以等级体系分类为基础的分类法，即从整体上按人类全部知识进行排列划分。在这个过程中，采取了从一般到具体、从简单到复杂、由低级到高级等原则，因而形成层层划分、层层隶属的等级系统。《中图法》将文献信息分为 22 个大类，用英文字母表示。

2. 主题法

主题法是以语词为标识的主题检索语言。主题语言由词汇和语法两部分组成。词汇是主题语言的主体，语法是指将主题词组合成检索语句以表达文献主题的造句规则。主题法的具体形式是主题词表。

主题词表由受控的自然语词组成。它是一套人工的符号系统，是在一定程度上达成共识或成为标准的一套主题规则。主题词表规定了哪些词在主题标引或主题检索时可以作为正式词，哪些是非规范化的词，不能用来标引或检索，而指引到正式主题词，同时，还列出了各主题词之间的上下位关系，以及相关参照。

主题检索语言依主题词的性质不同可分为标题语言、元词语言、关键词语言、叙词语言 4 种。以下主要介绍标题语言、关键词语言和叙词语言。

（1）标题词言

标题语言又称标题法，它是主题语言系统中最早的一种。标题词是已纳入标题词表的，经过规范处理的、表示事物主题或对象的名词或词组。标题形式可以分为单词和词组（或短语）两大类。词组标题分为形容词+名词、名词+名词、包含连词的词组、包含介词的词组，按其词序可以分为正写词组标题与倒置词组标题。著名的标题词表如《美国国会图书馆标题词表》（Library of Congress Subject Headings，LCSH）。

标题语言是先组式主题检索语言，即表示主题的主、副标题词已经在标题词表中明确指定，但因为主题的概念往往可以用多种标题形式来表达，究竟哪种标题形式符合标题表的规定呢？标题语言也不能贴切地标引较为复杂的主题概念。另外，随着科学技术的发展，新主题、新学科的不断涌现，标题语言这种先组式主题方式必将使词表词量不断增加，从而变得臃肿不堪。

（2）叙词语言

叙词语言是在元词语言的基础上发展起来的，是一种后组式主题检索语言。1959 年由美国杜邦公司编制第一部叙词表，以后从 20 世纪 60 年代中后期，一直到 20 世纪 80 年代，叙词表一直保持迅猛的发展势头。如美国国家航空航天局的《美国国家航空航天局叙词表》（NASA Thesaurus）、美国工程学会协会的《工程与科学词汇叙词表》（Thesaurus of Engineering and Scientific Terms，TEST）、美国国立医学图书馆的《医学标题表》（Medical Subject Headings，MeSH），以及中国航空工业部情报系统的《般空科技资料主题表》、国防科委情报所的《国防科学技术主题词表》和中国科学技术情报所等编制的《汉语主题词表》都出现在这段时期。

叙词语言是以自然语言为基础，采用概念组配来对文献主题进行描述的标识系统。叙词语言的基本构成要素是叙词，叙词和标题词一样是从自然语言中精选出来的受控词汇。元词语言基本上从字面来解析概念单元，而叙词则是拆义解析与概念组配。如"雪崩二级管"按元词要求，将拆成"雪崩"和"二级管"，而叙词语言则将其作为单元概念的词语直接收入。又如"儿童病理学"按元词语言可拆分成"儿童"与"病理学"，而叙词则为"儿童"、"消化系统病理"、"内分泌系统病理"等一些代表病理学的叙词词组。叙词语言相比其他主题检索语言而言有较强的标引能力。

（3）关键词语言

关键词也称键词，是从文献题名或文摘甚至正文中抽取的，能够表达文献主题并具有检索意义的语词，即对揭示和描述文献主题而言是重要的、带关键性的那些词语，是纯自然语言的语词。关键词语言不编制受控词表，不进行词汇控制，不显示词间关系。关键词检索具有查全率低、误检率高的缺点，但因为用户容易掌握，适应能力强，且适用于计算机自动抽词标引系统，因此广泛应用于各种数据库、搜索引擎等计算机检索系统。从其在文献标引和检索中的作用来看，它是一种准主题检索语言，也是检索语言的发展趋势。

为了提高关键词检索的准确性，各种检索系统采用多种方式对其进行限制，限制手段包括编制禁用词表、列举其扩展词、相似意义的词，以及通过选择关键词出现的位置（题名、文摘或正文）等。

2.3.4 网络信息的检索技术

由于用户的检索需求往往需要用多个检索词来描述，因此需要确定这些检索词之间的关系以表达复杂概念。网络信息检索系统中，基本的检索技术有布尔逻辑检索、截词检索、限定检索和字段检索等。

1. 布尔逻辑检索

布尔逻辑检索即通过布尔逻辑运算符与检索词构造检索式检索所需信息。

布尔逻辑运算符是最早的信息检索模型，也是应用最广泛的模型，逻辑运算符有以下 3 种。

① 逻辑"与"，一般用"and"表示。检索表达式为"A and B"，表示数据库中同时含有检索词 A 和 B 为命中文献。

② 逻辑"或"，或称逻辑"加"，一般用"or"或"+"表示。检索表达式为"A or B"，表示数据库文献含有检索词 A 或 B（或同时含有 A 和 B）的文献为命中文献。

③ 逻辑"非"，一般用"not"表示。检索表达式为"A not B"。数据库中凡含有检索词 A 而不含 B 的文献为命中文献。

布尔逻辑检索是一种比较成熟又十分为流行的检索技术，在各类文献数据库、搜索引擎、信息门户等电子信息资源检索中运用非常广泛。

2. 截词检索

检索时，可用一些截词符替代检索单词的一个字母或一部分，这些截词符代表单词中的可变化部分。

① 有限截词。通常用"？"代表一个可变化的字母。如 cat?，出现的匹配单词包括 cats、cato、cate 等。又如 ca?t，将出现的匹配单词包括 cast、cart 等。

② 无限截词。通常用"*"号，代表任意个字符的变化。如 cat*，出现的匹配单词包括 catfish、catalyzed、catastrophic 等。

3. 字段检索

一些数据库提供专家检索功能，要求用户编写完整的检索式，包括字段名和逻辑算符。每个数据库的检索语法不同，要仔细看其说明。如美国专利数据库检索系统对其检索字段的缩写名称规定如表 2-1 所示。

表 2.1　美国专利数据库检索系统对检索字段的缩写名称规定

Field Code	Field Name	Field Code	Field Name
PN	Patent Number	IN	Inventor Name
ISD	Issue Date	IC	Inventor City
TTL	Title	IS	Inventor State
ABST	Abstract	ICN	Inventor Country
ACLM	Claim(s)	LREP	Attorney or Agent
SPEC	Description/Specification	AN	Assignee Name
CCL	Current US Classification	AC	Assignee City
ICL	International Classification	AS	Assignee State
APN	Application Serial Number	ACN	Assignee Country
APD	Application Date	EXP	Primary Examiner
PARN	Parent Case Information	EXA	Assistant Examiner
RLAP	Related US App. Data	REF	Referenced By
REIS	Reissue Data	FREF	Foreign References
PRIR	Foreign Priority	OREF	Other References
PCT	PCT Information	GOVT	Government Interest
APT	Application Type		

如要检索 IBM 公司获得的有关半导体的专利，要表示为：Title=semiconductor、Assignee Name=IBM；检索式为 TTL/semiconductor AND AN/IBM。又如查询 2003 年 IBM 公司获得授权的专利，具体表达为：Issue Date =2003$$，Assignee Name=IBM，检索式为 ISD/2003$$ AND AN/IBM。

4. 全文检索

全文检索是指直接对原文进行检索，从而更加深入到语言环境中去。全文检索的结果往往会出现与检索词匹配的语词以及其上下文，这种语境有助于用户更好地了解文献内容，其检索结果按照相关度进行排序，可大大提高查准率。全文检索技术通常用于全文数据库和搜索引擎中。

2.4 网络信息检索的方法与步骤

2.4.1 网络信息检索的方法

网络信息检索的方法包括常用检索法、回溯检索法和循环检索法 3 种。

1. 常用检索法

常用检索法即根据信息需求，构建检索表达式，直接输入检索系统进行检索。对于满足要求的检索结果可以按照顺查法、倒查法、抽查法进行查检。顺查法指按照由旧到新、由远到近，由古到今逐年查阅；倒查法是指由新到旧、由近到远、由今到古逐年前推查找。抽查法是指重点检索法，包括抽取学科发展的重要阶段，学术成果将多的阶段，学术水平较高的文献等。

2. 回溯检索法

回溯检索法是指根据文献单元后所列参考文献循踪追溯继续检索。一般认为文献与其参考文献之间内容相关，而依据文献内容检索途径去检索总会有漏检或错检的文献，回溯检索在一定程度上可以弥补。利用文后参考文献也有利于循踪溯源，发现事物发展过程。但由于文后参考文献往往只与原文献的某个角度相关，这个角度不一定是原文献的核心内容，因而这种检索法也会造成误检率高、检全率低的效果。

3. 循环检索法

采用回溯法和常用法交替进行来进行检索的方法。

2.4.2 网络信息检索的步骤

1. 分析检索课题

用户的信息需求可分为知识性需求、资料性需求和研究性需求 3 种。知识性需求时，用户希望通过检索对所查主题能在理解有所提升，是一种学习性需求。这种理解的提升可以是对主题概念及其相关知识体系、也可以是解决具体问题。因而知识性需求要求少而精，检索效果以用户是否掌握了相关知识或解决了相关问题为标准。一般而言这类检索会选择专著、学位论文、期刊、百科全书、字（辞）典等文献类型。资料性需求可以是查询一个具体事实或数据，也可以是要求对某方面的信息尽量收全以揭示事物发展过程或进行查证。典型的资料性需求如地方志的编纂，地方志为一方之全志，"举凡一地自然、经济、政治、文化、社会、人物等等，无一不在方志记述范围之内。"资料性需求要求资料真实可靠。研究性需求用户不仅希望通过检索掌握概念，更希望通过对比、筛选、分析综合形成自身的观点，因而也要对前沿性的研究成果进行追踪查阅。研究性需求往往包括学习性需求和资料性需求。

2. 选择检索系统

分析课题之后要选择检索类型，确定是需要知识性的信息还是需要资料性信息。前者的检索系统一般会选择图书、期刊论文、会议论文和学位论文等文献类型，后者则一般选择专利文献、标准文献、政府文献、新闻、统计数据的数据库或权威机构的门户网站等。

选择检索系统，要考虑它内容的覆盖面及质量层次、时效性、权威性、完备性、语种等因素。

3. 确定检索途径与检索方法

要掌握检索系统的每种检索途径的特点。如利用题名检索途径往往检索结果相关度大，但检索的数量不多，反映课题的角度受限。利用全文检索途径往往检索结果相关度小，但在某些情况下却有其特定的作用。如研究"都昌派在景德镇陶瓷史中的作用"，都昌是景德镇下的一个县城，专门的研究文献很少，这是一个前提；"都昌派"是出现在景德镇陶瓷制瓷史的一个有名帮派，因而这个名词一般只会出现在景德镇陶瓷史研究中，这是第二个前提；在这两个前提下，我们可以采用"都昌派"为检索词，全文为检索途径去检索这个课题。

4. 选择检索词

检索词选择的是否恰当直接影响检索效果。

① 检索词是否准确描述了课题的核心概念。要注意去掉冗余词语和替换模糊词。

② 注意一词多义，一义多词的现象。当前检索系统很多是采用自然语言来标引文献，这就使得同样主题的文献可能需要用不同的检索词，同样检索词也可能表达的主题范围大于课题。如手持式心电图机的手持可能表述的词语有便携、微型、小型、袖珍、迷你等）同时还要注意同义词、反义词、上下位词的转换。

③ 选择检索词应注意选用专业术语、名称概念、通用性强的词语。

5. 构造检索表达式

检索途径、检索词与逻辑运算符三者相结合便构成了检索表达式。检索表达式要注意完整而准确的表述课题。

6. 实施检索，调整检索策略，优化检索结果

检索的过程是一个学习的过程，用户需要不断的调整自己的信息需求，不断的调整信息诉求的表达方式，因而需要调整检索策略。调整检索策略包括修改检索式、调整检索词、重新选择检索系统等。

7. 获取原始文献信息

获取原始文献信息可以通过检索全文数据库或到信息存储单位直接获取，若不能直接获取可通过文献传递或馆际互借方式索取。

习　题

1、什么叫网络信息资源？按信息表现形式和网络传输协议划分，各分为哪几种类型？

2、何谓文献信息资源？它有哪些常用的划分方式？

3、常用的网络信息检索技术有哪些？

4、简述网络信息检索的通用步骤。

第 3 章
搜索引擎

随着因特网信息的日益增多，必须对网上信息进行合理的组织并提供给用户检索，于是1994 年 4 月出现了最早的搜索引擎 Yahoo。此后，各种搜索引擎大量出现，目前已有成千上万的搜索引擎在因特网上运行。

本章将简要介绍搜索引擎的基本概念，搜索引擎的分类，以及几种常用的搜索引擎的使用。

3.1　搜索引擎概述

本节介绍搜索引擎的基本概念及其 3 种基本的分类方法。

3.1.1　搜索引擎的概念

搜索引擎（search engine），又称网络搜索引擎、网络检索引擎。广义上是指一种基于因特网的信息（主要是网页）查询系统，包括信息搜集、整理与检索。搜索引擎仅就其检索功能而言，是指一种为搜集因特网上的信息而设计的检索软件和查询工具。搜索引擎是网民应用最多的网络工具之一，中国互联网信息中心（CNNIC）2007 年 7 月《第 20 次中国互联网络发展状况统计报告》显示，利用搜索引擎进行信息搜索是排在网络新闻之后的第二大互联网应用，2010 年已成为网民第一大应用。尽管 2011 年和 2012 年即时通信飞速发展占据第一大应用位置，但搜索引擎依然以微弱的差距居于第二。

搜索引擎与二次文献异曲同工，提供给用户的结果也是文献线索（链接及其简介），只不过采用了超文本技术，单击链接即可浏览原文。

Yahoo 是因特网上第一个搜索引擎。它当时是一种基于分类目录的主题指南，通过手工标引的方式将因特网上的网站和网页分成 14 个类目，用户只需逐层单击相关类目便可浏览到相关的信息。随着网络的发展，网上信息急剧增加，后来的搜索引擎具有关键词检索、基于词表的检索和高级组配检索等功能。在内容方面，除可检索 Web 站点和网页外，大多还可查寻声音、图片和视频、各类新闻、商品、硬件、软件、黄页与白页等内容。

3.1.2　搜索引擎的分类

为了深入地了解搜索引擎及其使用，先对其进行分类分析。根据不同的分类标准，可以将搜索引擎归入不同的类型。

1. 根据其搜索的内容范围划分

可将搜索引擎分为综合搜索引擎和专业搜索引擎。

（1）综合搜索引擎

综合搜索引擎是一种查询多学科、多类型信息的搜索引擎，如 Google、Alta Vista、百度、搜狐等都属于综合搜索引擎。

（2）专业搜索引擎

专业搜索引擎指查询某一专题（如 Newsgroup、E-mail 地址、机票、旅游、购物、小说、房产、学术资源等）或某一专业领域（如政治、经济、文化、体育等）信息的搜索引擎，也可称为专题搜索引擎。如百度的图片搜索、百度房产搜索与 Google 学术搜索等。

2. 根据搜索引擎的集成程度划分

根据搜索引擎的集成度不同可将搜索引擎分为独立搜索引擎和多元搜索引擎。

（1）独立搜索引擎

独立搜索引擎（single search engine）或称单一搜索引擎，就是通常所说的搜索引擎。这类搜索引擎有自己的数据库，使用自己的数据库为用户提供信息查询服务，包括综合搜索引擎，也包括各类专业搜索引擎。

（2）元搜索引擎

元搜索引擎（meta search engine）也称多元搜索引擎、集成搜索引擎、索引搜索引擎等。它是建立在多个独立搜索引擎之上的一种搜索引擎，通常没有自己的数据库和搜索机器人，但集成了数个甚至数十个、数百个独立搜索引擎或其他多元搜索引擎，其搜索结果来源于它所管理的独立搜索引擎。当用户向元搜索引擎发出查询请求时，元搜索引擎即根据该请求向多个独立搜索引擎发出实际查询请求，然后将所有来自独立搜索引擎的查询结果处理后返回给用户。

其结果输出的页面处理方式在不同的元搜索引擎中有不同的体现，有的直接调用独立搜索引擎原始的反馈页面，有的由元搜索引擎自己重新定制一个全新页面，以整体统一的格式呈现结果。人们通常所说的元搜索引擎一般指具有检索指令统一输入界面和检索结果统一输出界面的元搜索引擎。

元搜索引擎出现于 20 世纪 90 年代中后期，最早的元搜索引擎是 1996 年 1 月创立的 Dogpile，而且大多数的元搜索引擎是综合搜索引擎，如 Dogpile、Metacrawler、Search、InfoSpace、Vivisimo 等，适用于需要快速获得大量查询结果或者查询一般信息的情况。

3. 根据搜索引擎界面语种划分

可分为中文搜索引擎和外文搜索引擎。

（1）中文搜索引擎

主页界面为中文，用于搜索全球中文站点的搜索引擎。如百度、搜狗、中国雅虎、网易的有道、新浪搜索等。

（2）外文搜索引擎

指主页界面为外文的搜索引擎。绝大多数为英文。这类搜索引擎中有部分支持多种语言，如 AltaVista、Excite 等。

3.2 几个常用的搜索引擎

本节介绍百度、Google 和搜狗 3 种综合搜索引擎，以及元搜索引擎 Dogpile。

3.2.1 百度

百度的网址是 http://www.baidu.com。

百度公司 2000 年 1 月创立于北京中关村，2001 年 10 月 22 日正式发布 Baidu 搜索引擎，是全球最大的中文搜索引擎。

目前的百度提供基于搜索引擎的各种服务，其中包括：以网页、新闻、音乐、图片、视频、地图、文库等内容搜索为主的功能性搜索，以贴吧、知道、百科、空间为主的社区搜索，针对各区域、行业所需的垂直搜索，以及门户频道、IM（百度 Hi）等，全面覆盖了中文网络世界所有的搜索需求。除提供计算机上网搜索服务外，还提供移动搜索等服务。

百度搜索引擎首页面如图 3.1 所示。

图 3.1 百度搜索引擎首页面

1. 搜索功能

（1）基本搜索

这是百度最基本、最便捷的功能，只需在首页的输入框中输入检索词或检索式即可。

基本搜索的主要功能特点如下。

① 多个关键词之间，表示"与"的关系（可用"*"，但不能用"and"），没有"或"的关系。例如，输入"温度 传感器 研制"三词为逻辑"与"的关系，也可输入"温度*传感器*研制"，效果一样。应当注意的是，输入"温度+传感器+研制"并不是"或"的关系，还是"与"的关系，与输入"温度*传感器*研制"的检索结果一样；输入"温度 and 传感器 and 研制"并不表示"温度"、"传感器"和"研制"3 个词要同时出现，而是表示"温度"、"传感

器"、"研制"和"and"4 个词要同时出现在检索结果中。要作为一个完整词组检索，必须加引号（中文的或英文的均可），如""温度传感器研制""。

② 可限定题名与网站检索。例如，"姓名身高 intitle:张三"，"mp3 播放器 site:Samsung.com.cn"

（2）高级搜索

百度的"高级搜索"链接隐藏在前次检索结果页面的下方，如图 3.2 所示。

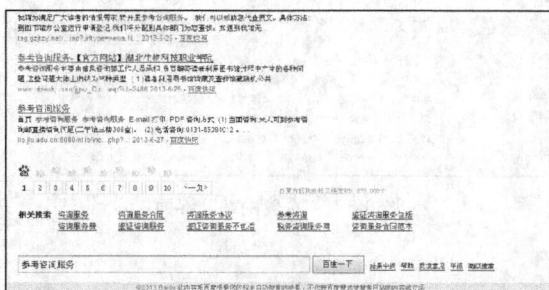

图 3.2　百度的"高级搜索"链接

通过"包含以下全部的关键词"、"包含以下任意一个关键词"、"不包括以下关键词"和"包含以下的完整关键词"对关键词之间的关系分别作与、或、非、完整词组的限定，还可限定网页发布时间、网页语言、关键词位置（网页任何地方、标题或 URL）、网页的文档格式、指定的网站等。高级搜索的界面如图 3.3 所示。

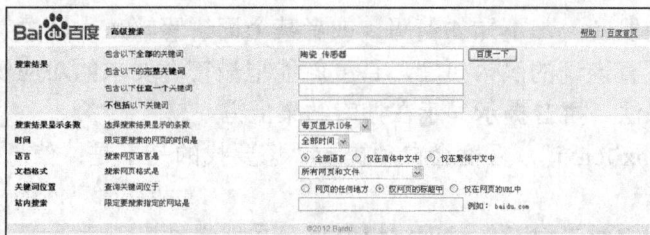

图 3.3　百度高级搜索界面

2. 网站导航

除关键词搜索外，百度还有 2 个网站导航——"hao123"和"百度网站"。从百度首页的"更多"链接展开，在其"导航服务"即可看到该两个链接。"hao123" 是中国最早的上网导航站点和目前中文上网导航的第一品牌，如图 3.4 所示。利用"百度网站"导航目录，可以分类浏览相关网站。"百度网站"的界面如图 3.5 所示。

图 3.4　"hao123"网址之家界面

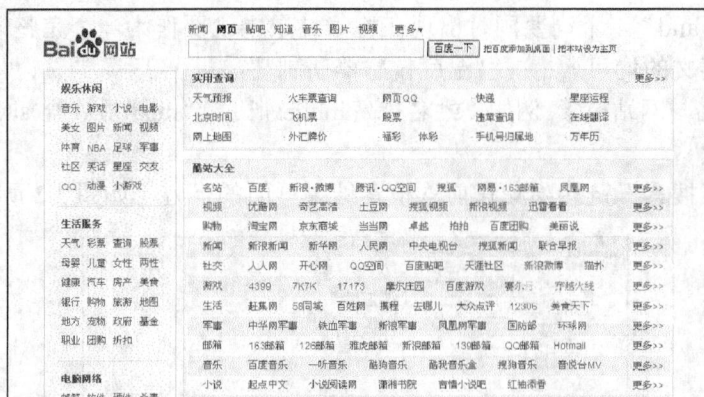

图 3.5 "百度网站"界面

3. 其他主要功能

（1）相关搜索

有时候搜索结果不佳是因为选择的搜索词不是很妥当。可以通过百度的"相关搜索"参考别人是怎么搜索的，来获得一些启发。百度相关搜索排布在搜索结果页的下方，按搜索热门度排序。

（2）拼音提示

如果只知某词的发音，却不知如何写，或者某个词拼写输入太麻烦，可利用百度的拼音提示功能。只要输入查询词的汉语拼音，百度就能把最符合要求的对应汉字提示出来。它事实上是一个拼音输入法。拼音提示显示在搜索结果上方。

例如，输入"xinxifenxi"，百度会自动提示"您要找的是不是：信息分析"。

（3）错别字提示

百度能给出错别字纠正提示，错别字提示显示在搜索结果上方。

例如，输入"唐醋排骨"，百度会自动提示"您要找的是不是：糖醋排骨"。

（4）百度快照

每个被收录的网页，在百度上都存有一个纯文本的备份，称为"百度快照"。如果无法打开某个搜索结果，或者打开速度特别慢，可使用"百度快照"功能，快速打开该网页的文本内容。但图片、音乐等非文本信息，快照页面还是直接从原网页调用。

（5）专业文档搜索

很多有价值的资料，在因特网上并非是普通的网页，而是以 Word、PowerPoint、Adobe PDF 等格式存在的。百度支持对 Office 文档（包括 Word、Excel、PowerPoint）、PDF 文档、RTF 文档进行全文搜索。要搜索这类文档，只需在普通的查询词后面，加一个"filetype:"进行文档类型限定。"filetype:"后可以跟以下文件格式：DOC、XLS、PPT、PDF、RTF、ALL。其中，ALL 表示搜索所有这些文件类型。例如，查找张五常关于交易费用方面的经济学论文。可以输入"交易费用 张五常 filetype:doc"，单击结果标题，直接下载该文档，也可以单击标题后的"HTML 版"链接快速查看该文档的网页格式内容。

也可以通过"百度文档"界面（http://file.baidu.com），直接使用专业文档搜索功能。

（6）其他功能

在百度首页单击"更多"链接，即可进入百度产品大全页面，包括百度安全管家、百度杀毒、百度云、百度翻译、百度旅游、百度游戏、百度网盘、词典等一系列的功能应用。百度产品大全界面如图 3.6 所示。

图 3.6　百度产品大全主页面

3.2.2　Google

Google 的网址是 http://www.google.com.hk/。

Google（谷歌）创建于 1998 年 9 月，由于其使用独创的先进搜索技术、拥有简单易用的界面等特点，发展突飞猛进，目前已经成为全球最大、使用人数和搜索结果最多的外文搜索引擎，是搜索外文网络信息的首选网站。Google 具有 100 多个国际域名，用户可以使用 100 多种语言查找信息、查看新闻标题。

Google 的中文首页如图 3.7 所示。

图 3.7　Google 首页

1. 搜索功能

Google 可搜索网页、新闻、图片、视频、地图、学术资源、图书等网络信息。

（1）基本搜索

使用 Google 只需在首页的输入框中输入检索词或检索式即可，如输入"日用陶瓷"后单击"Google 搜索"按钮就可以得出网页标题、摘要、全文、网址与链接中任一项含"日用陶瓷"一词的结果 37 900 000 条，如图 3.8 所示。

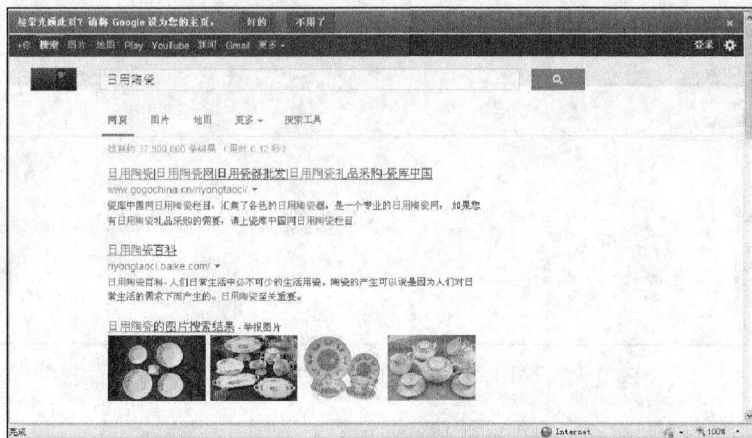

图 3.8　Google 基本搜索结果界面

基本搜索的主要功能特点如下。

① 手气不错。单击"手气不错"按钮将直接进入最符合搜索条件的网站，即 Google 查询到的第一个网页。

例如，要查找景德镇陶瓷学院图书馆的主页，只需在搜索框中输入"景德镇陶瓷学院图书馆"，然后单击"手气不错"按钮，将直接进入景德镇陶瓷学院图书馆的主页。

② 多个关键词之间，表示"and"的关系，如"陶瓷 干燥器"，得出同时包含"陶瓷"和"干燥器"的结果。

③ 词组搜索。用引号将搜索字词括住，即可得出包含某个完整词组的结果，如"泡沫陶瓷"。

④ 限定题名与网站检索，如"intitle:西双版纳""氮化硅 site:sina.com.cn"。

⑤ 否定字词。如果搜索字词具有多种含义（例如，bass 可以指鲈鱼或乐器），可以在需排除的含义相关字词前添加一个减号（"－"），并在减号前加一空格，以便排除这些结果。例如，要查找大量鲈鱼的湖泊而不是偏重低音的音乐，可以输入"bass -music"。

⑥ 按链接搜索。在搜索词前加上"link:"，显示所有指向该网址的网页。例如，"link:www.google.com"将找出所有指向 Google 主页的网页。

⑦ 指定文件搜索。Google 目前支持非 HTML 文件的搜索，如 PDF 文档、Microsoft Office（doc、ppt、xls、rtf）、Shockwave Flash（swf）、PostScript（ps）和其他类型文档。如查找 Flash 文件，只需搜索"关键词 filetype:swf"。

⑧ 查询天气。Google 可以快速查询中国城市地区最新的当地天气和天气预报。只需输入

一个关键词（"天气"，"tq"或"TQ"任选其一）和城市地区名称即可。例如，要查找北京地区的天气状况，可以输入："北京天气"或"beijing tq"进行搜索。

⑨ 查询金融信息。在搜索框中输入股票和基金的名称或代码，可查询最新的股票和基金信息。

⑩ 查询邮编区号及相关信息。Google可查询邮政编码或长途电话区号等相关信息。输入关键词（"邮编"、"yb"和"YB"任选其一，"区号"、"qh"和"QH"任选其一）和要查的城市地名或邮政编码或电话区号即可。例如，输入"景德镇邮编区号"，可得到景德镇的邮政编码及长途电话区号；输入"邮编333001"、"0798 qh"，可查询邮编330001、区号0798的归属地名称。

⑪ 查询手机号码归属地。直接输入要查的号码，可查询手机电话号码归属地。例如，要查找手机号13912345678的归属地，输入"13912345678"搜索即可。但网页中没有记载的手机号码查不出来。

⑫ 查询定义。要查看字词或词组的定义，只需键入"define 关键词"即可。如果 Google 在网络上找到了该字词或词组的定义，则会检索该信息并在搜索结果的顶部显示它们。

（2）高级搜索

Google 的主要搜索项目都具有高级搜索功能，如高级网页搜索、高级图片搜索与高级视频搜索等。但不同内容的高级搜索限定的项目不太一样。例如：

高级网页搜索对关键词提供类似与、或、非的限定，词组限定，以及网页语言、最后更新时间、网站或域名、字词出现位置（网页上任何位置、网页标题中、网页文本中、网页网址中与指向网页的链接中）、文件类型等方面的限定，如图3.9所示。

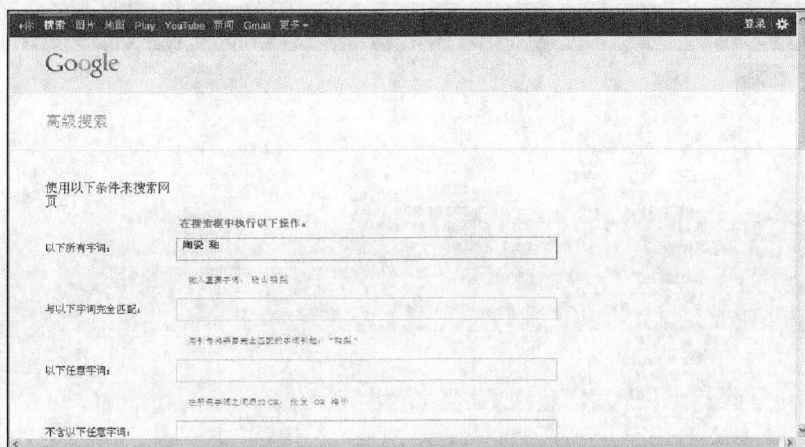

图 3.9　Google 网页高级搜索界面

高级图片搜索除提供类似与、或、非的限定外，还可限定图片尺寸、宽高比、图片颜色、图片类型等。

2．谷歌265

除关键词搜索外，Google 建立了一个"265 导航"网站。这是一个实用网址大全，分类集成了各种类型的常用网站名称与链接，如图3.10所示。

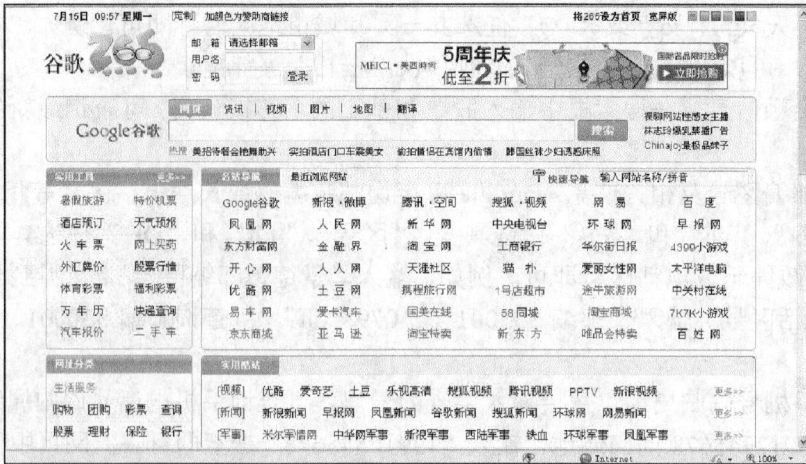
图 3.10　Google 网页目录首页

3.　其他功能特点

（1）网页快照

Google 储存网页的快照，当存有网页的服务器有时速度较慢或暂时出现故障时，可选择"网页快照"浏览该网页的内容。虽然网页快照中的信息可能不是最新的，但在网页快照中查找资料要比在实际网页中快得多，如图 3.11 所示。但是，尚未编入索引的网站没有"网页快照"，另外，如果网站的所有者要求 Google 删除其快照，这些网站也没有"网页快照"。

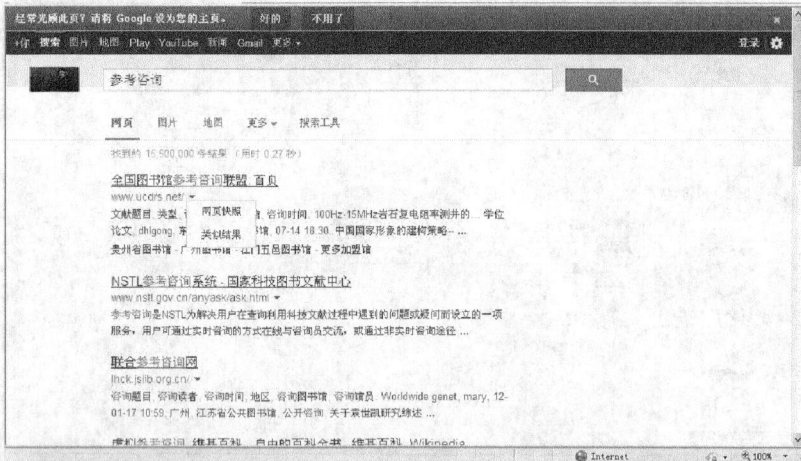
图 3.11　Google 网页快照与类似结果链接

（2）类似结果

利用搜索结果条目后的"类似结果"链接，可查询与这一网页相关的网页。但网页越有个性，能找到的类似结果就越少。

（3）相关搜索

Google 在搜索结果清单的下方，提供了一些与原搜索相关的搜索词，如图 3.12 所示。这些相关的搜索词是根据过去 Google 所有用户的搜索习惯和 Google 提供的计算两个搜索词之间相关度的技术而产生出来的。这些相关的搜索词一般比原搜索词更常用，并且更可能产生相关的结果。只需单击这些相关搜索词，即可直接进入该词的结果页。

图 3.12 Google 相关搜索链接

（4）翻译功能

利用 Google 的翻译功能，可翻译数十种语言的文字、段落与网页。

（5）计算器

例如可以输入以下搜索词：

5+2*2

2^20

sqrt(-4)

一磅=?克

光速乘以二秒

（6）学术搜索

利用 Google 学术搜索功能（scholar.google.com），可以搜索学术研究成果，如一篇或多篇相关文章甚至是同一篇文章的多个版本。提供了文章标题、作者、摘要以及出处等信息。

（7）地图搜索

查询地址、搜索周边和规划路线。可用鼠标拖动地图，或双击进行放大。例如，查找上海东方明珠到上海博物馆的线路，结果如图 3.13 所示。

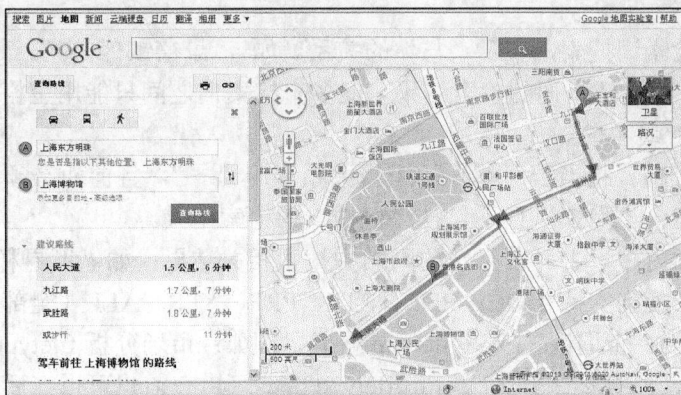

图 3.13　Google 地图搜索结果

（8）其他功能

此外，Google 还具有移动搜索、手机地图、YouTube（观看、上传和分享视频）、日历、云打印、云端硬盘等功能，单击 Google 首页的"更多"进入 Google 大全即可使用。

3.2.3 搜狗

搜狗的网址是 http:// www.sogou.com。

搜狗是搜狐公司于 2004 年 8 月推出的全球首个第三代互动式中文搜索引擎，是全球首个中文网页收录量达到 100 亿网页的搜索引擎。

利用搜狗，可以搜索网页、新闻、音乐、图片、视频、地图、知识、购物等方面的信息，并设有游戏快捷入口。搜狗首页如图 3.14 所示。

图 3.14　搜狗首页

搜狗具有搜索、网址导航和实用工具三大主要功能。

1. 搜索功能

（1）简单搜索

在检索词输入框输入检索词或检索式即可快速得到检索结果。搜狗搜索的主要功能特点如下。

① 使用双引号进行精确查找。如输入"电脑技术"，得到的是包含"电脑技术"这个词组的检索结果。

② 使用多个检索词搜索，表示"与"的关系。如 "景德镇 陶瓷"， 得到的是同时包含"景德镇"和"陶瓷"这两个词的检索结果。但多个检索词之间只能用空格分开，而不能使用 * 或 and，也不支持或（+）的运算。

③ 减除无关资料。相当于"非"的逻辑关系，用"－"，且前面必须留空。如"陶瓷 － 机械"，得到的是包含"陶瓷"且不包含"机械"的检索结果。

④ 在指定网站内搜索。可在指定的网站中搜索相关结果，如"世界杯 site:sohu. com"。

⑤ 文档搜索。搜狗支持 DOC、PDF、RTF、PPT、XLS、ALL（全部文档）的文档格式限定。其搜索语法为：查询词+空格+filetype:格式。例如：市场分析 filetype:doc，其中的冒号是中英文符号皆可，并且不区分大小写。filetype:doc 可以在前也可以在后，但注意关键词和 filetype 之间一定要有个空格。例如"filetype:doc 市场分析"。

（2）高级搜索

搜狗提供针对网页和图片的高级搜索功能，网页搜索支持类似与、或、非的限定，关键词整体搜索以及位置、网站、文件格式等的限定，如图 3.15 所示。

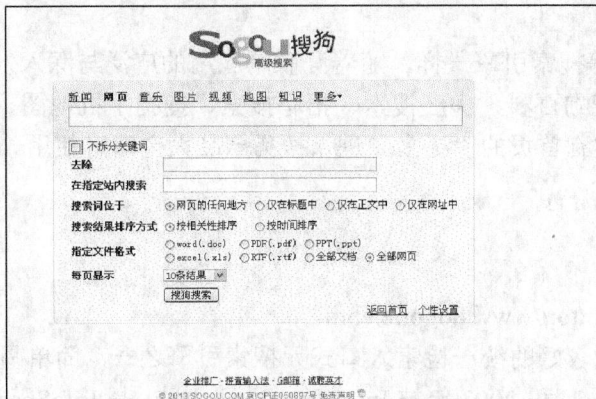

图 3.15 搜狗高级搜索页面

2. 网址导航

与其他搜索引擎一样，搜狗也提供"网址导航"功能，为用户提供精选的优秀网站大全。搜狗分类目录如图 3.16 所示。

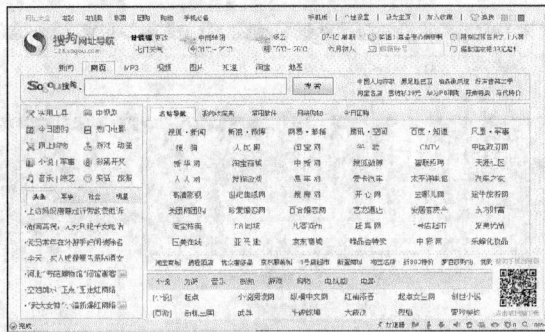

图 3.16 搜狗分类目录

3. 百宝箱

搜狗也提供天气预报、万年历查询、计算器、IP 查询、手机号码、生字快认、成语搜索、单词翻译等实用工具，如图 3.17 所示。

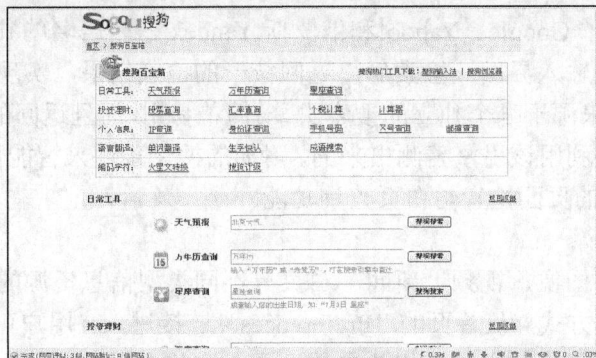

图 3.17 百宝箱

4. 其他功能应用

与百度、Google 等搜索引擎一样，随着互联网应用的广泛与深入发展，搜狗也提供越来越多的应用功能，如搜狗百科、房产搜索、招聘搜索、搜狗手机地图、搜狗路况导航、搜狗手机输入法等，单击搜狗首页的"更多"进入搜狗产品大全即可使用。

3.2.4　Dogpile

Dogpile 的网址是 http://www.dogpile.com。

目前因特网上性能较好的统一检索入口式元搜索引擎之一，简单易用，如图 3.18 所示。Dogpile 创始于 1996 年 1 月，2003 年被 InfoSpace 公司收购，是 InfoSpace 的旗舰元搜索引擎。2004 年 2 月，Dogpile 获得了搜索引擎观察（Search Engine Watch）网站颁发的最佳元搜索引擎奖和 PC World 颁发的"big_ time"奖和最佳查询工具奖，同年 6 月获得了 PC Magazine 授予的最佳的元搜索引擎嵌入工具条称号，还获得了 2004 年搜索引擎年度报告中的年度最佳奖。2006 年，在 J.D. Power and Associates 进行的主要搜索引擎家庭用户满意度在线调查研究中，获得"用户满意度最高奖"（"Highest in Customer Satisfaction"）。

图 3.18　Dogpile 首页

Dogpile 主要集成了 Google、Yahoo!和俄罗斯 Yandex 三个著名的独立搜索引擎，将它们集成在一个统一的检索输入界面。检索后，返回统一的检索结果，实现了检索结果的全局相关性排序，并注明结果来源于哪个独立的搜索引擎。简单易用，而且返回的结果少而精。Dogpile 的主要优点在于它能够利用该引擎猜测出来的、附加的搜索条件来智能优化用户的搜索结果。

以下简介 Dogpile 的页面检索与白页查询功能。

（1）页面检索

主要提供对网页、图像、视频、新闻、白页等不同类型信息资源的关键词检索，提供简单检索和高级检索两种方式，从首页的"Preferences"链接进入，用户可进行检索过滤、结果排序方式、检索结果页面打开方式等相关参数设置，这些参数只对下一次的简单检索有效，如图 3.19 所示。

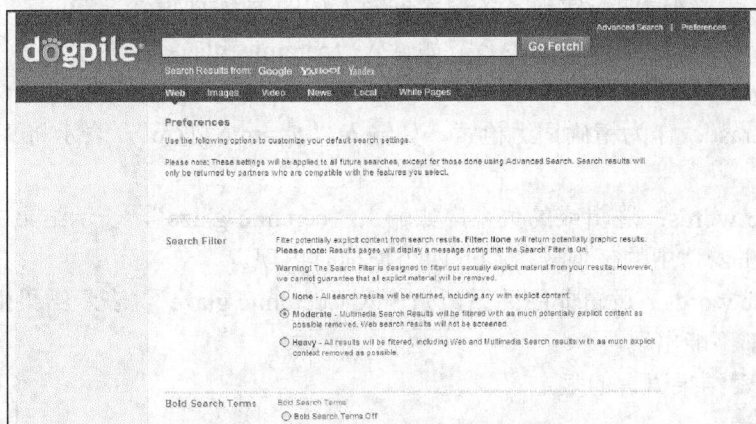

图 3.19　Dogpile 的检索设置页面

①　简单检索。在首页的检索词输入框输入检索词（如"ceramic glaze"）即可得到相应的检索结果，每页分广告（Ads）和网页（Web Results）显示，如图 3.20 所示。

图 3.20　Dogpile 的简单检索结果界面

②　高级检索。单击网站首页的"Advanced Search"链接即可进入高级检索界面，如图 3.21 所示。

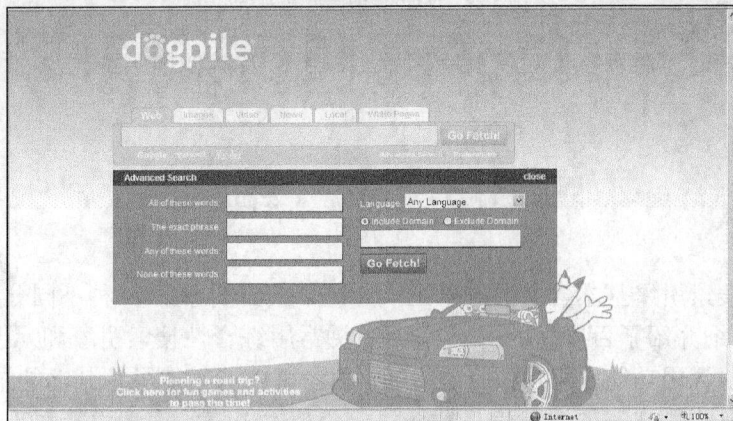

图 3.21　Dogpile 的高级页面检索界面

高级检索提供"all"、"any"、"none"或者"exact phrase"等对关键词的限制,只需在相应的检索框中输入关键词即可实现。各检索框输入词的关系如下。

All of these words:逻辑与的关系,如输入"ceramic glaze",表示结果中必须同时出现"ceramic"和"glaze"两个词。

The exact phrase:作为精确词组检索,如输入"ceramic glaze",表示将"ceramic glaze"作为词组检索。

Any of these words:逻辑或的关系,如输入"ceramic glaze",表示结果中必须可以出现"ceramic"和"glaze"中的任何一个词或两个词同时出现。

None of these words:逻辑非的关系,如输入"ceramic glaze",表示结果中"ceramic"和"glaze"两个词都不能出现。

还可进行检索结果语言的限定。

（2）白页查询

单击 Dogpile 首页的"White Pages"链接,即可进行白页（个人信息）查询。查询个人的信息,必须同时输入个人姓、名、城市名,并选择所在州进行限定才能出检索结果。查询结果为个人的邮政地址与电话号码等基本信息,如图 3.22 所示。

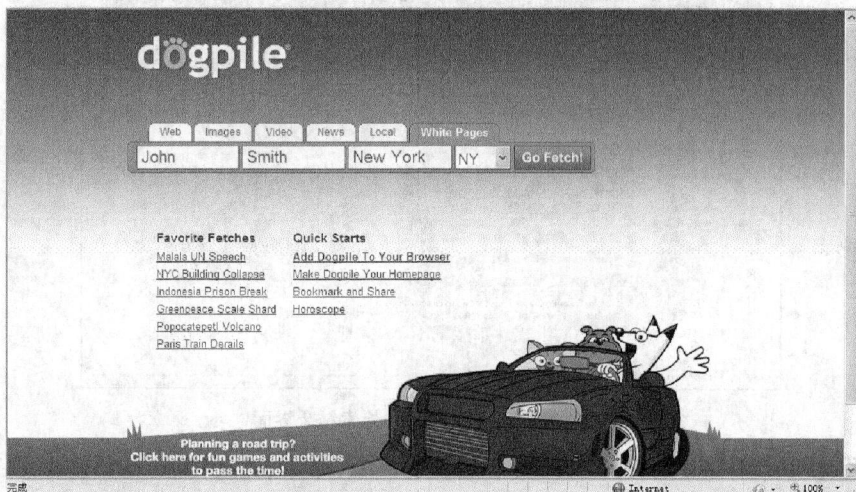

图 3.22　Dogpile 的白页查询界面

目前,黄页查询与白页查询只针对美国本土,不涉及其他地区或国家。

3.3　小　结

本章在简述搜索引擎基本含义的基础上,介绍了搜索引擎的 3 种不同分类方式,并从实用的角度出发,详细介绍了百度、Google 与搜狗 3 种常用综合性搜索引擎和元搜索引擎 Dogpile 的搜索功能和其他应用功能,配有相应的附图,读者可以清楚地了解其功能结构与使用方法。

因特网上具有类型丰富的海量信息,任何一个技术先进的搜索引擎都难以进行完全的搜索。因此，人们应根据自己的检索需要，选择不同的搜索引擎，或者选用多元搜索引擎，以得到更全面的查询结果。

习 题

1. 搜索引擎可以分为哪些类型？
2. 百度与 Google 在功能方面各有何特点？
3. 什么是元搜索引擎？Dogpile 有哪些功能？

第 4 章

中文网络数据库的检索

我国数据库产业起步于 20 世纪的 70 年代，经过 30 多年的发展，已经涌现了许多优秀的中文网络数据库，这些数据库对用户的研究和学习发挥着重要的作用。本章将介绍超星数字图书馆、读秀学术搜索、中国知网、万方数据知识服务平台、国家科技图书文献中心、艺术博物馆、大成老旧刊以及中经专网的概况，并配以检索示例，详细介绍各种数据库的检索方法。

4.1 超星数字图书馆

超星数字图书馆是国家"863"计划——中国数字图书馆示范工程项目，是我国目前最大的中文电子图书数据库。

4.1.1 资源概述

超星数字图书馆目前拥有 200 多万种的电子图书。通过 3 种方式提供服务，一是在购买单位安装镜像系统与数据，二是通过总站 http://www.ssreader.com 提供检索与浏览，三是通过超星公司为用户定制的镜像站点 http://www.sslibrary.com 提供服务。总站的图书最全，包括免费阅览室、会员图书馆、电子书店、原创、社区、博客等栏目。其中，免费阅览室提供近 10 000 种图书的免费阅读服务；会员图书馆分为工业技术、医学主题馆、计算机通信主题馆等 14 个主题馆，为付费会员提供超星全部数字图书的检索与浏览；电子书店提供电子图书的按本付费购买服务；读书社区是一个书友交流与创作的互动平台；原创栏目则是提供给用户发表文章和长篇连载的平台。

超星数字图书馆首页分为检索和浏览两大模块。首页的上方为检索模块，分为初级检索和高级检索两种，用户可要据课题需要选择不同的检索方式。首页的右侧为浏览模块，用户可根据需要，单击所需图书所属的类目选择性浏览，如图 4.1 所示。

超星数字图书馆整本书的阅读有两种方法，分别为网页阅读和阅读器阅读。网页阅读为在线阅读，不需要浏览器的支撑。而阅读器阅读必须借助浏览器，即用户需提前下载并安装支持阅读器阅读的超星阅读器。

超星公司为各用户定制的镜像站点界面基本一样，只是名称有所不同，购买的电子图书数量可能有多有少。以下以景德镇陶瓷学院的镜像站点为例加以介绍。

图 4.1　超星数字图书馆镜像站点首页

4.1.2　检索平台

超星数字图书馆首页面由检索模块和浏览模块构成。检索模块又分初级检索与高级检索两种方式。

1．分类浏览

超星数字图书馆将图书按《中国图书馆分类法》分成 22 个子图书馆，即 22 个大类，如图 4.2 所示。大类下面再分二级类、三级类等。如果用户需要了解雕塑类的书，直接单击首页面右侧图书分类中的 "艺术" 类目，所弹出结果均为艺术类图书，如图 4.3 所示。单击该结果界面左侧图书分类中的 "艺术" 类目，则会弹出二级类目信息，如图 4.4 所示。单击界面左侧图书分类中的 "雕塑" 类目，则会弹出三级类目信息，即所弹出结果均为雕塑类图书，如图 4.5 所示。在该界面，用户还可据需要选择性浏览。

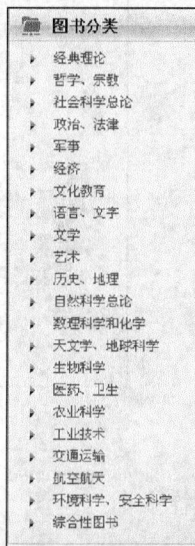

图 4.2　超星首页图书分类浏览界面

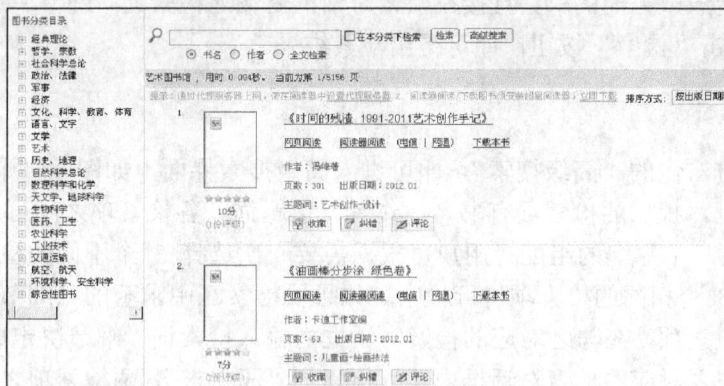

图 4.3　艺术类图书浏览界面

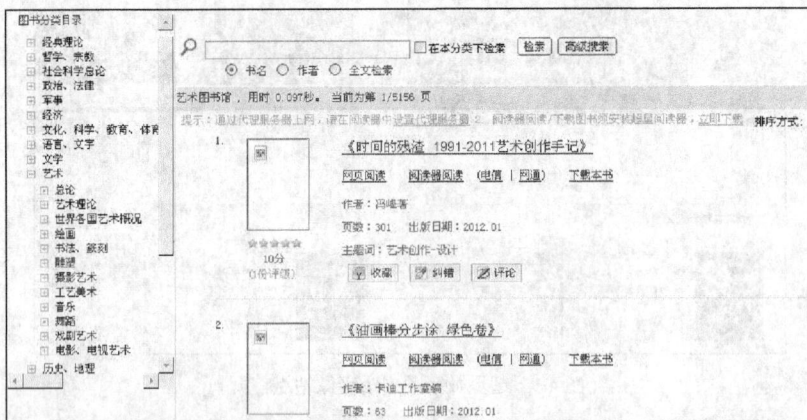

图 4.4　艺术之雕塑类图书浏览界面

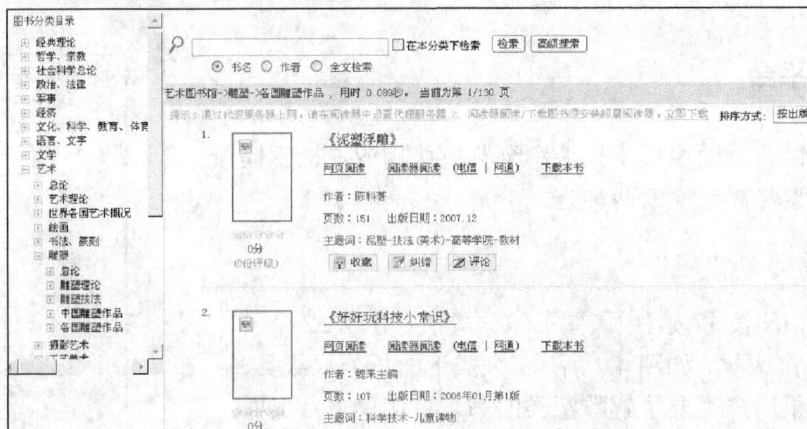

图 4.5　雕塑之雕塑技法类图书浏览界面

2．初级检索

初级检索平台仅提供一个检索对话框，提供的检索项有 3 个，分别为书名、作者和全文，如图 4.1 所示。系统默认的检索项为书名。一次只能选择一个检索项进行检索。如果用户要检索有关细节决定成败方面的书，直接在检索对话框内输入检索词"细节决定成败"，检索项选择"书名"，单击"检索"按钮，即可得出检索结果。

3．高级检索

单击首页上方右侧的"高级搜索"，即可进入高级搜索界面，如图 4.6 所示。高级检索提供 3 个检索对话框，提供的检索项有书名、作者、主题词。各检索项之间可进行逻辑 "与"(并且)、逻辑"或" (或者)的组配。用户可根据需要一次选择 3 个不同的检索项进行检索，也可以同时选择 3 个相同的检索项进行检索。如果要检索汪中求著的《细节决定成败》这本书，可选择书名检索项，在与之对应的检索对话框内输入检索词"细节决定成败"；同时选择作者检索项，在与之对应的检索对话框内输入检索词"汪中求"，两检索项之间的逻辑关系选择"并且"，单击"检索"按钮，即可得出检索结果。

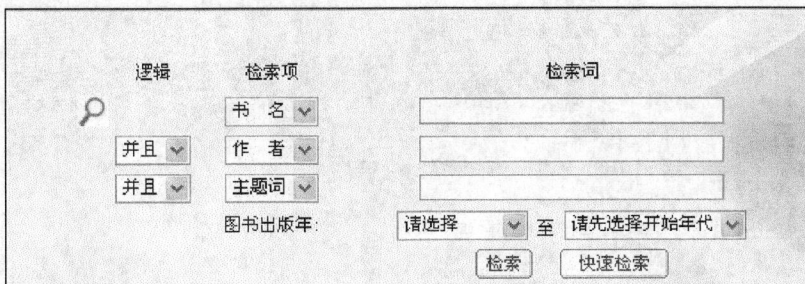

图 4.6　高级检索界面

4.1.3　检索示例

1.　初级检索

以下是一个初级检索的实例。

检索课题：检索陶瓷史方面的书。

检索工具：超星数字图书馆。

检索方式：初级检索。

检索策略：通过分析该课题，得出两个检索词，分别为"陶瓷"、"史"。

检索词：陶瓷、史。

检索项：书名。

检索表达式：书名=陶瓷 史。

检索步骤：

① 为获得较好的查准率，可选择系统默认的书名检索项。

② 在检索对话框内输入检索词"陶瓷 史"，"陶瓷"和"史"之间空格，表示两检索词之间为逻辑"与"的关系，如图 4.7 所示。

③ 单击"检索"按钮。

④ 得出检索结果，共检索出 16 条记录，如图 4.8 所示。

图 4.7　初级检索示例

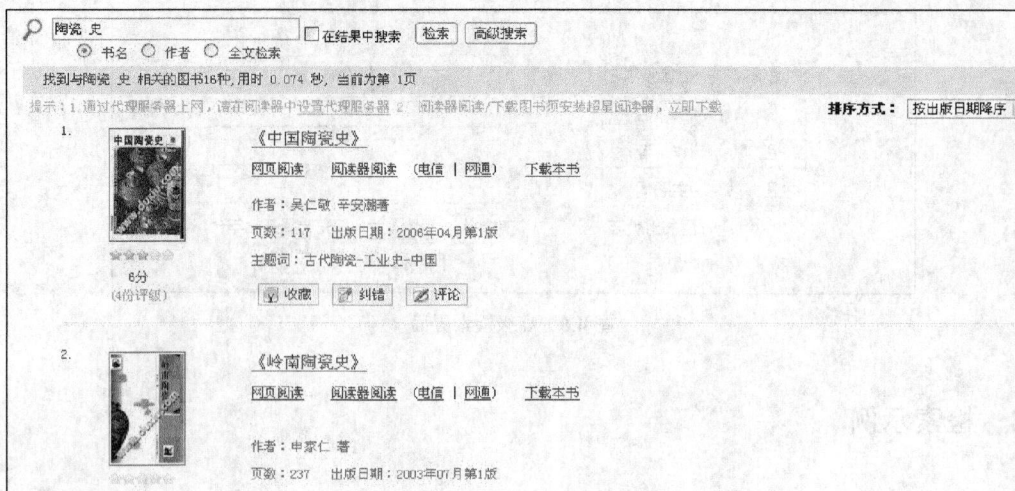

图 4.8　初级检索结果

检索结果：共 16 条。

前三本书的书目信息：（参考文献格式）

[1] 吴仁敬,辛安潮.中国陶瓷史[M].北京: 团结出版社,2006.

[2] 申家仁.岭南陶瓷史[M].广州: 广东高等教育出版社,2003

[3] 孔六庆.中国陶瓷绘画艺术史[M]. 南京: 东南大学出版社,2003

第一本书正文第一段：

文本格式：

发明陶瓷之起源——燧人氏、神农氏为制陶之鼻祖——黄帝始设陶正之官——宁封之神话封——宁封、昆吾所制之器——陶器之装饰

图片格式：

2. 高级检索

以下是一个高级检索的实例。

检索课题：检索陶瓷艺术方面的书。

检索工具：超星数字图书馆。

检索方式：高级检索。

检索策略：通过分析该课题，为获得较好的查全率，可得出多个检索词，如"陶瓷 艺术"、"陶瓷 设计"、"陶瓷 鉴赏"等。

检索词：陶瓷、设计、艺术、鉴赏。

检索项：书名。

检索表达式：书名=陶瓷 艺术 或者 书名=陶瓷 设计 或者 书名=陶瓷 鉴赏。

检索步骤：

① 为获得较好的查准率，3 个检索对话框对应的检索项均选择书名。

② 在 3 个检索对话框内分别输入检索词"陶瓷 艺术"、"陶瓷 设计"、"陶瓷 鉴赏"单个检索对话框内的两个检索词之间空格，表示两检索词之间为逻辑"与"的关系。

③ 3 个检索对话框之间的逻辑关系选择"或者"，如图 4.9 所示。

④ 单击"检索"按钮。

⑤ 得出检索结果，共检索出 53 条记录，如图 4.10 所示。

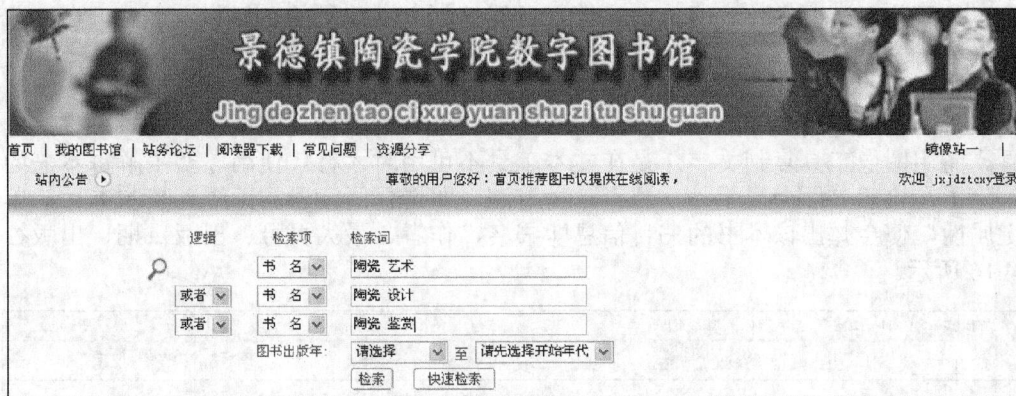

图 4.9　高级检索示例

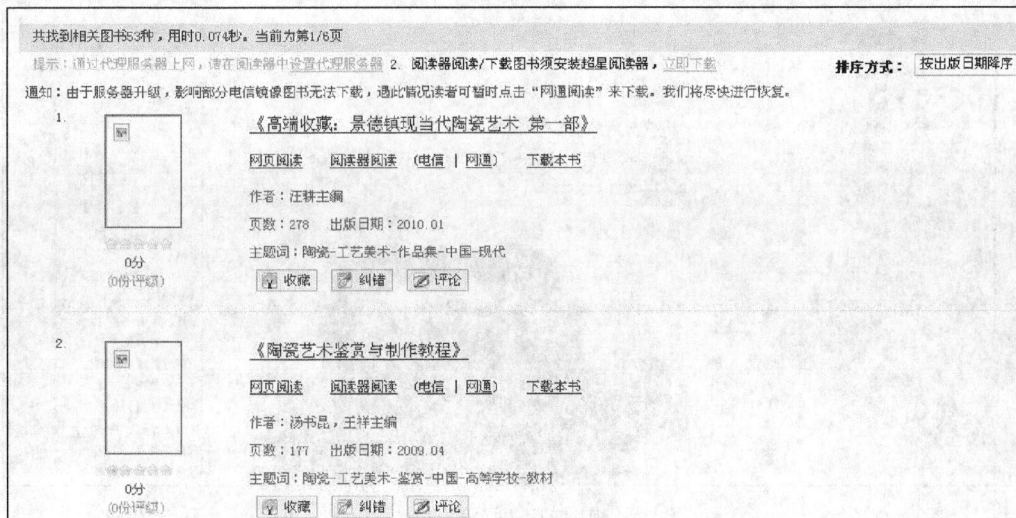

图 4.10　高级检索结果

检索结果：共 53 条。

前三本书的书目信息：

[1] 汪耕.高端收藏：景德镇现当代陶瓷艺术　第一部[M].南昌:江西美术出版社,2010

[2] 汤书昆,王祥.陶瓷艺术鉴赏与制作教程[M].合肥:中国科学技术大学出版社,2009

[3] 汪耕.景德镇现代艺术陶瓷投资与鉴藏[M].南昌:江西美术出版社,2007.

第一本书正文第一段：略

　　无论是初级检索还是高级检索，检索结果显示均为简单的书目信息，即书名、作者、页数、出版日期、主题词等，如图 4.8 所示。整本书的浏览分两种方式，即网页阅读和阅读器阅读。单击网页阅读，可直接打开整本书，如图 4.11 所示。选择网页阅读全文时，如果要对部分内容进行复制处理，单击全文页面主菜单中的"文字提取"按钮，选择"文字摘录"，即可复制所需文字内容，如图 4.12 所示。如果所需复制内容为图片、表格或公式，直接截图即可。单击阅读器阅读，一样可以打开整本书，如图 4.13 所示。只是选择阅读器阅读需提前下载并安装超星浏览器。选择阅读器阅读全文时，如需对部内容进行复制，可利用系统提供的两个工具，即：文本工具" $\boxed{T}$ "与图像工具" $\boxed{}$ "。文本工具只能复制文字，如图 4.14 所示。而图像工具既能复制图像、表格、公式等，又能复制文字。只是在复制文字时，在选取需复制内容，单击鼠标右键后，在弹出菜单中不要直接单击复制，而是选择文字识别，如图 4.15 所示。系统会自动将所复制内容由图片格式转化为文本格式。一般而言，当用户所需复制内容为文字时，直接选用文本工具；当用户所需复制内容为图像、表格、公式时，直接选用图像工具。而用图像工具复制文字，是在文本工具不可用时才替代使用。要了解每本书的书目信息，除了在检索界面会显示外，还有一种方法。即选择阅读器阅读进入整本书后，单击鼠标右键属性，便会弹出该本书的书目信息即书名、作者、最大页号、出版日期、出版社等，如图 4.16 所示。

图 4.11　网页阅读

第一章　原始时代

文字摘录　　　　　　　　　　　　　　　　　　　　　　　关闭
发明陶瓷之起源——燧人氏、神农氏为制陶之鼻祖——
黄帝始设陶正之官——宁封之神话——宁封、昆吾所制之
器——陶器之装饰

null　　　　　　　　　　复制

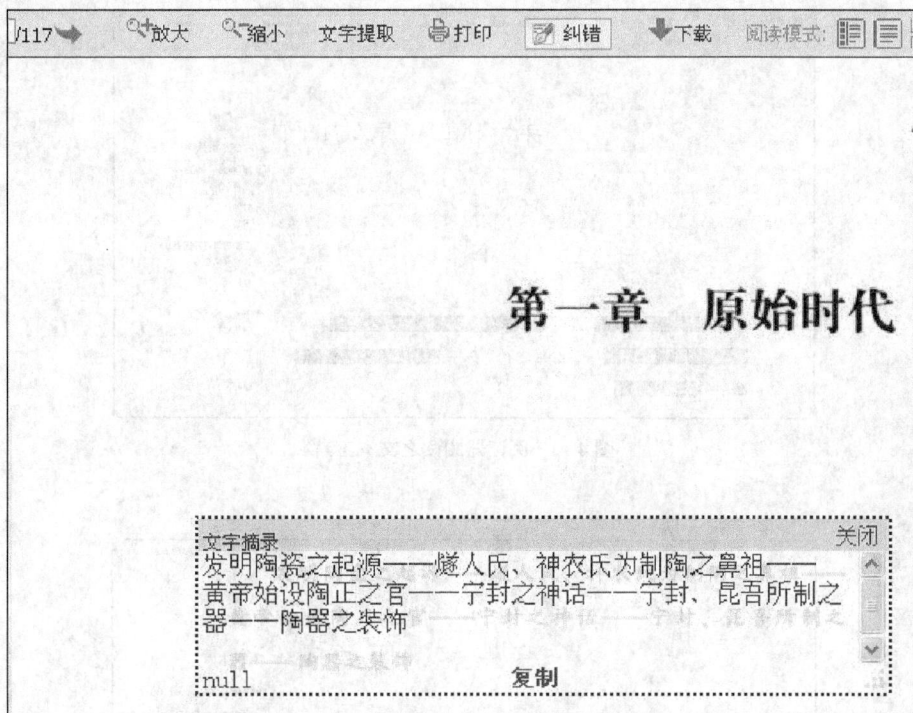

图 4.12　文字提取之文字复制功能

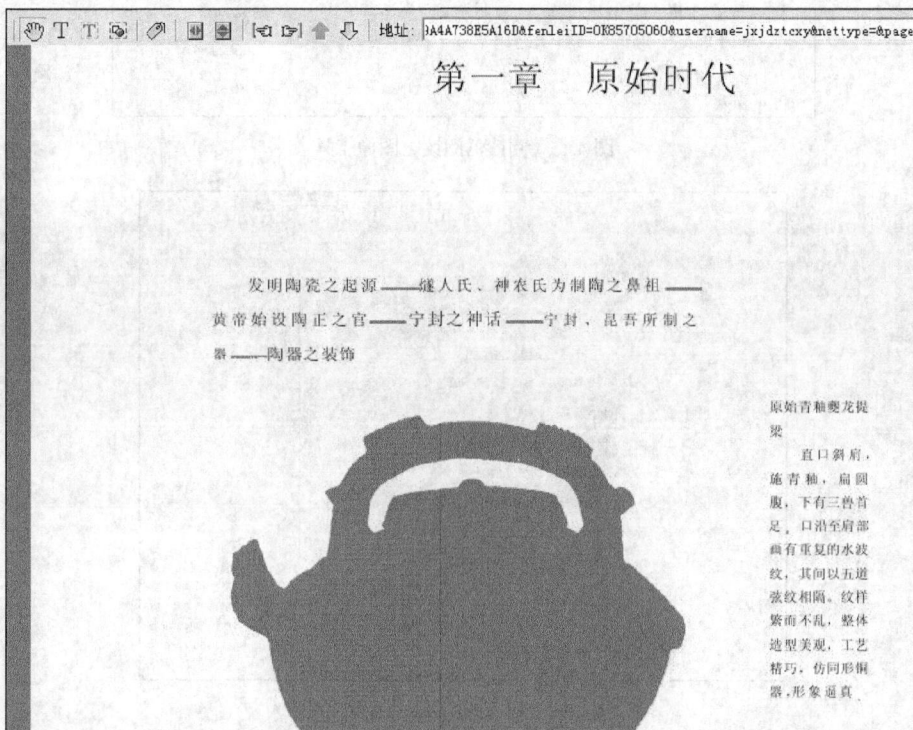

第一章　原始时代

发明陶瓷之起源——燧人氏、神农氏为制陶之鼻祖——

黄帝始设陶正之官——宁封之神话——宁封，昆吾所制之

器——陶器之装饰

原始青釉甑龙提
梁

直口斜肩，
施青釉，扁圆
腹，下有三兽首
足，口沿至肩部
曲有重复的水波
纹，其间以五道
弦纹相隔。纹样
紧而不乱，整体
造型美观，工艺
精巧，仿同形铜
器，形象逼真

图 4.13　阅读器阅读

第 4 章　中文网络数据库的检索

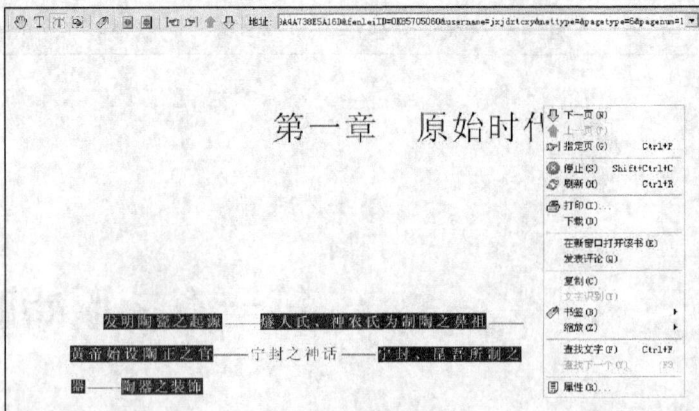

图 4.14　阅读器阅读之文本工具

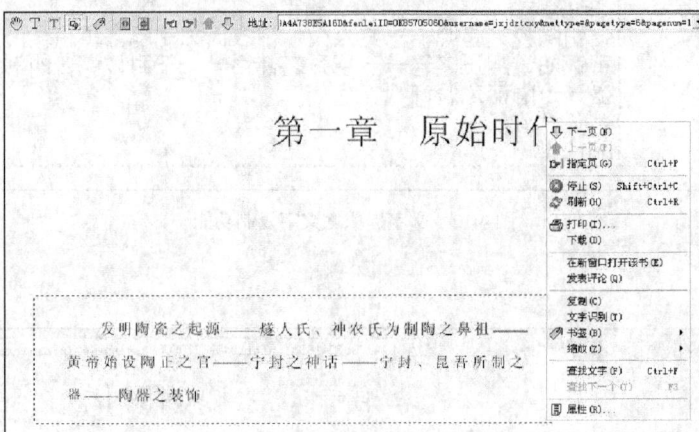

图 4.15　阅读器阅读之图像工具

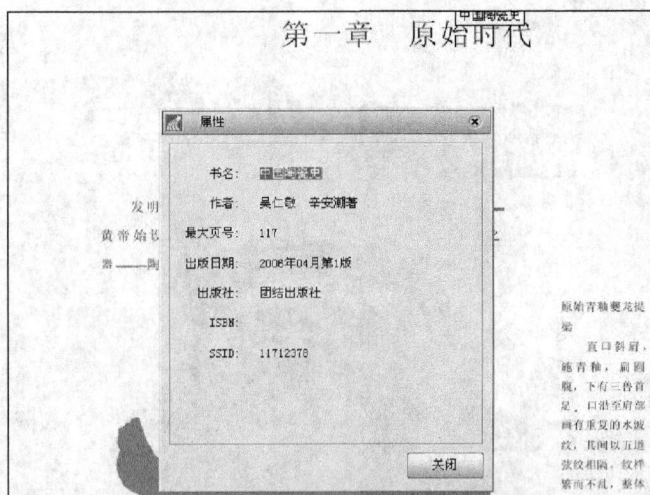

图 4.16　阅读器阅读之书目信息

4.2 读秀中文学术搜索

4.2.1 资源概述

这是北京超星公司推出的一个文献统一检索平台，可检索图书（包括超星的全部 200 多万册电子图书和其他图书）、期刊、报纸、学位论文和会议论文等文献。其首页面如图 4.17 所示。

图 4.17 读秀中文学术搜索首页

4.2.2 检索平台

下面介绍读秀中文学术搜索的检索平台与检索方法。该检索平台使用方便，易操作，主要介绍基本检索和高级搜索两种检索方式。

1. 分类浏览

读秀和超星数字图书馆一样，将图书按《中国图书馆分类法》分成 22 个子图书馆，即 22 个大类，大类下面再分二级类、三级类等，末级分类显示的是图书信息，单击"书名"链接，即可阅读图书。读秀的主分类界面如图 4.18 所示，其分类浏览界面如图 4.19 所示。

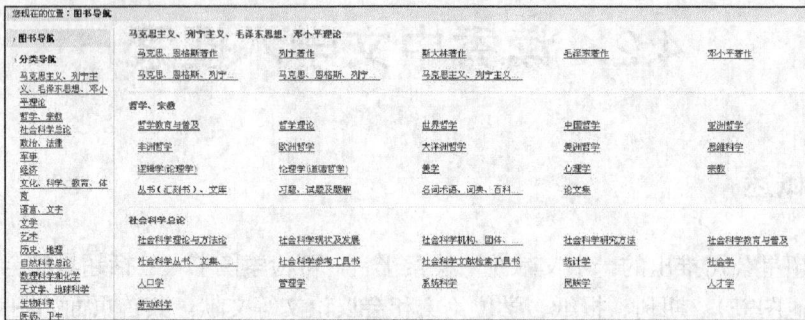

图 4.18　读秀的主分类界面

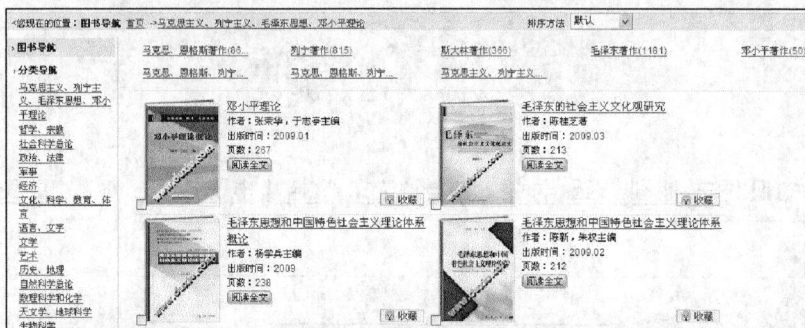

图 4.19　读秀的分类浏览界面

2. 基本检索

基本检索方式提供"知识"、"图书"、"期刊"、"报纸"、"学位论文"、"会议论文"、"文档"和"电子书"等文献资源的检索。基本检索界面图 4.20 所示。

图 4.20　读秀的基本检索界面

其检索步骤如下。

① 根据检索要求，选择检索文献种类。

② 在检索项内键入关键词。

③ 按回车键或鼠标单击"搜索"按钮，搜索到的图书将显示在网页上。为便于查阅，关键词以醒目的红色显示。

④ 检索结果出来后，选择"在结果中搜索"，则可进行二次检索。

3. 高级检索

读秀平台只有"图书"、"期刊"、"报纸"、"学位论文"、"会议论文"支持高级检索。

选定搜索文献种类，单击主页上的"高级搜索"按钮，即可进入高级搜索界面，如图 4.21 所示。高级搜索提供书名、作者、主题词、出版社、ISBN 与图书出版年代的组合查询功能。

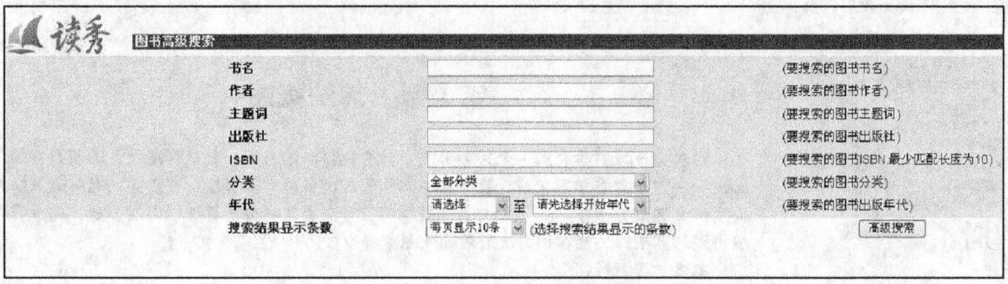

图 4.21　超星数字图书馆的高级检索界面

4.2.3　检索示例

下面以示例介绍读秀的基本检索方法和高级检索方法。

1. 基本检索方法

检索课题：检索一本有关算法设计方面的图书。

检索策略：根据检索要求，确定关键词为"算法设计"。选择"书名"检索项，在检索框中输入"算法设计"，然后单击"读秀中文搜索"按钮，得到 90 条中文图书信息。书名输入界面图 4.22 所示，检索结果界面如图 4.23 所示。

图 4.22　书名输入界面

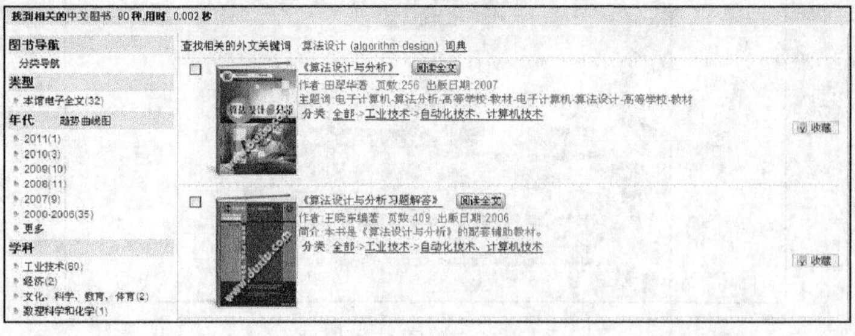

图 4.23　检索结果界面

单击第一条图书信息"《算法设计与分析》"中的"阅读全文"链接，就可以直接打开图书进行阅读了。阅读界面如图 4.24 所示。

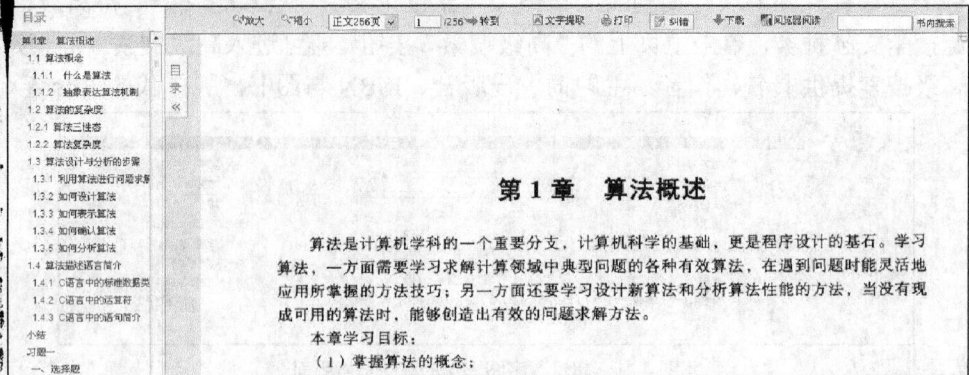

图 4.24　用 IE 浏览图书正文界面

2. 高级检索方法

检索课题：检索一本由秦锡麟编写的有关于陶瓷艺术方面的图书。

检索策略：根据检索要求分析，要使用多个条件进行组合检索，所以选择高级检索。在高级检索界面，书名字段的检索项中输入"陶瓷艺术"，作者字段的检索项中输入"秦锡麟"，然后单击"高级搜索"，检索到 4 条图书信息。检索界面如图 4.25 所示，检索结果界面如图 4.26 所示。

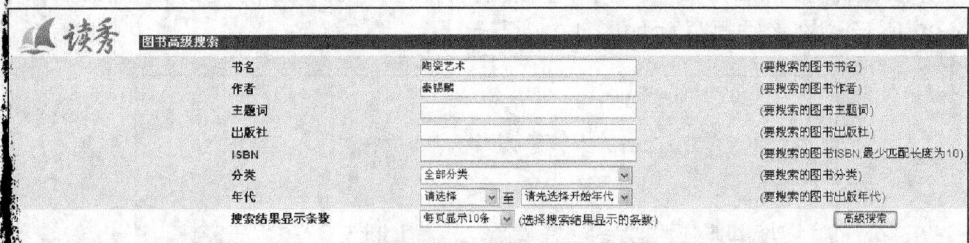

图 4.25　检索界面

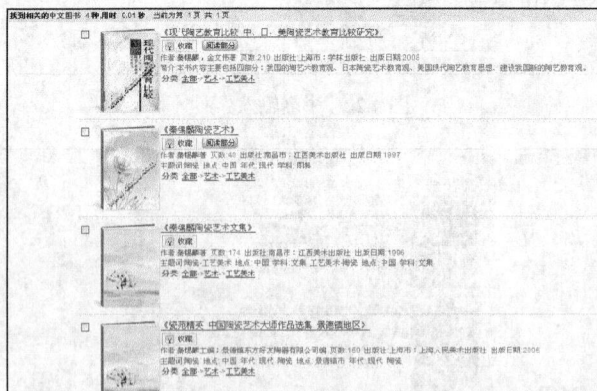

图 4.26　检索结果界面

4.3 中国知网

中国知网（China National Knowledge Infrastructure，CNKI）是由清华大学、清华同方股份有限公司发起，利用网络技术整合知识信息资源，并根据市场的需求开发的综合文献信息资源网站。CNKI 的数据涵盖自然科学、工程技术、医学、农业、生物、文学、历史、哲学、政治、经济、法律、教育等领域。

4.3.1 资源概述

CNKI 收录的文献种类非常齐全，有期刊论文、博硕论文、会议论文、报纸论文、外文文献、年鉴、百科全书、统计数据、专利、标准等。其代表性的数据库有中国学术期刊网络出版总库、中国博士学位论文全文数据库、中国优秀硕士学位论文全文数据库、中国重要会议论文全文数据库以及一些专题数据库和数据仓库。CNKI 按资源内容分为 10 个专辑，即基础科学、工程科技Ⅰ、工程科技Ⅱ、农业科技、医药卫生科技、哲学与人文科学、社会科学Ⅰ、社会科学Ⅱ、信息科技、经济与管理科学。十大专辑下分为 168 个专题和近 3 600 个子栏目。

中国学术期刊网络出版总库是目前世界上最大的连续动态更新的中国学术期刊全文数据库，收录国内正式出版的学术期刊 9 873 种，1 344 261 期；核心期刊收录率 95%；特色期刊（如农业、中医药等）收录率 100%；独家或唯一授权期刊共 2 400 余种，约占我国学术期刊总量的 35%。产品分为十大专辑：基础科学、工程科技Ⅰ、工程科技Ⅱ、农业科技、医药卫生科技、哲学与人文科学、社会科学Ⅰ、社会科学Ⅱ、信息科技、经济与管理科学。十大专辑下分为 168 个专题。内容覆盖自然科学、工程技术、农业、哲学、医学、人文社会科学等各个领域，收录自 1915 年至今出版的期刊，部分期刊回溯至创刊。截止至 2013 年 6 月，期刊全文文献总量已达 44 864 494 篇。

中国博士学位论文全文数据库收录了 404 家博士培养单位的博士学位论文，培养单位有全国 985、211 工程重点高校与中国社科院、中国科学院等科研院所，覆盖基础科学、工程技术、农业、医学、哲学、人文、社会科学等各个领域。收录年限自 1984 年至今，截止至 2013 年 4 月，收录量已近 20 万篇，是目前国内收录博士论文比较完整的数据库资源。

中国优秀硕士学位论文全文数据库收录了 621 家硕士培养单位的硕士学位论文。重点收录 985、211 高校、中国科学院、社会科学院等重点单位的优秀硕士论文、重要特色学科如通信、军事学、中医药等专业的优秀硕士论文。硕士论文数据库内容主要以通信、军事学、中医药等特色专业为代表。收录的硕士学位论文年限自 1984 年至今，截止至 2013 年 4 月，收录量已近 170 万篇。

国内外重要会议论文全文数据库重点收录 1999 年以来中国科协系统及国家二级以上的学会、协会，高校、科研院所，政府机关举办的重要会议以及在国内召开的国际会议上发表的文献。其中，国际会议文献占全部文献的 20% 以上，全国性会议文献超过总量的 70%，部分重点会议文献回溯至 1953 年。截至 2012 年 10 月，已收录出版国内外学术会议论文集近 16 300 本，累积文献总量 170 多万篇。

中国重要报纸全文数据库收录 2000 年以来中国国内公开发行的 500 多种重要报纸上刊载

的学术性、资料性文献。至 2012 年 10 月，已收录累积报纸全文文献 1 000 多万篇。

中国知网界面简单，操作方便。检索系统提供"AND"、"OR"、"NOT"的逻辑组配功能。全文浏览分 CAJ 和 PDF 两种格式。要浏览全文需提前下载并安装浏览器，即：CAJ 浏览器和 PDF 浏览器。系统推荐用 CAJ 浏览器。CAJ 浏览器既可以浏览 CAJ 格式全文，也可以浏览 PDF 格式全文。

4.3.2　检索平台

输入网址 www.cnki.net，即可进入中国知网首页。中国知网检索界面友好，简洁方便，分为初级检索（一框式检索）、跨库检索、高级检索等，系统默认的检索界面为初级检索界面。如图 4.27 所示。在该界面，用户可根据需要选择单库检索或跨库检索。如果对于文献类型没有具体要求，直接在检索对话框内输入检索指令即可检索出不同类型文献。如果对所检文献有具体类型要求，单击具体的文献类型，如期刊或博硕士或会议等，在检索对话框输入检索指令后，系统会在所选数据库内进行检索，所获得结果即为所需文献类型。

单击首页面的高级检索按钮，可进入高级检索界面。高级检索界面提供的检索方式分高级检索、专业检索、作者发文检索、科研基金检索、句子检索、文献来源检索等，如图 4.28 所示。

图 4.27　中国知网首页

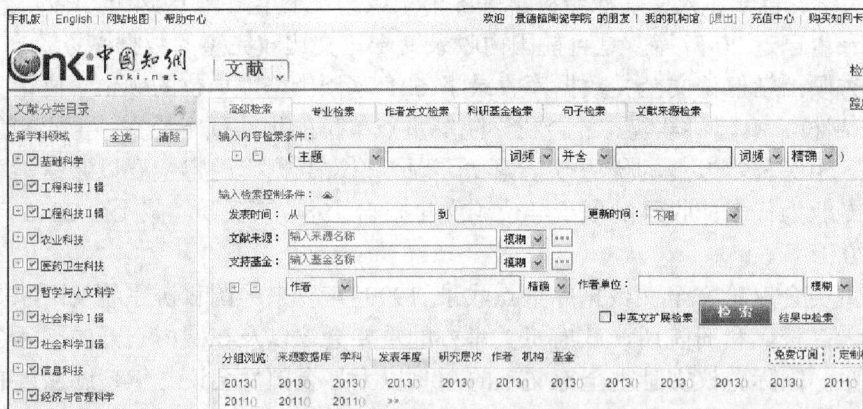

图 4.28　中国知网高级检索界面

1. 初级检索

初级检索界面非常简单，仅提供一个检索对话框，系统提供的检索项有：全文、篇名、主题、作者、单位、关键词、摘要、参考文献、中图分类号、文献来源等。用户可根据课题需要选择合适的检索项，在检索对话框内输入检索指令，单击"检索"按钮，即可得出检索结果。

例如：要检索彩陶纹饰研究方面的文献，可在检索词对话框内输入"彩陶 纹饰"；如对检索结果准确率有较高要求，检索项可选择"篇名"，然后单击"检索"按钮，即可检索出篇名中同时含有"彩陶"和"纹饰"的文献。检索词之间的空格为默认的逻辑关系"and"。

2. 高级检索

单击首页面右上方的高级检索，即可进入高级检索界面。高级检索界面提供的检索模块有两个，分别为按输入内容检索条件进行检索和按输入检索控制条件进行检索。按输入内容检索条件模块提供两个检索对话框，两检索对话框对应同一个检索项。两检索对话框之间的逻辑组配关系有"并含"、"或含"与"不含"。系统提供的检索项有：主题、篇名、关键词、摘要、全文、参考文献、中图分类号等。检索控制条件模块提供的检索项有：发表时间、文献来源、支持基金、作者、作者单位等。检索结果出来后，如有需要，还可以不断补充输入条件，在结果中再次检索。检索控制条件模块各检索项之间的关系是系统默认的逻辑关系"and"。例如，要检索在《中国陶瓷》期刊上发表的关于陶瓷釉研究方面的文献，如果对查准率有较高的要求，可在内容检索条件模块选择标题检索项，在两个检索对话框内分别输入"陶瓷"和"釉"，两检索词之间的逻辑组配关系选择"并含"；在检索控制条件模块中的文献来源检索项对应的检索对话框内输入"中国陶瓷"，右键下拉菜单选择"精确"，然后单击"检索"按钮，即可得出检索结果。

3. 专业检索

进入高级检索平台后，单击专业检索，即可进入专业检索界面。专业检索界面仅提供一个检索对话框，用户只需在该框内输入相应的检索表达式，单击"检索"按钮，即可得出检索结果。专业检索提供的检索字段有：SU(主题)、TI(题名)、KY=(关键词)、AB(摘要)、FT(全文)、AU(作者)、FI(第一责任人)、AF (机构)、JN(文献来源)、RF(参考文献)、YE(年)、FU(基金)、CLC(中图分类号)、SN(ISSN)、CN(统一刊号)、IB(ISBN)、CF(被引频次)等。例如，要检索周健儿教授在《中国陶瓷》、《中国陶瓷工业》、《陶瓷学报》等期刊上发表的关于陶膜研究方面的文献，可直接在检索对话框内输入检索表达式："AU=周健儿 AND TI=(陶瓷*膜) AND JN=(中国陶瓷+中国陶瓷工业+陶瓷学报)"， 然后单击"检索"按钮，即可得出检索结果。值得注意的是：在构建检索表达式时，检索项与检索项之间的逻辑组配关系用单词"AND"、"OR"、"NOT"来分别表示逻辑"与"、"或"、"非"，且各检索项与单词之间要空格。而单个检索项内各检索词之间的逻辑组配关系则用"*"、"+"、"-"来分别表示逻辑"与"、逻辑"或"、逻辑"非"。单个检索项内的多个检索词要用英文输入状态下的"()"括起来。

4. 作者发文检索

进入高级检索平台后，单击作者发文检索，即可进入作者发文检索界面。作者发文检索界面提供 3 个检索对话框，对应的检索项分别为作者姓名、第一作者姓名、作者单位。各检索对话框右侧还提供模糊检索与精确检索选择。用户只需在相应的检索对话框内输入相应的检索词，单击"检索"按钮，即可获得结果。例如，要检索景德镇陶瓷学院周健儿教授发表的论文，可直接在作者姓名对应的检索对话框内输入"周健儿"，选择精确检索；同时在作者单位对应的检索对话框内输入"景德镇陶瓷学院"， 选择模糊检索，然后单击"检索"按钮，即可得出检索结果。

4.3.3　检索示例

1. 初级检索

　　检索课题：检索彩陶纹饰研究方面的文献。
　　检索工具：中国知网。
　　检索方式：初级检索。
　　检索策略：通过分析该课题，得出两个检索词，分别为"彩陶""纹饰"。
　　检索词：彩陶、纹饰。
　　检索项：篇名。
　　检索表达式：篇名=彩陶 纹饰。
　　检索步骤：
　　① 为获得较好的查准率，可单击检索项下拉菜单，选择篇名检索项。
　　② 在检索对话框内输入检索词"彩陶 纹饰"， 彩陶和纹饰之间空格，表示两检索词之间为逻辑"与"的关系，如图 4.29 所示。
　　③ 单击"检索"按钮。
　　④ 得出检索结果，共检索出 177 条记录，如图 4.30 所示。

图 4.29　初级检索示例

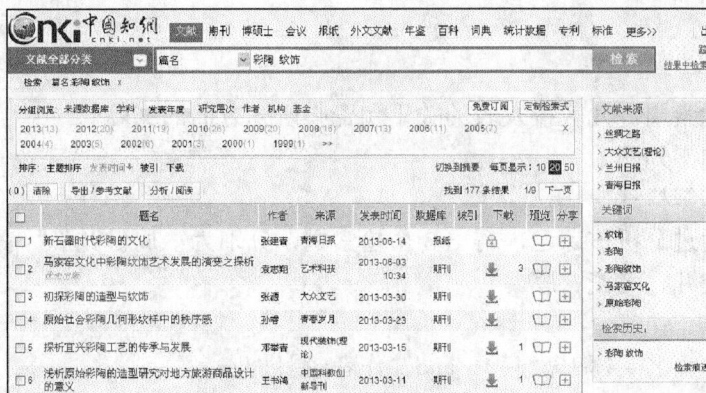

图 4.30　初级检索结果

检索结果：共 177 条。

前三篇文献题录信息（参考文献格式）：

[1] 张建青. 新石器时代彩陶的文化[N]. 青海日报，2013-06-14011.

[2] 袁志翔. 马家窑文化中彩陶纹饰艺术发展的演变之探析[J]. 艺术科技，2013（3）:111.

[3] 张源. 初探彩陶的造型与纹饰[J]. 大众文艺 2013（6）:73.

第一篇文献正文第一段：

文本格式：

引言

马家窑文化是中华文明中灿烂的篇章，也是人类繁衍生息、进化发展的摇篮之一，勤劳勇敢的先民们在这块广袤的土地上劳动生活，创造了灿烂的远古文明。1923 年，北洋政府农商部矿政顾问、瑞典学者安特生在临洮马家窑村的黄土台地上发现了大量彩陶。此后，我国学者裴文中、夏鼐等也在这里进行考古调查与发掘，确认这是距今约 5000 年到 4000 年由仰韶文化发展而来的一种有明显地方特色的远古文化。20 世纪 40 年代，夏鼐先生命其名为"马家窑文化"。1988 年，国务院公布临洮县马家窑文化遗址为全国重点文物保护单位。马家窑文化同仰韶文化、大汶口文化、龙山文化一起，成为我国新石器时代晚期文化的代表。马家窑文化以其光彩夺目的彩陶而著称于世。本文主要研究马家窑文化中彩陶纹饰艺术发展的演变，具有一定的现实意义和指导意义。

图片格式：

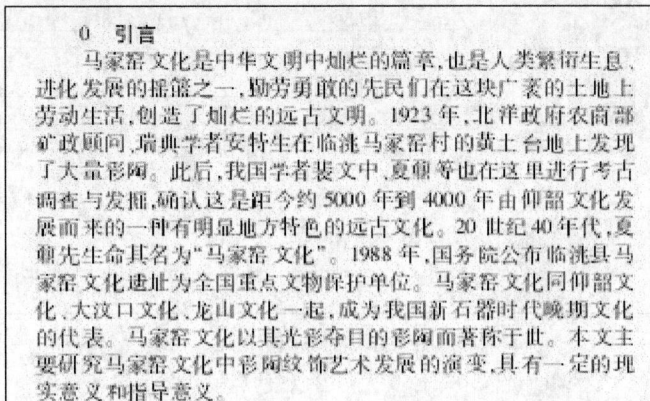

2. 高级检索

检索课题：检索周健儿教授发表的关于陶瓷膜研究方面的文献。

检索工具：中国知网。

检索方式：高级检索。

检索策略：通过分析该课题，得出 3 个检索词，分别为"周健儿""陶瓷""膜"。

检索词：周健儿、陶瓷、膜。

检索项：篇名、作者。

检索表达式：篇名=（陶瓷*膜） and 作者=周健儿。

检索步骤：

① 为获得较好的查准率，可单击检索项下拉菜单，选择篇名检索项。

② 在篇名检索项对应的两个检索对话框内分别输入检索词"陶瓷"、"膜"，"陶瓷"和"膜"之间选择"并含"逻辑关系。

③ 在作者检索项对应的检索对话框内输入检索词"周健儿"，如图 4.31 所示。

④ 单击"检索"按钮。

⑤ 得出检索结果，共检索出 15 条记录，如图 4.32 所示。

检索结果：共 15 条。

前三篇文献题录信息（参考文献格式）：

[1] 张小珍，周健儿，汪永清，江瑜华，孟广耀，刘杏芹. 高渗透性多孔 YSZ 中空纤维陶瓷膜的制备与表征[J]. 稀有金属材料与工程，2011（S1）:11-14.

[2] 张小珍，章婧，周健儿，江瑜华，邹恒宇. SiO_2 基多孔陶瓷膜支撑体的制备[J]. 硅酸盐通报，2011（6）:1319-1322.

[3] 杨柯，常启兵，王霞，汪永清，周健儿. 高岭土为助烧剂制备多孔陶瓷膜支撑体[J]. 中国陶瓷，2012（9）:24-27.

第一篇文献正文第一段：略

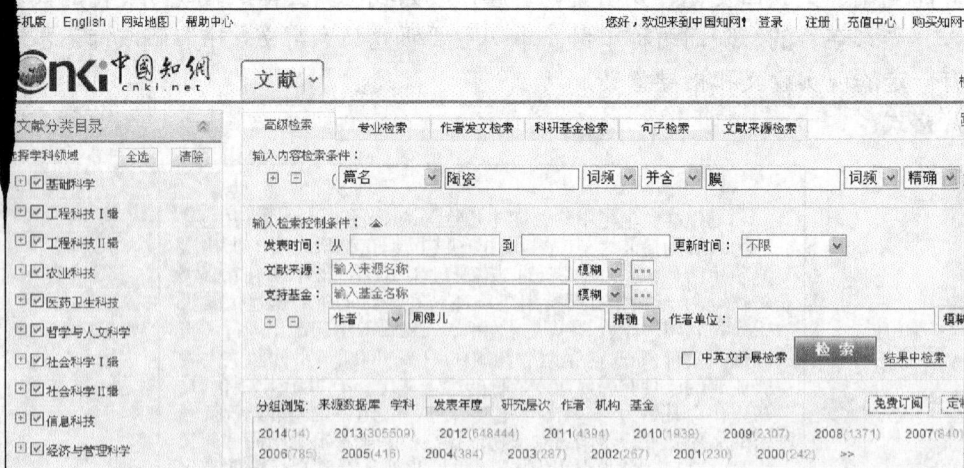

图 4.31　高级检索示例

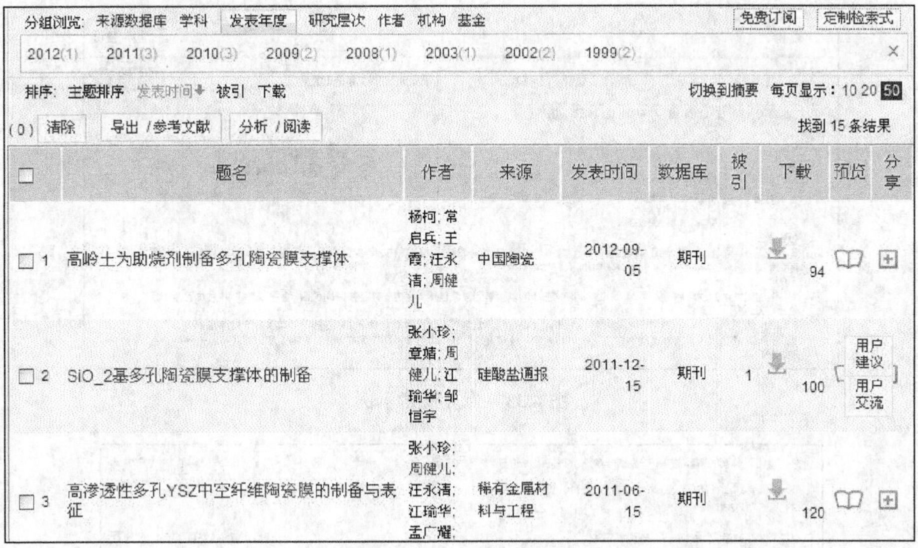

图 4.32　高级检索结果

3. 专业检索

检索课题：检索彩陶纹饰研究方面的文献。

检索工具：中国知网。

检索方式：专业检索。

检索策略：通过分析该课题，得出表示彩陶概念的检索词有"彩陶"；表示纹饰概念的检索词有："纹饰""纹样""装饰""花纹""图案""图腾"等。

检索词：彩陶、纹饰、纹样、装饰、花纹、图案、图腾。

检索项：题名。

检索表达式：TI=彩陶 AND TI=(纹饰+纹样+装饰+花纹+图案+图腾)。

检索步骤：

① 为获得较好的查准率，可选择题名检索项。

② 构建适合课题需要的检索表达式："TI=彩陶 AND TI=(纹饰+纹样+装饰+花纹+图案+图腾)"。

③ 在检索对话框内输入检索表达式："TI=彩陶 AND TI=(纹饰+纹样+装饰+花纹+图案+图腾)"，如图 4.33 所示。

④ 单击"检索"按钮。

⑤ 得出检索结果，共检索出 258 条记录，如图 4.34 所示。

检索结果：共 258 条。

前三篇文献题录信息（参考文献格式）：

[1] 袁志翔. 马家窑文化中彩陶纹饰艺术发展的演变之探析[J]. 艺术科技，2013（3）:111.

[2] 张源. 初探彩陶的造型与纹饰[J]. 大众文艺，2013（6）:73.

[3] 孙睿. 原始社会彩陶几何形纹样中的秩序感[J]. 青春岁月，2013（6）:104+103.

第一篇文献正文第一段：略

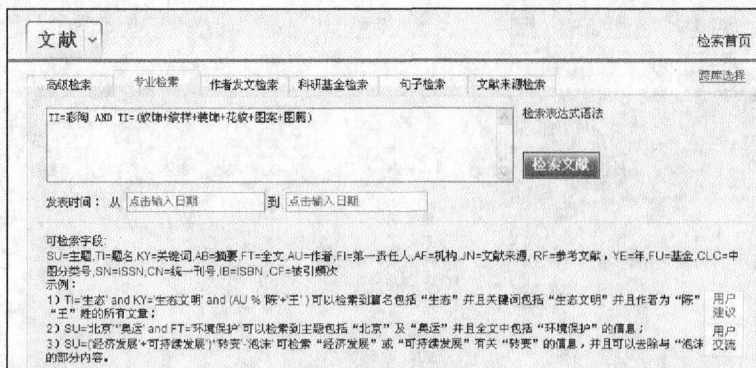

图 4.33　专业检索示例

图 4.34　专业检索结果

4. 作者发文检索

　　检索课题：检索景德镇陶瓷学院周健儿教授发表的论文。

　　检索工具：中国知网。

　　检索方式：作者发文检索。

　　检索策略：通过分析该课题，得出两个检索词，分别为"景德镇陶瓷学院"和"周健儿"。

　　检索词：景德镇陶瓷学院、周健儿。

　　检索项：作者姓名、作者单位。

　　检索表达式：作者姓名=周健儿 AND 作者单位=景德镇陶瓷学院。

　　检索步骤：

　　① 在作者姓名对应的检索对话框内输入检索词"周健儿"。

　　② 在作者单位对应的检索对话框内输入检索词"景德镇陶瓷学院"，如图 4.35 所示。

　　③ 单击"检索"按钮。

　　④ 得出检索结果，共检索出 171 条记录，如图 4.36 所示。

　　检索结果：共 171 条。

　　前三篇文献题录信息（参考文献格式）：

　　[1] 周健儿,冯勇,肖卓豪. 以多晶硅线切割废料为主要原料制备碳化硅陶瓷的研究[J]. 陶

瓷学报，2013（1）:61-65.

[2] 刘昆，周健儿，汪永清，胡海泉. 超低温(≤1100℃)玻化砖的研究与开发[J]. 中国陶瓷工业，2012（6）:14-17.

[3] 刘昆，周健儿，汪永清，胡海泉. 超低温(≤1100℃)玻化砖的研究与开发[A]. 中国硅酸盐学会陶瓷分会(The Committee of Ceramics of the Chinese Ceramic Society).中国硅酸盐学会陶瓷分会 2012 年学术年会论文集[C].中国硅酸盐学会陶瓷分会(The Committee of Ceramics of the Chinese Ceramic Society)，2012:3.

第一篇文献正文第一段：略

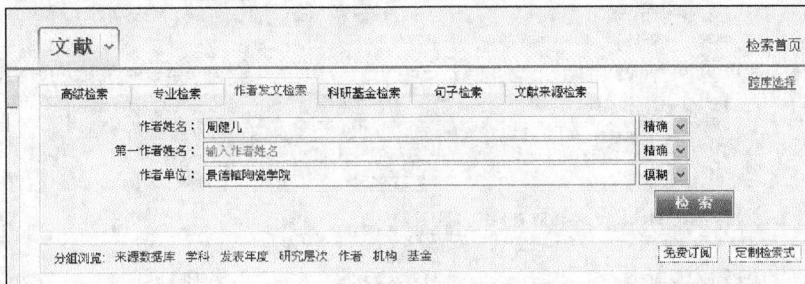

图 4.35　作者发文检索示例

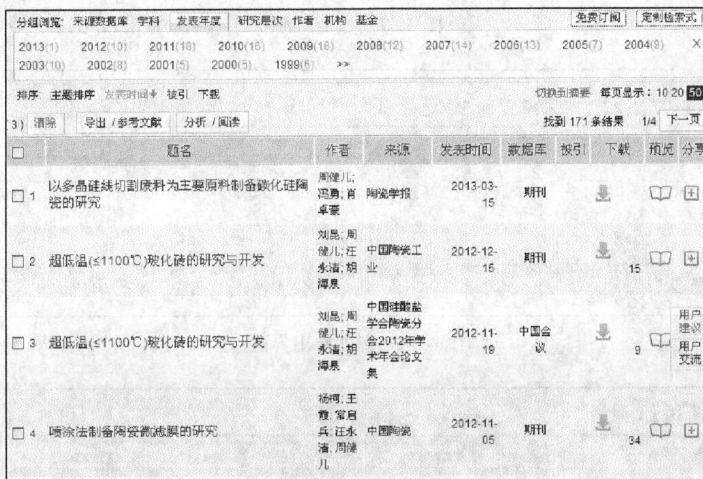

图 4.36　作者发文检索结果

无论哪种检索方式，检索结果均为文献题录信息。由文献的标题、作者、来源、发表时间、来源数据库组成。在该界面，系统提供分组浏览功能，用户可要根据需要分别选择来源数据库、学科、发表发限、研究层次、作者、机构、基金等进行分组浏览。对于检索结果的排序，系统分别提供按主题排序、按发表时间排序、按被引次数排序和按下载次数排序等四种方式。系统默认的排序为主题排序，用户也可根据需要进行选择。

对于文献的基本信息，如果用户有具体要求，可单击文献前面的标记框，然后单击"导出/参考文献"按钮，如图 4.37 所示，即可进入文献导出界面。由文献的标题、作者、来源、发表时间、来源数据库组成，如图 4.38 所示。如果用户要求题录信息为参考文献格式，则在标记框全选后，继续单击"导出/参考文献"按钮，即可进入文献输出界面。该界面显示的文献题录信息为参考文献格式，如图 4.39 所示。如果是期刊文献，则由文献的作者、标题、文献类型代码、文献来源、发表年份、期号、起止页码组成。如果是学位论文，则由文献的作者、标题、文献类型代码、学位授予单位、学位授予时间组成。参考文献格式的题录信息被导出后，用户可通过单击"复制到剪贴板"按钮，复制所需题录信息。在该界面，用户还可根据需要通过单击界面左边的各大功能选择不同的浏览格式，如查新（引文格式）、查新（自定义引文格式）、自定义（支持需输出更多文献信息的查新等用途）等，如图 4.40 所示。

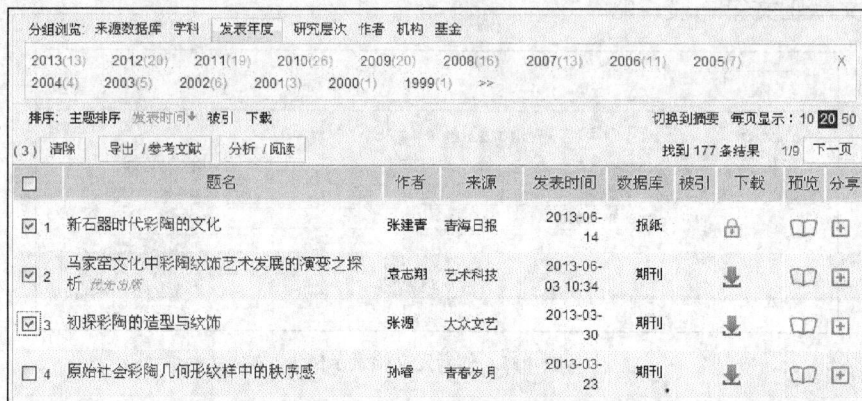

图 4.37　选取文献

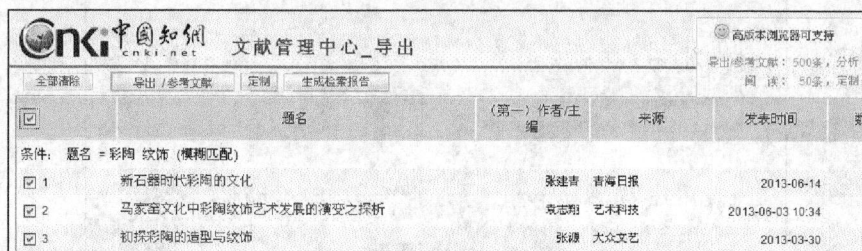

图 4.38　文献导出界面

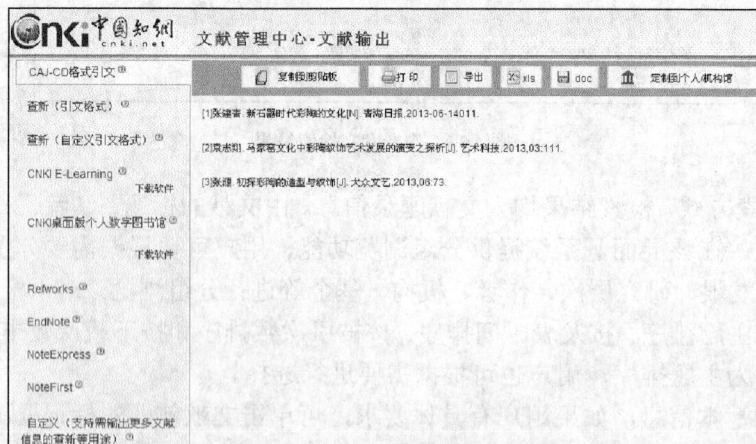

图 4.39　文献题录信息之参考文教格式

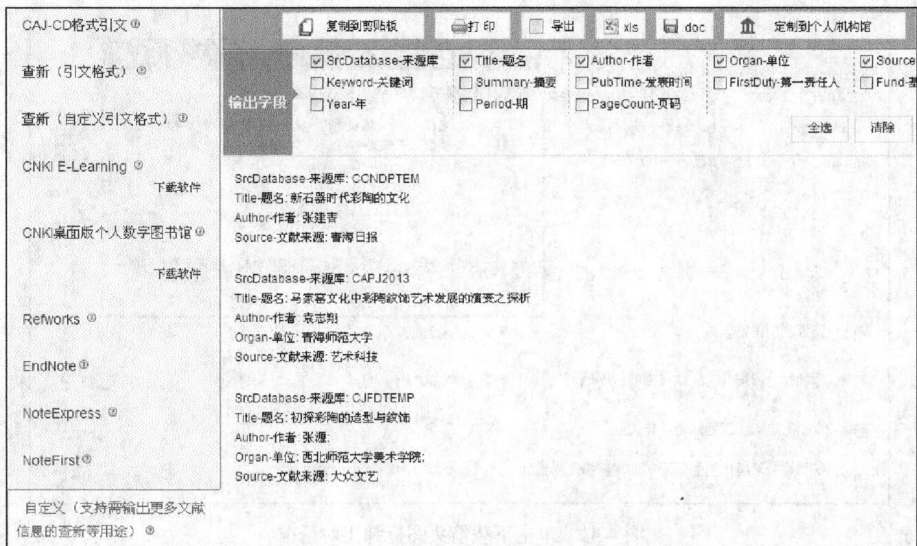

图 4.40　文献导出之自定义界面

文献全文的浏览分两种格式，一种是 CAJ 格式，一种是 PDF 格式。CAJ 格式的文本工具复制下来的内容基本上没有错别字，区域选择工具除了有复制功能外，还有文字识别功能。而 PDF 的区域选择工具仅有复制功能，没有文字识别功能。较之 PDF 浏览器，CAJ 浏览器在使用的时候更加方便。CAJ 浏览器既能打开 CAJ 格式全文，也能打开 PDF 格式全文，因而系统推荐用 CAJ 格式。打开全文有两种方法：一种是直接单击下载箭头图标，系统会弹出对话框，提示是打开全文还是保存全文，用户可根据需要进行选择，如图 4.41 所示。当下载图标为绿色箭头时，表示文献可直接下载，单击后系统会提示打开或保存；当下载图标为黄色箭头时，表示未登录，单击后系统会提示用户登录后方可下载（此时可输入统一用户名和密码，也可直接单击 IP 登录）；当下载图标为灰锁时，表示并发数已满，暂时无法下载该文献，请稍后再试。另一种打开全文的方法是：单击文献标题，进入文献基本信息后，单击左上角的 CAJ 下载或 PDF 下载，如图 4.42 所示。系统会提示是打开全文还是保存全文，用户可根据需要进行选择。在系统提示框中单击"打开"，即可打开文献全文，如图 4.43 所示。单击"保存"，可将文献全文保存到本地盘，然后再打开浏览。文献全文可根据需要进行打印、保存等。

如果用户需要对文献部分内容进行复制处理，系统提供了两个复制工个，"￼"（文本工具）和 "￼"（区域选择工具）。文本工具只能选取文字进行复制，如图 4.44 所示。所复制下来的内容可进行编辑排版处理。区域选择工具既能复制图像、表格、公式等，又能复制文字，如图 4.45 所示。所复制图像、表格、公式为图片格式，不能编辑排版。当个别文献全文中 "￼" 为灰色，或单击没反应时，表示该篇文献文本工具不可用，这时，即便是复制文字，也不得不采用区域选择工具。如果对所要复制的文字没有编辑排版要求，直接在选中所选内容后，单击鼠标右键，选择"复制" 即可；但如果对所要复制的文字有编辑排版要求，则在选用区域选择工具选中所需文字后，单击鼠标右键，选择"文字识别"，系统会自动将所选复制内容由图片格式转化成可编辑排版的文本格式。只是文字识别功能不等于"￼"，识别后的文字会有错别字，用户在使用的时候需要对照原文进行校对。

分组浏览：来源数据库　学科　发表年度　研究层次

2013(13)　2012(20)　2011(19)　2010(26)
2004(4)　2003(5)　2002(6)　2001(3)　200

排序：主题排序　发表时间↓　被引　下载

(3)　清除　　导出/参考文献　分析/阅读

	题名					
☑ 1	新石器时代彩陶的文化					
☑ 2	马家窑文化中彩陶纹饰艺术发展的演变之探析					
☑ 3	初探彩陶的造型与纹饰	张源	大众文艺	2013-03-30	期刊	
☐ 4	原始社会彩陶几何形纹样中的秩序感	孙曦	青春岁月	2013-03-23	期刊	
☐ 5	探析宜兴彩陶工艺的传承与发展	郑举青	现代装饰(理论)	2013-03-15	期刊	
☐ 6	浅析原始彩陶的造型研究对地方旅游商品设计的意义	王书鸿	中国科教创新导刊	2013-03-11	期刊	

文件下载

您想打开或保存此文件吗？

名称：...彩陶纹饰艺术发展的演变之探析_袁志翔.kdh
类型：未知文件类型，1.75 MB
发送者：ecppdown.cnki.net

[打开(O)]　[保存(S)]　[取消]

来自 Internet 的文件可能对您有所帮助，但某些文件可能危害您的计算机。如果您不信任其来源，请不要打开或保存该文件。有何风险？

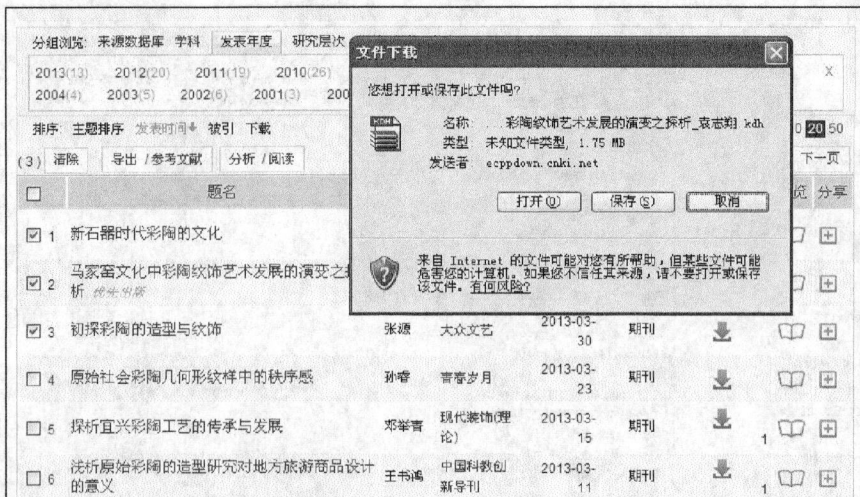

图 4.41　单击下载箭头图标弹出对话框

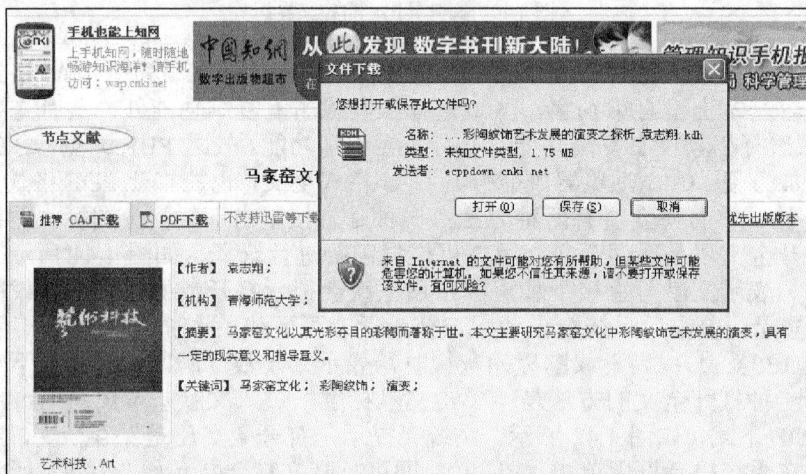

图 4.42　单击 CAJ 下载图标弹出对话框

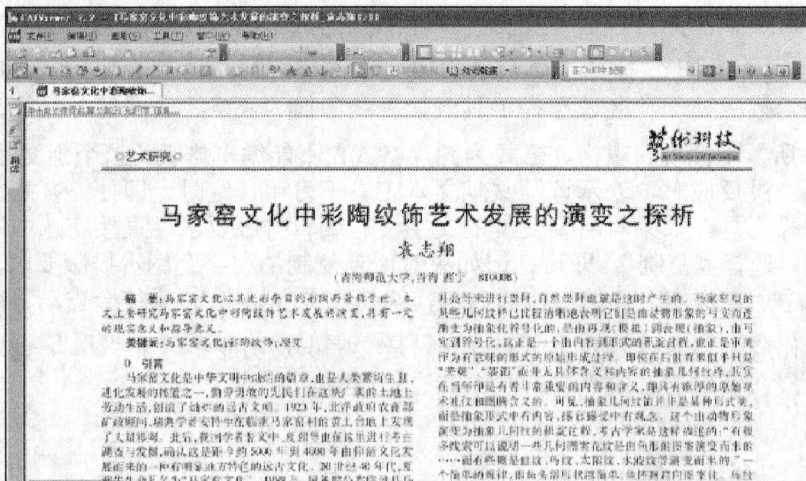

图 4.43　文献全文

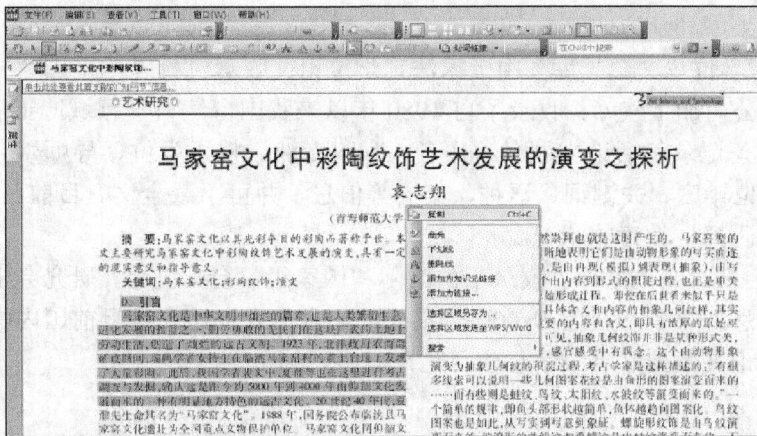

图 4.44 文献全文部分内容复制之文本工具

图 4.45 文献全文部分内容复制之区域选择工具

4.4 万方数据知识服务平台

万方数据股份有限公司（下称万方公司）是国内第一批开展 Internet 信息服务的公司之一，其建设的数据知识服务平台可以检索期刊论文、学位论文、会议论文、外文文献、专利、标准、科技成果、新方志、法规、机构和科技专家等信息。下面详细介绍万方数据知识服务平台的概况、检索平台及其检索方法。

4.4.1 资源概述

万方数据知识服务平台是万方公司建设的通过 Internet 提供的信息服务平台。该平台集成了期刊论文、学位论文、会议论文、外文文献、学者、专利、标准、科技成果、图书、法规、机构和科技专家等数据库。其中有全文数据库，也有题录文摘数据库，无原文的文献，可以通过"请求原文传递"的方式获取全文。其中代表性的数据库有中国学位论文库、中国学术会议论文库、成果库和新方志等。

其中,"中国学位论文数据库"由国家法定学位论文收藏机构之一中国科技信息研究所提供,并委托万方公司加工建库,收录了自 1980 年以来我国自然科学领域博士后、博士及硕士研究生论文,每条记录包括论文题名、作者、学科专业、授予学位、导师姓名、学位授予单位、分类号、学位年度、关键词、语种、文摘等信息,并可下载全文。目前已达 180 余万篇,全面反映了我国研究生教育的状况。

"中国学术会议论文数据库"收录了由国际和国家级学会、协会、研究会组织召开的各种学术会议论文信息,每年涉及近 3 000 个重要的学术会议。该库是目前国内收集学科最全、数量最多的会议论文数据库,收录总量已达 170 多万篇。

4.4.2　检索平台

输入网址 http://www.wanfangdata.com.cn,即可进入万方数据知识服务平台首页。万方数据知识服务平台检索界面友好,简洁方便,分为初级检索和高级检索两种模式,系统默认的检索界面为初级检索界面,如图 4.46 所示。在该界面,用户可根据需要选择相应的检索模式,同时用户也可根据需要选择跨库检索或单库检索,即如果对于文献的类型没有具体要求,可直接在检索对话框内输入检索指令进行跨库检索,所检索结果包含各种不同类型文献。如果对所检文献类型有具体要求,单击所需文献种类,如期刊或学位或会议等,在检索对话框输入检索指令后,系统会在所选单个数据库内进行检索,所获得检索结果均为所需文献类型。

单击首页面的高级检索,即可进入高级检索界面。高级检索界面提供的检索方式分高级检索与专业检索两种,如图 4.47 所示。

图 4.46　万方数据知识服务平台首页

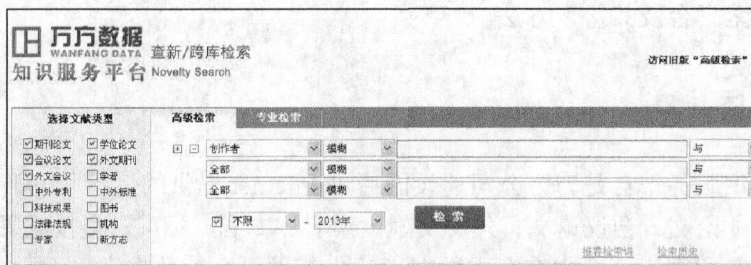

图 4.47　万方数据知识服务平台高级检索界面

1. 初级检索

初级检索界面非常简单，仅提供一个检索对话框，用户可直接在检索对话框内输入检索指令，单击"检索"按钮，即可得出检索结果。初级检索有两种检索方式，即直接输入检索词进行检索和输入检索表达式进行检索。

（1）输入检索词进行检索

初级检索不提供具体检索字段。检索字段默认值为全部，各检索词之间可根据需要运用逻辑"and"、"or"、"not"进行组配，空格相当于逻辑"and"。如果用户对检索词所出现字段没有具体要求，可选择直接输入检索词的方式进行检索。用户在检索对话框内输入检索词后，单击"检索"按钮，即可得出检索结果。由于检索字段为系统默认的全部字段，因而采用这种方式检索得出结果的查全率最高，但查准率最低。

例如：检索陶瓷膜研究方面的文献，可在检索框对话内输入"陶瓷 膜"，然后单击"检索"按钮，即可检索出任意字段中同时含有"陶瓷"和"膜"的文献，检索词之间的空格为系统默认的逻辑关系"and"。

（2）输入检索表达式进行检索

如果用户对检索结果有具体要求，可直接在检索对话框内输入满足检索需要的检索表达式，然后单击"检索"按钮，即可得出检索结果。系统提供的检索字段有：主题、题名或关键词、题名、创作者、作者单位、关键词、摘要、文献来源等。

例如：检索陶瓷膜研究方面的文献，如果用户对检索结果的准确率有较高要求，可限制检索词"陶瓷"、和"膜"均在标题字段出现，则可直接在检索对话框内输入所构建检索表达式："标题:(陶瓷 and 膜)"，单击"检索"按钮，即可检索出标题内同时含有"陶瓷"和"膜"的文献。

2. 高级检索

直接单击首页面右上方的高级检索，即可进入高级检索界面。高级检索界面提供的检索项有：主题、题名或关键词、题名、创作者、作者单位、关键词、摘要、文献来源等。提供了 3 个检索对话框，用户可要据课题需要选择不同的检索项，输入相应的检索词进行检索，各检索项之间或各检索词之间可根据需要进行逻辑"与"、"或"、"非"组配。如果 3 个检索对话框不够，用户还可通过不断单击"+"来增加检索对话框。

例如：检索景德镇陶瓷学院周健儿教授发表的关于陶瓷膜研究方面的文献。可分别选择创作者、作者单位、题名 3 个检索项，并在这 3 个检索项对应的检索对话框内分别输入检索词"周健儿"、"景德镇陶瓷学院"、"陶瓷 膜"，3 个检索对话框之间的逻辑关系选择"与"，然后单击"检索"按钮，即可得出检索结果。

3. 专业检索

进入高级检索平台后，单击专业检索，即可进入专业检索界面。专业检索界面仅提供一个检索对话框，用户只需在该框内输入相应的检索表达式，单击"检索"按钮，即可得出检索结果。专业检索提供的检索字段有：主题、题名或关键词、题名、创作者、作者单位、关键词、摘要、文献来源等，如图 4.48 所示。

例如,检索彩陶纹饰研究方面的文献,可直接在检索对话框内输入检索表达式:"题名:(彩陶) and 题名:(纹饰+纹样+装饰+图饰+图案+图腾)",单击"检索"按钮,即可得出检索结果。

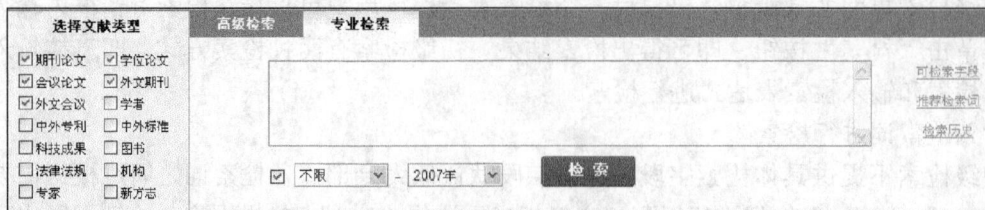

图 4.48　万方数据知识服务平台专业检索界面

4.4.3　检索示例

1. 初级检索

（1）输入检索词进行检索

以下是一个输入检索词检索的实例。

检索课题: 检索陶瓷膜研究方面的文献。

检索工具: 万方数据知识服务平台。

检索方式: 初级检索。

检索策略: 通过分析该课题,得出两个检索词,分别为"陶瓷""膜"。

检索词: 陶瓷、膜。

检索项: 系统默认的全部字段。

检索表达式: 全部字段=陶瓷 膜。

检索步骤:

① 在检索对话框内输入检索词"陶瓷 膜","陶瓷"和"膜"之间空格,表示两检索词之间为逻辑"与"的关系,如图 4.49 所示。

② 单击"检索"按钮。

③ 得出检索结果,共检索出 8 588 条记录,如图 4.50 所示。

图 4.49　简单检索之直接输入检索词检索示例

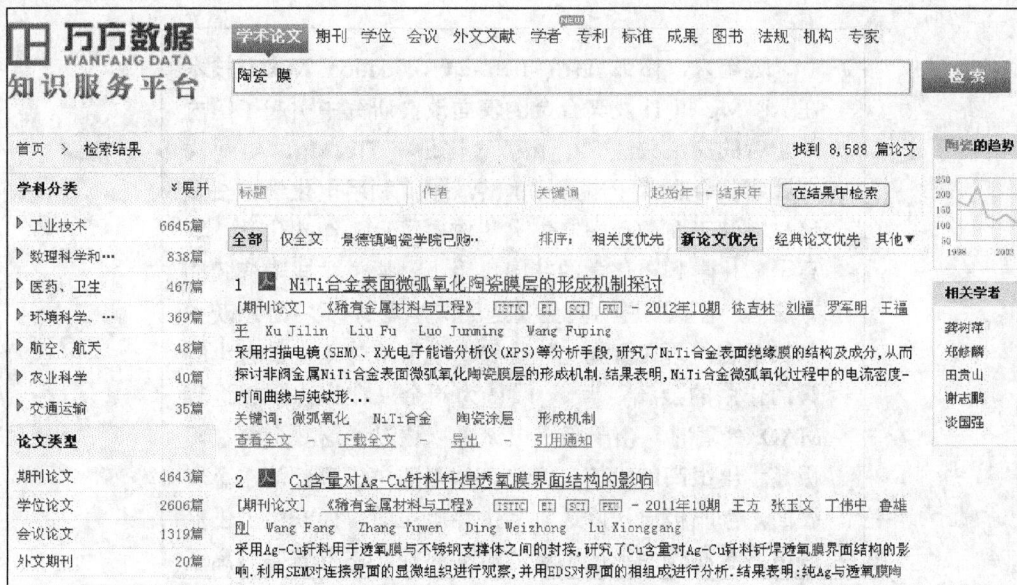

图 4.50 简单检索之直接输入检索词检索结果

检索结果：共 8 588 条。

前三篇文献题录信息（参考文献格式）：

[1] 徐吉林，刘福，罗军明等.NiTi 合金表面微弧氧化陶瓷膜层的形成机制探讨[J]. 稀有金属材料与工程，2012，41（10）:1770-1774.

[2] 王方，张玉文，丁伟中等.Cu 含量对 Ag-Cu 钎料钎焊透氧膜界面结构的影响[J]. 稀有金属材料与工程，2011，40(10):1832-1835.

[3] 王凤彪，狄士春.多孔 ZrO2/HA 医用钛合金微弧氧化复合陶瓷膜层生物力学性能研究[J]. 稀有金属材料与工程，2012，41(2):298-303.

第一篇文献正文第一段：

文本格式：

近年来，微弧氧化(Micro—arc oxidation，MAO)技术在 AI、Mg 和 Ti 及其合金的表面改性研究中引起了国内外学者的广泛关注。微弧氧化是将 Ti、Mg、A1 等阀金属或其合金置于电解质水溶液中，利用电化学方法在该材料的表面微孔中产生火花放电斑点，在化学、等离子体化学和电化学的共同作用下，原位生成陶瓷膜的方法[1]。这里所说的阀金属是德国学者 A•贡特舒尔茨引入的概念，即在金属—氧化物—电解液体系中具有电解阀门作用的金属。一般认为阀金属在作为阳极进行 MAO 处理时，由于阳极电流难以通过，这些金属在阳极显示出很高的阻抗，将整个体系的电压降都落在金属表面，当阳极电压降达到其击穿电压时，便产生了击穿放电，金属表面形成大量的游动火花，进行着微等离子（略）

图片格式：

近年来，微弧氧化(Micro-arc oxidation, MAO)技术在 Al、Mg 和 Ti 及其合金的表面改性研究中引起了国内外学者的广泛关注[1-4]。微弧氧化是将 Ti、Mg、Al 等阀金属或其合金置于电解质水溶液中，利用电化学方法在该材料的表面微孔中产生火花放电斑点，在热化学、等离子体化学和电化学的共同作用下，原位生成陶瓷膜的方法[1]。这里所说的阀金属是德国学者 A•贡特舒尔茨引入的概念，即在金属－氧化物－电解液体系中具有电解阀门作用的金属[5, 6]。一般认为阀金属在作为阳极进行 MAO 处理时，由于阳极电流难以通过，这些金属在阳极显示出很高的阻抗，将整个体系的电压降都落在金属表面，当阳极电压降达到其击穿电压时，便产生了击穿放电，金属表面形成大量的游动火花，进行着微等离子

（2）输入检索表达式进行检索

以下是一个输入检索表达式检索的实例。

检索课题： 查找陶瓷膜研究方面的文献。

检索工具： 万方数据知识服务平台。

检索方式： 初级检索。

检索策略： 通过分析该课题，得出两个检索词，分别为"陶瓷""膜"。为获得较为准确的检索结果，可限制两检索词均在标题字段出现。

检索词： 陶瓷、膜。

检索项： 标题。

检索表达式： 标题：（陶瓷 膜）

检索步骤：

① 在检索对话框内输入检索表达式"标题：（陶瓷 膜）"，"陶瓷"和"膜"之间空格，表示两检索词之间为逻辑"与"的关系。如图 4.51 所示。

② 单击"检索"按钮。

③ 得出检索结果，共检索出 2 026 条记录，如图 4.52 所示。

检索结果： 共 2 026 条。

前三篇文献题录信息（参考文献格式）：

[1] 黄本生，薛岊，江仲英等.化学气相沉积陶瓷复膜抗腐蚀试验研究[J].真空科学与技术学报，2011，31(3):348-351.DOI:10.3969/j.issn.1672-7126.2011.03.19.

[2] 王梨兵，董海义，裴国玺等.CSNS 四极陶瓷真空盒磁控溅射镀 TiN 膜研究[J].原子能科学技术，2011，45(1):90-93.

[3] 徐吉林，刘福，罗军明等.NiTi 合金表面微弧氧化陶瓷膜层的形成机制探讨[J].稀有金属材料与工程，2012，41(10):1770-1774.

第一篇文献正文第一段：略

图 4.51　简单检索之输入检索表达式检索示例

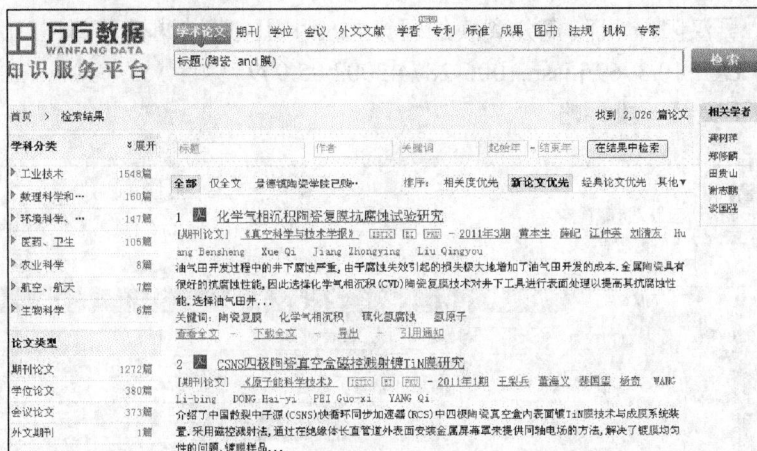

图 4.52　简单检索之输入检索表达式检索结果

2. 高级检索

检索课题：检索景德镇陶瓷学院周健儿教授发表的关于陶瓷膜研究方面的文献。

检索工具：万方数据知识服务平台。

检索方式：高级检索。

检索策略：通过分析该课题，得出四个检索词，分别为"景德镇陶瓷学院""周健儿""陶瓷""膜"。

检索词：景德镇陶瓷学院、周健儿、陶瓷、膜。

检索项：作者单位、创作者、题名。

检索表达式：作者单位=景德镇陶瓷学院　与　创作者=周健儿　与　题名=（陶瓷　膜）

检索步骤：

① 单击第一个检索项下拉菜单，选择创作者检索项，并在与之对应的检索对话框内输入检索词"周健儿"。

② 单击第二个检索项下拉菜单，选择创作者单位检索项，并在与之对应的检索对话框内输入检索词"景德镇陶瓷学院"。

③ 为获得较好的查准率，单击第三个检索项下拉菜单，选择题名检索项，并在与之对应

的检索对话框内输入检索词"陶瓷 膜","陶瓷"和"膜"之间空格，表示两检索词之间为逻辑"与"的关系，如图4.53所示。

④ 单击"检索"。

⑤ 得出检索结果，共检索出17条记录，如图4.54所示。

检索结果：共17条。

前三篇文献题录信息（参考文献格式）：

[1] 吴也凡，罗凌虹，石纪军等.ZrO_2纳米晶涂层修饰改性的陶瓷微滤膜性能[J].稀有金属材料与工程，2009，38(z2):631-634.

[2] 周健儿，张小珍，胡学兵等.莫来石陶瓷超滤膜的制备与表征[J].人工晶体学报，2009，38(5):1179-1183.

[3] 周健儿，吴汉阳.无机陶瓷分离膜的研究与应用Ⅲ--膜过滤机理简述[J].中国陶瓷工业，2002，9(5):33-37.DOI:10.3969/j.issn.1006-2874.2002.05.009.

第一篇文献正文第一段：略

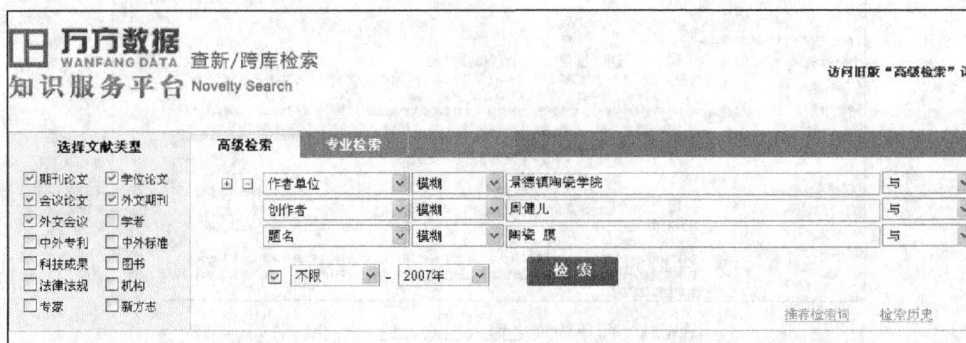

图4.53　高级检索示例

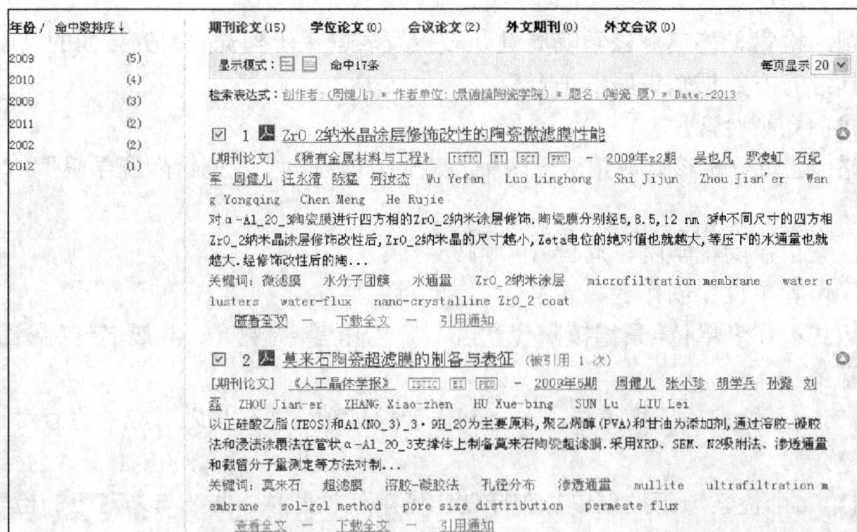

图4.54　高级检索结果

3. 专业检索

检索课题：检索彩陶纹饰研究方面的文献。

检索工具：万方数据知识服务平台。

检索方式：专业检索。

检索策略：通过分析该课题，得出表示彩陶概念的检索词为"彩陶"；表示纹饰概念的检索词为"纹饰""纹样""装饰""图饰""图案""图腾"等。

检索词：彩陶、纹饰、纹样、装饰、图饰、图案、图腾。

检索项：题名。

检索表达式：题名:(彩陶) *题名:(纹饰+纹样+装饰+图饰+图案+图腾)。

检索步骤：

① 为获得较好的查准率，检索字段可选择题名。

② 构建适合课题需要的检索表达式："题名:(彩陶) *题名:(纹饰+纹样+装饰+图饰+图案+图腾)"。

③ 在检索对话框内输入检索表达式："题名:(彩陶) *题名:(纹饰+纹样+装饰+图饰+图案+图腾)"，如图 4.55 所示。

④ 单击"检索"按钮。

⑤ 得出检索结果，共检索出 188 条记录，如图 4.56 所示。

检索结果：共 188 条。

前三篇文献题录信息（参考文献格式）：

[1] 赵忠山.人面鱼纹彩陶·饕餮食人卣·莲鹤方壶——古代图饰艺术中的人文意象嬗变[J].艺术研究,2008,(3):1-3.DOI:10.3969/j.issn.1673-0321.2008.03.001.

[2] 华年.关于彩陶纹饰演化的几个问题[J].华南师范大学学报（社会科学版）,2012,(3):145-148.

[3] 罗静.半坡彩陶典型纹饰人面鱼纹与中国原始图腾巫术之渊源[J].山东陶瓷,2010,33(5):39-41.DOI:10.3969/j.issn.1005-0639.2010.05.012.

第一篇文献正文第一段：略

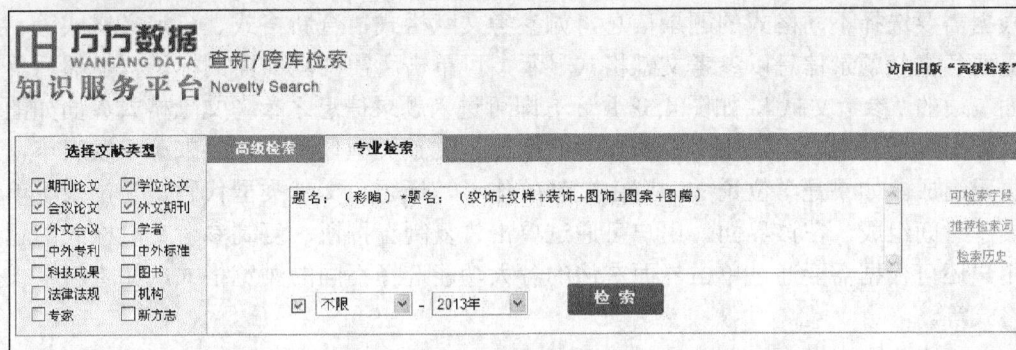

图 4.55　专业检索示例

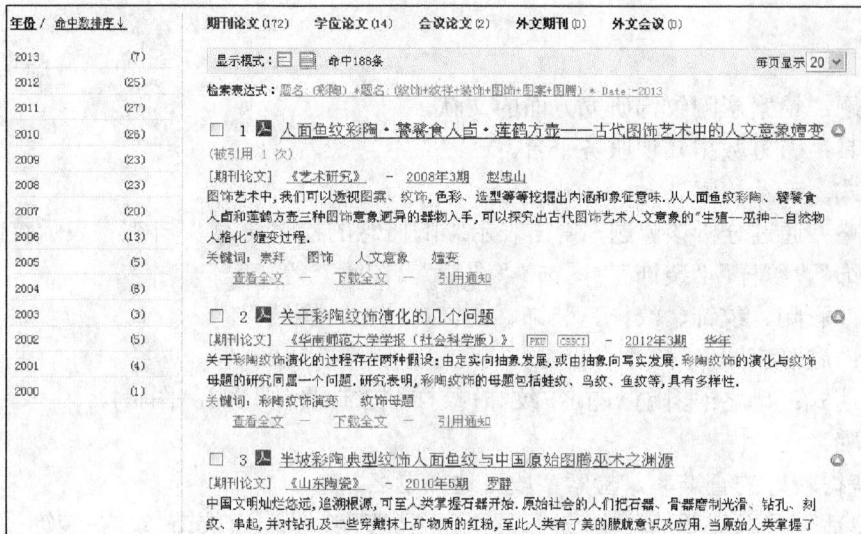

图 4.56　专业检索结果

　　无论哪种检索方式，检索结果均为文献题录信息。由文献标题、文献类型、文献出处、发表年份、期号、作者、摘要、关键词等组成，如图 4.50 所示。在该界面，系统提供检索结果排序功能，用户可要根据需要分别选择相关度优先、新论文优先、经典论文优先、其他排序方式等，系统默认的排序方式为相关度优先。同时系统还对检索结果的分布按所属学科、论文类型、论文出处、论文发表时间等进行了分类处理，用户可根据需要选择性浏览检索结果。由于万方数据知识服务平台提供的文献有些不提供全文，因此，如果用户对检索结果有全文要求，则需单击检索结果界面上方的"仅全文"按钮，系统会在检索结果中仅将有全文提供的文献列出来，对于不提供全文的文献则不显示。

　　对于文献的基本信息，如果用户有具体要求，不同的检索方式有不同的处理办法。选择简单检索方式得出的检索结果，可通过单击所需文献题录下的"导出"按钮，即可逐条导出所需文献的基本信息，如图 4.57 所示。而对于选择高级检索方式和专业检索方式得出的检索结果，则可通过单击所需文献标题前的标记框，选中后单击结果界面上方的"导出"，也可导出所需文献的基本信息。进入导出界面后，系统在该界面的左边提供导出文献列表功能，用户可根据需要选择不同格式的题录信息，如参考文献格式、查新格式、自定义格式等。如果用户需要各文献题录信息以参考文献格式显示，可单击所需文献前面的标记框，然后单击导出界面左边的"参考文献"，如图 4.58 所示，即可进入题录信息之参考文献格式界面如图 4.59 所示。如果是期刊文献，则由文献的作者、标题、文献类型代码、文献来源、发表年、期、起止页码组成。如果是学位论文，则由文献的作者、标题、文献类型代码、学位授予单位、学位授予时间组成。在该界面，用户可通过单击"复制"按钮，复制参考文献格式的题录信息。用户还可根据需要通过单击界面左边的各大功能选择不同的浏览格式，如查新格式、自定义格式等。

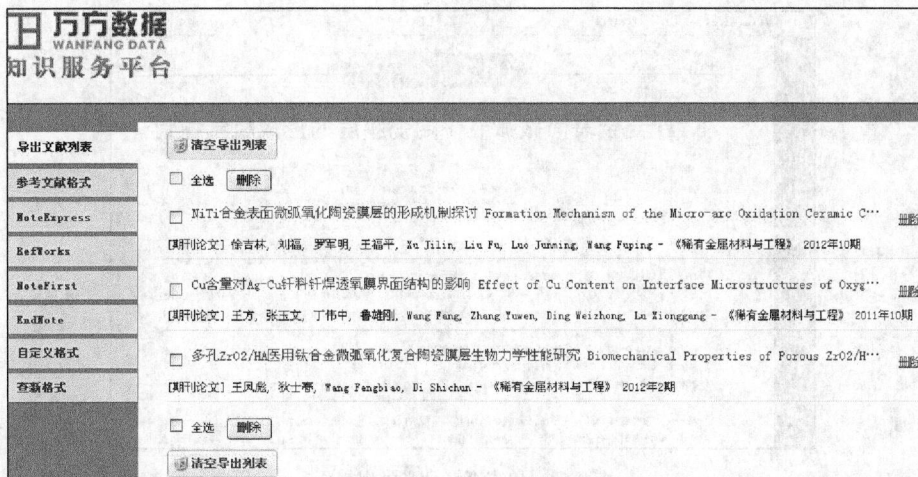

图 4.57　简单检索之导出功能

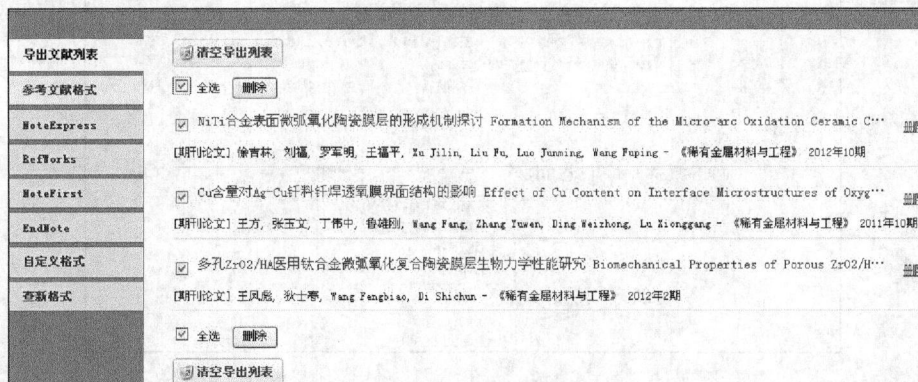

图 4.58　全选后单击参考文献格式

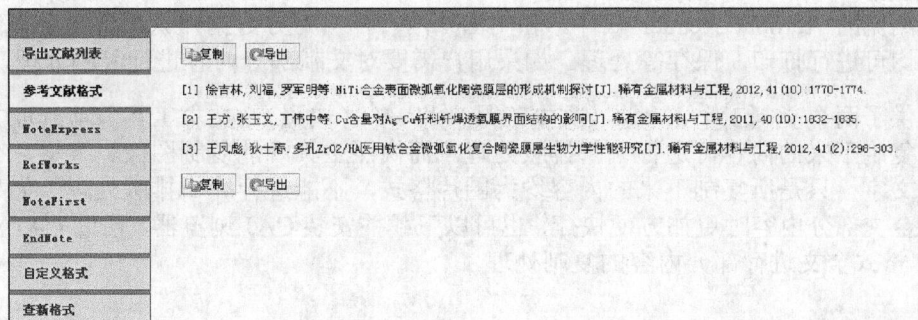

图 4.59　题录信息之参考文献格式

　　文献全文的浏览有两种方法，即检索结果界面各文献题录信息下面的"查看全文"和"下载全文"。单击"查看全文"，即可打开文献全文，如图 4.60 所示。单击"下载全文"，可进入文献基本信息界面，单击该界面下方的"单击此处"按钮，选择"目标另存为"，如图 4.61 所示，可将文献全文保存至本地盘再打开浏览。

图 4.60　单击查看全文弹出界面

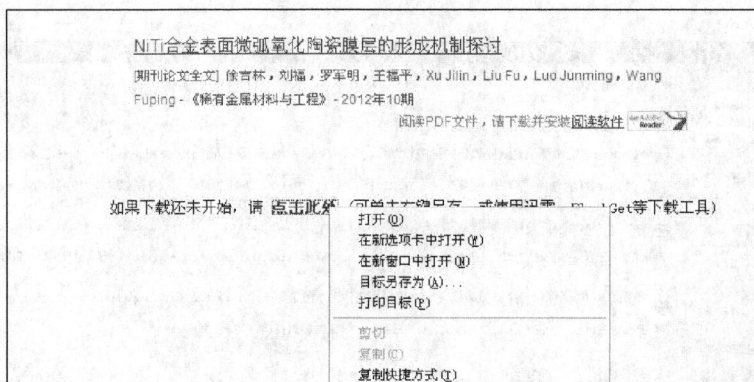

图 4.61　单击下载全文弹出界面

　　万方数据知识服务平台提供的全文为 PDF 格式。要浏览全文,需提前下载并安装支持 PDF 格式全文浏览的 Acrobat Reader 软件。和中国知网一样,万方数据知识服务平台提供的有全文的文献均可进行打印、保存等处理。如果用户需要对文献部分内容进行复制处理,PDF 格式全文提供了两个复制工个,（文本工具）和（快照）。文本工具只能选取文字进行复制,所复制下来的内容可进行编辑排版处理。而快照工具既能复制图像、表格、公式等,又能复制文字,只是所复制下来的内容均为图片格式,不能进行编辑排版处理。如果用户希望在处理全文部分内容时更加方便快捷,也可以下载并安装 CAJ 浏览器,借助 CAJ 浏览器来打开 PDF 格式全文进行部分内容的复制处理。

4.5　国家科技图书文献中心

　　国家科技图书文献中心（National Science and Technology library,NSTL）是经国务院批准,由科技部联合财政部、国家经贸委、农业部、卫生部和中国科学院于 2 000 年 6 月成立的一个基于网络环境的、公益性的科技文献信息服务机构。该中心由中国科学院文献情报中心、中国科学技术信息研究所、中国农业科学院图书馆、中国医学科学院图书馆、机械工业信息研究所、冶金工业信息标准研究所、中国化工信息中心等 7 个成员单位和中国标准化研究院、中国计量科学研究院两个网上参建单位组成。中心面向全国读者开展科技文献信息服务，目前已发展成为国内最大的公益性科技文献信息服务平台。中心收录的文献信息覆盖了自然科学、工程技术、农业科技、医药卫生四大领域的 100 多个学科或专业。

4.5.1 资源概述

NSTL 资源包括印刷本文献资源和网络版全文文献资源。

印刷本文献资源：目前，NSTL 拥有各类外文印本文献 26 000 余种，其中外文科技期刊 17 000 余种，外文会议文献 9 000 余种。NSTL 收录的文献信息资源绝大部分为文摘形式，或以其他方式在 NSTL 网络服务系统上加以报道，NSTL 提供免费文献查询，用户可以通过检索或浏览的方式获取文献线索，再进行网上全文传递从而获取全文。

网络版全文文献资源：包括 NSTL 订购、面向中国大陆学术界用户开放的国外网络版期刊；NSTL 与中国科学院及 CALIS 等单位联合购买、面向中国大陆部分学术机构用户开放的国外网络版期刊和中文电子图书；网上开放获取期刊；NSTL 拟订购网络版期刊的试用；NSTL 研究报告等。

NSTL 以全国授权、集团采购、支持成员单位订购等方式购买开通网络版外文现刊 12 000 种，回溯数据库外文期刊 1 500 多种，中文科技电子图书 23 万余册。至 2009 年，NSTL 已订购美国营养学会期刊、美国热带医学和卫生学会期刊、美国植物学会期刊等 47 个学术出版机构的电子期刊 556 种，电子图书 834 种和事实性数据库 4 种。

国家科技图书文献中心提供多种类型的文献信息服务，包括文献检索和原文提供、全文文献、期刊浏览、引文检索、代查代检、参考咨询服务、专题信息服务、联机公共目录查询、文摘题录数据库检索、网络信息导航等。其首页如图 4.62 所示。

图 4.62　国家科技图书文献中心首页

期刊浏览：期刊浏览仅限于外文期刊，有字顺浏览和分类浏览两种方式。期刊分类浏览系统共分自然科学总论、数学物理化学力学、天文学地球科学、生物科技、医学药学卫生、航空航天军事、农林牧渔、机械仪表工业等 21 个类别，能让读者分类浏览国家科技图书文献中心收藏的科技期刊及近期的目次页信息。

联机公共目录查询：向用户提供 NSTL 各成员单位的馆藏书目数据查询，其数据来源于各成员单位。目前主要提供馆藏期刊联合目录查询服务。

参考咨询服务：是为解决用户在查询利用科技文献过程中遇到的问题或疑问而设立的服务，用户可通过实时咨询的方式在线与咨询员交流，或通过非实时咨询途径提出问题。

网络版全文数据库：提供美国《科学杂志》、英国皇家学会 4 种"会刊"和"会志"，以及英国 Maney 出版公司出版的 15 种材料科学方面的电子版全文期刊的免费浏览、阅读和下载。

文摘题录数据库检索：提供包括标准数据库、中文科技资料目录数据库、国外文献精选数据库、国外机电工程文献题录数据库、国外科技资料目录数据库、机械工业科技成果数据库、馆藏中文书目数据库、馆藏外文书目数据库 10 个子系统约 50 万条数据信息，基本以中文文摘、简介和题录的形式进行报道。

专题信息服务：收录了 NSTL 各成员单位 1998 年以后的各项成果及其内容简介，有定题文献推送、编译与汇编资料、研究咨询报告、其他 4 类。用户可按成果类型浏览或通过检索入口进行查询，如需要全文可与成果提供单位联系。

网络信息导航：为用户提供基于分类的因特网信息的导航，收录了有代表性的研究机构、大学、期刊和文献资源、协会以及公司的网站，涵盖数学和物理、化学、天文学和地球科学、生物学(生命科学)、农业科学、医学、工业技术、交通运输、航空航天和环境科学 10 大类。

全文传递服务：是面向付费用户提供各类型文献全文的委托复制服务。需要原文的用户必须成为 NSTL 的注册用户，通过"文献检索"、"期刊浏览"等栏目查找到的文献，均可以进行全文传递的请求，在每个标题左边的订购栏中打勾即可直接订购全文。原文收费标准为复制费加上邮寄费，无论文献是电子版还是印刷版，文献复制费为每页 0.3 元，按页码收取费用。全文提供方式包括电子邮件、普通信函、平信挂号、传真、特快专递等。

4.5.2 检索平台

输入网址 http://www.nstl.gov.cn/，即可进入国家科技图书文献中心首页。用户可以在"文献检索和原文提供"和"文献检索"两个栏目中进行文献检索。国家科技图书文献中心检索平台提供普通检索、高级检索、期刊检索和分类检索 4 种检索方式。

1. 普通检索

单击"文献检索"即可进入普通检索页面，普通检索页面如图 4.63 所示。直接在查询框中输入单个词或词组后单击"检索"，可在所选数据库的全部字段中检索。若需要按特定字段查询，则必须在下拉菜单中选择检索字段，然后在查询框中输入查询词或表达式。普通检索提供标题、关键词、作者 3 个检索字段。普通检索支持双项多词逻辑组合检索，在普通检索中可以同时选择两个检索项，在一个检索项中可输入多个检索词，每个检索项之间、同一检索项的多个检索词之间都可以进行 3 种布尔逻辑算符的组合：与（and、*）、或（or、+）、非（not、-）。例如：查找有关计算机辅助设计在化工中应用的文献，在第 1 个查询框中输入"CAD or 计算机辅助设计"，检索字段选择"关键词"，逻辑关系选择"与"；在第 2 个查询框中输入"化工"，检索字段选择"关键词"，再单击"检索"完成基本检索过程。

图 4.63　普通检索页面

（1）选择数据库

在文献检索页面，列出了供用户查询的各类型文献数据库，这是一个必选项目，可以单选，也可以多选或全选。NSTL 共提供 3 大类共 23 个子数据库，选择时，需要先单击数据库类名，页面将展开显示该类包含的全部数据库。同语种的多个数据库或不同语种的多个专利数据库可以同时选择进行多库查询。

（2）根据检索的需要设置查询条件，包括馆藏范围、查询范围、时间范围、查询方式。

①馆藏范围：用于限定文献所在的馆藏单位。

②查询范围选择：默认情况是"全部记录"，即在所选数据库的所有记录中查询。也可选择含文摘记录（在所选数据库中含有文摘的记录中查询）、含引文的记录（在所选数据库中含引文的记录中查询）、可提供全文记录（在所选数据库可提供全文请求的记录中查询）。

③时间范围：用于确定文献的出版时间，或者限定文献的入库时间，入库时间分最近一周、最近一个月、最近三个月、最近六个月和最近一年，也可根据数据库简介中提示的起始年代选择出版年。若不选择，将在全部年中查询。

④查询方式：有模糊查询和精确查询两种，可根据检索目的进行选择。模糊查询即检索结果中包含输入的检索词，精确查询即检索结果与所输入的检索词完全匹配。精确查询用在标题、关键词等字段查询，若选择在"全部字段"查询时，精确查询与模糊查询效果相同。

（3）输入检索词，确定相对应的检索字段

输入根据检索课题切分的词进行检索，多个检索词之间可以用"and"（与）、"or"（或）、"not"（非）进行组合，确定每个词对应的检索字段，构成逻辑检索式。例如，查找有关会计信息失真的文献，可以用"会计信息"、"失真"作为检索词，选择"标题"作为检索字段，用"与"进行连接，输入完检索条件后，单击"检索"按钮，即可查询到相关文献的题录列表。

（4）二次查询

系统具有二次检索功能。如果查询到的结果过多，可以在"文献查询结果"页面进行二次查询，提高查询准确率。在二次查询框内选择检索字段并输入新的检索词，单击"二次检索"，系统将在前次查询的结果中进行查找。

（5）浏览查询结果

系统分页显示查询结果，每页最多显示 10 条文献题录。在结果页面，单击文章的标题，可直接浏览该文献的详细书目信息和摘要。单击作者，可继续查询该作者发表的其他文章。对于外文期刊文献，单击文章出处后的图标，可以列出数据库收录该期刊的全部文献。

2. 高级检索

在检索页面上单击"高级检索"即可进入，高级检索页面如图 4.64 所示。

图 4.64　高级检索页面

高级检索的检索方法和普通检索基本相似，在选择文献数据库、查询条件设置上与普通检索一致，不同的是检索表达式的构造。

高级检索提供的字段对照表包括 3 个检索字段的对照项，分别为 TITLE=标题、KEYWORD=关键词、AUTHOR=作者。

逻辑运算符对照表主要支持以下逻辑关系：逻辑与（用"and"）、逻辑或（用"or"）和逻辑非（用"not"）。

编制检索表达式：

① 利用系统提供的字段对照表和逻辑运算符对照表构造检索表达式。选择检索字段，输入检索词，并选择词间的逻辑关系，再单击"添加"按钮，系统自动将检索字段、检索词和逻辑运算符加入检索对话框中。

② 直接在检索对话框中输入检索表达式。检索表达式必须包括检索字段、检索词和字段间、检索词之间的逻辑关系。

在编制检索表达式时应注意：运算符前后一定要留一个半角空格。字段名称和运算符不区分大小写。如果要限定运算顺序，可以使用用小括号"（）"（半角符号）。

例如，要查找有关"计算机审计"的信息，可以在检索对话框中直接输入"TITLE=计算机 and TITLE=审计"，即查找标题中含有"计算机""审计"的文献。

4.5.3 检索示例

下面以"基于知识管理的企业人力资源管理"这个课题进行普通检索和高级检索，以便更好地掌握国家科技图书文献中心的检索功能。

1. 普通检索

检索课题：查找关于"企业人力资源管理"的文献。

检索工具：国家科技图书文献中心中文库。

检索方式：普通检索。

检索策略：通过分析该课题，得出两个检索词，分别为"企业"、"人力资源管理"。

检索词：企业、人力资源管理。

检索项：标题。

检索表达式：标题=企业 and 标题=人力资源管理。

检索步骤：

① 为获得较好的查准率，可选择"标题"作为检索项。

② 在"选择数据库"中，在"中文库"后面的方框中打勾，选择中文期刊数据库、中文会议数据库、中文学位论文数据库这 3 个中文库。

③ 在检索对话框内输入检索词"企业"、"人力资源管理"，两个检索项之间选择逻辑"与"的关系，如图 4.65 所示。

④ 单击"检索"按钮。

⑤ 得出检索结果，共检索出中文期刊论文 10 146 条、学位论文 769 条、会议文献 109 条，显示的是简单的题录信息，如图 4.66 所示。单击结果篇名可查看其详细信息。第一条结果的详细信息如图 4.67 所示。

图 4.65　普通检索

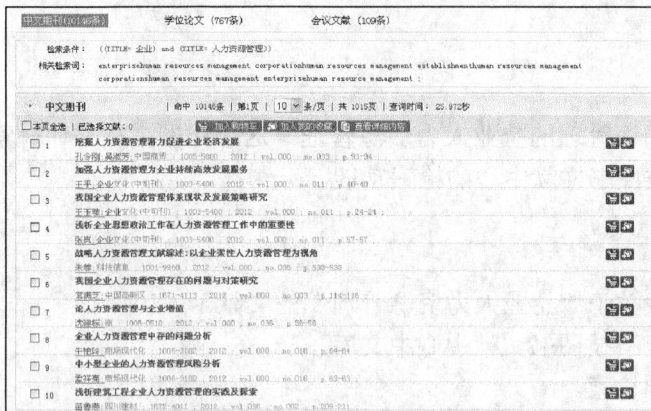

图 4.66　检索结果的简单信息

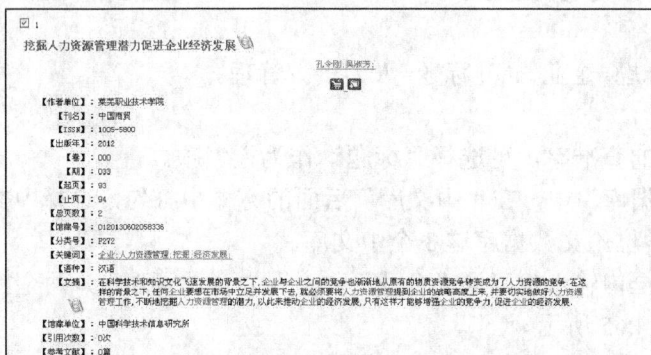

图 4.67　检索结果的详细信息

检索结果：中文期刊论文 10 146 条、学位论文 769 条、会议文献 109 条。

检索结果为文献题录信息，由论文题目、作者、文献出处三部分组成。

前三条结果的题录信息（参考文献格式）：

[1] 孔令刚，吴淑芳.挖掘人力资源管理潜力促进企业经济发展[J].中国商贸,2012,(33):93-94.

[2] 王平.加强人力资源管理为企业持续高效发展服务[J].企业文化（中旬刊）,2012(11):40-40.

[3] 王玉敏.我国企业人力资源管理体系现状及发展策略研究[J].企业文化（中旬刊）,2012(11):24-24.

2. 高级检索

检索课题：查找关于"企业人力资源管理"的文献。

检索工具：国家科技图书文献中心西文库。

检索方式：高级检索。

检索策略：通过分析该课题，得出两个检索词，分别为"企业""企业人力资源管理"，在外文库中检索，应将检索词翻译成英文，分别是"enterprise""human resources management"。

检索词：enterprise、human resources management。

检索项：标题。

检索表达式：TITLE=enterprise and TITLE=(human resources management)。

检索步骤：

① 为获得较好的查准率，可选择"标题"作为检索项。

② 在"选择数据库"中，在"西文库"后面的方框中打勾，选择包括西文期刊、外文会议、外文学位论文、国外科技报告、文集汇编、科技丛书在内的所有西文数据库。

③ 在检索对话框内输入 TITLE=enterprise and TITLE=(human resources management)，如图 4.68 所示。

④ 单击"检索"按钮。

⑤ 得出检索结果，共检索出 9 条会议文献和 16816 条有一定相关度的回溯数据，显示的是简单的题录信息，如图 4.69 所示。单击结果篇名可查看其详细信息，第一条结果的详细信息如图 4.70 所示。

图 4.68　高级检索

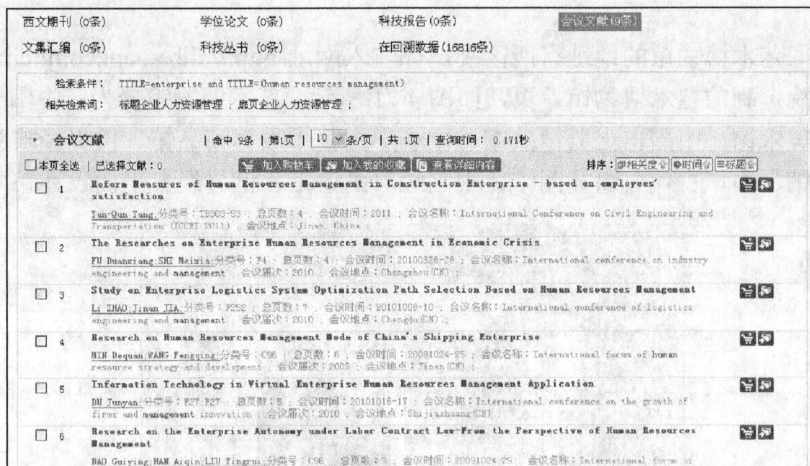

图 4.69　检索结果的简单信息

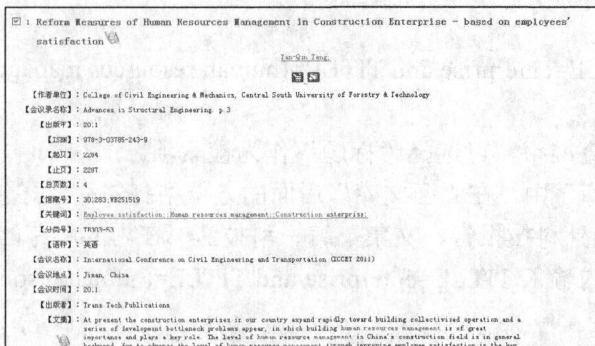

图 4.70　西文库检索结果的详细信息

检索结果：9 条会议文献。

4.6　艺术博物馆

艺术博物馆是北京方正阿帕比技术有限公司制作的艺术类电子资源，收录了全国各地的各类藏品。

4.6.1　数据库概述

艺术博物馆源于 1998 年 3 月启动的国家重点文化项目"艺术博物馆数字库"。其目的在于让各种艺术瑰宝走出博物馆、宫殿、庙宇、密室，提供给用户使用。其内容包括绘画作品、书法、出图器物、平面设计作品和商标设计作品等。

4.6.2　检索平台

各用户访问艺术博物馆的地址有所区别。如输入网址 http://dlib.apabi.com/jcijx 即可进入为景德镇陶瓷学院定制的艺术博物馆首页，如图 4.71 所示。艺术博物馆分为：中国美术馆、中国书法馆、世界美术馆、中国出土器精品馆、中小学生美术教育精品馆、世界经典商标设计馆、中国历代服饰馆、中华古代典籍插图馆、中国经典画谱馆、世界经典平面设计馆 10 个分馆。

图 4.71 艺术博物馆首页

艺术博物馆的检索平台提供初级检索和高级检索两种检索方式。

1. 初级检索

也称普通检索，即艺术博物馆首页的检索界面，可以检索全馆，也可以检索分馆。初级检索页面如图 4.72 所示。在检索输入框中直接输入检索词或检索式，即可检索。

图 4.72　初级检索

2. 高级检索

在艺术博物馆首页中选择"高级检索"即可进入，在初级检索的基础上增加了多项逻辑组合检索功能。高级检索页面如图 4.73 所示。

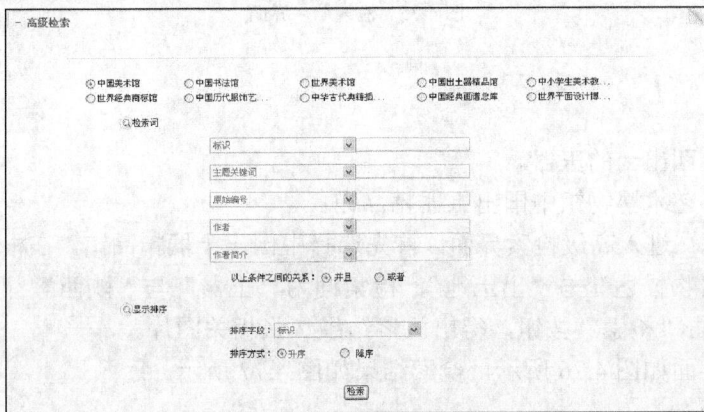

图 473　高级检索

4.6.3　检索示例

1. 初级检索

检索课题：雕塑图片。

检索数据库：艺术博物馆。

检索策略：通过对课题的分析，根据检索要求，确定全部字段为"雕塑"，在初级检索界面，检索词输入框中输入"雕塑"，然后单击"检索"按钮，得到1944张相关图片信息。

检索词输入界面如图4.74所示，检索结果界面如图4.75所示。

图4.74 检索词输入界面

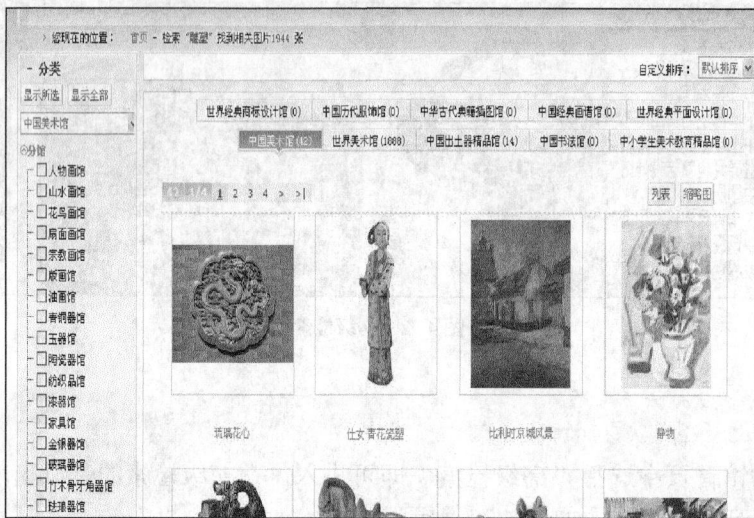

图4.75 检索结果界面

2. 高级检索

检索课题：陕西出土的玉器。

检索数据库：艺术博物馆中国出土器精品馆。

检索步骤如下：进入高级检索界面，首先选择中国出土器精品馆，在根据对课题的分析，确定检索项为"器物描述"与"出土地"，检索词为"玉器"与"陕西"，两者之间的逻辑关系为"并且"，单击"检索"按钮，得出检索结果7张相关图片。

检索词输入界面如图4.76所示，检索结果如图4.77所示。

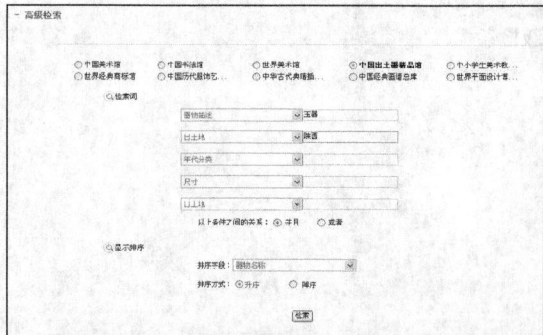

图4.76 检索词输入界面

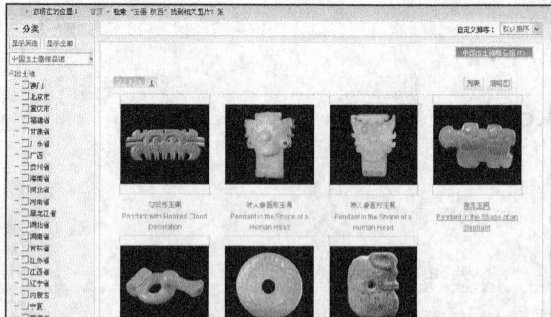

图4.77 检索结果界面

4.7 大成老旧刊全文数据库

4.7.1 数据库概述

老旧期刊是文献资源的一个重要组成部分。《大成老旧刊全文数据库》收录了清末自有期刊以来到 1949 年以前，中国出版的 7000 余种期刊，共 14 万余期，300 余万篇文章，是研究各个学科发展，科技传承脉络的不可或缺的数据库工具。其首页面如图 4.78 所示。

图 4.78　大成老旧刊全文数据库首页

4.7.2 检索平台

下面介绍大成老旧刊全文数据库的使用平台。该数据库使用平台包括分类浏览平台与检索平台，使用方便，易操作，检索平台包括基本检索和高级搜索两种检索方式。

1. 分类浏览

将老旧期刊按《中国图书馆分类法》分成 21 个大类（没有 A 类），从相应的分类进入，即可显示期刊的题录信息，单击"刊名"链接，即可进入选择浏览的刊期，从而阅读该期的相应文章。主分类界面如图 4.78 所示，某类（如哲学）的浏览界面如图 4.79 所示，期刊的分期浏览界面如图 4.80 所示。

图 4.79　哲学类的浏览界面

图 4.80　期刊的分期浏览界面

　　单击选择的期号即可阅读该期内容；有的有目录，则通过目录选择文章后，可浏览该文，如图 4.81 所示。

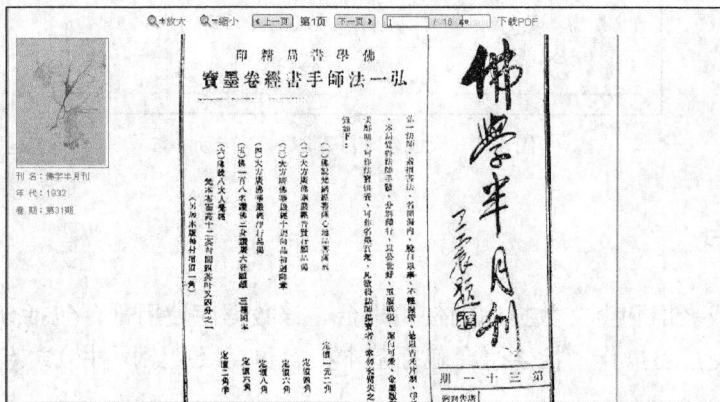

图 4.81　期刊原文界面

2．基本检索

　　基本检索方式提供按篇检索和按刊检索两个选项，以及题名、作者和刊名 3 个检索项，并支持繁体字。基本检索界面图 4.82 所示。

图 4.82　大成老旧刊全文数据库的基本检索界面

其检索步骤如下。

① 根据检索要求，选择检索方式是按篇检索，还是按刊检索。

② 选择检索项。

③ 在检索项内键入关键词。

④ 鼠标单击"搜索"按钮，搜索到的期刊或文章将显示在网页上。为便于查阅，关键词以醒目的红色显示。

⑤ 检索结果出来后，再输入检索词，选择"结果搜索"，则可进行二次检索。

3. 高级检索

大成老旧刊全文数据库的高级检索功能分为左右两部分，左边为按篇搜索，用于查文章；右边为按刊搜索，用于查期刊。按篇搜索提供题名、作者和刊名 3 个检索项及其组合搜索功能，按刊搜索提供刊名、年代、出版地 3 个检索项及其组合搜索功能，如图 4.83 所示。

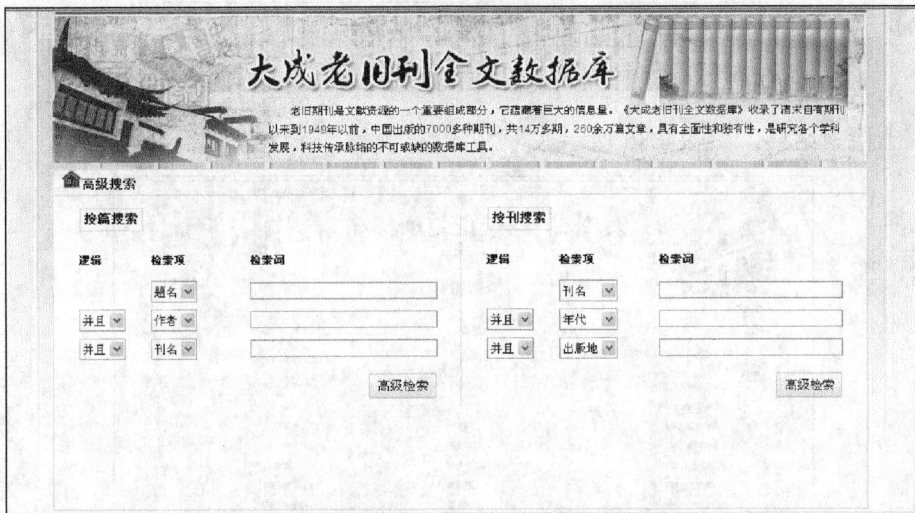

图 4.83　大成老旧刊全文数据库的高级搜索界面

4.7.3　检索示例

下面以示例介绍大成老旧刊全文数据库的高级搜索方法。

检索课题：检索老旧刊中有关景德镇陶瓷方面的文章。

检索工具：大成老旧刊全文数据库。

检索方式：高级检索。

检索策略：分析检索要求，陶瓷以前也称陶业、瓷业，确定关键词为"陶"、"瓷"、"景德镇"。因数据库功能所限，要分两次进行检索，分别用"陶"、"瓷"与"景德镇"进行检索并且组合。

检索词：陶、瓷、景德镇。

检索项：题名。

检索表达式：题名=陶 并且 题名=景德镇；题名=瓷 并且 题名=景德镇。

检索步骤：

① 在按篇搜索部分，选择题名检索项。

② 在第一、二行的检索词输入框内分别输入检索词"陶"和"景德镇"，两行之间选择"并且"的关系，进行组合检索，如图 4.84 所示。

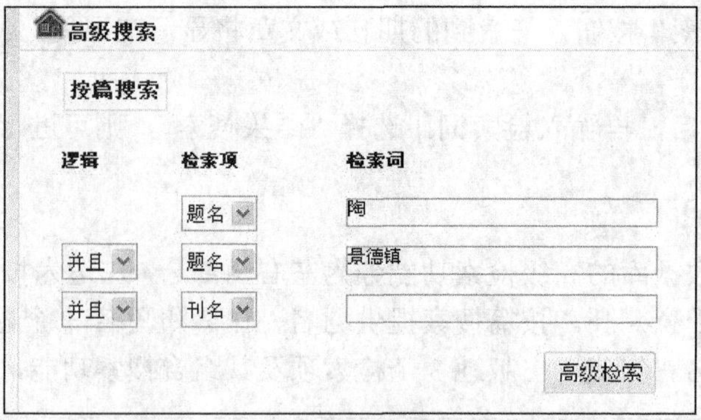

图 4.84　检索词输入界面

③ 单击"高级检索"按钮。

④ 得出检索结果，如图 4.85 所示。

图 4.85　检索结果清单界面

"瓷"和"景德镇"的组合检索与此类似，不再赘述。

检索结果：共 14 条。

原文第一页：

如单击《艺林月刊》1930 年第 64 期的《景德镇陶业纪事录》，即可进入浏览原文界面。
如图 4.86 所示。

图 4.86　检索结果原文界面

还可通过单击"下载 PDF"按钮下载该期的文件。

4.8　中经专网

中经专网是国家信息中心组建的、以提供经济信息为主要业务的专业性信息服务网站，于 1996 年 12 月 3 日正式开通。以国家信息中心为龙头的国家经济信息系统是由国家、省、地、县四级政府部门信息中心构成的完整体系，这些中心为各级政府整体信息的管理、处理和开发机构。中经专网继承了国家信息中心多年来的丰富的信息资源，并特邀百名以上经济学家，以支撑信息内容的编辑、分析与提供，是全面反映我国经济运行态势和经济政策变动的海量信息平台。

4.8.1　数据库概述

中经专网的信息内容分为综合频道、宏观频道、金融频道、行业频道、区域频道、国际频道 6 个板块；其中综合频道包括行情速递、总编时评、中经指数、中经评论、世经评论、财经报道、国内大事、国际大事、最新数据、统计公报、近期政策、发展规划等。宏观频道收录与宏观经济有关的评论、报道、政策和数据等。包括宏观主编点评、宏观焦点、宏观分析、宏观统计、宏观指数、宏观快讯、宏观政策、宏观周评；金融频道包括金融主编点评、金融焦点、金融分析、金融统计、金融指数、金融快报、金融政策、金融周评等；行业频道包括行业主编点评、行业焦点、行业分析、行业统计、行业指数、行业快讯、行业政策、行业周评；区域频道包括区域主编点评、区域焦点、区域分析、区域统计、区域指数、区域快讯、区域政策、区域周评等；国际频道包括国际主编点评、国际焦点、国际分析、国际统计、国际指数、国际快讯、国际政策、国际周评等。

4.8.2　检索平台

中经专网（http://ibe.cei.gov.cn/）的检索平台设计简洁，操作方便。

1. 初级检索

中经网的初级检索按事物的属性分为全部、动态、数表和报告四个方面。如要检索有关房地产动态方面的信息，则选则"动态"栏目，检索词输入"房地产"，如图 4.87 所示。

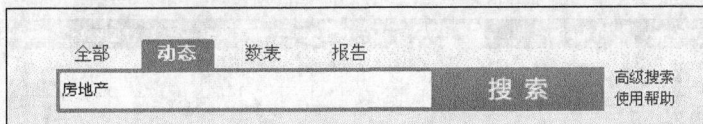

图 4.87　中经专网简单检索界面

2. 高级检索

中经网的高级检索包括关键词、栏目、排序和发布时间四个方面的限定。其中关键词可以输入多个，用"，"相隔表示或的关系，用"；"相隔表示且的关系。例如，要查出 2013 年以来有关"房地产"国际方面的信息或数据，相关度大的排在前面。由于"房地产"也会用"房产"表示，因此其检索表达式为：关键词="房地产"或"房产"或"地产"。如图4.88所示。

图4.88 中经专网高级检索界面

3. 二次检索

中经专网支持二次检索。下图为2013年以来有关"房地产"国际方面信息或数据的部分检索结果。如果要进一步检索美国方面的信息，则选中"在结果中检索"，检索词输入"美国"，如图4.89所示。

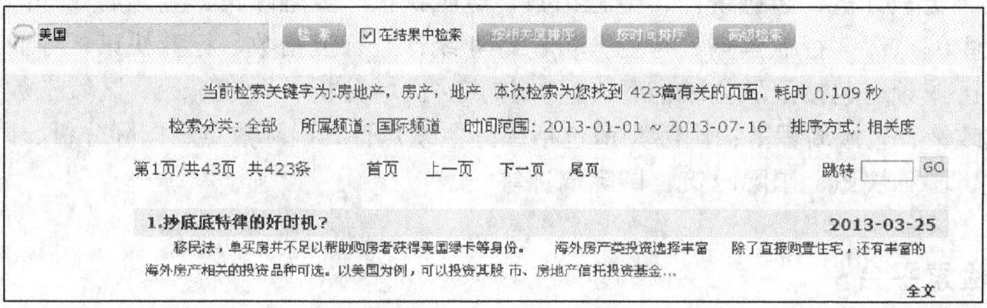

图4.89 中经专网二次检索界面

4. 浏览查询

中经专网的站点内容划分具体明确，只要能了解各站点的内容范畴，便可通过浏览的方式获取所需信息。如"行业频道-行业分析"有具体各行业的分析，如果要查询"房地产的行业分析"，则可直接单击"行业频道-行业分析-服务业-房地产"进行查阅，如图4.90所示。

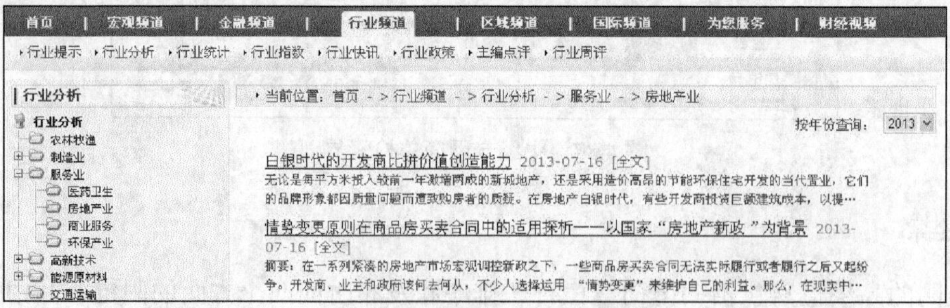

图4.90 中经专网浏览查询界面

5. 栏目内查询

高级检索只能限定频道而不能进一步在其下面的某个子栏目里进行检索。如果要在子栏目里进行检索，就要在栏目内进行检索。如要查询北京的房地产政策，可从中经专网首页"区域频道"下单击"北京"进入，直接输入"房地产，房产，地产"，单击"政策"即可，如图4.91所示。

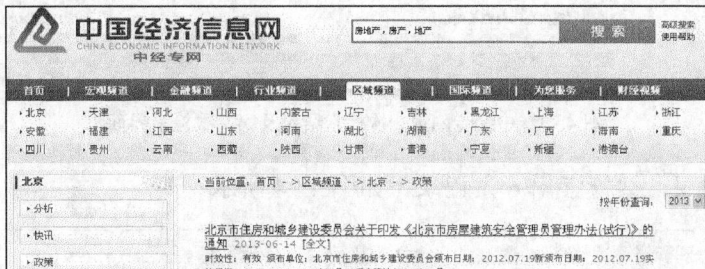

图 4.91 中经专网栏目内查询界面

4.8.3 检索示例

检索课题： 查找国内媒体及有关专家对 2012 年中国房地产政策的分析评论。

检索工具： 中经专网。

检索方式： 栏目内检索。

检索策略： 中经专网中有关房地产的信息非常多，如房地产的有关统计数据、房地产业的态势和报告、地区房地产发展情况等。本课题要查找的是"国内媒体及有关专家分析评论"，范围明确，应当采用栏目内检索，以将其它信息屏蔽。应选择栏目"综合频道-中经评论-产业纵横-产业政策评析"。分析课题得出三个检索词："房地产""房产""地产"。

检索词： 房地产、房产、地产。

检索项： 关键词。

检索表达式： 关键词=房地产 或 关键词=房产 或 关键词=地产。

检索步骤：

①通过对课题的分析，选择中经专网的"综合频道-中经评论-产业纵横-产业政策评析"。

②进行第一次检索，输入检索词"房地产，房产，地产"，关键词之间用"，"相隔，表示三个检索词满足任何一个均为命中文献。单击"搜索"按钮，如图 4.92 所示。

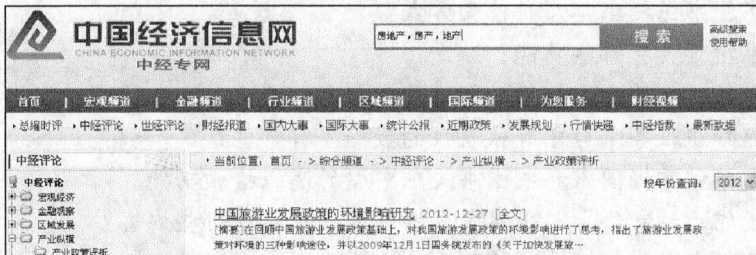

图 4.92 中经专网第一次检索界面

③得出检索结果，共检索出 158 条记录，再进行第二次检索。输入关键词"2012"，单击"检索"按钮，选择"在结果中检索"，如图 4.93 所示。

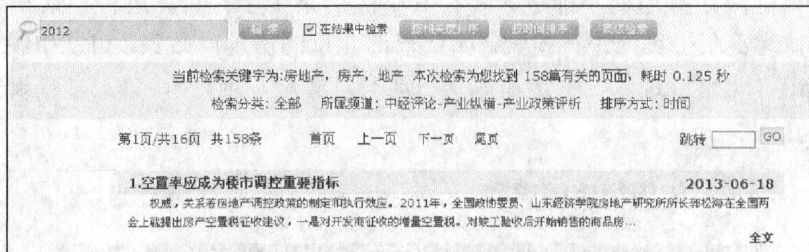

图 4.93　中经专网第一次检索结果及第二次检索界面

④得出检索结果，共检索出 6 条记录，如图 4.94 所示。

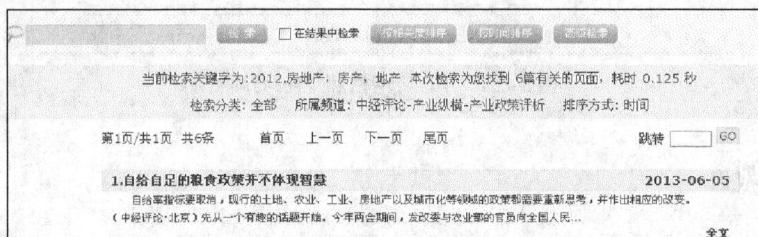

图 4.94　中经专网第二次检索结果

检索结果：共 6 条。

前三条的题录信息：

[1] 中经评论.自给自足的粮食政策并不体现智慧[EB/OL].[2013-07-16]
.http://ibe.cei.gov.cn.

[2] 中经评论.征地制度的来龙去脉及其变革路径找寻[EB/OL].[2013-07-16]
.http://ibe.cei.gov.cn.

[3] 中经评论.加快建立分层次住房制度和相应政策促进房地产市场健康发展[EB/OL]
[2013-07-16].http://ibe.cei.gov.cn.

习　题

1、超星数字图书馆提供哪几种检索方式？

2、读秀学术搜索具有哪些功能？

3、自拟课题熟练掌握中国知网的标准检索、高级检索与专业检索功能。

4、万方数据知识服务平台中有代表性的数据库有哪些？

5、自拟课题熟练掌握国家科技图书文献中心的高级检索功能。

6、艺术博物馆、故宫线上与世界美术资料库分别收录哪些内容？

7、中经专网的内容包括哪些模块？

外文网络数据库的检索

随着科技的飞速发展，外文科技文献的数量也与日俱增。科研人员要及时了解世界科技发展水平与研究动态，在海量的文献信息中快速、及时、准确地获取所需信息，必须借助权威的外文检索工具、文献信息数据库与科学搜索引擎。本章着重介绍 SpringerLINK 期刊全文数据库、Ebscohost 期刊全文数据库、Elsevier Science Direct、Scirus 科学搜索引擎、ProQuest 学位论文数据库、Ei Village 2、ISI Web of Science 和 SciFinder Scholar 等外文网络数据库的检索方法与技巧。

5.1 SpringerLINK 期刊全文数据库

德国施普林格（Springer）是世界上著名的科技出版集团，通过 SpringerLINK 系统提供学术期刊及电子图书的在线服务。目前 SpringerLINK 提供的全文电子期刊大部分是被 SCI、SSCI 和 Ei 收录的核心期刊。SpringerLINK 收录内容涵盖生命科学、医学、数学、化学、计算机科学、经济、法律、工程学、环境科学、地球科学、物理学、天文学等多个学科，是科研人员获取所需信息的重要信息源。

5.1.1 数据库概述

SpringerLINK 所覆盖的内容：目前 Springer 已将 20 864 种出版物、2 770 种期刊、3 890种丛书、131190 种图书以及 270 种工具书录入数据库系统。通过 SpringerLINK 数据库资源系统，用户还可以浏览到中国在线科学图书馆和俄罗斯在线科学图书馆两个特色图书馆的相关信息。

SpringerLINK 收录内容丰富，按学科划分可分为建筑与设计学、行为科学、生物医学和生命科学、商业和经济、化学和材料学、计算机科学、地球和环境科学、工程学、人文、社科和法律、数学和统计学、医学、物理和天文学、专业计算机和网络设计等。用户可通过单击各学科名称，浏览各学科收录文献信息。

SpringerLINK 资源系统分为检索和浏览两大模块。SpringerLINK 主页的上方为检索模块，分为初级检索（按关键词全文检索）和高级检索两种，用户可以通过在系统提供的检索对话框内输入检索指令检索所需信息；主页的下方为浏览模块，用户可以通过单击左下方的不同学科进行浏览，也可以通过单击右下方的文献类型选择性浏览。

SpringerLINK 界面简单，操作方便，检索系统提供 "AND"、"OR"、"NOT" 的逻辑组配功能。系统提供的截词符为"*"，位置算符（NEAR），优先算符"()"，如输入"glaz*"，检索结果中会出现"glaze"、"glazes"、"glazed"、"glazing"、"glazings"、"Glazzard"等词，有助于提高查全率。精确检索为英文输入状态的双引号，如检索卫星通讯方面的信息，可在检索对话框内输入"〝communication satellite〞"即可。

SpringerLINK 全文为 PDF 格式，要浏览全文需提前下载并安装支持 PDF 格式的浏览器，如 Acrobat Reader。

SpringerLink 系统使用关键词检索，可输入 1 个或多个检索词进行检索，词组检索用""表示；采用布尔逻辑运算符（"AND"、"OR"、"NOT"），以"AND"为默认算符；截词符"*"等进行检索。检索结果按相关度、出版时间排序，系统默认按相关度排序。

5.1.2　检索平台

输入网址 http://www.springerlink.com，即可进入 Springer 检索界面。SpringerLINK 检索界面友好，简洁方便，分为初级检索（按关键词全文检索）和高级检索两种，如图 5.1 所示，系统默认的检索界面为初级检索界面。单击首页面右侧的" ![gear] "按钮，会弹出"高级检索"（Advanced Search）与"检索帮助"（Search Help）选项，单击"高级检索"，即可进入高级检索界面。

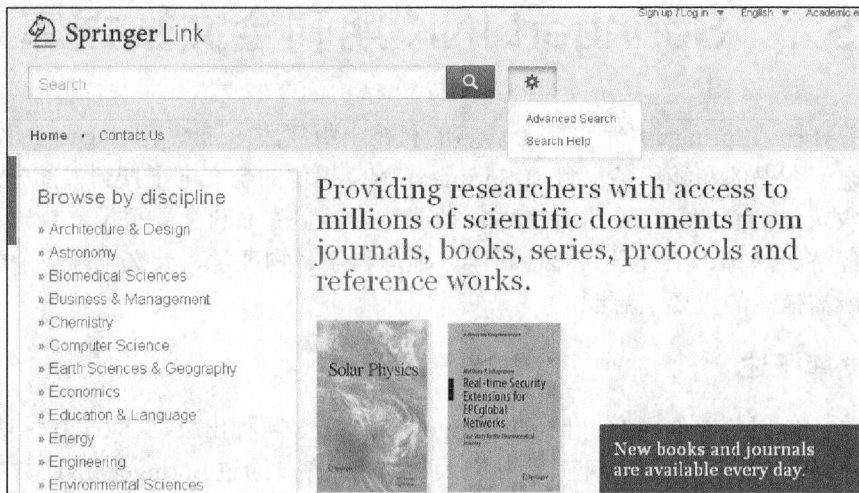

图 5.1　Springer 首页（初级检索界面）

1. 初级检索

初级检索界面非常简单，仅提供一个检索对话框，用户可直接在检索对话框内输入检索指令，单击" ![search] "按钮，即可得出检索结果。初级检索有两种检索方式，即直接输入检索词进行检索和输入检索表达式进行检索。

（1）输入检索词进行检索

初级检索不提供具体检索字段。检索字段默认值为全部，各检索词之间可根据需要运用逻辑"and"、"or"、"not"进行组配，空格相当于逻辑"and"。如果用户对检索词所出现字段没有具体要求，可选择直接输入检索词的方式进行检索。用户在检索对话框内输入检索词后，单击" ![search] "按钮，即可得出检索结果。由于检索字段为系统默认的全部字段，因而采用这种方式检索得出结果的查全率最高，但查准率最低。

　　例如：检索多孔陶瓷研究方面的文献，可在检索框对话内输入"porous ceramic"，然后单击" 🔍 "按钮，即可检索出任意字段中同时含有"porous"和"ceramic"的文献，检索词之间的空格为系统默认的逻辑关系"and"。

　　（2）输入检索表达式进行检索

　　如果用户对检索结果有具体要求，可直接在检索对话框内输入满足检索需要的检索表达式，然后单击" 🔍 "按钮，即可得出检索结果。系统提供的检索字段有：标题（ti）、摘要（ab）、作者（au）、ISSN 号（issn）、ISBN 号（isbn）、DOI（doi）等。如检索陶瓷釉方面的文献，要求检索词"釉"在标题内出现，同时检索词"陶瓷"在摘要内出现，可直接在检索对话框内输入构建的检索表达式"ti: glaze and ab: ceramic"，单击" 🔍 "按钮，即可检索出标题内含有检索词"glaze"，且摘要内含有检索词"ceramic"的文献信息。

2. 高级检索

　　直接单击首页面上方的高级检索选项，即可进入高级检索界面。如图 5.2 所示 。高级检索界面提供六个检索对话框，前四个检索对话框所对应的指令为所输入检索词之间的逻辑组配关系，分别为："with all of the words" （逻辑"与"）、"with the exact phrase"（精确检索）、"with at least one of the words"（逻辑"或"）、"without the words"（逻辑"非"）；后两个检索对话框所对应的指令为检索项，分别为"Where the title contains"（标题）和"Where the author/editor is"（作者）。用户可根据需要在相应的检索对话框内输入相应的检索词，单击"Search"按钮，即可得出检索结果。高级检索界面各检索对话框之间的关系是系统默认的逻辑关系"and"。例如，要检索关于陶瓷釉研究方面的文献，为达到较好的查准率，可在标题检索项对应的检索对话框内输入"ceramic glaze"，然后单击"Search"按钮，即可得出检索结果。

5.1.3　检索示例

1. 初级检索

　　虽然初级检索界面比较简单，只提供一个检索对话框，但检索用法比较灵活，用户可根据需要选择直接输入检索词检索或输入检索表达式进行检索。

　　（1）直接输入检索词进行检索

　　用户如对检索词出现在哪一字段没有具体要求，可直接在检索对话框内输入检索词，检索字段为系统默认的全部字段。这样，无论在哪个字段出现所输入检索词，检索结果中都会显示出来，因而直接输入检索词的检索方法所得结果最全面，只是查准率有所欠缺。

　　以下是一个直接输入检索词检索的实例。

　　检索课题： 检索抗菌陶瓷研究方面的文献。

　　检索工具： Springer 外文期刊全文数据库。

　　检索方式： 初级检索。

　　检索策略： 通过分析该课题，确定合适的检索词，得出表示抗菌概念的单词有"antibacterial"；表示陶瓷概念的单词有"ceramic"。

　　检索词： antibacterial ceramic。

检索项：全部字段。

检索表达式：全部字段= antibacterial ceramic。

检索步骤：

① 直接在检索对话框内输入检索词"antibacterial ceramic"，"antibacterial"和"ceramic"之间空格，表示两检索词之间为逻辑"与"的关系，如图 5.2 所示。

② 单击" Q "按钮。

③ 得出检索结果，共检索出 984 条记录，如图 5.3 所示。

图 5.2　输入检索词检索示例

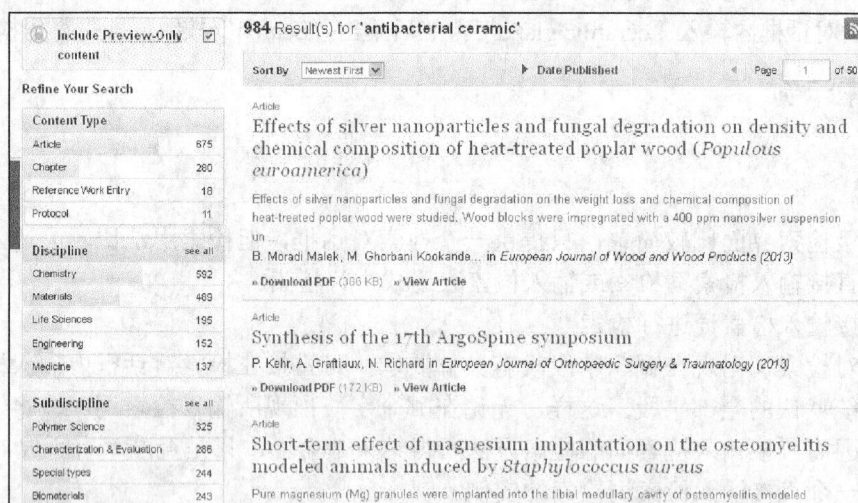

图 5.3　输入检索词检索得出结果

检索结果：共 984 条。

前三篇文献题录信息：

[1] 标题：Effects of silver nanoparticles and fungal degradation on density and chemical composition of heat-treated poplar wood (Populous euroamerica)

作者：B. Moradi Malek, M. Ghorbani Kookande… i

文献出处： European Journal of Wood and Wood Products

发表时间：2013

[2] 标题：Synthesis of the 17th ArgoSpine symposium

作者：P. Kehr, A. Graftiaux, N. Richard

文献出处：European Journal of Orthopaedic Surgery & Traumatology

发表时间：2013

[3] 标题：Short-term effect of magnesium implantation on the osteomyelitis modeled animals induced by Staphylococcus aureusShort-term effect of magnesium implantation on the osteomyelitis modeled animals induced by Staphylococcus aureus

作者：Jinhao Zeng, Ling Ren, Yajiang Yuan…

文献出处：Journal of Materials Science: Materials in…

发表时间：2013

第一篇文献正文第一段：

文本格式：

1 Introduction

Poplar is an important hardwood species widely used in the wood and paper industries. However, for optimum usage of this wood with low natural durability, it must be modified with several methods, such as thermal modification. Thermal modification is by far the most commercially-advanced method to improve the dimensional stabilization of wood and increase its decay resistance (Hill2006;Winandy and Smith2006). Although it has negative effects on the mechanical properties of wood, there are some techniques for mitigating these effects (Awoyemi andWestermark 2005; Awoyemi 2007).

图片格式：

1 Introduction

Poplar is an important hardwood species widely used in the wood and paper industries. However, for optimum usage of this wood with low natural durability, it must be modified

（2）输入检索表达式进行检索

如用户对查准率有较高的要求，采用输入检索表达式的方法会获得较为理想的检索结果。以下是一个输入检索表达式检索的实例。

检索课题：检索抗菌陶瓷研究方面的文献。

检索工具：Springer 外文期刊全文数据库。

检索方式：初级检索。

检索策略：通过分析该课题，确定合适的检索词，得出表示抗菌概念的单词有"antibacterial"；表示陶瓷概念的单词有 "ceramic"。 要获得较好的查准率，可限制"抗菌"和"陶瓷"两个检索词均在文献标题中出现，即凡是标题中同时含有"antibacterial"和"ceramic"的文献均会被检索出来。

检索词：antibacterial ceramic。

检索项：标题字段。

检索表达式：ti:antibacterial and ti:ceramic。

检索步骤：

① 直接在检索对话框内输入检索表达式："ti:antibacterial and ti:ceramic"，如图 5.4 所示。

② 单击 " 🔍 " 按钮。

③ 得出检索结果，共检索出 250 条记录，如图 5.5 所示。

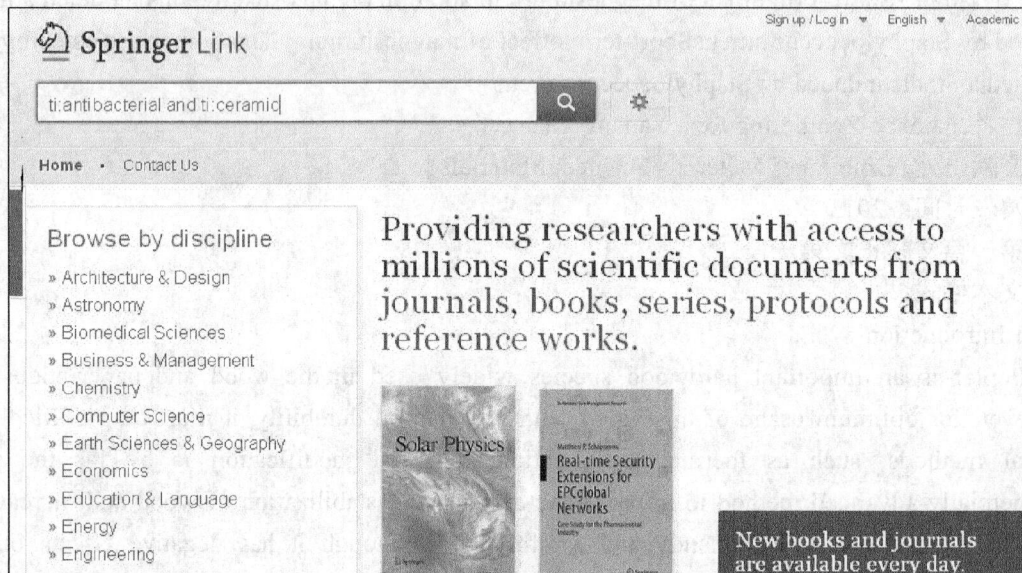

图 5.4　输入检索表达式检索示例

图 5.5　输入检索表达式检索得出结果

检索结果：共 250 条。

前三篇文献题录信息：

[1] 标题：Effect of nanofillers on flame retardancy, chemical resistance, antibacterial properties and biodegradation of wood/styrene acrylonitrile co-polymer composites

作者：Rashmi R. Devi, Tarun K. Maji

文献出处：Wood Science and Technology

发表时间：2013

[2] 标题：Titanium dioxide photocatalysis for pharmaceutical wastewater treatment

作者：Devagi Kanakaraju, Beverley D. Glass…

文献出处：　Environmental Chemistry Letters

发表时间：2013

[3] 标题：Development of a pantograph based micro-machine for nano-scratching

作者：Shishir Kumar Singh, Aneissha Chebolu, Soumen Mandal…

文献出处：　Production Engineering

发表时间：2013

第一篇文献正文第一段：略

2. 高级检索

以下是一个高级检索的实例。

检索课题：检索陶瓷釉研究方面的文献。

检索工具：Springer 外文期刊全文数据库。

检索方式：高级检索。

检索策略：通过分析该课题，确定合适的检索词，得出表示表示陶瓷概念的词有"ceramic"；表示釉的单词有"glaze"。如果对查准率要求较高，可限制陶瓷和釉两个检索词均在标题字段出现，且两检索词之间空格，表示两检索词之间的逻辑关系为"and"。

检索词：ceramic glaze。

检索项：title。

检索表达式：titile:ceramic glaze。

检索步骤：

① 在标题检索项对应的检索对话框内输入检索词"ceramic glaze""ceramic"和"glaze"之间空格，表示两检索词之间为逻辑"与"的关系，如图 5.6 所示。

② 单击"Search"按钮。

③ 得出检索结果，共检索出 18 条记录，如图 5.7 所示。

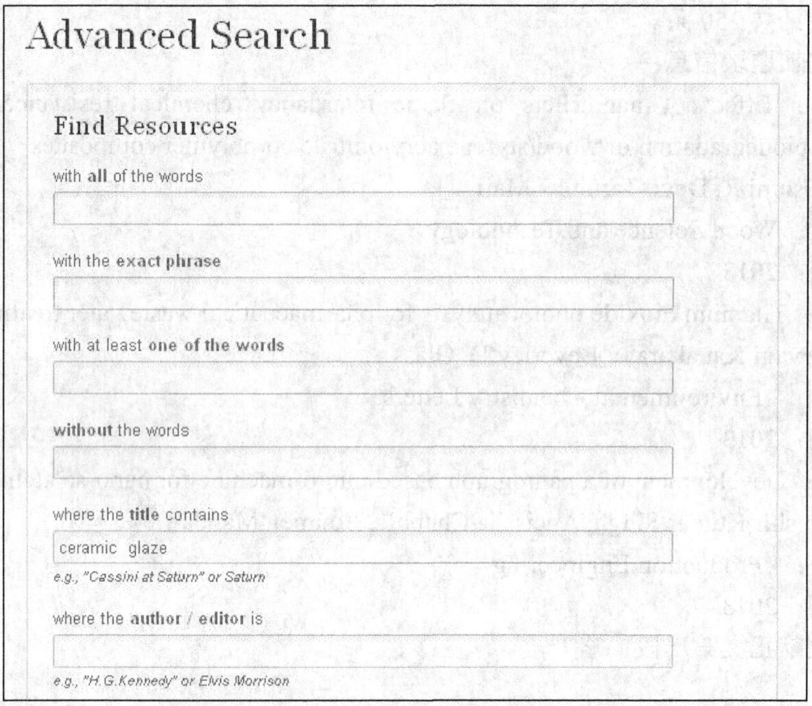

图 5.6 高级检索示例

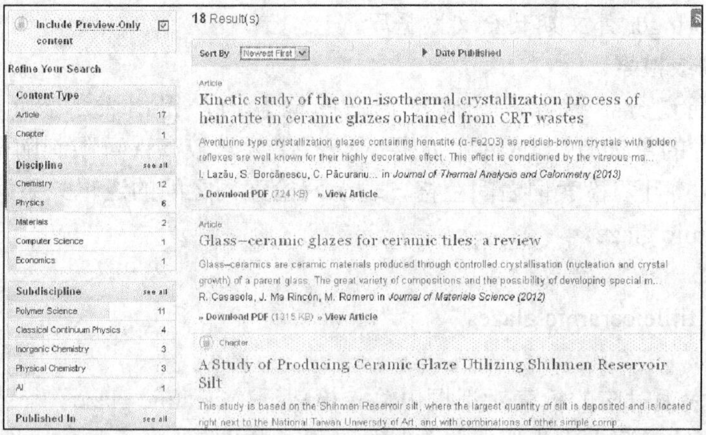

图 5.7 高级检索结果

检索结果：共 18 条。

前三篇文献题录信息：

[1] 标题：Kinetic study of the non-isothermal crystallization process of hematite in ceramic glazes obtained from CRT wastes

作者：I. Lazău, S. Borcănescu, C. Păcurariu…

文献出处：Journal of Thermal Analysis and Calorimetry

发表时间：2013

[2] 标题：Glass–ceramic glazes for ceramic tiles: a review

作者：R. Casasola, J. Ma Rincón, M. Romero

文献出处：Journal of Materials Science

发表时间：2012

[3] 标题：A Study of Producing Ceramic Glaze Utilizing Shihmen Reservoir Silt

作者：Chi-Chang Lu, Po-Hsien Lin

文献出处： Internationalization, Design and Global Development

发表时间：2011

第一篇文献正文第一段：略

无论哪种检索方式，检索结果均为文献题录信息。由文献类型、文献标题、简单摘要、作者、文献来源、出版时间等组成。在该界面的左边，系统对所检结果按文献类型、所属学科、文献来源、语种等进行了分类处理。如图 5.7 所示。用户可根据需要选择浏览。单击检索结果中各文献的标题，可浏览文献的摘要信息。如图 5.8 所示。如要浏览文献的全文，首先要判断该篇文献系统是否有全文提供，如果文献标题前有 "（🔒）"图标，则表示该篇文献没有全文提供。用户只能通过单击该篇文献的标题，了解其摘要信息。如果文献标题前没有 "（🔒）" 图标，则表示有全文提供。对于有全文的文献，系统提供两种浏览方式，即每篇文献题录下方的"Download PDF"（PDF 下载）和"View Article" (浏览全文)。单击 PDF 下载可直接查看或下载该篇文献，全文格式为 PDF 格式，如图 5.9 所示。单击文献标题下的浏览全文，也可直接打开该篇文献，格式为 HTML 格式。打开全文后，用户可根据需要对原文进行保存（部分保存或全部保存）、复制、打印等处理。浏览 PDF 全文的前提是已提前下载并安装了支持 PDF 格式文件的浏览器，如 Acrobat Reader 等，用户也可以通过下载并安装 CAJ 浏览器打开 PDF 全文。

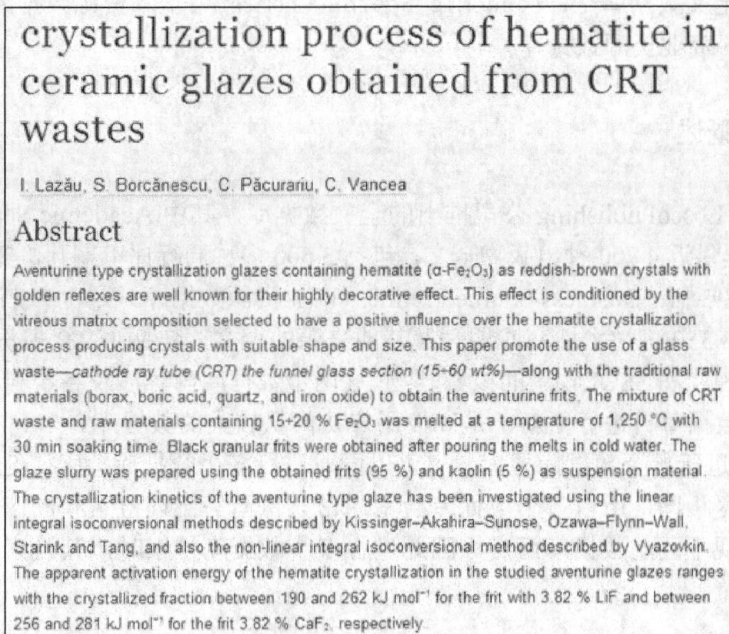

crystallization process of hematite in ceramic glazes obtained from CRT wastes

I. Lazău, S. Borcănescu, C. Păcurariu, C. Vancea

Abstract

Aventurine type crystallization glazes containing hematite (α-Fe_2O_3) as reddish-brown crystals with golden reflexes are well known for their highly decorative effect. This effect is conditioned by the vitreous matrix composition selected to have a positive influence over the hematite crystallization process producing crystals with suitable shape and size. This paper promote the use of a glass waste—*cathode ray tube (CRT) the funnel glass section (15÷60 wt%)*—along with the traditional raw materials (borax, boric acid, quartz, and iron oxide) to obtain the aventurine frits. The mixture of CRT waste and raw materials containing 15÷20 % Fe_2O_3 was melted at a temperature of 1,250 °C with 30 min soaking time. Black granular frits were obtained after pouring the melts in cold water. The glaze slurry was prepared using the obtained frits (95 %) and kaolin (5 %) as suspension material. The crystallization kinetics of the aventurine type glaze has been investigated using the linear integral isoconversional methods described by Kissinger–Akahira–Sunose, Ozawa–Flynn–Wall, Starink and Tang, and also the non-linear integral isoconversional method described by Vyazovkin. The apparent activation energy of the hematite crystallization in the studied aventurine glazes ranges with the crystallized fraction between 190 and 262 kJ mol^{-1} for the frit with 3.82 % LiF and between 256 and 281 kJ mol^{-1} for the frit 3.82 % CaF_2 respectively.

图 5.8　文献摘要信息

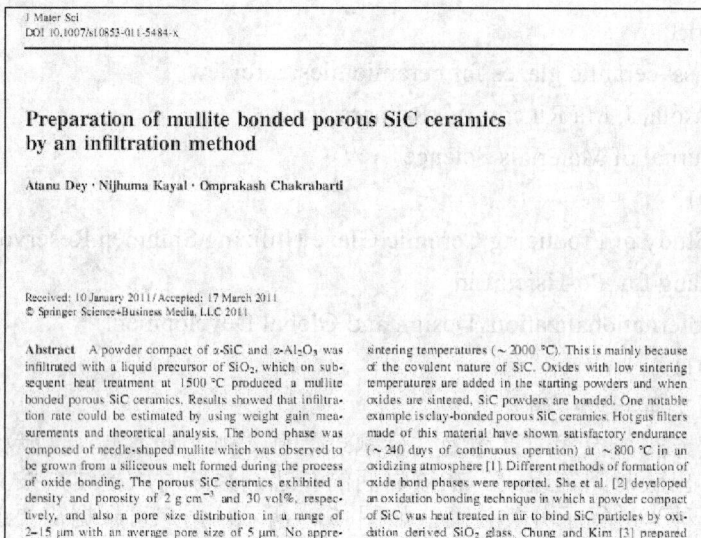

图 5.9　文献全文

5.2　EBSCOhost 外文期刊全文数据库

EBSCO 数据公司是一个具有 60 多年历史的大型文献服务专业公司，提供期刊、文献订购及出版等服务，总部在美国，分部遍及全球 19 个国家。EBSCO 数据公司开发了近百个电子文献数据库，包括数千种期刊全文，涉及自然科学、社会科学、人文和艺术等多种学术领域，其中两个主要的全文数据库是：Academic Search Premier（学术资源数据库）和 Business Source Premier（商业资源数据库）。

5.2.1　数据库概述

Ebscohost 是 EbscoPublishing 公司推出的全文数据库，其中 Academic Search Premier（学术期刊数据库）提供近 4 700 种出版物全文，包括 3 600 多种同行评审期刊，多数期刊是被 SCI 和 SSCI 收录的核心刊；Business Source Premie（商业资源数据库）是世界上最大的全文商业数据库，提供近 8 350 份学术性商业期刊及其他来源的全文，包括 1 100 多份学术商业刊物，不少期刊也是被 SCI 和 SSCI 收录的核心刊物。这两个数据库内容涉及各学科领域，综合性强，检索功能强大，数据每日进行更新，是高校用户访问量较大的数据库。
Ebscohost 既可以进行单个数据库检索，也可以同时进行多个数据库检索。但由于不同数据库之间检索功能不尽相同，所以多个数据库检索通常只保留关键词检索和图像资料检索功能，其余检索功能则视不同的数据库而定。因此进行多个数据库检索时，其检索结果会受到一定影响。

5.2.2 检索平台

输入网址 http://search.ebscohost.com，即可进入 Ebscohost 首页面。首页面提供两个检索平台，分别为商管财经信息检索平台和学术资源检索平台，如图 5.10 所示。单击学术资源检索平台，即可进入数据库选择界面，如图 5.11 所示。系统默认本单位购置的数据库，用户只需单击"Continue"，即可进入检索界面。Ebscohost 检索界面友好，操作简单、使用灵活，分为基本检索、高级检索和视觉检索，系统默认的检索界面为高级检索界面，如图 5.12 所示。高级检索界面提供三个检索对话框，三个检索对话框均提供检索项供用户选择。系统提供的检索项有全文（TX All Text）、作者（AU Author）、标题（TI Title）、主题词（SU Subject terms）、来源（SO Source）、摘要（AB Abstract）、国际期刊标准号（IS ISSN 号）等，用户可根据需要单击检索项下拉菜单选择适合课题需要的检索项，然后在检索对话框内输入相应的检索词进行检索。各检索对话框之间可根据需要进行逻辑"AND"、"OR"、"NOT"组配。

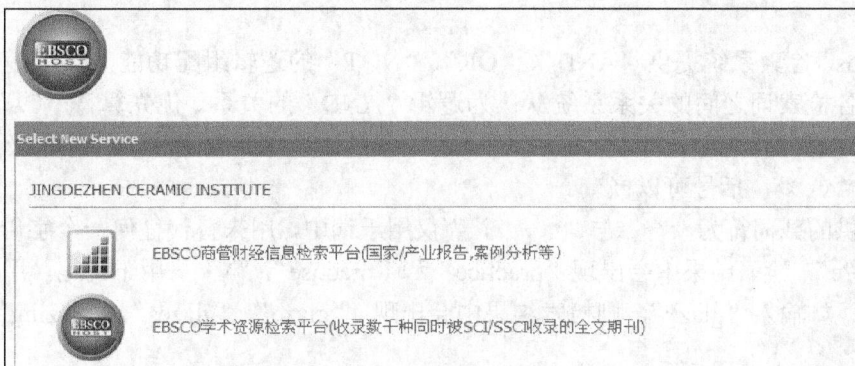

图 5.10　Ebscohost 首页面

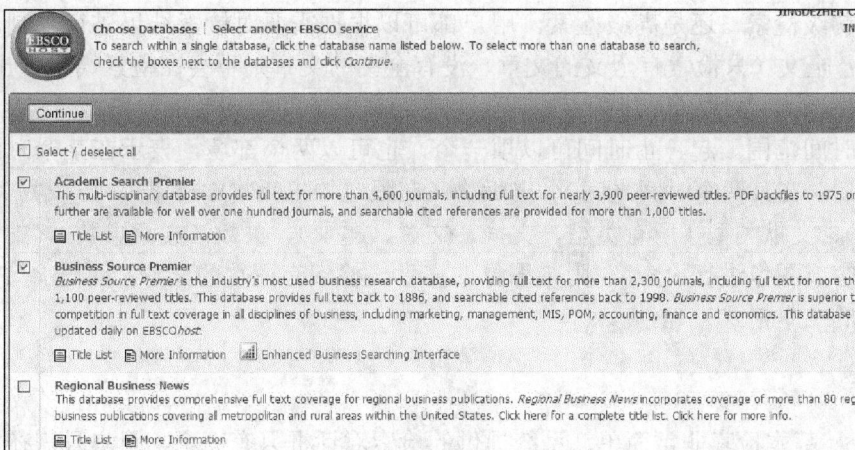

图 5.11　数据库选择界面

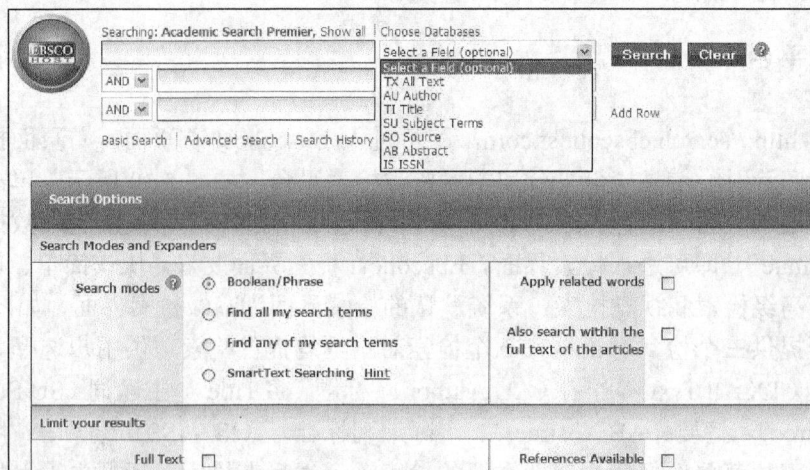

图 5.12　Ebscohost 检索界面

Ebscohost 检索系统提供 "AND"、"OR"、"NOT" 的逻辑组配功能，在未输入逻辑关系的情况下，各检索词之间的关系系统默认为逻辑 "AND" 的关系。优先算符 "（ ）"；在默认情况下，逻辑运算的优先级次序是 "not"、"and"、"or"。如果要改变默认的优先级次序，则需要使用括号 "（ ）"，括号可以嵌套。

系统提供的截词符为 "？" 与 "*"，"？" 仅用于词中，用来替代任何一个字母或数字，如输入 "practi?e"，检索结果中会出现 "practice" 和 "practise"；"*" 只用于词尾，用来替代多个字母或数字，如输入 "glaz*"，则检索结果中会出现 "glaze"、"glazes"、"glazing"、"glazed" 等检索词。

系统提供的位置运算符有 "Wn" 和 "Nn"，用以指定关键词出现的顺序和位置关系。"Wn" 表示关键词出现顺序与输入顺序相同且相隔最多 n 个字；"Nn" 表示关键词出现顺序不必与输入顺序相同且相隔最多 n 个字。

无论是初级检索，还是高级检索，用户都可以根据需要对检索结果进行限制。系统提供的限制项有：全文（只检索有全文的文章，没有全文的文章则不会在检索结果中出现）、有参考（有参考文献）、学术（同行评审）期刊（有专家评审的期刊中的文章）、出版日期（限定文章的出版时间范围。起、止时间可以填一个，也可以两个都填，表示在某个时间之前、在某个时间之后、在某两个时间之间）、出版物（在限定的出版物中检索）、出版物类型（期刊、报纸、书籍）、文献类型（所有类型、文摘、文章、题录）、页数（文章页数）、封面报导（对封面报导内容或图像进行检索）、附带图像的文章（检索有图片的文章，可选择 PDF 格式或文中附图像的文本格式）等。

1. 基本检索

Ebscohost 基本检索非常简单，系统提供的检索对话框只有一个，用户只需在检索对话框内输入检索词或检索表达式，单击 "Search" 按钮即可检索。

（1）输入检索词进行检索

EBSCOhost 基本检索不提供具体检索字段。检索字段默认值为全部，检索词之间可根据需要运用逻辑"and"、"or"、"not"进行组配，空格相当于"and"，表示所输入检索词必须同时出现在某一检索字段，各检索词之间的位置保持不变。

如要检索陶瓷釉研制方面的文献，如对检索词所出现检索字段没有具体的要求，可直接在检索对话框内输入"ceramic and glaze"，单击"Search"按钮，即可得出检索结果。如要求检索词"ceramic"和"glaze"作为一个词组出现在同一字段，可直接在检索对话框内输入"ceramic glaze"，单击"Search"按钮，所得检索结果较直接输入"ceramic and glaze"所得结果会更为准确一些。

（2）输入检索表达式进行检索

如果用户对检索词所出现检索字段有具体要求，可以根据需要在检索对话框内输入检索表达式，如检索陶瓷釉研制方面的文献，要求两个检索词必须同时在标题内出现，可在检索对话框内输入检索表达式"ti:ceramic and ti:glaze"或"ti:（ceramic glaze）"或"ti:（ceramic and glaze）"，单击"Search"按钮，即可检索出标题内同时含有"ceramic"和"glaze"的文献信息。

2. 高级检索

单击"高级检索"按钮，即可进入高级检索界面。该界面提供了三个检索对话框，各检索对话框提供的检索字段有全文、作者、标题、主题词、来源、摘要、国际期刊标准号等。单个检索对话框内各检索词之间可进行逻辑"and"、"or"、"not"的组配；各检索对话框之间也可进行逻辑"and"、"or"、"not"的组配。

如要检索在"Ceramics International"期刊上发表的有关陶瓷釉、色料及熔块研制方面的文章，可将三个检索对话框的检索字段分别选择标题、摘要、刊名，然后输入相应的检索词"glaze or pigment or frit or colour or color"、"ceramic or porcelain"、"ceramics international"，单击"Search"按钮，即可得出检索结果。

3. 视觉检索

视觉搜索是 EBSCO 最新增加的检索功能，在检索方式上与基本检索大致相同，但在检索结果显示上，采用了更为直观的图形分类显示方式。视觉搜索界面提供一个检索对话框，用户只需在检索对话框内输入检索词，单击"Search"按钮，即可得出检索结果。

如要检索陶瓷窑炉方面的文献，可直接在检索对话框内输入"ceramic kiln"，单击"Search"按钮，即可得出检索结果。视觉搜索的结果为视觉导航图，在导航图上，系统将所有检索结果按所涉及类目进行了分类，用户可根据需要选择性浏览。

4. 出版物检索

单击 EBSCO 检索界面上方的出版物，即可进入出版物检索界面。出版物检索由检索和浏览两大模块构成，用户可根据需要选择检索或浏览方式获取所需期刊论文信息。

（1）检索功能

检索功能提供一个检索对话框，用户可直接在检索对话框内输入所需要检索期刊的刊名，单击"Search"按钮，即可获得结果。如用户要了解期刊"Ceramics International"被 EBSCO 收录的情况，可直接在检索途径的检索对话框内输入"Ceramics International"，单击"检索"按钮，即可得出检索结果。

（2）浏览功能

浏览功能提供一个检索对话框，用户可根据需要选择三种途径浏览期刊，即"按字母顺序"、"按主题和说明"和"匹配任意关键字"等。如要了解陶瓷类的期刊，可选择按主题和说明途径检索，直接在检索对话框内输入检索词"ceramic*"，单击"浏览"按钮，即可得出检索结果。

5.2.3 检索示例

1. 基本检索

（1）输入检索词进行检索

以下是一个输入检索词检索的实例。

检索课题：检索陶瓷窑炉研制方面的文献。

检索工具：Ebscohost 外文期刊全文数据库。

检索方式：初级检索。

检索策略：通过分析该课题，确定合适的检索词，得出表示陶瓷概念的单词有"ceramic"；表示窑炉概念的单词有"kiln"。

检索词：ceramic kiln。

检索项：全部字段。

检索表达式：全部字段= ceramic and kiln。

检索步骤一：

① 用户如对检索词出现在哪一字段无具体要求，可采用直接输入检索词的方法进行检索，即直接在检索对话框内输入检索词"ceramic and kiln"，如图 5.13 所示。这样，无论在哪个字段，只要同时出现检索词"ceramic"和"kiln"，检索结果中都会显示出来，因而直接输入检索词的检索方法所得结果比较全面，只是查准率略有欠缺。

② 单击"Search"按钮。

③ 得出检索结果，共检索出 1 125 条记录，如图 5.14 所示。

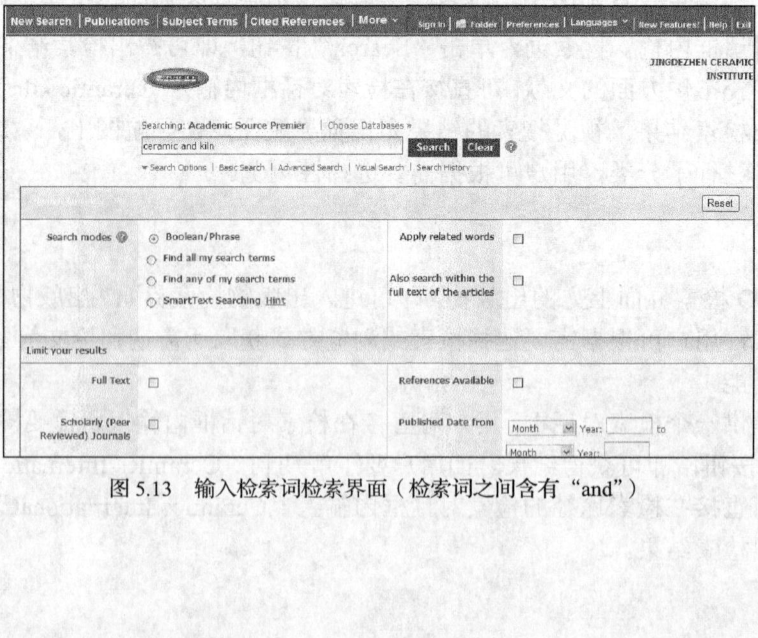

图 5.13　输入检索词检索界面（检索词之间含有"and"）

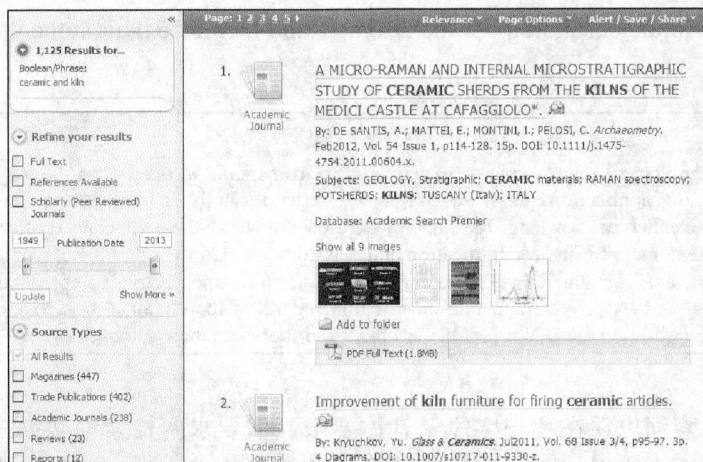

图5.14 输入检索词检索结果界面（检索词之间含有"and"）

检索结果一：共 1 125 条。

前三篇文献题录信息：

[1] 标题：A MICRO-RAMAN AND INTERNAL MICROSTRATIGRAPHIC STUDY OF CERAMIC SHERDS FROM THE KILNS OF THE MEDICI CASTLE AT CAFAGGIOLO*. Full Text Available

作者：DE SANTIS, A.; MATTEI, E.; MONTINI, I.; PELOSI, C.

文献出处：Archaeometry.

发表时间：Feb 2012

[2] 标题：Improvement of kiln furniture for firing ceramic articles. Full Text Available

作者：Kryuchkov, Yu.

文献出处：Glass & Ceramics.

发表时间：Jul 2011

[3] 标题：Effective service of aluminosilicate ceramic concretes in a furnace lining for firing objects in the ceramic industry. Full Text Available

作者：Trubitsyn, M

文献出处：Refractories & Industrial Ceramics.

发表时间：Mar 2010

第一篇文献正文第一段：

文本格式：

INTRODUCTION

Recent technological improvements in analytical instruments have opened up the way for new methodological applications and have led to new discoveries in the field of cultural heritage. On one hand, scientists acknowledge the study of the archaeological/historical context of artefacts as an essential element for their identification and classification. On the other hand, humanists and cultural operators recognize that laboratory analyses are fundamental to a complete description of artefacts, as they provide accurate information regarding the chemical composition of the material, the absolute chronology of the artefacts and therefore their authenticity.

图片格式：

> **INTRODUCTION**
>
> Recent technological improvements in analytical instruments have opened up the way for new methodological applications and have led to new discoveries in the field of cultural heritage. On one hand, scientists acknowledge the study of the archaeological/historical context of artefacts as an essential element for their identification and classification. On the other hand, humanists and cultural operators recognize that laboratory analyses are fundamental to a complete description of artefacts, as they provide accurate information regarding the chemical composition of the material, the absolute chronology of the artefacts and therefore their authenticity.

检索步骤二：

①用户如对检索词出现在哪一字段无具体要求，但要求两检索词必须在同一字段出现，且两检索词间的先后顺序保持不变，也可采用直接输入检索词的方法进行检索，只是两检索词必须紧挨在一起，中间保留空格，即直接在检索对话框内输入检索词"ceramic kiln"，"ceramic"和"kiln"之间空格，表示两检索词之间为逻辑"与"的关系，如图 5.15 所示。

② 单击"Search"按钮。

③ 得出检索结果，共检索出 206 条记录，所得检索结果较输入检索词"ceramic and kiln"检索得出结果更为准确。如图 5.16 所示。

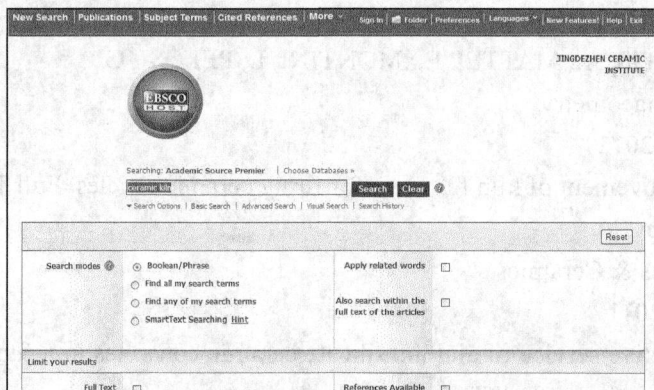

图 5.15　输入检索词检索界面（关键词之间为空格）

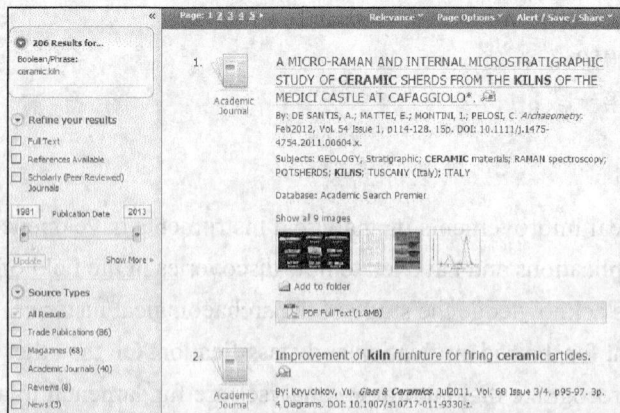

图 5.16　输入检索词检索结果界面（关键词之间为空格）

检索结果二：共 206 条。

前三篇文献题录信息：略

（2）输入检索表达式进行检索

以下是一个输入检索表达式检索的实例。

检索课题：检索陶瓷窑炉研制方面的文献。

检索工具：Ebscohost 外文期刊全文数据库。

检索方式：初级检索。

检索策略：通过分析该课题，确定合适的检索词，得出表示陶瓷概念的单词有"ceramic"；表示窑炉概念的单词有"kiln"。

检索词：ceramic kiln。

检索项：标题。

检索表达式：ti:(ceramic kiln)。

检索步骤：

① 用户如对检索结果的查准率要求较高，可命令两个检索词同时在标题内出现，即在检索对话框内输入检索表达式："ti: ceramic and ti: kiln"，或"ti:（ceramic and kiln）"或"ti:（ceramic kiln）"。"ceramic" 和"kiln"之间空格，表示两检索词之间为逻辑"与"的关系。这样，可检索出标题内同时含有检索词"ceramic"和 "kiln"的文献。

② 单击"Search"按钮。

③ 得出检索结果，共检索出 611 条记录，如图 5.18 所示。

图 5.17　输入检索表达式检索界面

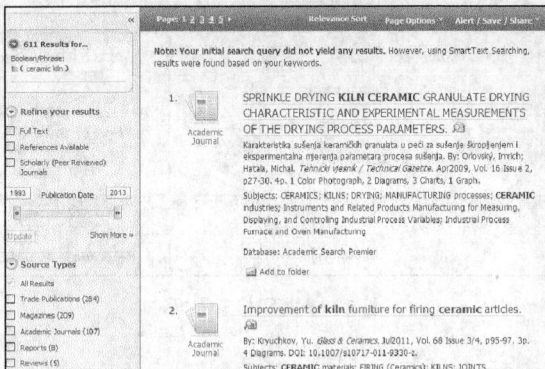

图 5.18　输入检索表达式检索结果界面

检索结果：共 611 条。

前三篇文献题录信息：略

2. 高级检索

以下是一个高级检索的实例。

检索课题：检索在"Ceramics International"期刊上发表的有关多孔陶瓷或蜂窝陶瓷研制方面的文献。

检索工具：Ebscohost 外文期刊全文数据库。

检索方式：高级检索。

检索策略：通过分析该课题，确定合适的检索词，得出表示多孔概念的单词有"porous"；表示蜂窝概念的单词有"honeycomb"；表示陶瓷概念的单词有"ceramic"。

检索词：Ceramics International porous honeycomb ceramic。

检索项：文献来源、标题。

检索表达式：SO:(Ceramics international) and TI((porous ceramic)or（honeycomb ceramic)**)。**

检索步骤：

①要获得较为理想的检索结果，可在第一个检索对话框内输入检索词"Ceramics international"，检索项选择来源；在第二个检索对话框内输入检索词"（porous ceramic）or（honeycomb ceramic)"，检索项选择标题，两检索对话框之间的逻辑关系为系统默认的"and"关系，单个检索项内各检索词之间空格，表示各检索词之间为逻辑"与"的关系，如图 5.19 所示。

② 单击"Search"按钮。

③ 得出检索结果，共检索出 76 条记录，如图 5.20 所示。

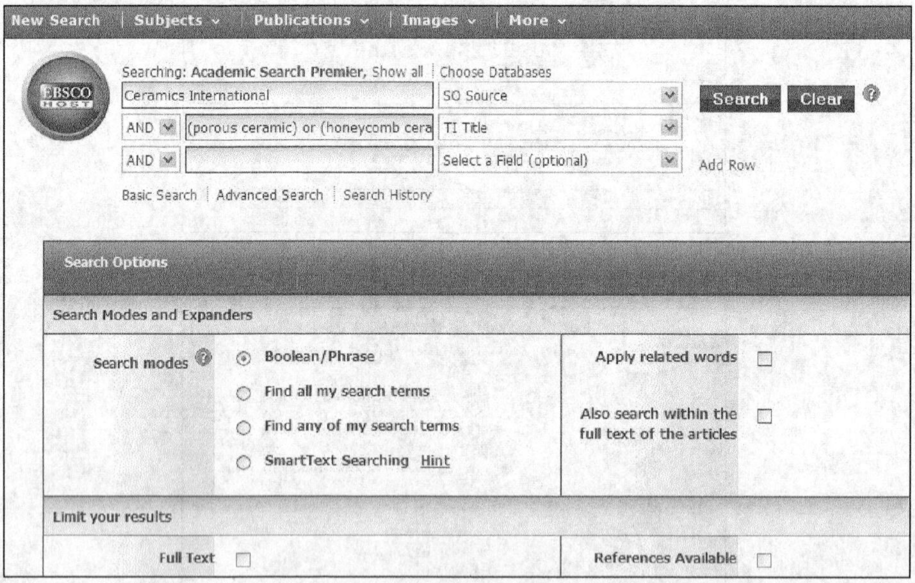

图 5.19 高级检索界面

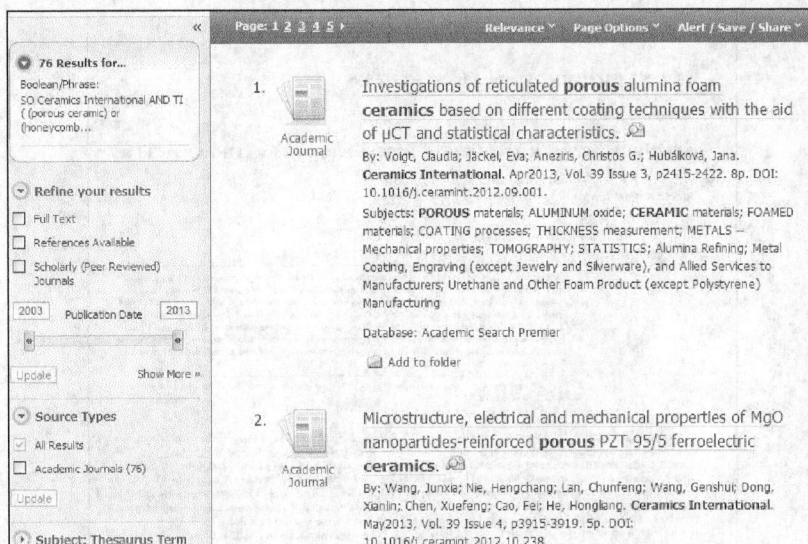

图 5.20　高级检索结果

检索结果：共 76 条。

前三篇文献题录信息：略

无论哪种检索方式，检索结果均为文献题录信息。由文献标题、作者、文献来源、出版时间、卷/期号、起始页码、主题词、来源数据库、PDF 全文链接（如系统有全文提供）等组成。对于系统没有全文提供的文献，单击文献标题，可浏览更为详细的作者及摘要等信息，如图 5.21 所示；对于有全文提供的文献，用户可通过单击 PDF 全文图标直接浏览全文，如图 5.22 所示，并可根据需要对全文进行保存（部分或全部）、复制、打印等处理。

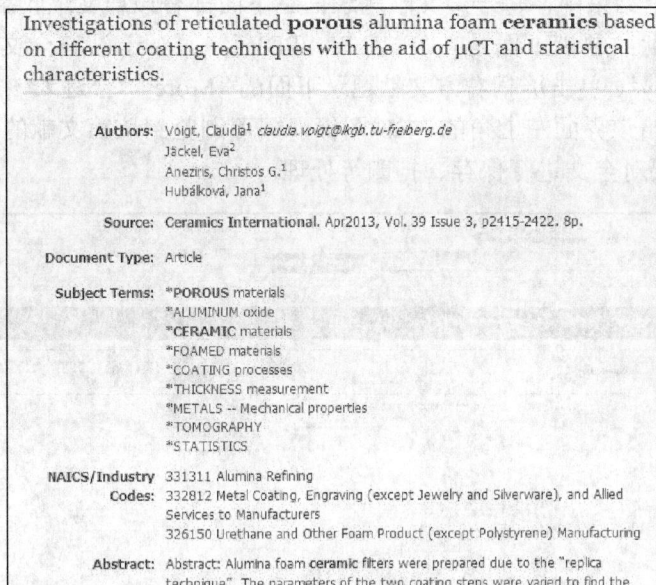

图 5.21　文献摘要信息

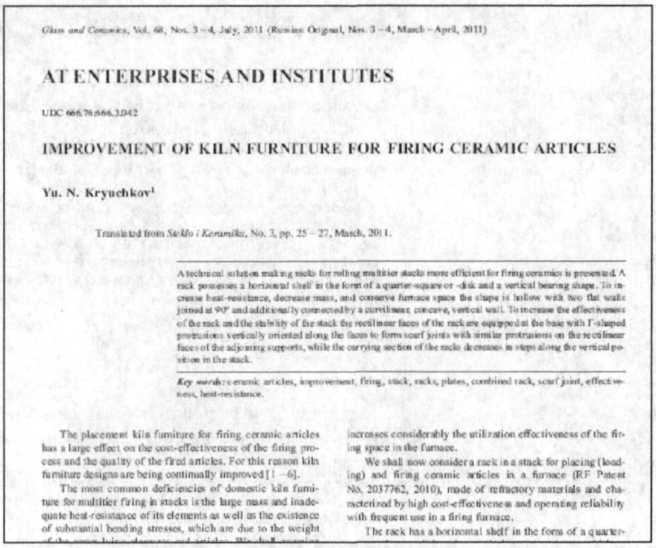

Glass and Ceramics, Vol. 68, Nos. 3 – 4, July, 2011 (Russian Original, Nos. 3 – 4, March – April, 2011)

AT ENTERPRISES AND INSTITUTES

UDC 666.76:666.3.042

IMPROVEMENT OF KILN FURNITURE FOR FIRING CERAMIC ARTICLES

Yu. N. Kryuchkov[1]

Translated from *Steklo i Keramika*, No. 3, pp. 25 – 27, March, 2011.

A technical solution making racks for rolling multitier stacks more efficient for firing ceramics is presented. A rack possesses a horizontal shelf in the form of a quarter-square or -disk and a vertical bearing shape. To increase heat-resistance, decrease mass, and conserve furnace space the shape is hollow with two flat walls joined at 90° and additionally connected by a curvilinear, concave, vertical wall. To increase the effectiveness of the rack and the stability of the stack the rectilinear faces of the rack are equipped at the base with Γ-shaped protrusions vertically oriented along the faces to form scarf joints with similar protrusions on the rectilinear faces of the adjoining supports, while the carrying section of the racks decreases in steps along the vertical position in the stack.

Key words: ceramic articles, improvement, firing, stack, racks, plates, combined rack, scarf joint, effectiveness, heat-resistance.

The placement kiln furniture for firing ceramic articles has a large effect on the cost-effectiveness of the firing process and the quality of the fired articles. For this reason kiln furniture designs are being continually improved [1 – 6].

The most common deficiencies of domestic kiln furniture for multitier firing in stacks is the large mass and inadequate heat-resistance of its elements as well as the existence of substantial bending stresses, which are due to the weight

increases considerably the utilization effectiveness of the firing space in the furnace.

We shall now consider a rack in a stack for placing (loading) and firing ceramic articles in a furnace (RF Patent No. 2037762, 2010), made of refractory materials and characterized by high cost-effectiveness and operating reliability with frequent use in a firing furnace.

The rack has a horizontal shelf in the form of a quarter-

图 5.22　文献全文信息

3. 视觉检索

如要检索陶瓷釉方面的文献，可直接在检索对话框内输入“ceramic glaze”，单击“Search”按钮，如图 5.23 所示，即可得出检索结果，共有 189 篇文献满足检索要求，系统对所有结果按照所涉及领域进行了分类，如单击“FIRING(Ceramics)”类目，有 14 篇文献满足检索要求，系统同时对这 14 篇文献又进行了分类，当单击“TILES”类目时，有 3 篇文献满足检索要求。单击任意一级结果中文献的标题，屏幕的右方会出现方框形图案代表的该篇文献的摘要信息，如图 5.24 所示。检索结果中，每一篇文献题录信息下面都有该篇文献收录是否齐全的提示，如有全文提供的文献，题录下面是：“Full Text:PDF”，而对于没有全文收录的文献，则是“Detailed Record Only”。单击屏幕右方文献题录下面的“More”，会进入该篇文献的相关信息，如图 5.25 所示。单击该界面左上角的 PDF 图标，即可浏览到该篇文献的全文，如图 5.26 所示，用户可根据需要对全文进行保存、打印等处理。

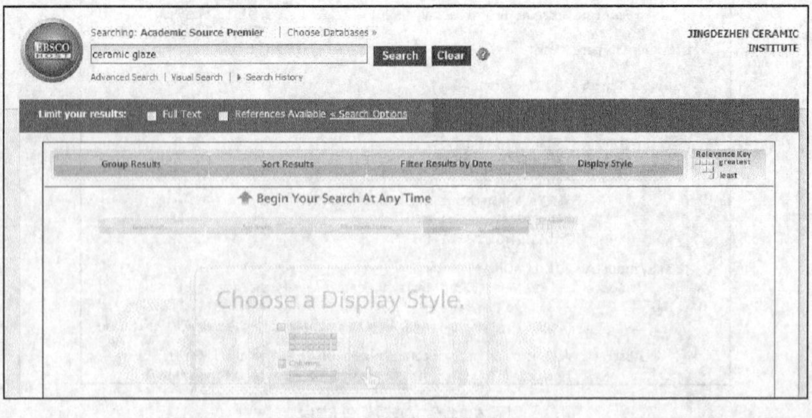

图 5.23　视觉搜索示例

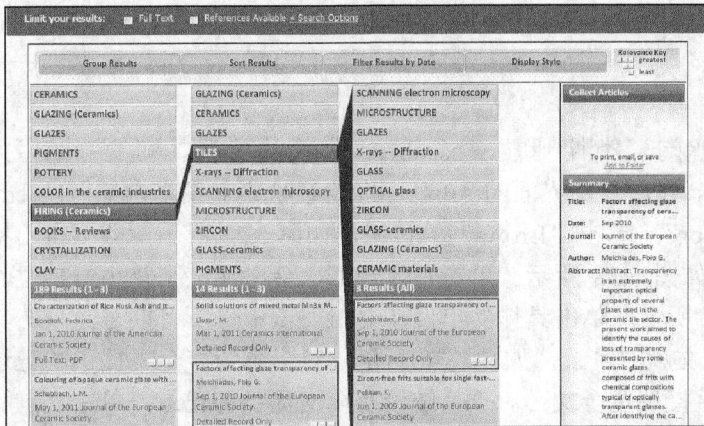

图 5.24　视觉搜索结果

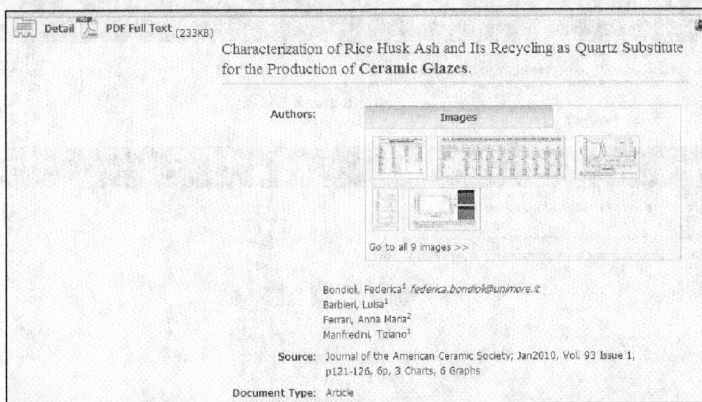

图 5.25　文献摘要信息

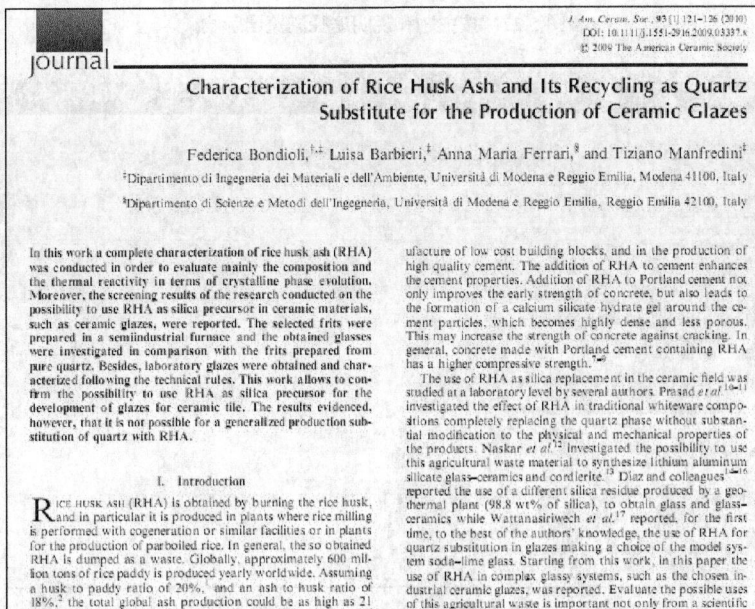

图 5.26　文献全文

4. 出版物检索

（1）浏览功能

如用户要了解陶瓷类期刊被 Ebscohost 收录的情况，可直接在主菜单中选择刊物"Publication"检索，在所弹出界面的"Browse"途径检索对话框内输入"ceramic*"，选择"By Subject & Description"，单击"Browse"按钮，如图 5.27 所示，即可得出检索结果，共得出检索记录 15 条，如图 5.28 所示。单击具体刊名，会出现该刊物主办单位、收录情况及历年的链接，如图 5.29 所示。单击具体的年份，会出现该年份所有期号，单击具体期号，会出现该具体期号中发表文献的目录，如图 5.30 所示。对于系统有全文提供的记录，用户可通过单击 PDF 全文图标直接浏览全文；对于系统没有全文提供的记录，单击文献标题，可浏览更为详细的作者及摘要等信息。

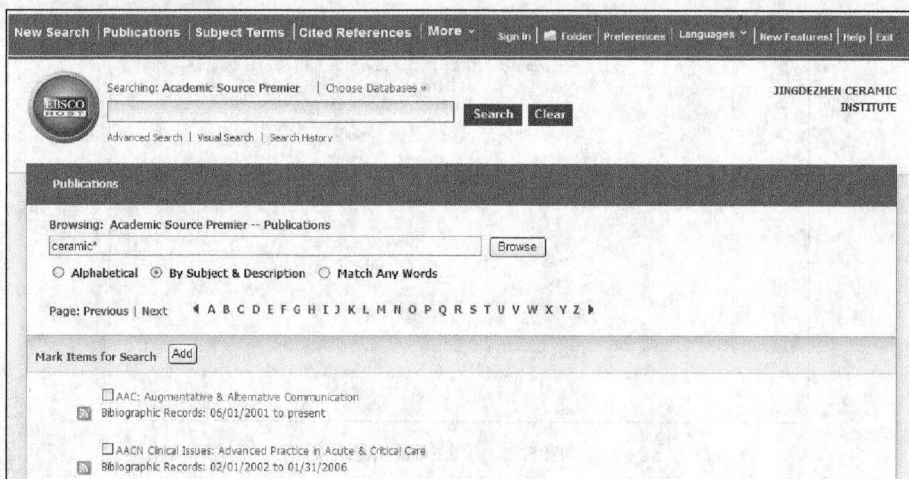

图 5.27　按主题和说明途径浏览出版物

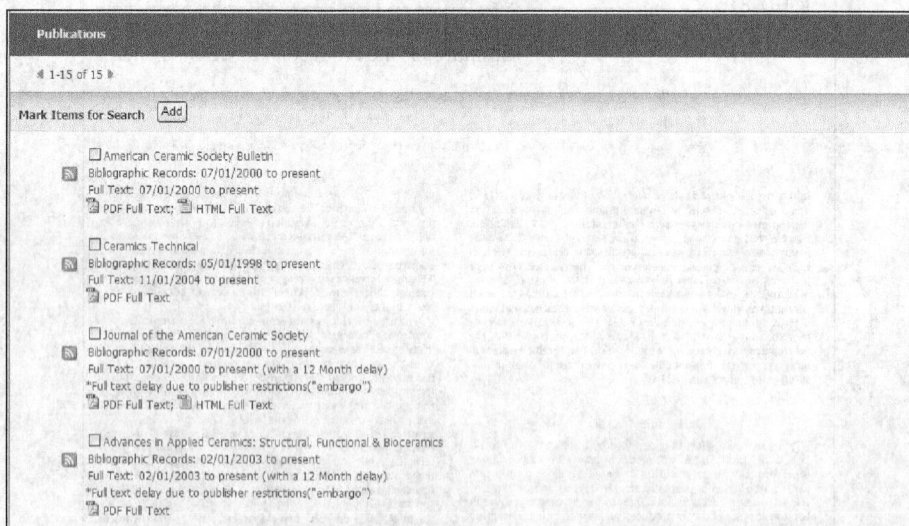

图 5.28　按主题和说明途径浏览出版物得出结果

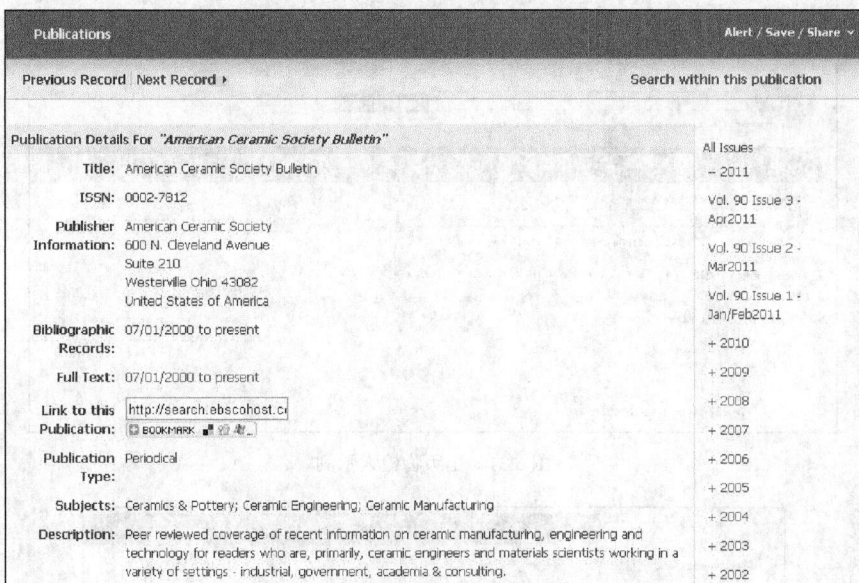

图 5.29　具体期刊相关信息及各年份链接

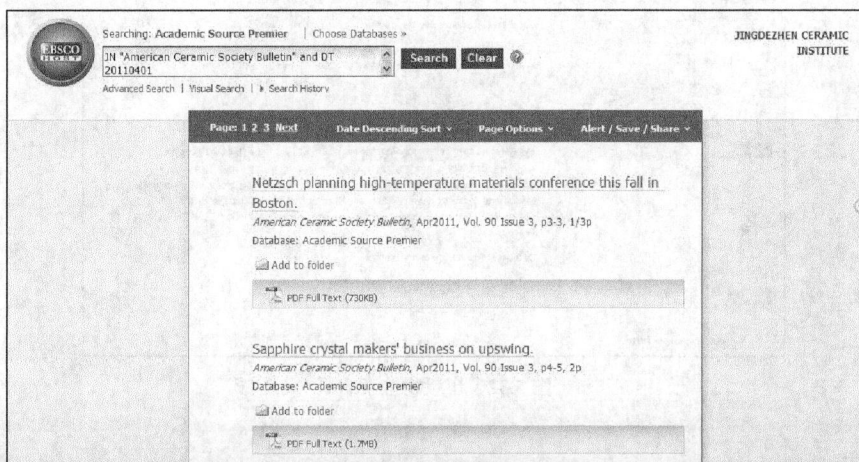

图 5.30　单期文献目录

（2）检索功能

如用户要了解某份具体期刊如"ceramics monthly"被 Ebscohost 收录的情况，可直接在主菜单中选择"Publication"途径，在所弹出界面的"Search"途径检索对话框内输入"ceramics monthly"，单击"Search"按钮，如图 5.31 所示，即可得出检索结果。共得出检索记录 4539 条，如图 5.32 所示。

无论什么检索方式，所得结果均为题录信息，对于系统有全文提供的记录，用户可通过单击"PDF 全文"或"HTML Full Text"直接浏览全文；对于系统没有全文提供的记录，单击文献标题，可浏览更为详细的作者及摘要等信息。

Ebscohost 提供两种格式全文，即 PDF 格式和 HTML 格式。浏览 PDF 全文的前提是必须提前下载并安装支持 PDF 格式的浏览器，如 Acrobat Reader 等。

第 5 章　外文网络数据库的检索

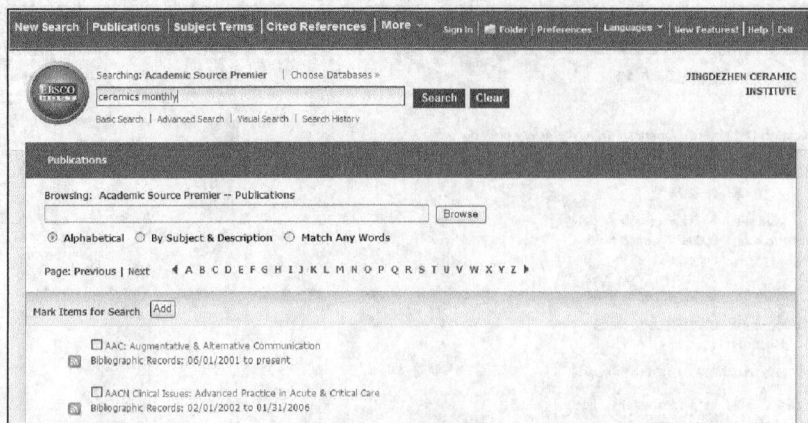

图 5.31 出版物检索示例

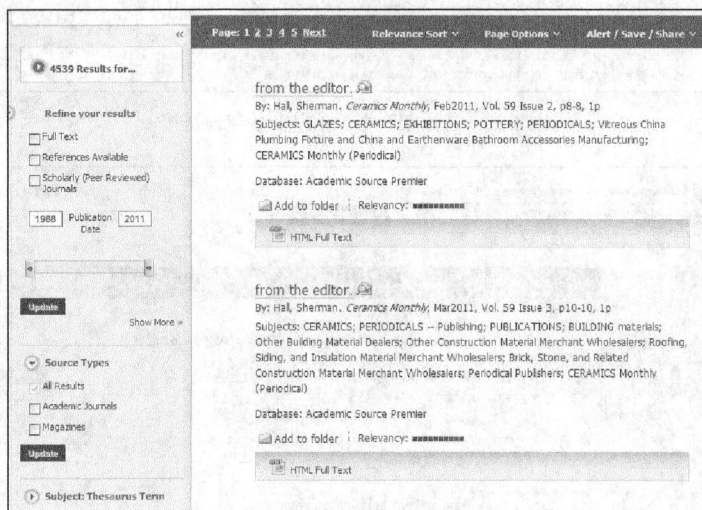

图 5.32 出版物检索结果

5.3 Elsevier Science Direct 期刊全文数据库

　　荷兰爱思唯尔（Elsevier）出版集团是全球最大的科技与医学文献出版发行商之一，已有180多年的历史。产品包括 3 200 多种高质量的学术期刊，大部分期刊都是被 SCI、Ei 等国际公认的权威大型检索数据库收录的各个学科的核心学术期刊，涵盖了科学、技术以及医学领域的 24 个学科。此外，Elsevier Science 公司产品还收录了 11 000 多种书籍，包括常用参考书、丛书及手册等，内容涵盖科学，技术和医学等各个领域。

5.3.1 数据库概述

　　Elsevier 公司的 Science Direct 数据库是 Elsevier 公司的核心产品，是全球最大的科学文献全文数据库，得到了 70 多个国家的认可。目前在中国有 200 多所高校、国家图书馆及中科院所已成为 Elsevier 公司的用户，每个月的全文下载量达几百万篇，是目前国内使用率最高和下载量最多的外文科学数据库，Science Direct 提供 PDF 格式全文和 HTML 格式全文。

Science Direct 支持布尔逻辑算符"AND"（与）、"OR"（或）、"NOT"（非）的使用，且系统默认各检索词之间的逻辑算符为"AND"。系统截词符为"*"，表示检索与输入词起始部分一致的词，如输入"glaz*"，可以检索到 glaze、glazed、glazing、glazes 等的结果。通配符"？"表示取代单词中的字母，如输入 wom?n，可以检索到 woman、women；如输入 f??t，可以检索到 foot、feet 等。位置算符 NEAR 或 NEAR（n），表示两词间可插入少于或等于 n 个单词，不限定两个词出现的先后顺序，系统默认值为 10；位置算符 W 或 W（n），表示两词间可插入少于或等于 n 个单词，但限定两个词出现的先后顺序。英文状态的双引号表示精确查找，即所输入检索词作为一个词组检索，如查找通讯卫星方面的文献，可通过精确查找检索，即在检索对话框内直接输入""communication satelliate""即可。作者检索必须先输入名的全称或缩写，然后输入姓，如：jianhua Zhao。

5.3.2　检索平台

输入网址 http://www.sciencedirect.com/，即可进入 Science Direct 首页面。进入首页面后，用户可根据需要单击页面左上角的"Browse"、"Search"进行文献的浏览或检索，如图 5.33 所示。Science Direct 检索模块又分基本检索和高级检索。

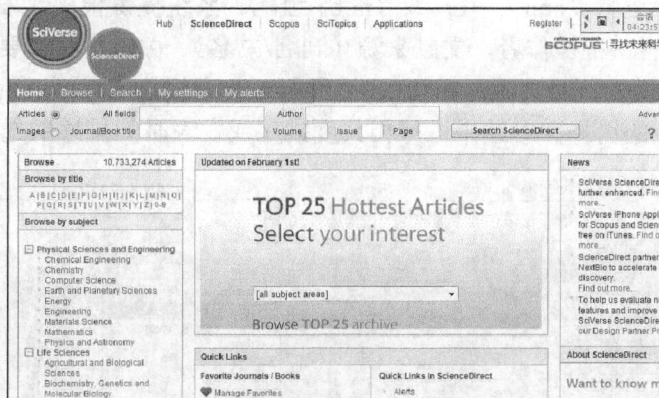

图 5.33　Science Direct 首页面

1. 浏览模块

系统提供按两种期刊浏览途径，即按字母顺序（Alphabetical List of Journals）浏览和按学科分类（Category List of Journals）浏览，用户可根据需要选择浏览方式。如用户想了字母"C"开头的期刊或图书收录情况，可按字母顺序进行浏览，单击字母浏览中的"C"，系统会把所有字母"C"开头的期刊或图书罗列出来。如用户想了材料科学类期刊或图书收录情况，可按学科分类进行浏览，单击学科浏览中"Physical Science and Engineering"大类下的"Material Science"类目，系统会把所有材料科学类期刊或图书罗列出来。

2. 检索模块

检索模块分基本检索、高级检索和专业检索三种,系统默认设置为基本检索,首页面即基本检索界面。

(1)基本检索

首页面即为简单检索界面,在该界面主菜单下面,系统提供了 6 个检索对话框供用户输入检索词进行检索,相对应的检索字段分别为:所有字段(All fields)、刊名/书名(Journal/Book titile)、卷(Volume)、期(Issue)、页码(Page),如图 5.33 所示。如用户要检索陶瓷釉方面的文献,可直接在所有字段项检索对话框内输入"ceramic glaze",单击"Search ScienceDirect"按钮,即可得出检索结果。由于检索字段为所有字段,因而所得结果检全率最高,检准率最低。如用户想了解陶瓷类期刊或图书被 ScienceDirect 所收录情况,可直接在刊名/书名字段项检索对话框对输入"ceramic",单击"Search ScienceDirect"按钮,即可得出检索结果。

(2)高级检索

单击首页面左上角主菜单中"Search" 按钮或右上角"Advanced search" 按钮即可进入高级检索界面,高级检索界面的右上角又分高级检索和专家检索,用户可根据需要进行选择。高级检索提供文献来源选择,即所有资源的检索、期刊文献的检索和图书文献的检索。用户既可以在所有资源检索界面同时选中期刊资源和图书资源进行检索,也可以根据需要单独选择期刊文献或图书文献进行检索。

高级检索同时提供两个检索对话框,即用户可根据需要同时选择两个检索字段进行检索,两检索字段间可进行逻辑"and"、"or "、"not"组配。系统提供检索字段有:所有字段、摘要/标题/关键词、作者、特殊作者、文献来源(刊名/书名)、关键词、摘要、参考文献、ISSN号、ISBN 号、作者机构、全文等,如图 5.34 所示。在高级检索界面,用户可根据需要对检索结果进行文献来源的选择和对结果进行相关度排序或发表时间排序的选择。

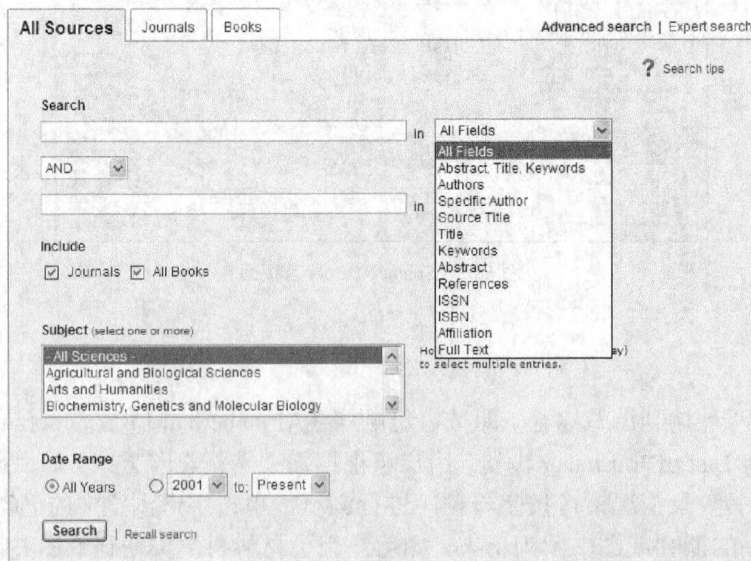

图 5.34　高级检索界面

（3）专家检索

单击高级检索界而上方右侧的"Expert Search"可进入专家检索页面。专家检索界面没有具体的检索字段供用户选择，仅提供一个检索对话框，如图 5.35 所示。用户只需在该框内输入检索表达式，即可进行检索。检索表达式可由多个检索项与多个检索词构成，各检索项与各检索词之间可根据需要进行逻辑"and"、"or "、"not"组配。与基本检索和高级检索相比，专家检索操作更为灵活，方便，更能满足用户需要，更适合专业检索人员使用。

专家检索提供的字段代码分别有：all（所有字段）、tak （标题/摘要/关键词）、ttl（文献标题）、key（关键词）、abs（摘要）、aut（作者）、aff（作者机构）、src（刊名/书名）、ref（参考文献）、pdt（发表时间）、vis（卷/期）、pag（页码）等。

构建检索表达式时，用户可根据需要直接在所定检索项后输入检索词即可。如查找《Ceramics International》期刊上发表的关于陶瓷釉方面的文献，直接在检索对话框内输入检索表达式：ttl(ceramic and glaze) and src("Ceramics International") 即可获得检索结果。

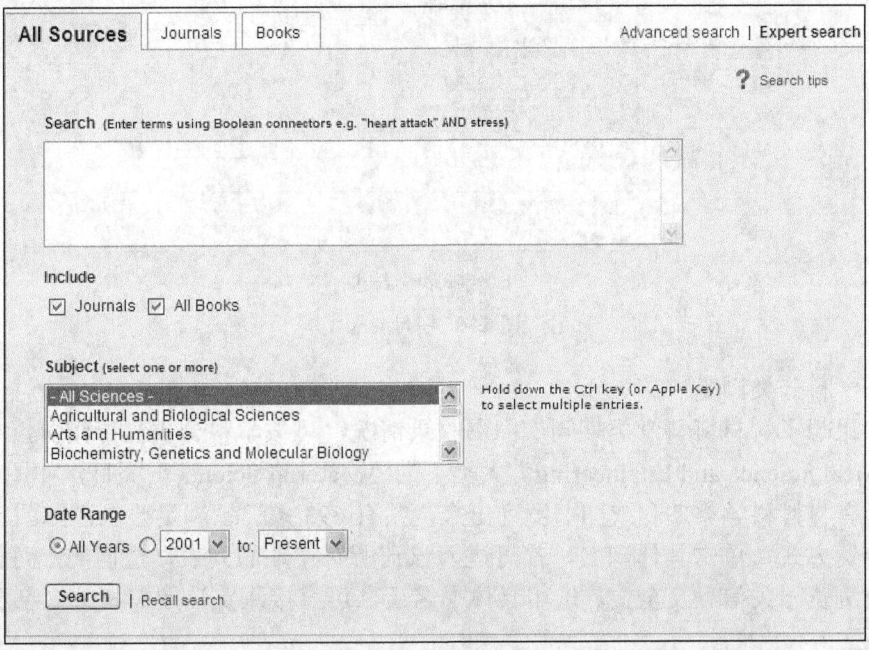

图 5.35　专家检索界面

5.3.3　检索示例

1. 浏览功能

（1）按字母顺序浏览

用户如果想了解字母"C"开头的期刊或图书收录情况，可按字母顺序进行浏览，单击字母浏览中的"C"，如图 5.36（a）所示，系统会把所有字母"C"开头的期刊或图书罗列出来，共有 9 677 条记录满足要求，如图 5.36（b）所示。用户可根据需要选择性浏览。

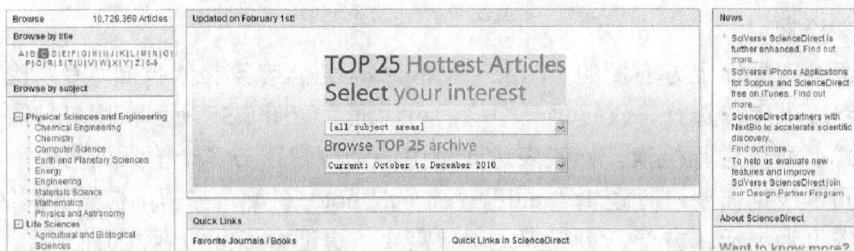

（a）字母浏览示例

（b）字母浏览结果

图 5.36　字母浏览

（2）按学科分类浏览

用户如果想了解材料科学类期刊或图书收录情况，可按学科分类进行浏览，单击学科浏览中 "Physical Science and Engineering" 大类下的 "Material Science" 类目，如图 5.37 所示，系统会把所有材料科学类期刊或图书罗列出来，共有 693 条记录满足要求，如图 5.38 所示。无论何种浏览方式，单击具体刊名，都可进入该刊所有年期的列表，进而用户可根据需要逐年逐期逐篇浏览相关信息及全文。选中具体书名后，可直接浏览该图书相关信息及全文。

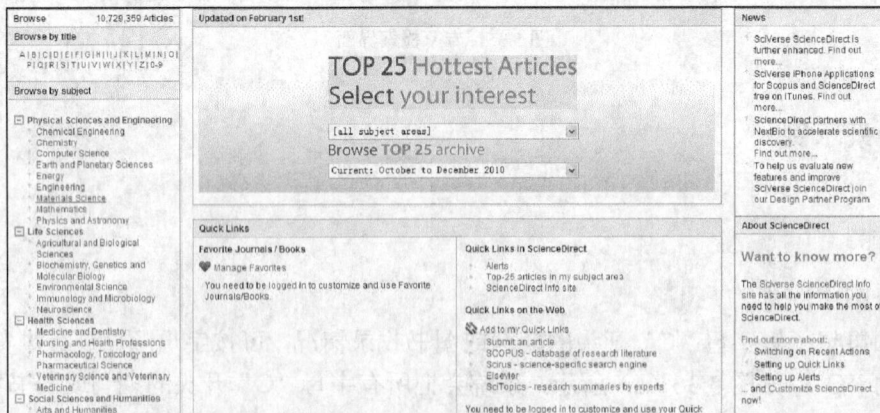

图 5.37　学科分类浏览示例

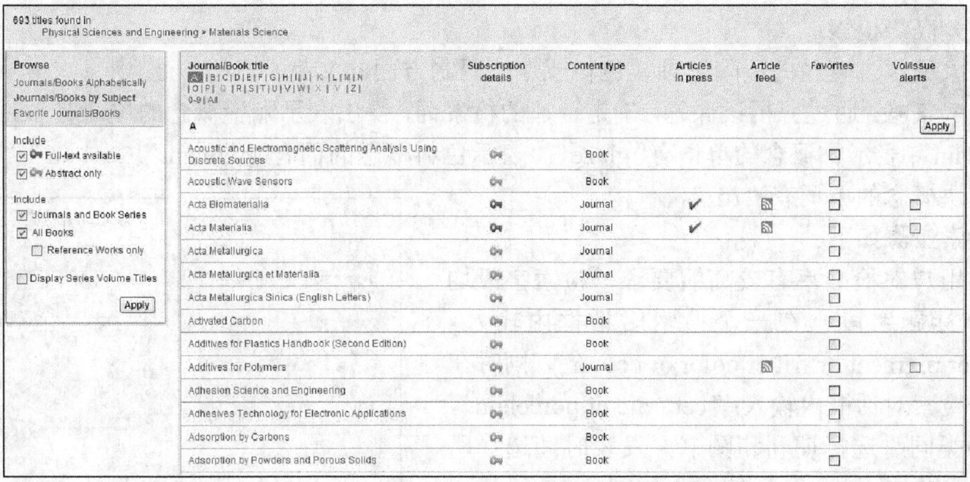

图 5.38 学科分类浏览结果

2. 检索功能

（1）基本检索

检索课题：查找陶瓷釉研制方面的文献。

检索策略：通过分析该课题，确定合适的检索词，得出表示陶瓷概念的单词有"ceramic"；表示釉的单词有"glaze"。

检索步骤如下：

用户如对检索词出现在哪一字段无具体要求，可采用直接输入检索词的方法进行检索，即直接在检索对话框内输入检索词"ceramic glaze"，单击"Search ScienceDirect" 按钮，即会得出检索结果，共得出检索记录 2 733 条，如图 5.39 所示。无论在哪个字段，只要同时出现检索词"ceramic "和检索词"glaze"，检索结果中都会显示出来，因而直接输入检索词的检索方法所得结果最为全面，只是准确率略有欠缺。

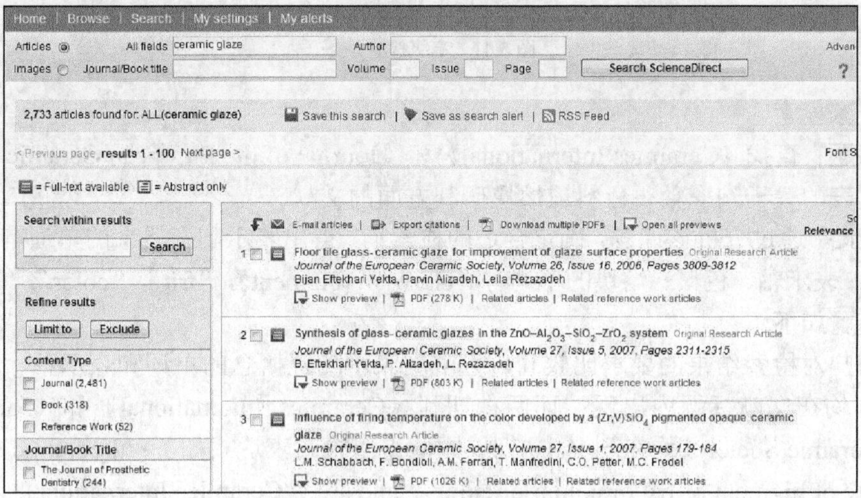

图 5.39 基本检索示例

（2）高级检索

检索课题：查找关于陶瓷釉、色料或熔块研制方面的文献。

检索策略：通过分析该课题，确定合适的检索词，得出表示陶瓷概念的单词有"ceramic"，"porcelain"；表示釉概念的单词有"glaze"；表示色料概念的词有"pigment"，"colour"，"color"；表示熔块概念的单词有"frit"。

检索步骤如下：

如用户对检准率有较高的要求，检索字段均可选择标题字段，在一个检索对话框内输入："glaze or pigment or frit or color or colour"，同时在另一个检索对话框内输入："ceramic or porcelain"，文献种类同时选择期刊和图书，发表时间选择所有年份，单击"Search"按钮，如图 5.40 所示，即可得出检索结果，共得出检索记录 235 条，如图 5.41 所示。

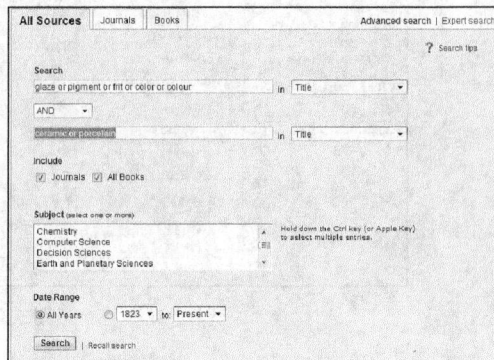

图 5.40　高级检索示例

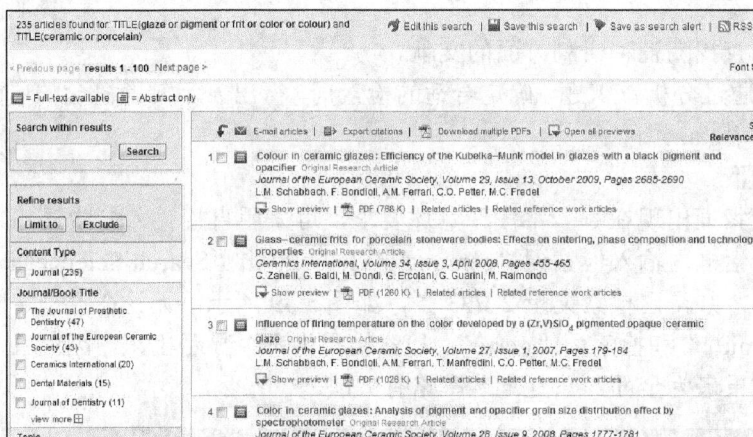

图 5.41　高级检索结果

（3）专家检索

检索课题：查找《Ceramics International》和《Journal of the European Ceramic Society》两本期刊上发表的关于陶瓷釉、色料或熔块研制方面的文献。

检索策略：通过分析该课题，确定合适的检索词，得出表示陶瓷概念的单词有"ceramic"，"porcelain"；表示釉、色料、熔块的单词有"glaze"，"pigment"，"frit"，"color"，"colour"等。

检索步骤如下：

如果用户对检索结果的要求比较高，可限制表示陶瓷概念的单词和表示釉、色料或熔块概念的单词均在文献标题内出现；而两种期刊《Ceramics International》和《Journal of the European Ceramic Society》均在刊名中出现，因此得出检索表达式如下：ttl(ceramic or porcelain) and ttl（glaze or pigment or frit or colour or color） and src ("Ceramics International" or "Journal of the European Ceramic Society")，用户在选择专家检索平台后，直接在检索对话框内输入该

检索表达式，发表时间选择所有年份，单击"Search"按钮，如图 5.42 所示，即可得出检索结果，共得出检索记录 63 条，如图 5.43 所示。

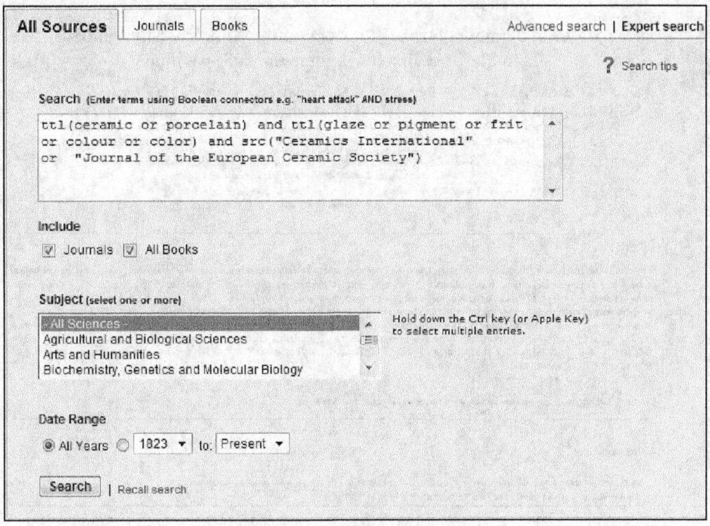

图 5.42　专家检索示例

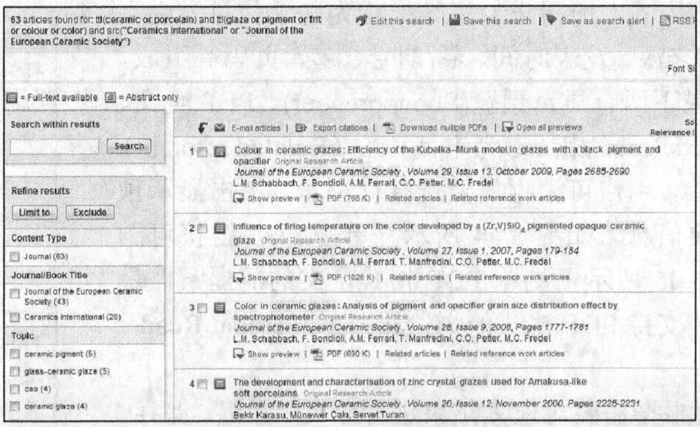

图 5.43　专家检索结果

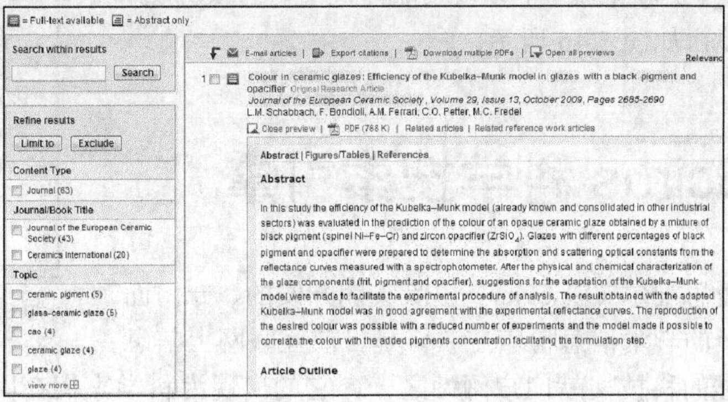

图 5.44　论文摘要信息

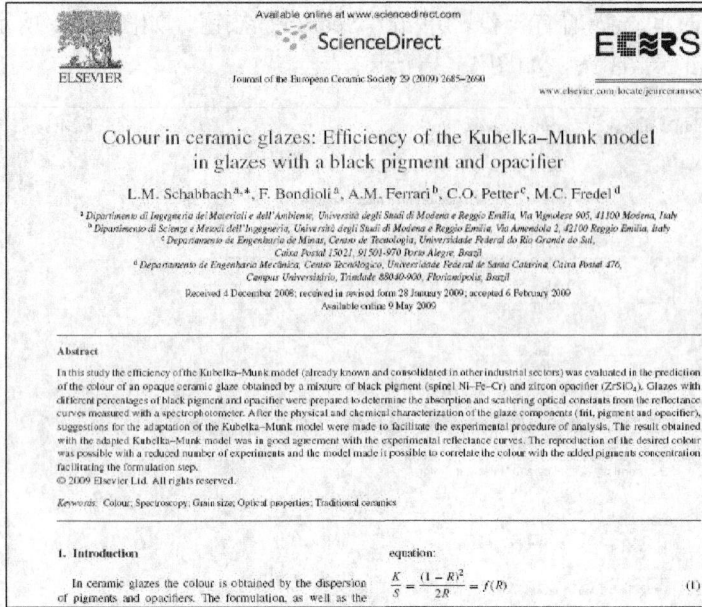

图 5.45　论文全文

无论是哪种检索方式，所得出检索结果均为题录信息，由文献标题、作者、文献来源、发表时间、卷/期号、起始页码等组成，如图 5.43 所示。题录下面有显示预览(Show prewier)、PDF 全文、相关论文（Related articles）、相关参考书籍论文（Related reference work articles）等链接，用户可根据需要选择性浏览。单击显示预览，可浏览文献摘要信息，如图 5.44 所示。单击 PDF 链接可浏览文献全文，如图 5.45 所示。浏览 PDF 格式全文的前提条件是必须提前下载并安装支持 PDF 格式的浏览器，如 Acrobat Reader 等。

此外，用户还可根据需要对检索结果进行分析、标记、保存、打印等操作。对于每一次的检索结果，系统都会在检索结果界面的左边按照文献类型、文献来源、主题及发表时间进行分类排列，方便用户选择性浏览，如图 5.46 所示。

5.4　Scirus 科学搜索引擎

Scirus 是荷兰爱思唯尔（Elsevier）出版集团开发的、专门面向科学家和科研人员的学术信息检索工具。是目前互联网上信息最全面、综合性最强的科技文献门户网站之一，它的出现为科学家们在网络上和专有数据库中快速查找所需学术信息打开了一道便捷之门。

图 5.46　检索结果分布情况

5.4.1 资源概述

Scirus 信息来源分为期刊资源和网络资源。期刊资源包括 ScienceDirect 在内的 5 000 多种学术期刊。网络资源主要有大学网站、科学家主页、会议信息、专利信息（包括美国专利、日本专利、欧洲专利等）、公司主页、产品信息等。

Scirus 覆盖的学科范围包括：农业与生物学、天文学、生物科学、化学与化工、计算机科学、地球与行星科学、经济、金融与管理科学，工程能源与技术、环境科学、语言学、法学、生命科学、材料科学、数学、医学、神经系统科学、药理学、物理学、心理学、社会与行为科学、社会学等。

Scirus 搜寻引擎专为科研人员设计，与一般搜索引擎（如 Yahoo、Google 等）不同的是它主要涵盖专门科学方面的信息，特色大致如下。

① 过滤非科学方面的信息。

② 收录同行评审（peer-reviewed）文章，这在一般搜索引擎中大部分是被忽略掉的。

③ 可以搜索特定作者、期刊、出版年等缩小查询范围。

④ 可同时查询学科相关的会议、摘要、及专利资料。

期刊资源：主要有 Science-Direct，MEDLINE 等电子期刊。

知名网站资源：主要是学术网站，如大学网站、科学家主页、会议信息、专利信息（包括美国专利、日本专利、欧洲专利等）、公司主页、产品信息等。

其他网站资源：除知名学术网站外的其他网站资源。

Scirus 检索界面友好，检索模式极具个性化，注重扩展满足用户不同需要的检索设置，使用户可优先选择感兴趣的信息源、特定文献类型、文件格式、学科范围等。Scirus 采用以高品位期刊而著称的 Science-Direct，MEDLINE 等电子资源为主体，选取拥有科学资源的网站为合作伙伴，集期刊论文、会议文献、科技报告、专利文献、预印本文库等资源于一体。不仅扩大了用户查询信息的来源，更重要的是省去了用户逐库检索所耗费的大量时间，提高了检索效率。

Scirus 检索系统提供"与"、"或"、"非"的逻辑组配功能。系统提供的截词符为"*"，如输入"glaz*"，检索结果中会出现"glaze""glazes""glazed""glazing""glazings""Glazzard"等词，有助于提高检全率。

Scirus 索引的更新频率与收录年限是每月更新，可检索 1900~2007 年间发表的文献。

Scirus 检索结果的排序分为按相关度和按日期两种方式。缺省情况下，Scirus 将检索结果按照相关度进行排序，用户也可以根据需要选择将检索结果按照日期排序。

Scirus 用户可以免费浏览所有检索到的互联网主页的信息。Scirus 提供的期刊资源可以免费查看题录和文摘，但是获取全文需要预先注册并支付费用。

5.4.2　检索平台

输入网址 http://www.scirus.com 即可进入 Scirus 首页面。Scirus 检索界面友好，简洁方便，分为基本检索和高级检索两种，如图 5.47 所示。系统默认的检索界面是基本检索界面。

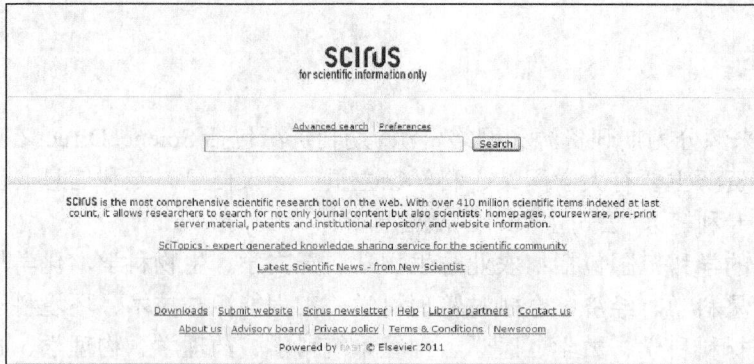

图 5.47 Scirus 首页面（基本检索界面）

1. 基本检索

基本检索非常简单，系统仅提供一个检索对话框，没有提供任何检索字段，即检索字段默认值为全部。用户可根据需要在检索对话框内直接输入检索词或检索表达式进行检索，按 Enter 键或单击"Search"按钮即可获得检索结果。

（1）直接输入检索词检索

用户如果对检索结果没有具体要求，可直接在检索输入框内输入检索词，各检索词之间可根据需要进行逻辑"and"、"or"、"not"组配，空格相当于逻辑"与"；如果要求多个检索词同时出现在同一字段，且位置前后顺序不变，可采用精确查找，即双引号的应用。如查找陶瓷釉研制方面的文献，可在检索对话框内输入 "ceramic glaze"，如查找卫星通讯方面的文献，可在检索对话框内输入""satellite communication""，单击"Search"，即可获得检索结果。

（2）输入检索表达式检索

如果用户对检索结果有具体要求，可根据需要在检索对话框内输入检索表达式进行检索。如查找陶瓷釉研制方面的文献，要获得较高的检准率，可要求两个检索词必须同时在标题字段出现，直接在检索对话框内输入检索表达式"ti:ceramic and ti:glaze"或"ti（ceramic and glaze）"或"ti（ceramic glaze）"，按 Enter 键或单击"Search"按钮，即可检索出标题内同时含有"ceramic"和"glaze"的文献信息。

2. 高级检索

进入 Scirus 检索界面后，单击界面右上方的"Advanced Search"按钮，即可进入高级检索界面，如图 5.48 所示。高级检索提供两个检索对话框，两个检索对话框之间可进行逻辑"and"、"or"、"not"组配。单个检索项中可输入多个检索词，各检索词之间可根据需要进行逻辑"and"、"or"、"not"组配。系统提供的逻辑关系有：All of the words（所有检索词必须同时出现，相当于逻辑"与"）、Any of the words（检索结果中出现任意一个检索词即符合检索要求，相当于逻辑"或"）、 Exact phrase（各检索词必须同时出现在某一字段，且检索词前后位置不可有变）。

高级检索界面中系统提供的检索字段有：The complete document（全文）、Article title（文章标题）、Journal title（刊名）、Author(s) name（作者）、Author Affiliation(s)（作者机构）、

Keyword(s) （关键词）、ISSN（国际期刊标准号）、(Part of a)URL（网址）（部分或全部）等。

此外，用户还可以根据需要对检索结果进行日期、信息类型、文件格式、信息来源、所属学科等多种限制，缩小检索范围。

Dates（日期）：可选择 1900~2007 年任一时间段，也可选择 1900 年前的文献。

Information types（信息类型）：所有信息、摘要信息、文章信息、书籍、公司主页、会议信息、专利信息、预印本文献、科学家主页、论文等。

File formats（文件格式）：所有格式、PDF 格式、网页格式、Word 文本格式等。

Content sources（信息来源）：主要有两大类，一类是期刊资源，另一类是重要学术网络资源。

Subject areas（所属学科）：所有学科、农业与生物学、天文学、化学与化学工程、计算机科学、地球与天文学、经济、商业与管理学、工程、能源与技术、环境科学、语言与语言学等。

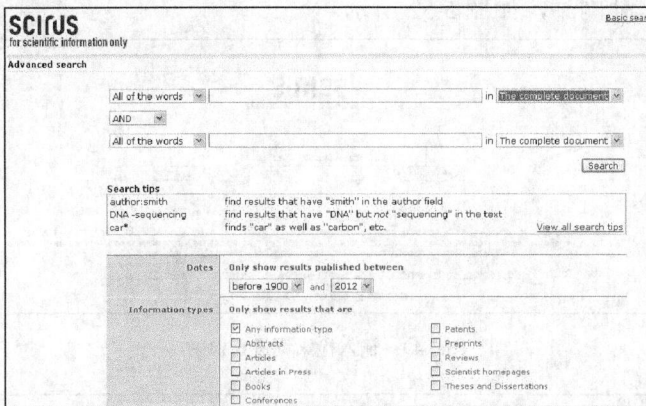

图 5.48　高级检索界面

5.4.3　检索示例

1. 基本检索

虽然基本检索界面比较简单，只提供一个检索对话框，但检索方法比较灵活，大致可分为两种，即：直接输入检索词检索与输入检索表达式检索。

检索课题：查找无铅釉研制方面的文献。

检索策略：通过分析该课题，确定合适的检索词，得出表示无铅概念的单词有"leadless"、"lead-free"、"unleaded"、"nonlead"、"nolead"、"without-lead"等，表示釉概念的单词有"glaze"。

检索步骤如下：

步骤一（直接输入检索词）

用户如对检索词出现在哪个字段无具体要求，可采用直接输入检索词的方法进行检索，直接在检索对话框内输入检索词，此时检索字段系统默认为全部字段。这样，无论在哪个字段出现所输入检索词，检索结果中都会显示出来，因而直接输入检索词的检索方法所得结果最为全面，只是检准率会有所欠缺。

①在检索对话框内输入检索词"leadless glaze"，单击"Search"按钮，如图 5.49 所示。

②共得出检索记录 276 条。其中 72 篇源于期刊，98 篇源于知名学术网站（如知识产权局专利网），106 篇源于其他网站，如图 5.50 所示。

步骤二（根据需要输入检索表达式）

如用户对检索结果有具体要求，可采用输入检索表达式的方法进行检索。可限制无铅和釉两个概念均在标题字段出现，得出检索表达式："ti(leadless or lead-free or unleaded or nonlead or nolead or without-lead) and ti:glaz*"，这样，凡是标题内同时含有无铅和釉两个概念的所有文献均会被检索出来，因而通过输入检索表达式的检索更为灵活。

①在检索对话框内输入检索表达式："ti(leadless or lead-free or unleaded or nonlead or nolead or without-lead) and ti:glaz*"，单击"Search"按钮，如图 5.51 所示。

②共得出检索记录 72 条。其中 15 篇源于期刊，52 篇源于知名学术网站（如知识产权局专利网），5 篇源于其他网站，如图 5.52 所示。

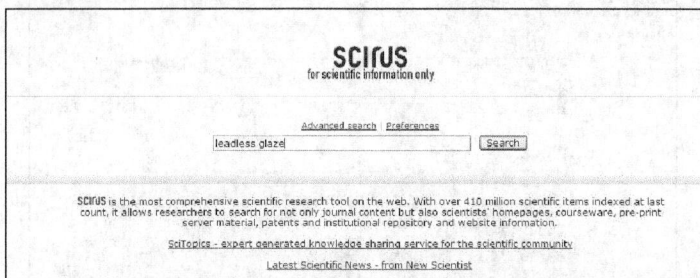

图 5.49　输入检索词进行检索

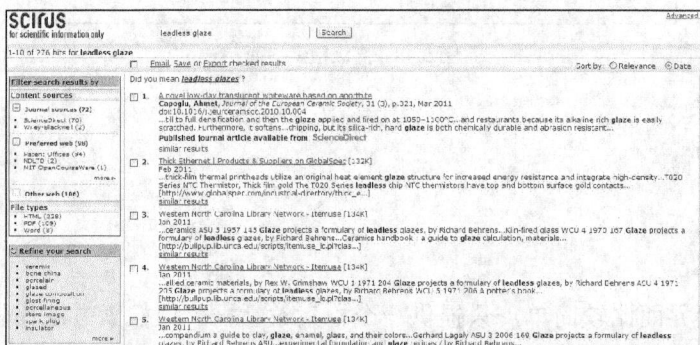

图 5.50　输入检索词进行检索得出结果

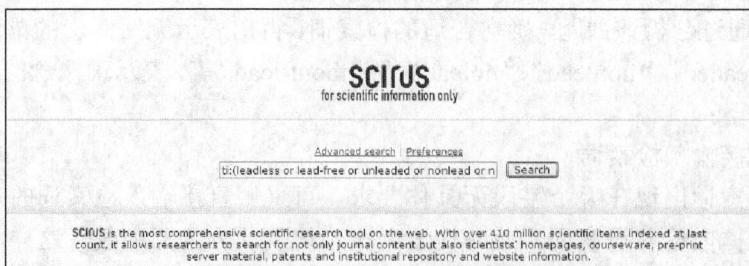

图 5.51　输入检索表达式进行检索

图 5.52　输入检索表达式进行检索得出结果

2. 高级检索

检索课题： 查找无铅釉、色料、熔块、熔剂研制方面的文献。

检索策略： 通过分析该课题，确定合适的检索词，得出表示无铅概念的单词有"leadless"、"lead-free"、"unleaded"、"nonlead"、"nolead"、"without-lead"等；表示釉、色料、熔块、熔剂等概念的单词有："galze""pigment""colour""color""frit""stain"等。"galze"可采用截词符"*"，即"glaz*"，结果中会出现"glaze"和"glazes"。

检索步骤如下：

① 在第一个检索对话框内输入检索词"leadless""lead-free""unleaded""nonlead""nolead""without-lead"，各词之间的逻辑关系选择"any of the words"，即逻辑"或"的关系；为达到较为准确的检索结果，检索字段选择"Article Title"，即要求检索词必须在文献标题中出现。

② 在第二个检索对话框内输入检索词"glaz*""pigment""colour""color""frit""stain"，各词之间的逻辑关系选择"any of the words"，即逻辑"或"的关系；检索字段选择"Article Title"，即要求检索词必须在文献标题中出现。

③ 两个检索框之间选择"AND"，表示检索结果必须同时满足两个检索框内给出的条件。

④ 时间选择 1900-2012。

⑤ 单击"Search"按钮，如图 5.53 所示。

⑥ 共得出检索记录 99 条。其中 18 篇源于期刊，75 篇源于知名学术网站（如知识产权局专利网），6 篇源于其他网站，如图 5.54 所示。

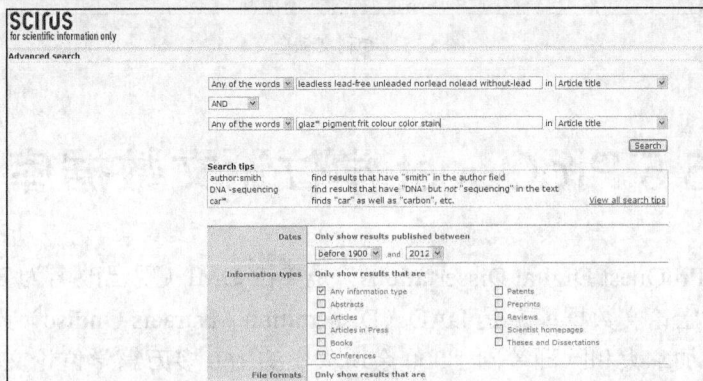

图 5.53　高级检索实例

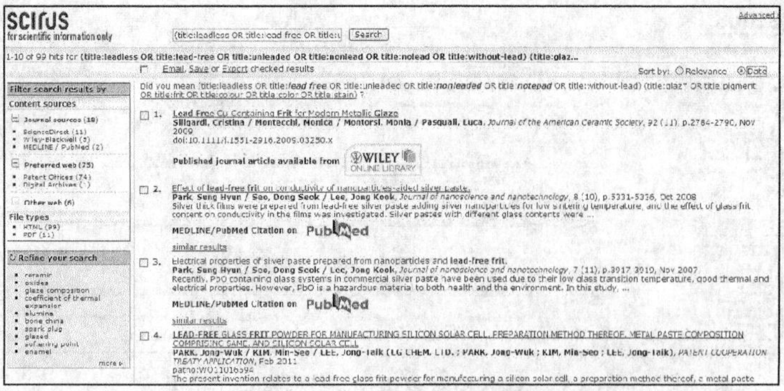

图 5.54　高级检索得出结果

　　无论是初级检索，还是高级检索，所得检索结果均为题录信息。期刊文献题录信息为：文献标题、作者、文献来源、卷/期号、起始页码、发表时间、摘要等；专利文献题录信息为：专利名称，专利权人、专利申请时间、专利号、摘要等。如要浏览全文，期刊文献需要通过付费获取，而专利文献全文可免费浏览、保存与打印，如图 5.55 所示。

图 5.55　专利文献全文

5.5 ProQuest 学位论文数据库

　　UMI PQDD（ProQuest Digital Dissertations）是美国 UMI（现已改名为 Bell & Howell）公司开发研制的博硕士论文数据库，是 DAO（Dissertation Abstracts Ondisc）光盘数据库的网络版。它收录了美国、加拿大和欧洲等国 1 000 余所大学的 160 多万篇学位论文，每年约有 47 000 篇博士学位论文和 12 000 篇硕士学位论文增加到该数据库中，是目前世界上最大和最广泛使用的学位论文数据库，是学术研究中十分重要的参考信息源，每年约增加 4.5 万篇论文摘要。1997 年以来的部分论文不但能看到文摘索引信息，还可以看到前 24 页的论文原文，论文收录起始于 1861 年，数据每周更新。

5.5.1　数据库概述

ProQuest 学位论文全文检索系统中收录的论文是国内高校组团已订购的论文全文，该系统提供了基本检索、高级检索、论文分类浏览三项功能。

系统支持布尔逻辑算符 "AND"、"OR"，"NOT"；截词检索（"？"），只有右截断，检索词为复数或不同词性，或对拼写不太确定时，可采用此方式。如输入检索词 "glaz?"，命中结果包含 "glaze" "glazes" "glazed" "glazing" 的记录。系统同时支持位置算符 W/n 和 PRE/n。W/n 表示算符两边的检索词在命中结果中词序不定，两词间隔不超过 n 个单词。如输入检索式 "ceramic W/5 glaze" 命中结果将包括含有 "ceramic glaze"、"glaze transparency or ceramic tiles" 的记录。PRE/n - 表示算符两边的检索词在命中结果中词序固定，二词间隔不超过 n 个单词。如输入检索式"military PRE/1 weapons"，命中结果只包括含有"military weapons"的记录。

5.5.2　检索平台

从已购该数据库图书馆主页电子资源链接中，单击 PQDD 博硕士论文数据库即可进入该数据库首页，PQDD 检索界面友好，简洁方便，分为基本检索、高级检索和论文分类浏览三种，系统默认的检索界面是基本检索界面，如图 5.56 所示。

1. 基本检索

基本检索界面由三个检索词输入框组成，系统提供的检索字段有摘要、作者、论文名称、学校、学科、指导老师、学位、 论文卷期次、ISBN 号、语种、论文号等，如图 5.56 所示，用户可根据需要选择合适的检索字段，在相应的检索对话框内输入检索词，单击 "查询 "按键，即可获得检索结果。在基本检索界面，用户可根据需要一次性选择三个不同的检索字段进行检索，也可同时选中某一个检索字段进行检索，单个检索对话框内的多个检索词可进行逻辑 "and "、"or"、"not" 组配，各检索项也可进行逻辑 "and "、"or"、"not" 组配。此外，用户还可根据需要限制论文年限。

例如查询陶瓷膜研究方面的学位论文，可限制论文名称里字段出现膜，论文摘要字段出现陶瓷，即在第一个检索对话框内输入检索词 "membrane"，选择论文名称字段；在第二个检索对话框内输入检索词 "ceramic"，选择摘要字段，两检索字段之间的逻辑组配关系选择"AND"，单击 "查询" 按钮，即可获得检索结果。

2. 高级检索

进入 ProQuest 首页面后，单击高级检索，即可进入高级检索界面。高级检索分两种，一种是直接在文本框输入检索表达式进行检索，另一种则是利用组合输入框构建检索式进行检索，如图 5.57 所示。如检索金属陶瓷机械性能方面的学位论文，为获得较好的检全率和检准率，可直接在文本框输入检索表达式"t_title=(metal and ceramic) AND abstract=(mechanical properties)"，单击"查询"按钮，即可获得检索结果；也可利用组合输入框输入检索表达式，在论文题目对应检索对话框内输入检索词"metal and ceramic"，单击"增加"，在摘要对应检索对话框内输入检索词"mechanical properties"，单击"增加"，然后单击"查询"按钮，即可获得检索结果。

3. 论文分类浏览

论文分类浏览功能提供导航树，可从学科角度进行分类浏览，并在此基础上进行二次检索。如查找陶瓷材料方面的论文，进入 ProQuest 首页面后，单击"论文分类浏览"，在导航树中找到"Engineering"类目下的"Material Science"，单击打开该文件夹，即可找到材料科学类所有论文，在二次检索对话框内输入检索词"ceramic material"，检索入口选择"摘要"，单击"查询"按钮，即可获得检索结果。

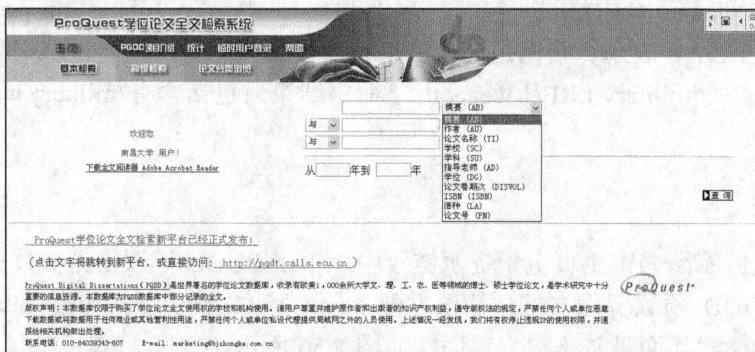

图 5.56　ProQuest 学位论文全文数据库首页面（基本检索界面）

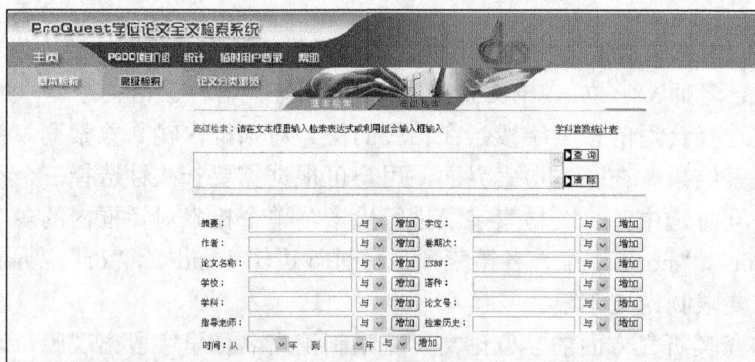

图 5.57　ProQuest 高级检索界面

5.5.3　检索示例

1. 基本检索

检索课题：查找陶瓷合成物方面的学位论文。

检索策略: 通过分析该课题,确定合适的检索词,得出表示陶瓷概念的单词有"ceramic";表示合成物概念的单词有"composites"。

检索步骤如下:

① 在第一个检索对话框内输入检索词"ceramic",检索字段选择论文名称,即要求检索词必须在论文标题中出现。

② 在第二个检索对话框内输入检索词"composites",检索字段选择论文名称,即要求检索词必须在论文标题中出现。

③ 两个检索框之间选择"AND",表示检索结果必须同时满足两个检索框内给出的条件。

④ 单击"查询"按钮,如图 5.58 所示。

⑤ 共得出检索记录 88 条,如图 5.59 所示。

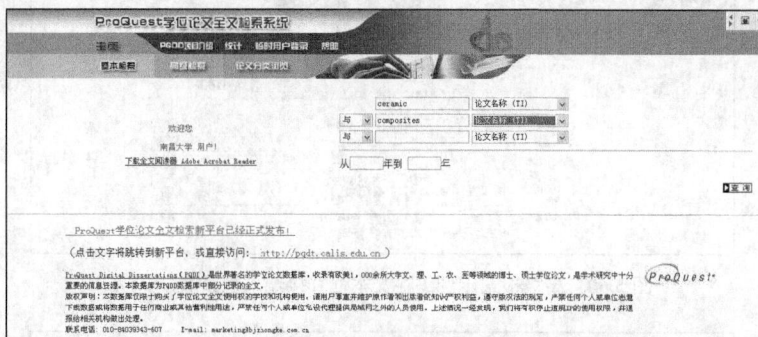

图 5.58　基本检索示例

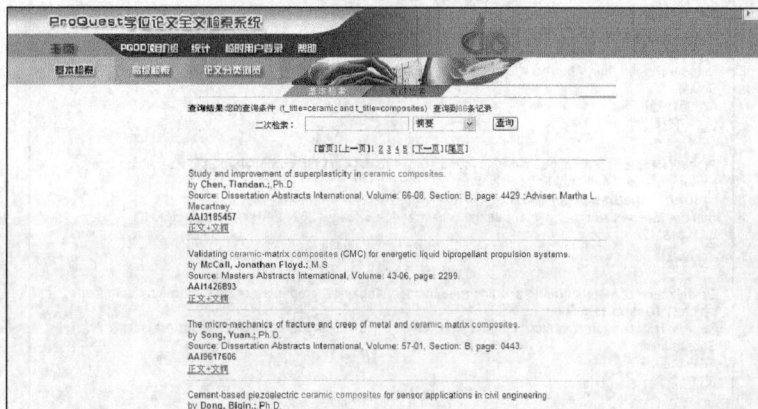

图 5.59　基本检索结果

2. 高级检索

检索课题一: 查找金属陶瓷机械性能研究方面的学位论文。

检索策略: 通过分析该课题,确定合适的检索词,得出表示金属概念的单词有"metal";表示陶瓷概念的单词有"ceramic";表示机械概念的单词有"mechanical"; 表示性能概念的单词有"properties"。

检索步骤: 直接在文本框输入检索表达式,具体如下。

① 构建检索表达式，如果要获得较好的检全率和检准率，可限制论文名称字段含有检索词 "metal and ceramic"，检索词 "mechanical properties" 可限制在论文摘要字段出现。参照系统提供的字段代码，得出检索表达式为 "t_title=(metal and ceramic) AND abstract=(mechanical properties)"。

② 在系统提供的文本框内输入检索表达式 "t_title=(metal and ceramic) AND abstract=(mechanical properties)"。

③ 单击"查询"按钮，如图 5.60 所示。

④ 共得出检索记录 9 条，如图 5.61 所示。

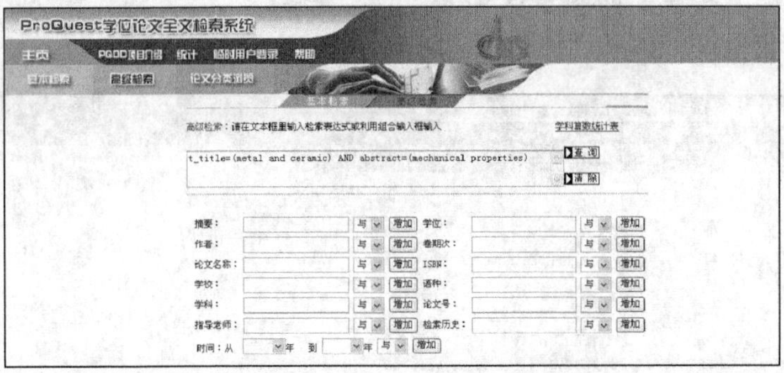

图 5.60　高级检索示例（在文本框直接输入检索表达式）

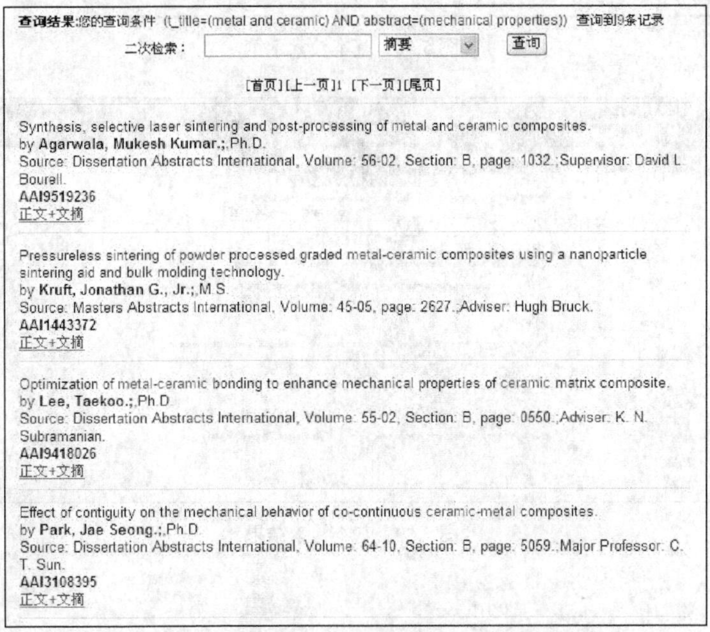

图 5.61　高级检索结果（直接输入检索表达式）

检索课题二： 查找陶瓷膜研究方面的学位论文。

检索策略： 通过分析该课题，确定合适的检索词，得出表示陶瓷概念的单词有 "ceramic"；表示膜概念的单词有 "membrane"。

检索步骤： 利用组合输入框构建检索表达式进行检索，具体如下。

①要获得较好的检全率和检准率，可限制论文名称字段含有检索词"membrane"，在论文名称字段对应的检索对话框内输入检索词"membrane"，单击"增加"按钮。

②在摘要字段对应的检索对话框内输入检索词"ceramic"，单击"增加"按钮，在文本输入框内系统会自动弹出检索表达式"(t_title=membrane) AND (abstract=ceramic)"，如图5.62所示。

③单击"查询"按钮。

④共得出检索记录28条，如图5.63所示。

图5.62　高级检索示例（利用组合输入框输入检索表达式检索）

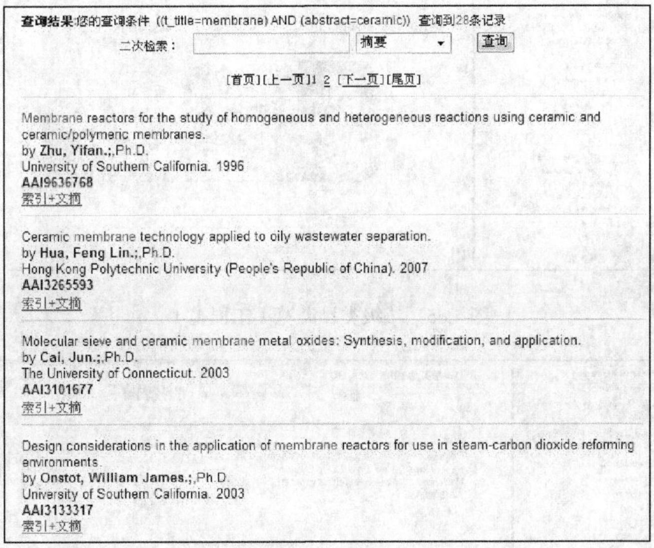

图5.63　高级检索结果（利用组合输入框输入检索表达式检索）

3．论文分类浏览

检索课题： 浏览陶瓷研究方面的学位论文。

检索策略： 通过分析该课题，得出陶瓷属于工程类，且表示陶瓷概念的单词有"ceramic"，"porcelain"等。

检索步骤如下：

① 单击论文分类浏览，系统左边界面会自动弹出导航树，单击应用科学类目下的工程类目，如图 5.64 所示。则会弹出工程类下一级类目，如图 5.65 所示。

② 单击材料科学类目，则会得出材料类论文共计 11 676 篇。

③ 对所得结果进行二次检索，选择论文名称，输入检索词"ceramic or porcelain"，如图 5.66 所示。

④ 单击"查询"按钮。

⑤ 共得出检索记录 235 条，如图 5.67 所示。

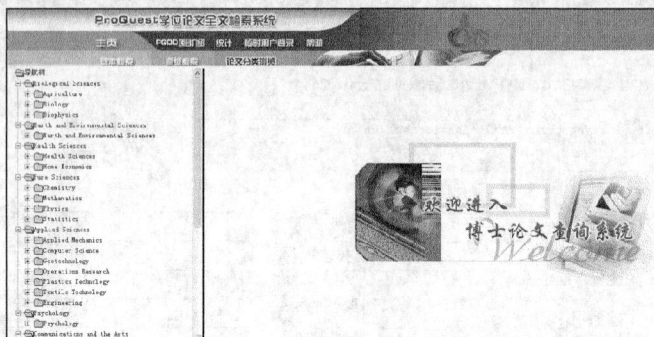

图 5.64　论文分类浏览界面

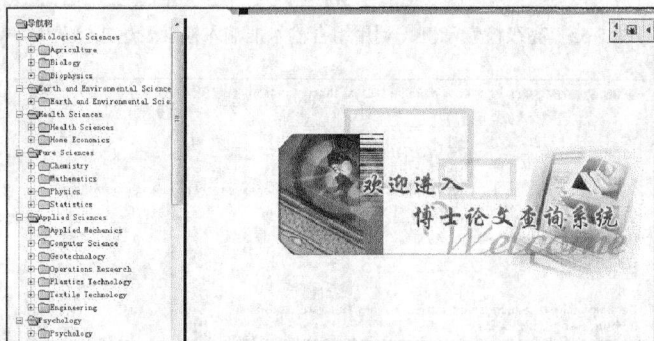

图 5.65　二级类目浏览（工程类）

图 5.66　二次检索

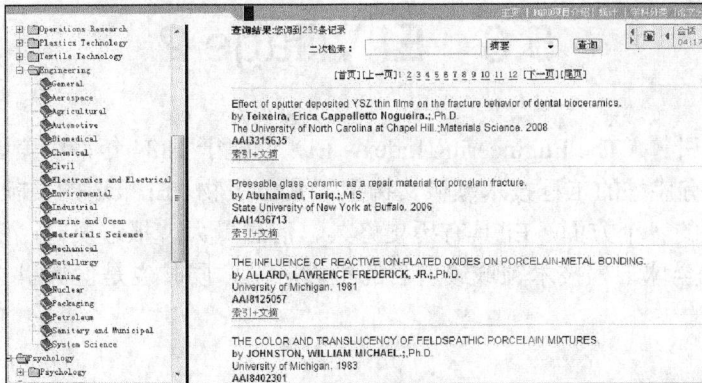

图 5.67　二次检索结果

无论是哪种检索方式，检索结果均为题录信息，由论文标题、作者、来源、卷号、页码等组成，如图 5.61 所示。用户如需浏览更为详细的信息，可单击论文题录下的"正文+文摘"按钮，则会弹出论文标题、作者、学位、学校、时间、来源、学科、摘要等信息，如图 5.68 所示。如要浏览论文全文，直接单击 PDF 全文图标即可，如图 5.69 所示。

图 5.68　论文摘要信息

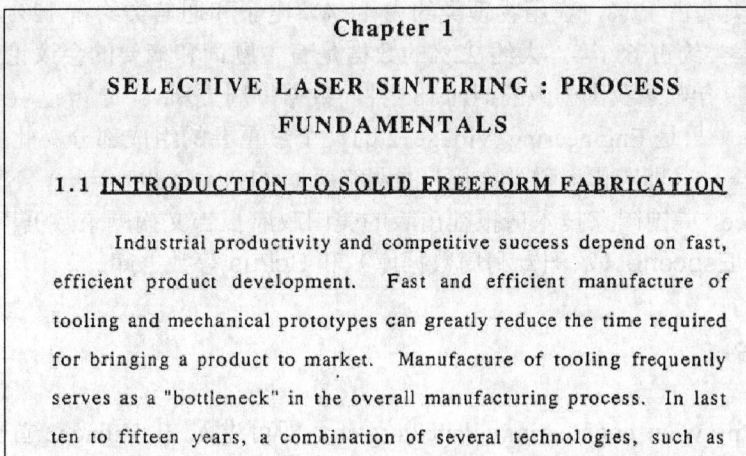

图 5.69　论文全文

第 5 章　外文网络数据库的检索

5.6　Ei Village 2

美国《工程索引》（The Engineering Index，Ei）创建于 1884 年，由美国工程信息公司编辑出版，是一份享有盛誉的工程技术领域文摘型检索出版物。Ei 报道的文献学科覆盖面很广，涉及工程技术领域的各个方面。Ei 具有历史悠久、信息量大、报道及时、资料学科面广、权威性高等特点，是全球工程技术领域最著名的检索工具，同时也是世界引文分析和文献评价的三大检索工具之一。

5.6.1　资源概述

《工程索引》自创办至今，均按时出版传统的印刷版月刊及年刊。随着信息技术的不断发展，从 20 世纪 70 年代开始提供电子版数据库（Compendex），并通过 Dialog 等大型联机系统提供检索服务；20 世纪 80 年代，开始出版光盘版电子数据库；90 年代，提供网络版数据库（Ei Compendex Web），并推出了综合性项目——工程信息村（Engineering Information Village）；2000 年年底，推出了功能强大的 Engineering Village 2 新版本（EV2），对文摘录入格式进行了改进，并首次将文后参考文献列入 Ei Compendex 数据库。

Ei 来源期刊主要有三个档次，即全选期刊、选收期刊和扩充期刊。全选期刊收录重点是下列工程学科的期刊：化学工程、机械工程、电子/电气工程、土木工程、冶金、矿业、石油工程、计算机工程和软件等"核心"领域，每期所有论文均被录入；选收期刊领域包括：农业工程、工业工程、纺织工程、应用化学、应用数学、应用力学、大气科学、造纸化学和技术、高等学校工程类学报等。全选期刊和选收期刊收入 Ei Compendex 数据库，被称为核心部分。扩充期刊主要收录题录，形成 Ei Page One 数据库，被称为非核心部分。但 2009 年开始不再区分核心刊与非核心刊，统称 Ei Compendex。

Ei 现收录约 5 100 种工程类期刊、会议论文和技术报告。其中化工和工艺类约占 5%，计算机和数据处理类约占 12%，应用物理类约占 11%，电子和通信类约占 12%，土木工程类约占 6%，机械工程类约占 6% 等。大约 22% 的数据是有主题词和摘要的会议论文，90% 的文献是英文文献，2009 年收录我国出版的期刊 183 种。数据每周更新。

Ei Compendex 只是 Engineering Village 2 的一个最重要的组成部分，此外，EV2 还包括 INSPEC（1898 年—）（即英国《科学文摘》的网络版）、NTIS（1899 年—）（National Technical Information Service，美国国家技术情报社出版的美国政府报告文摘题录数据库）、USPTO（美国专利数据库）、Espcene（欧洲专利局数据库）和 Scirus 等数据库。

5.6.2　检索平台

输入网址 http://www.engineeringvillage2.org.cn，即可进入 Ei Village2 首页面（对于已购买该库的用户而言）。Ei Village2 提供的检索方法有三种，即简单检索（Easy Search）、快速检索（Quick Search）和专家检索（Expert Search），如图 5.70 所示。系统默认的检索界面为快速检索界面。

1. 简单检索

简单检索界面非常简单，仅提供一个检索对话框，如图 5.71 所示。用户可直接在检索对话框内输入检索指令，单击"Search"按钮，即可获得检索结果。简单检索有两种检索方式，即直接输入检索词进行检索和输入检索表达式进行检索。

（1）输入检索词进行检索

初级检索不提供具体检索字段。检索字段默认值为全部，各检索词之间可根据需要运用逻辑"and"、"or"、"not"进行组配，空格相当于逻辑"and"。如果用户对检索词所出现字段没有具体要求，可选择直接输入检索词的方式进行检索。用户在检索对话框内输入检索词后，单击"Search"按钮，即可获得检索结果。由于检索字段为系统默认的全部字段，因而采用这种方式检索得出结果的检全率最高，但检准率最低。

例如：查找多孔陶瓷研制方面的文献，可在检索框对话内输入"porous ceramic"，然后单击"GO"，即可检索出任意字段中同时含有"porous"和"ceramic"的文献，检索词之间的空格为默认的逻辑关系"and"。

（2）输入检索表达式进行检索

如果用户对检索结果有具体要求，可直接在检索对话框内输入满足检索需要的检索表达式，然后单击"Search"按钮，即可获得检索结果。系统提供的检索字段有：所有字段（all）、标题（ti）、主题/标题/摘要（ky）、摘要（ab）、作者（au）、文献来源（st）等，如图 5.72 所示。如查找陶瓷釉方面的文献，要求检索词"陶瓷"和"釉"均在标题内出现，可直接在检索对话框内输入检索表达式："ti: ceramic and ti: glaze"，单击"Search"按钮，即可检索出标题内同时含有检索词"ceramic"和"glaze"的文献信息。快速检索中检索表达式的构建仅限于某一个具体的检索字段，如"ti: ceramic and ti: glaze"，"ab: antibacterial and ab: ceramic"等。

2. 快速检索

快速检索是数据库默认的检索方式，该界面提供三个检索对话框，用户可根据需要选择检索字段，并输入相应的检索词。单个检索项内各检索词之间和三个检索项之间均可进行逻辑"and"、"or"、"not"的组配。此外，用户还可以根据需要对检索结果进行限制，如文献类型、处理类型、语种选择、时间限定、排序方式（相关度、时间）、自动取消词根等，如图 5.73 所示。

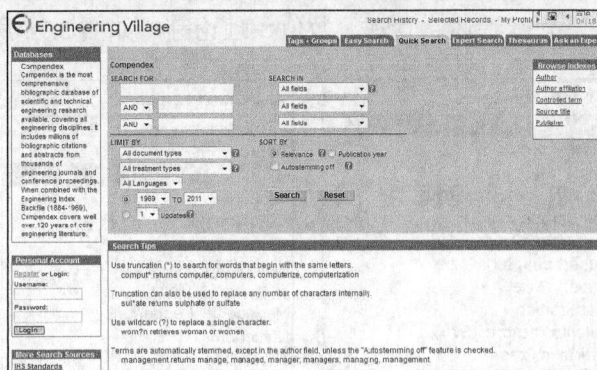

图 5.70　Ei Village 首页面

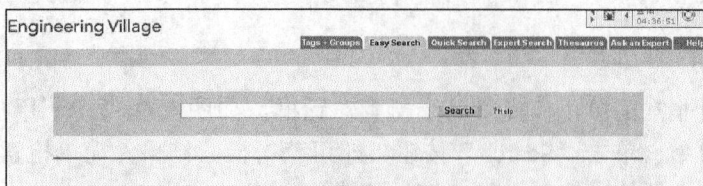

图 5.71 简单检索界面

Search Codes

Field	Code	Field	Code	Field	Code
Abstract (c)	AB	Classification code (c)	CL	Ei main heading (c)	MH
Affiliation (c)	AF	CODEN (c)	CN	Publisher (c)	PN
All fields (c)	ALL	Country of origin (c)	CO	ISSN (c)	SN
Accession number (c)	AN	Controlled term (c)	CV	Source title (c)	ST
Author (c)	AU	Document type (c)	DT	Issue (c)	SU
ISBN (c)	BN	Uncontrolled term (c)	FL	Title (c)	TI
Conference code (c)	CC	Subject/Title/Abstract (c)	KY	Treatment type (c)	TR
Conference information (c)	CF	Language (c)	LA	Volume (c)	VO

图 5.72 检索字段对照表

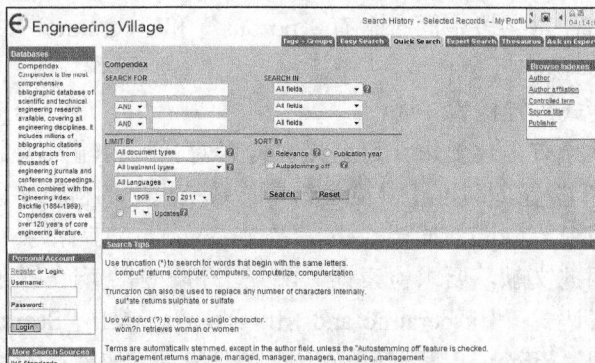

图 5.73 快速检索界面

快速检索提供的检索字段有：所有字段、主题/标题/摘要、摘要、作者、作者机构、标题、Ei 分类号、代码、会议信息、会议代码、ISSN 号、Ei 主标题、出版商、丛书名称、Ei 受控词（来自 Ei 叙词表，它从专业的角度将同一概念的主题进行归类，因而使用受控词检索比较准确）、国别等。

文献类型包括核心论文、期刊论文、会议论文、会议论文集、专题论文、专题综述、报道论文、报道评论、专利文献（1970 年前）等。

处理类型（用于说明文献的研究方法及所探讨主题的类型）包括应用、传记、经济、实验、一般性综述、历史、文献综述、管理、数值、理论等，如图 5.74 所示。

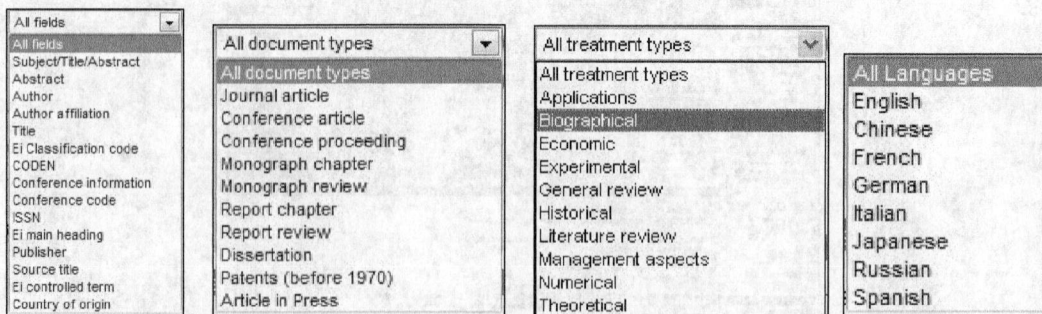

图 5.74 检索结果限制项

检索不分大小写，截词符用"*"表示，放在词尾，例如："glaz*"可以将"glaze""glazed""glazes""glazing"等作为检索词。进行精确检索时，词组或短语需用" "或{ }标引。

3. 专家检索

专家检索仅提供一个检索对话框，用户只需在该框内输入能满足检索需要的检索表达式，单击"Search"按钮，即可获得检索结果。检索表达式可包含较快速检索更多的检索字段和任意多个检索词，各检索词之间以及各检索字段之间可进行多种逻辑组配。在使用专家检索时，用户也可以根据需要对出版时间、检索结果排序等进行限制；专家检索还提供 8 种索引的辅助功能，以完善检索结果，如图 5.75 所示。如用固定短语检索，则一定要用" "或者{ }进行检索。

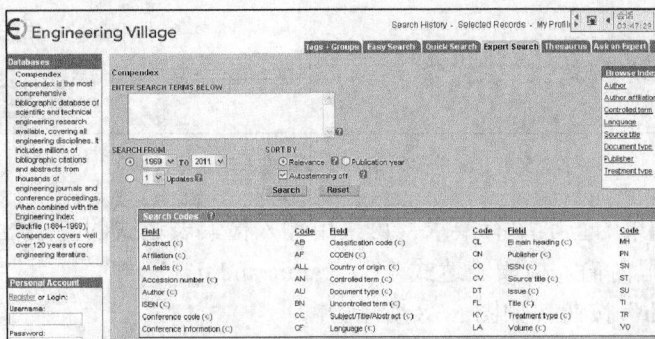

图 5.75　专家检索界面

5.6.3　检索示例

1. 简单检索

检索课题： 查找陶瓷釉研制方面的文献。

检索策略： 通过分析该课题，确定合适的检索词，得出表示陶瓷概念的单词有"ceramic"；表示釉概念的单词有"glaze""glazes"等。为获得较好的检索结果，釉的单词可采用截词符"*"，即"glaz*"，可采用直接输入检索词和输入检索表达式两种方式进行检索。

用户如对检索结果没有具体要求，可采用直接输入检索词的方式检索。

检索步骤如下。

① 在检索对话框内输入检索词"ceramic glaz*"。

② 单击"Search"按钮，如图 5.76 所示。

③ 共得出检索记录 1 899 条，如图 5.77 所示。

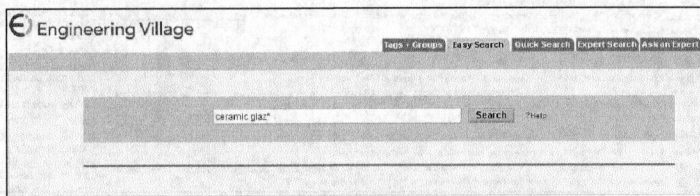

图 5.76　简单检索示例（直接输入检索词检索）

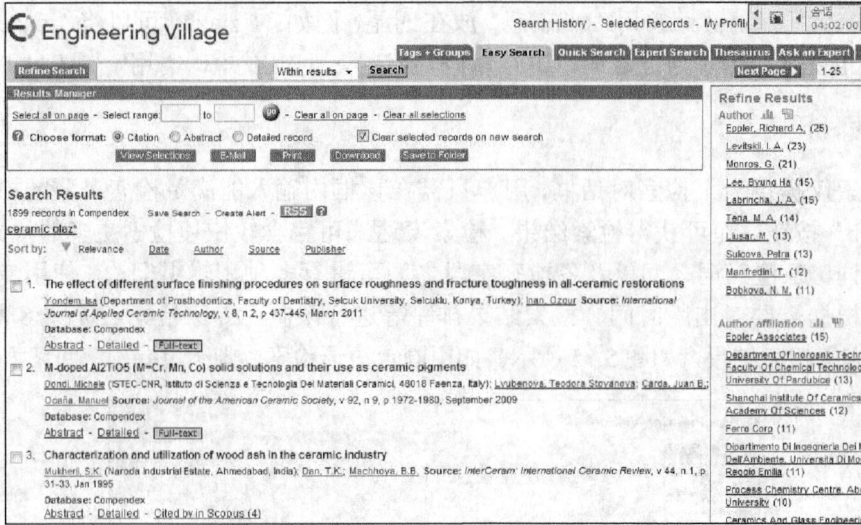

图 5.77　简单检索结果（直接输入检索词检索）

用户如对检索结果的查准率有要求，可采用输入检索表达式的方式检索。

① 在检索对话框内输入检索表达式"ti:ceramic and ti: glaz*"。

② 单击"Search"按钮，如图 5.78 所示。

③ 共得出检索记录 40 条，如图 5.79 所示。

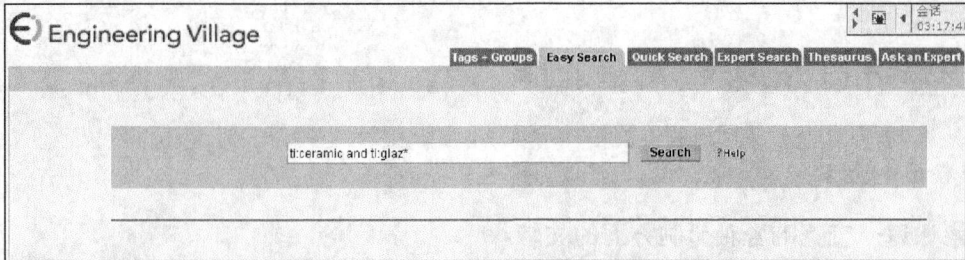

图 5.78　简单检索示例（检索表达式检索）

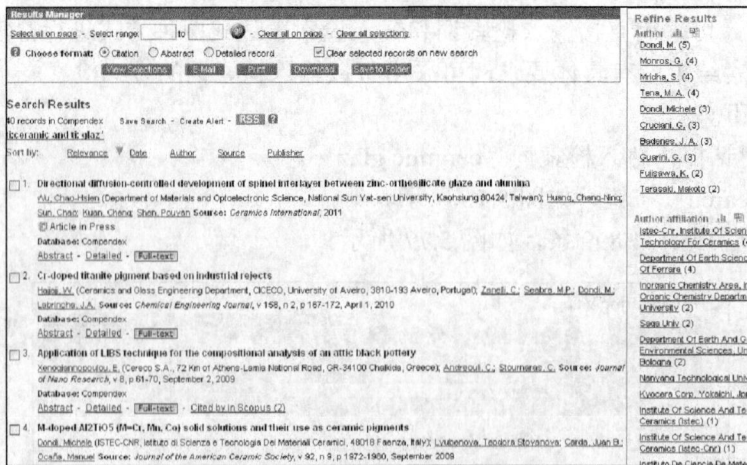

图 5.79　简单检索结果（检索表达式检索）

2. 快速检索

检索课题： 查找抗菌陶瓷研制方面的文献。

检索策略： 通过分析该课题，确定合适的检索词，得出表示抗菌概念的单词有"antibacterial"；表示陶瓷概念的单词有"ceramic""porcelain"，如果对检全率和检准率均有较高的要求，可限制检索词"antibacterial"在标题字段出现，而检索词"ceramic"和"porcelain"均在摘要字段出现，且两者间的逻辑组配关系为"or"。

检索步骤如下。

① 第一个检索项选择"标题"字段，并在检索对话框内输入检索词"antibacterial"。

② 第二个检索项选择"摘要"字段，并在检索对话框内输入检索词"ceramic or porcelain"。

③ 检索结果选择按时间排序，单击"Search"按钮，如图 5.80 所示。

④ 共得出检索记录 338 条，如图 5.81 所示。

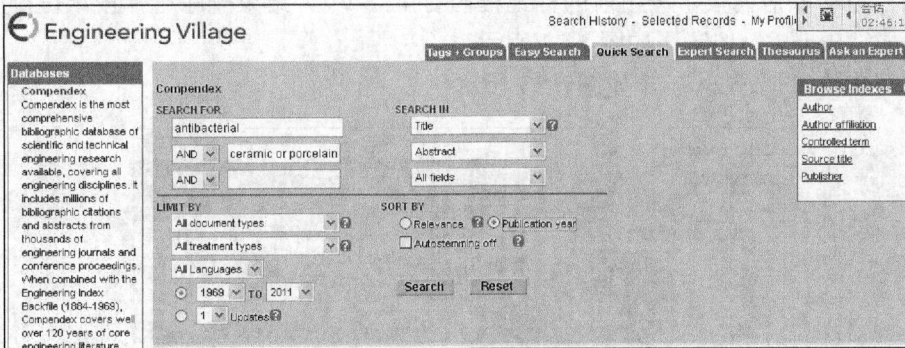

图 5.80　快速检索示例

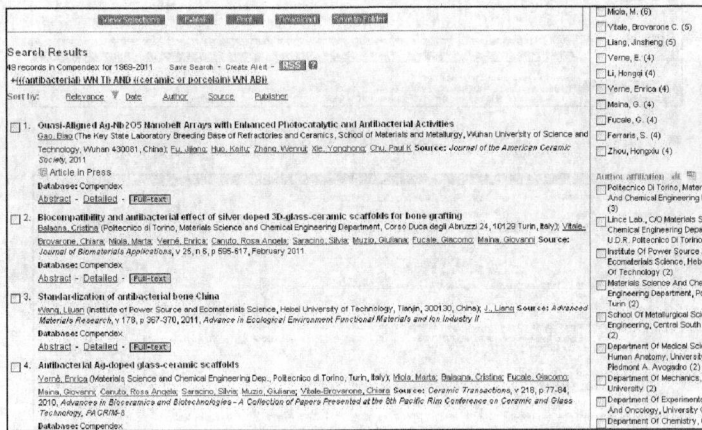

图 5.81　快速检索结果

要获得更为准确的结果，除了通过选择字段外，也可以通过在"自动取消词根"按钮前的标记框内打上"√"，取消词干检索来实现。此外，还可以通过在检索词前后方打上双引号""或括号{}来进行精确查找。

3. 专家检索

检索课题: 查找"Journal of the European Ceramic Society"期刊上发表的关于多孔陶瓷或抗菌陶瓷研制方面的文献。

检索策略: 通过分析该课题,确定合适的检索词,得出表示多孔陶瓷概念的单词有"porous ceramic";表示抗菌陶瓷概念的单词有"antibacterial ceramic"。为获得较为准确的检索结果,可限制检索词"porous ceramic"和"antibacterial ceramic"均出现在标题字段,且两者间的逻辑组配关系为"or",而检索词"Journal of the European Ceramic Society"出现在文献来源标题字段,因而检索表达式为""Journal of the European Ceramic Society" wn ST AND ((porous ceramic) or (antibacterial ceramic)) wn TI"。

检索步骤如下。

① 在检索对话框内输入检索表达式""Journal of the European Ceramic Society" wn ST AND ((porous ceramic) or (antibacterial ceramic)) wn TI"。

② 在"自动取消词根"按钮前的标记框内打上"√"。结果排序选择按年份排序。

③ 单击"Search"按钮,如图 5.82 所示。

④ 共得出检索记录 24 条,如图 5.83 所示。

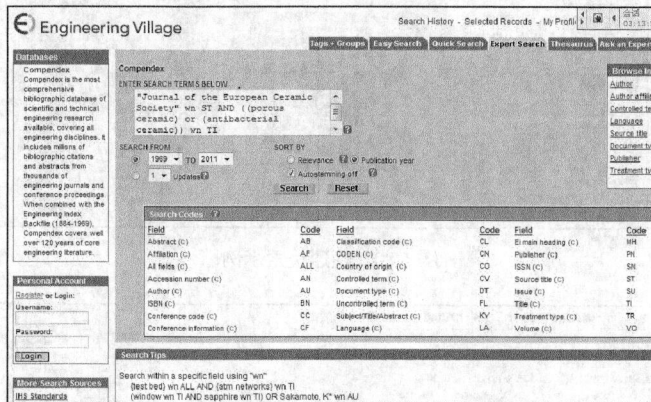

图 5.82　专家检索示例

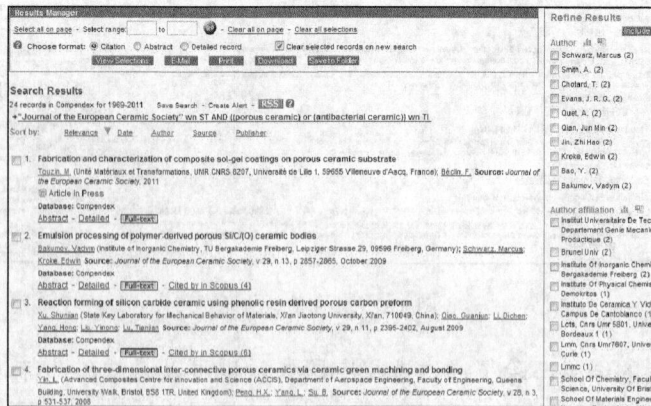

图 5.83　专家检索结果

无论是简单检索、快速检索还是专家检索，检索结果显示均为题录信息，即由文献标题、作者、作者机构、文献来源、发表时间、来源数据库等组成。在题录下方，提供三种显示格式的链接，即摘要格式（Abstract）、摘要格式（Detailed）和全记录格式（Full-text），如图5.79 所示，用户可根据需要对结果显示格式进行选择。用户如果对检索结果的排序有具体要求，可以通过单击检索结果左上角的相关度、发表时间、作者、文献来源、出版商等进行选择。如仅需浏览单条记录的摘要信息或详细记录，仅需单击该条记录中摘要链接或详细记录链接，即可浏览所需信息。在检索结果的右边，系统按作者和作者机构进行了分类，用户可根据需要选择浏览。

　　此外，用户可通过在各标题前的标记框内打上"√"，选择性浏览记录。如需浏览所选文献的摘要信息，在对所选记录前面的标记框内打上"√"后，显示格式选择摘要，然后单击该界面上的"View Selections"按钮，即可浏览到所需记录的摘要信息，如图5.83所示。

　　无论是哪种检索，在检索结果右方，系统对所检索结果按所检结果中的作者、作者机构、所属学科领域、国别、文献类型、语种、发表时间、来源期刊、出版商等分布情况进行了罗列，用户可根据需要选择性浏览。

　　无论是哪种检索，用户都可以根据需要对检索结果进行选择性（部分或全部）浏览（引文格式、摘要格式和全记录格式）、E-mail发送、打印、下载、保存等处理。

　　对于单条记录，单击检索结果中题录信息下面的"Abstract"按钮，可浏览该篇文献的摘要信息，如图5.84所示。单击检索结果中题录信息下面的"Detailed"按钮，可浏览该篇文献的详细信息，如图5.85所示；单击检索结果中题录信息下面的"Full- text"按钮，可浏览该篇文献的全文，如图5.86所示。

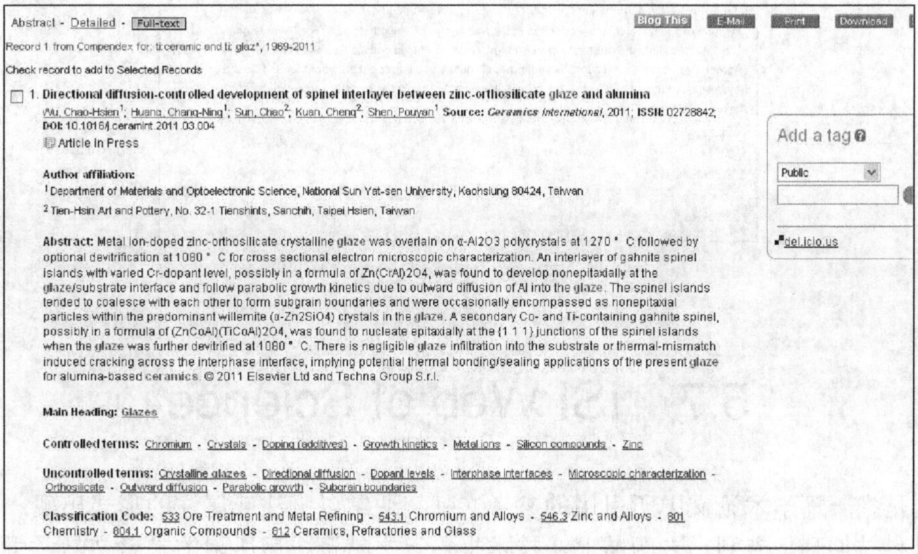

图5.84　文献摘要信息

第5章　外文网络数据库的检索

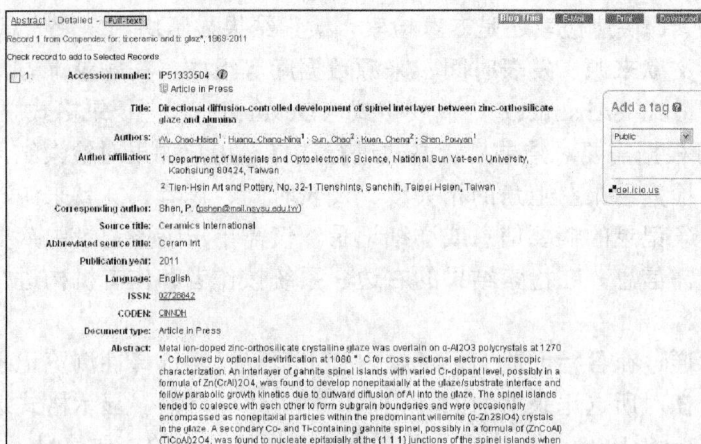

图 5.85　文献详细信息

图 5.86　文献全文信息

5.7　ISI Web of Science

　　引文是指一篇学术论文中所引用的参考文献，通常以脚注或尾注的形式出现。引文索引是一种以科技期刊、专利、专题丛书、技术报告等文献资料后所附的参考文献（引文）的作者、标题、出处等为著录项，根据引证与被引证的关系按一定的规则组织编排的索引。美国《科学引文索引》（Science Citation Index，SCI）是目前国际上三大检索系统中最著名的一种，在学术界占有重要地位，许多国家和地区均以被 SCI 收录及引证的论文情况作为评价学术水平的一个重要指标。此后，又产生了 Social Sciences Citation Index（SSCI）和 Arts & Humanities Citation Index（A&HCI）。

5.7.1　资源概述

美国《科学引文索引》，创刊于 1961 年，由美国费城科学情报研究所（The Institute for Scientific Information，ISI）出版发行，是学术界公认权威的科技文献检索工具，内容涵盖自然科学、工程技术、生物医学等 150 多个学科领域。SCI 最早为印刷版发行，分为：期索引（双月刊）、年度累积索引、五年累积索引、十年累积索引、指南及来源出版物一览表、期刊引文报告（JCR）等。1997 年，ISI 推出了 Web of Science（WOS）。

Web of Science 最为世界上有影响的多学科的学术文献文摘索引数据库，目前包含 7 个子库：3 个期刊引文子数据库——Science Citation Index Expanded（SCIE，1900 年至今），Social Sciences Citation Index（SSCI，1998 年至今）和 Arts & Humanities Citation Index（A&HCI，2002 年至今），数据来源于自然科学、社会科学、艺术及人文科学等多学科领域的 1 万多种期刊，每周更新；2 个会议论文引文子数据库——Conference Proceedings Citation Index。Science (CPCI-S，1998 年至今)，Conference Proceedings Citation Index - Social Science & Humanities (CPCI-SSH，1998 年至今)，数据来源于自然科学、社会科学及人文科学等多学科领域的超过 120 000 个会议的国际会议录，每周更新；2 个化学数据库——Current Chemical Reactions（CCR-EXPANDED，1985 年至今）收录了来自期刊和专利文献的一步或多步新合成方法，Index Chemicus（IC，1993 年至今）则收录世界上有影响的期刊报导的新颖有机化合物，两个化学数据库可以用结构式、化合物和反应的详情和书目信息进行检索。

Web of Science 集成在 Thomson Reuters 公司开发的信息检索平台 ISI Web of Knowledge（WOK）上。通过这个平台用户可以检索关于自然科学、社会科学、艺术与人文学科的文献信息，包括国际期刊、免费开放资源、图书、专利、会议录、网络资源等，可以同时对多个数据库（包括 MEDLINE、BIOSIS Previews 等专业数据库，Web of Science、Derwent Innovations Index、Inspec 等多学科综合数据库及"中国科学引文数据库"）进行单库或跨库检索，可以使用分析工具，可以利用书目信息管理软件。

5.7.2　检索平台

单击 ISI Web of Knowledge 链接，即可进入该资源首页面。Web of Science 提供的检索途径有检索（初级检索）、引文检索、化学结构检索和高级检索，系统默认界面为检索（初级检索）界面，如图 5.87 所示。

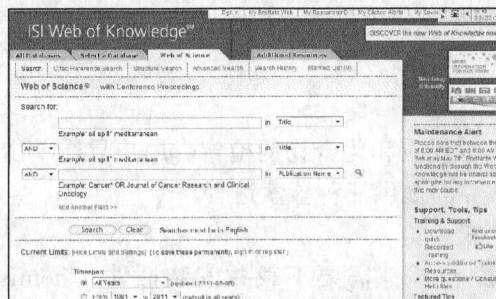

图 5.87　Web of Science 首页面

1. 检索（初级检索）

检索（初级检索）是系统默认的检索途径。系统同时提供三个检索对话框，提供的检索字段有：主题、标题、作者、出版物名称、出版年、地址等。用户可根据需要，选择合适的检索字段，在与所选检索字段相对应的检索对话框内输入检索词，单击"Search"按钮，即可获得检索结果。各检索项之间可以根据需要进行逻辑"and""or""not"的组配，单个检索项中的多个检索词之间也可进行逻辑"and""or""not"的组配。

2. 引文检索

引文检索是 Web of Science 所特有的检索途径。单击首页面的引文检索按钮，便可进入引文检索界面。该界面提供三个检索项，即被引作者、被引文献、被引文献发表年份，如图5.88 所示。用户可根据需要，在相应的检索对话框内输入检索词，单击"Search"按钮，即可获得检索结果。三个检索项可以单独使用，也可以同时使用，系统默认各检索项之间的逻辑关系为"and"的关系。

Cited Author——被引作者。一般以被引文献的第一作者进行检索，但如果被引文献被 Web of Science 收录，则可以用被引文献的所有作者检索。检索词由第一作者的姓（不超过15 个字符）、一个空格和不超过 3 个字符的名字首字母缩写式组成。同时出现多个作者时，可用"or"将第一作者与其余作者分开。

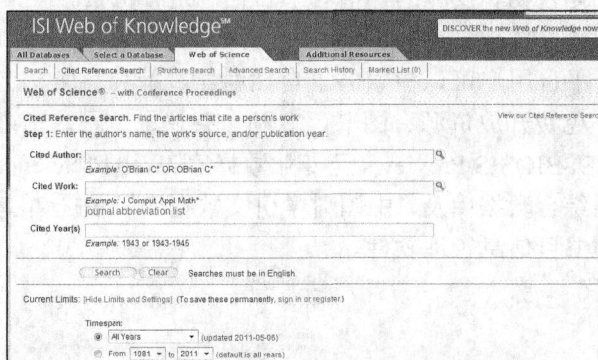

图 5.88　引文检索界面

Cited Work——被引文献。检索词为刊登被引文献的出版物名称，如：期刊名称、书名或专利号；也可以通过单击"list"，查看并复制粘贴准确的刊名缩写形式。

Cited Year——被引文献发表年代。检索词为四位数字的年号。

3. 化学结构检索

化学结构检索用于对化学反应和化合物的检索。用户只需单击首页面的结构检索按钮，便可进入结构检索界面。该界面提供三种检索途径。

（1）结构图或反应式检索

绘制和显示反应式或结构式都需要下载并安装插件 Chemistry Plugin。单击"Draw Query"，自动弹出画图或画反应式的界面，利用可选择的工具画好具体结构和反应式，再单击绿箭头，自动将结构和反应式添加到检索框中，之后选择检索方式：包含或精确检索。

（2）化合物检索

通过化合物的名称、生物活性或分子式进行检索。

（3）化学反应检索

通过对反应条件要求和选择如气压、温度、气体环境、反应时间、产量、反应关键词（组）、反应注释、其他等进行的检索。

4. 高级检索

单击首页面的高级检索按钮，便可进入高级检索界面，如图 5.89 所示。高级检索仅提供一个检索对话框，用户可根据需要在该框内输入检索表达式，单击"Search"按钮，即可获得检索结果。检索表达式可以包括多个检索字段和多个检索词，各检索词之间和各检索字段之间可进行逻辑"and"、"or"、"not"的组配。高级检索界面的右侧有字段对照表和布尔逻辑选择。与初级检索和引文检索一样，高级检索也可以对检索结果进行文献语种和文献类型的限制。

检索规则：检索词不分大小写；系统提供的逻辑算符有"and"、"or"、"not"；邻近算符：两词之间用空格连接，表示两词紧密相连；"SAME"、"SENT"为位置算符，表示检索词必须出现在同一句子中，词序可以颠倒。截词符（右边或中间）"*"可代表零至多个字符；"?"代表 1 个字符；"??"代表 2 个字符。如"teach*"可检索出"teach"、"teacher"、"teachers"、"teaching"等；"colo?r"可检索出"color"、"colour"等。两种截词符可混合使用，如"ch?mi*"可检出"chemist"、"chemistry"、"chimia"等。

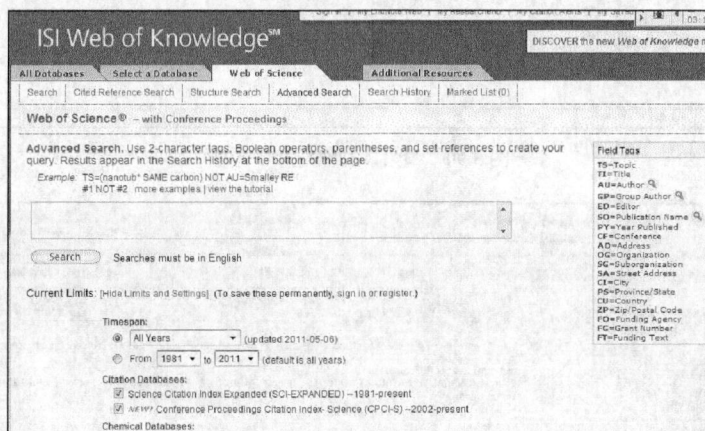

图 5.89　高级检索界面

5.7.3　检索示例

1. 检索（初级检索）

检索课题：查找抗菌釉、色料、颜料或熔块研制方面的文献。

检索策略: 通过分析该课题,确定合适的检索词,得出表示抗菌概念的单词有"antibacterial";表示釉概念的单词有"glaze"; 表示色料概念的单词有"colour""color"; 表示颜料概念的单词有"pigment";表示熔块概念的单词有"frit"等。如果对查准率有较高的要求,可限制所有检索词均出现在标题字段。

检索步骤如下。

① 第一个检索项选择"标题"字段,并在检索对话框内输入检索词"antibacterial"。

② 第二个检索项选择"标题"字段,并在检索对话框内输入检索词"glaze or pigment or colour or color or frit"。

③ 单击"Search"按钮,如图 5.90 所示。

④ 共得出检索记录 14 条,如图 5.91 所示。

检索结果为题录信息,由论文标题、作者、来源、年期号、页码、被引次数组成,单击文献标题,可浏览更为详细的摘要信息,如图 5.92 所示,如要浏览全文,直接单击检索结果题录下面的"Full Text"图标即可,如图 5.93 所示。

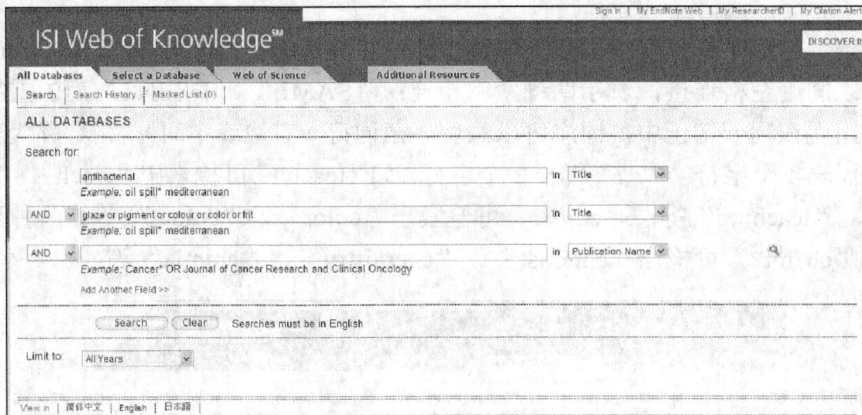

图 5.90 检索(初级检索)示例

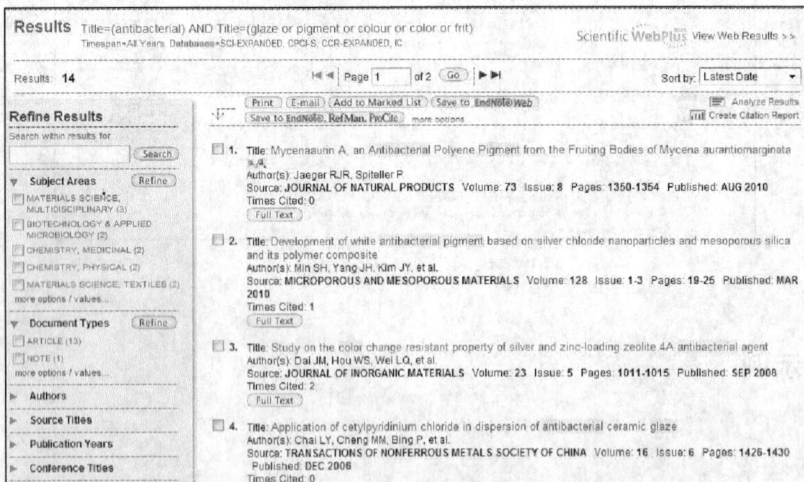

图 5.91 检索(初级检索)结果

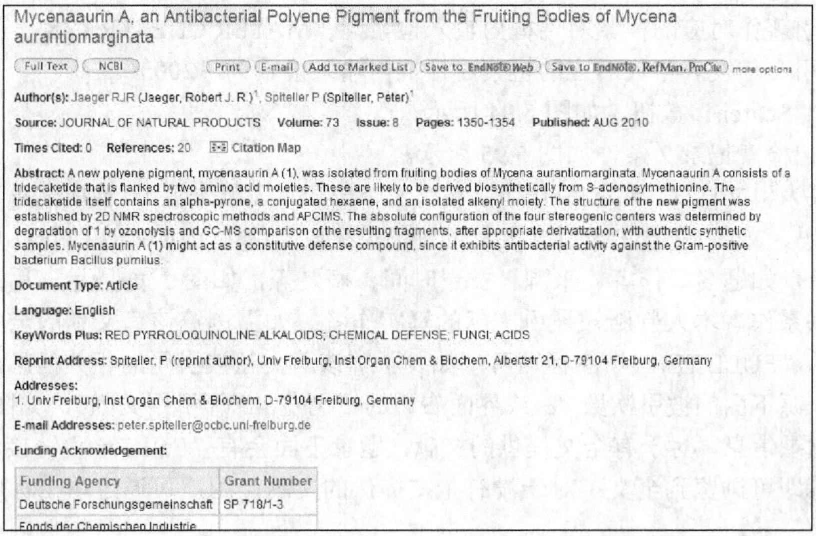
Mycenaaurin A, an Antibacterial Polyene Pigment from the Fruiting Bodies of Mycena aurantiomarginata

Full Text | NCBI | Print | E-mail | Add to Marked List | Save to EndNote Web | Save to EndNote, RefMan, ProCite | more options

Author(s): Jaeger RJR (Jaeger, Robert J. R.)[1], Spiteller P (Spiteller, Peter)[1]

Source: JOURNAL OF NATURAL PRODUCTS **Volume:** 73 **Issue:** 8 **Pages:** 1350-1354 **Published:** AUG 2010

Times Cited: 0 **References:** 20 Citation Map

Abstract: A new polyene pigment, mycenaaurin A (1), was isolated from fruiting bodies of Mycena aurantiomarginata. Mycenaaurin A consists of a tridecaketide that is flanked by two amino acid moieties. These are likely to be derived biosynthetically from S-adenosylmethionine. The tridecaketide itself contains an alpha-pyrone, a conjugated hexaene, and an isolated alkenyl moiety. The structure of the new pigment was established by 2D NMR spectroscopic methods and APCIMS. The absolute configuration of the four stereogenic centers was determined by degradation of 1 by ozonolysis and GC-MS comparison of the resulting fragments, after appropriate derivatization, with authentic synthetic samples. Mycenaaurin A (1) might act as a constitutive defense compound, since it exhibits antibacterial activity against the Gram-positive bacterium Bacillus pumilus.

Document Type: Article

Language: English

KeyWords Plus: RED PYRROLOQUINOLINE ALKALOIDS; CHEMICAL DEFENSE; FUNGI; ACIDS

Reprint Address: Spiteller, P (reprint author), Univ Freiburg, Inst Organ Chem & Biochem, Albertstr 21, D-79104 Freiburg, Germany

Addresses:
1. Univ Freiburg, Inst Organ Chem & Biochem, D-79104 Freiburg, Germany

E-mail Addresses: peter.spiteller@ocbc.uni-freiburg.de

Funding Acknowledgement:

Funding Agency	Grant Number
Deutsche Forschungsgemeinschaft	SP 718/1-3
Fonds der Chemischen Industrie	

图 5.92 论文摘要信息

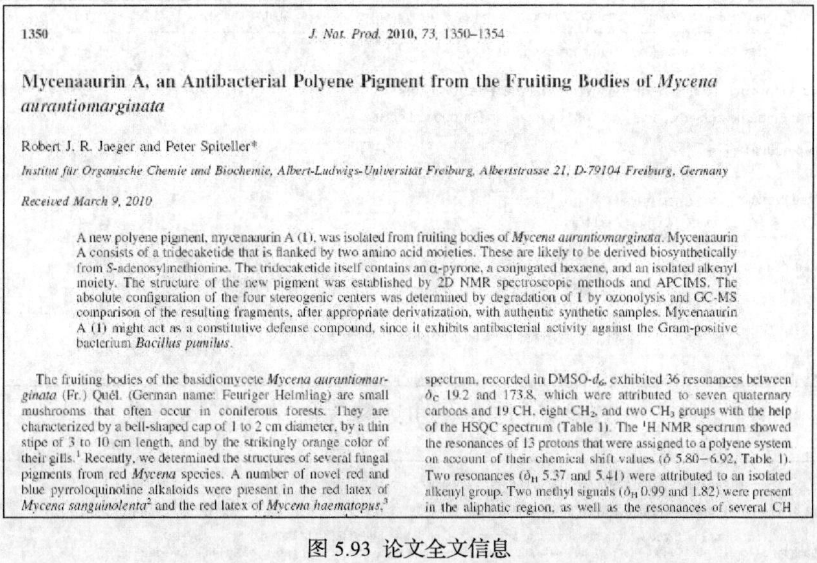
1350 *J. Nat. Prod.* **2010**, *73*, 1350–1354

Mycenaaurin A, an Antibacterial Polyene Pigment from the Fruiting Bodies of *Mycena aurantiomarginata*

Robert J. R. Jaeger and Peter Spiteller*

Institut für Organische Chemie und Biochemie, Albert-Ludwigs-Universität Freiburg, Albertstrasse 21, D-79104 Freiburg, Germany

Received March 9, 2010

A new polyene pigment, mycenaaurin A (1), was isolated from fruiting bodies of *Mycena aurantiomarginata*. Mycenaaurin A consists of a tridecaketide that is flanked by two amino acid moieties. These are likely to be derived biosynthetically from *S*-adenosylmethionine. The tridecaketide itself contains an α-pyrone, a conjugated hexaene, and an isolated alkenyl moiety. The structure of the new pigment was established by 2D NMR spectroscopic methods and APCIMS. The absolute configuration of the four stereogenic centers was determined by degradation of 1 by ozonolysis and GC-MS comparison of the resulting fragments, after appropriate derivatization, with authentic synthetic samples. Mycenaaurin A (1) might act as a constitutive defense compound, since it exhibits antibacterial activity against the Gram-positive bacterium *Bacillus pumilus*.

The fruiting bodies of the basidiomycete *Mycena aurantiomarginata* (Fr.) Quél. (German name: Feuriger Helmling) are small mushrooms that often occur in coniferous forests. They are characterized by a bell-shaped cap of 1 to 2 cm diameter, by a thin stipe of 3 to 10 cm length, and by the strikingly orange color of their gills.[1] Recently, we determined the structures of several fungal pigments from red *Mycena* species. A number of novel red and blue pyrroloquinoline alkaloids were present in the red latex of *Mycena sanguinolenta*[2] and the red latex of *Mycena haematopus*,[3] spectrum, recorded in DMSO-d_6, exhibited 36 resonances between δ_C 19.2 and 173.8, which were attributed to seven quaternary carbons and 19 CH, eight CH_2, and two CH_3 groups with the help of the HSQC spectrum (Table 1). The ^1H NMR spectrum showed the resonances of 13 protons that were assigned to a polyene system on account of their chemical shift values (δ 5.80−6.92, Table 1). Two resonances (δ_H 5.37 and 5.41) were attributed to an isolated alkenyl group. Two methyl signals (δ_H 0.99 and 1.82) were present in the aliphatic region, as well as the resonances of several CH

图 5.93 论文全文信息

2. 引文检索

检索课题：查找景德镇陶瓷学院李月明教授 2005 年发表在 MATERIAL CHEMISTRY AND PHYSICS 期刊上的论文被引情况。

检索策略：通过分析该课题，确定检索途径为引文检索途径。检索字段有三个，即：被引作者："Li YM"、被引文献发表的刊名"MATER CHEM PHYS"、被引文献发表的时间"2005"。

检索步骤如下。

① 单击首页面引文检索按钮，进入引文检索界面。

② 在被引作者对应的检索对话框内输入检索词"Li YM"。

③ 在被引著作对应的检索对话框内输入检索词"MATER CHEM PHYS"。

④ 在被引文献发表年代对应的检索对话框内输入检索词"2005"。

⑤ 单击"Search"按钮，如图 5.94 所示。

⑥ 共得出检索记录 2 条，如图 5.95 所示。

检索结果为引文格式，由被引作者、被引文献出处（文献来源）、被引文献发表时间（年份）、卷、页码、文章 ID 号、被引次数及浏览记录组成。单击 VIEW RECORD 可浏览到被引文献相关信息，如题名、作者、来源、发表时间、摘要等，如图 5.96 所示。用户可根据作者单位或通过联系作者本人判断被被引文献的真实作者。如需浏览该篇文献的全文，单击被引文献标题下的"FULL TEXT"图标即可；如要了解该篇文献被引用的相关信息，可直接单击该界面文献来源下面的被引次数 43 或界面右边的"浏览 43 篇引用文献"，如图 5.97 所示。引用文献为题录信息，对于有全文提供的文献，题录下面会有"Full Text"链接图标，用户只需单击该图标即可浏览到全文；对于没有全文提供的文献，用户可通过单击标题浏览文献摘要信息。

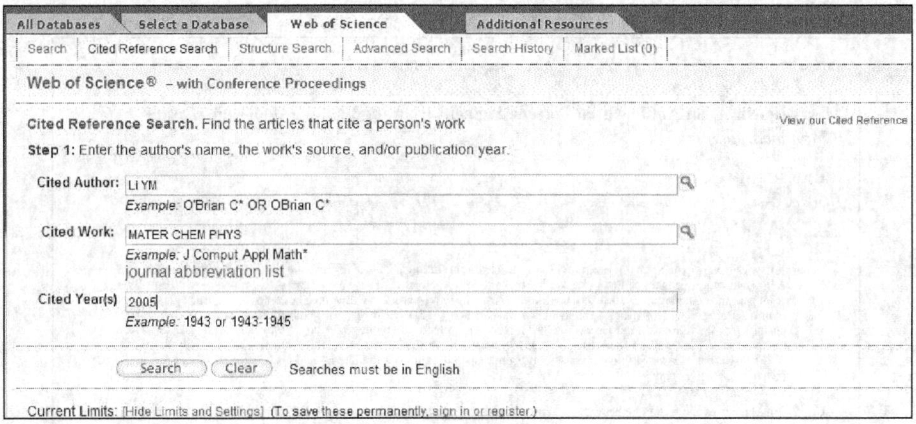

图 5.94　引文检索示例

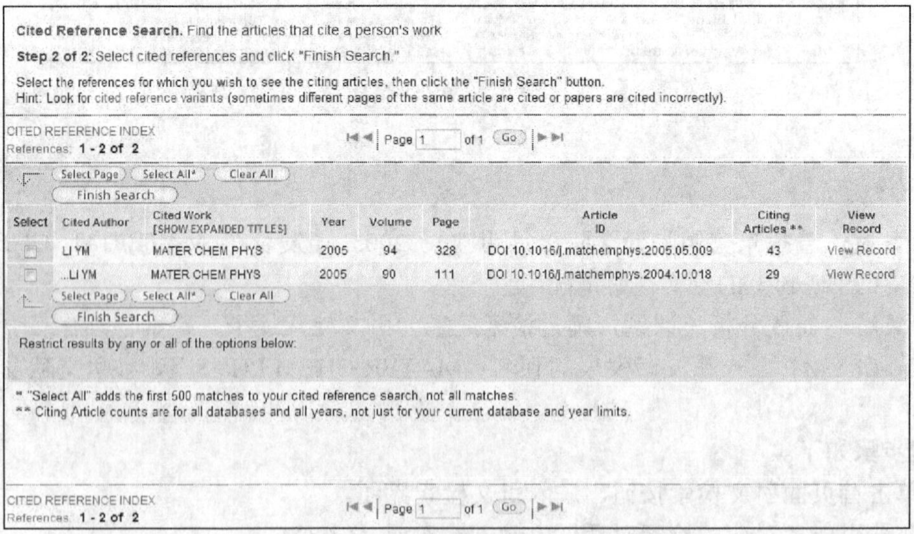

图 5.95　引文检索结果

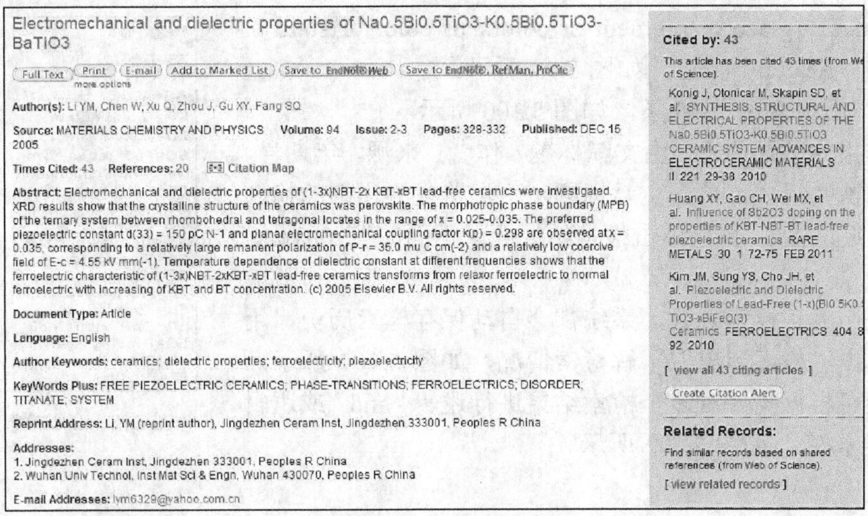

图 5.96   被引文献摘要信息

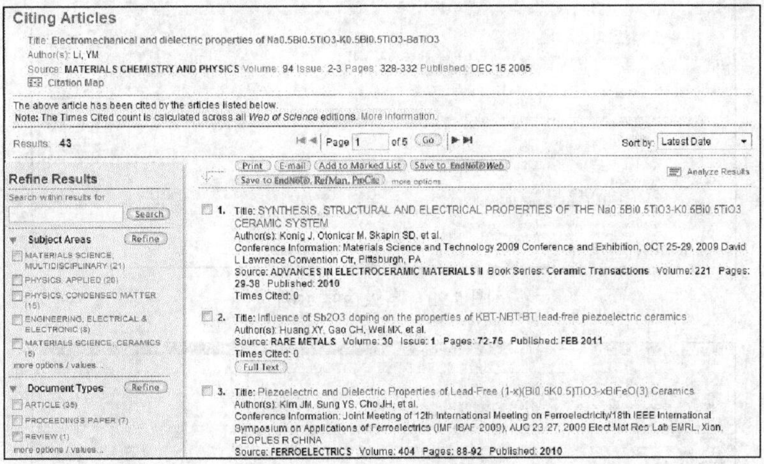

图 5.97   引用文献题录信息

3. 高级检索

检索课题：查找无铅釉、色料、颜料、熔块研制方面的文献。

检索策略：通过分析该课题，确定合适的检索词，得出表示无铅概念的单词有"leadless"
"lead-free" "unleaded" "nolead" "nonlead"；表示釉概念的单词有"glaze"； 表示色料概念的
单词有"colour" "color"； 表示颜料概念的单词有"pigment" "stain"；表示熔块概念的单词有
"frit"等。如果对检准率有较高的要求，可限制所有检索词均出现在标题字段。根据系统提供
的检索字段对照表，如图 5.98 所示，得出检索表达式为："TI=(leadless or lead-free or unleaded or
nolead or nonlead) and TI=(glaze or pigment or colour or color or stain or frit)"。

检索步骤如下。

① 单击首页面高级检索按钮，进入高级检索界面。

② 在检索对话框内输入检索表达式"TI=(leadless or lead-free or unleaded or nolead or nonlead) and TI=(glaze or pigment or colour or color or stain or frit)",单击"Search"按钮,如图 5.99 所示。

③ 共得出检索记录 15 条,如图 5.100 所示。

检索结果为题录信息,由文献标题、作者、来源、年期号、页码、被引次数组成,单击文献标题,可浏览更为详细的摘要信息,如要浏览全文,直接单击检索结果题录下面的"Full Text"图标即可。

无论采用哪种检索方式,系统都会自动保存检索历史,用户可通过单击"检索历史"了解检索情况,如图 5.101 所示,同时用户还可根据需要对多个检索结果进行逻辑"and"或逻辑"or"的组合检索,如图 5.102 所示。

Field Tags	Booleans
TS=Topic	AND
TI=Title	OR
AU=Author	NOT
GP=Group Author	SAME
ED=Editor	
SO=Publication Name	
PY=Year Published	
CF=Conference	
AD=Address	
OG=Organization	
SG=Suborganization	
SA=Street Address	
CI=City	
PS=Province/State	
CU=Country	
ZP=Zip/Postal Code	
FO=Funding Agency	
FG=Grant Number	
FT=Funding Text	

图 5.98 高级检索字段代码

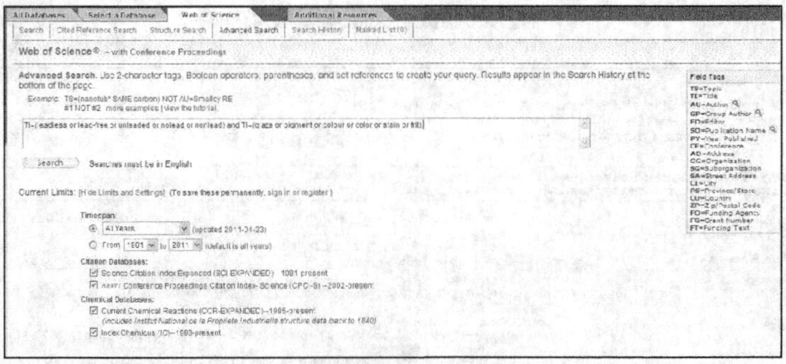

图 5.99 高级检索示例

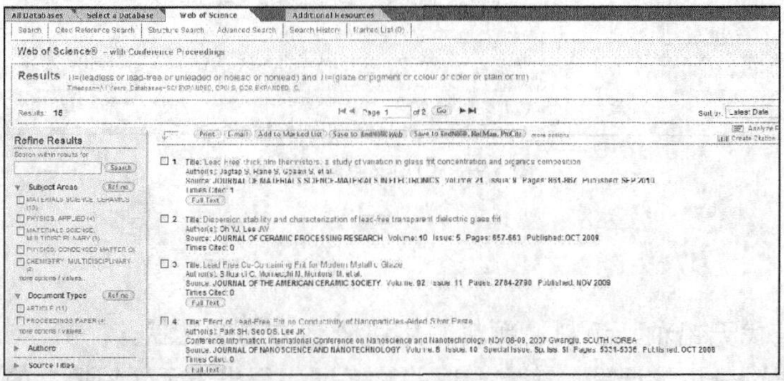

图 5.100 高级检索结果

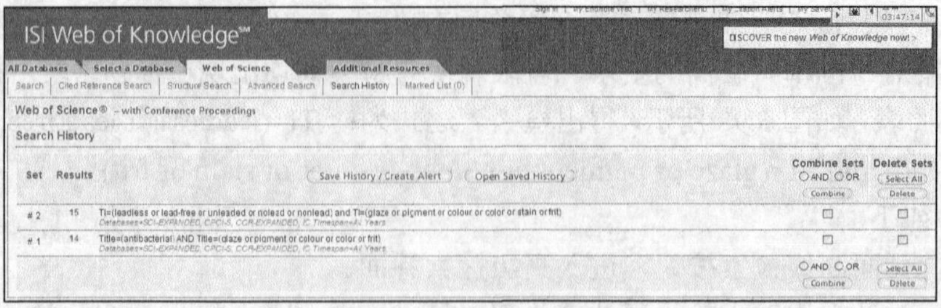

图 5.101 检索历史的保存

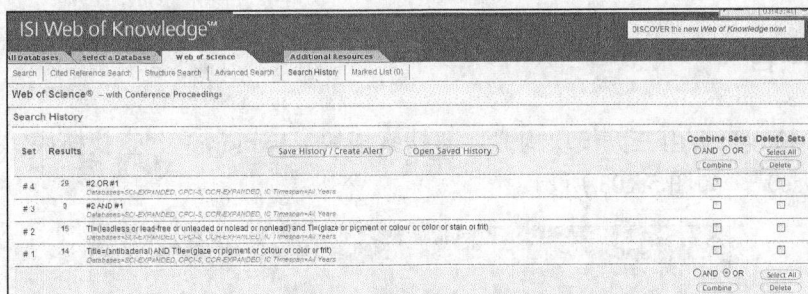

图 5.102　检索结果的组合处理

5.8　SciFinder Scholar

要在浩如烟海的世界化学化工信息中快速、高效地获取自己所需的文献信息，必须依靠检索工具。目前世界上有关化学化工的检索工具很多，其中，美国《化学文摘》以其报道及时、收录完整、检索功能强大等特点在世界化学化工检索工具中占据着重要的地位，被誉为"打开世界化学化工文献宝库的钥匙"。

5.8.1　数据库概述

美国《化学文摘》（Chemical Abstracts，CA）创刊于 1907 年，由美国化学协会化学文摘社（Chemical Abstracts Service of American Chemical Society）编辑出版。《化学文摘》是世界最大的化学文摘检索工具，也是目前世界上应用最广泛，最为重要的化学、化工及相关学科的检索工具。《化学文摘》报道的内容几乎涵盖了化学家感兴趣的所有领域，其中不仅包括无机化学、有机化学、分析化学、物理化学、高分子化学，还包括冶金学、地球化学、药物学、毒物学、环境化学、生物学、物理学等诸多学科领域。

《化学文摘》具有收藏信息量大、收录范围广、索引完备、检索途径多、报道迅速等特点。期刊收录多达 14 000 余种，另外还包括来自 47 个国家的评论、技术报告、专题论文、会议录、会议论文集和 3 个国际性专利组织的专利说明书等。到目前为止，《化学文摘》已收文献量占全世界化学化工总文献量的 98%。《化学文摘》的检索途径非常多，用户可根据已知线索，利用《化学文摘》提供的十多种索引快速、准确地查到所需资料。

SciFinder Scholar 是《化学文摘》的网络版。通过 SciFinder，用户可以检索到当天的最新记录，极大提高了检索效率。SciFinder 数据库收录全球 200 多个国家和地区、60 多种文字的化学化工文献资料，包括期刊、专利、评论、会议录、论文、技术报告和图书中的各种化学研究成果。

SciFinder 能帮助用户确定在科学文献和专利中的概念和物质的关系，找到生产和合成化学物质的加工程序——链接数百家的化学制品厂商并提供大量的期刊和专利链接。

SciFinder 主要包含文献数据库、结构数据库、反应数据库、商业来源数据库、管制数据库等。

5.8.2　检索平台

SciFinder 检索平台由三大模块构成，即搜索模块（Explore）、查找模块（Locate）和浏览模块（Browse），如图 5.103 所示。

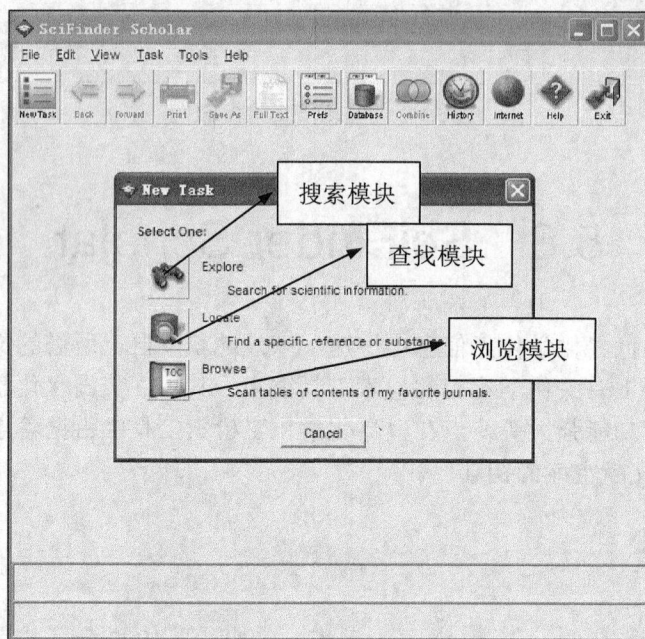

图 5.103　SciFinder 首页面

1. 搜索模块

搜索模块分文献搜索（Explore Literature）、物质搜索（Explore Substances）和反应搜索（Explore Reactions）三种，如图 5.104 所示。

（1）文献搜索

提供三种检索途径，即研究主题（Research Topic）、作者姓名（Author Name）和公司/机构名称（Company Name/Organization）。

研究主题途径：该途径仅提供一个检索对话框，用户只需在该框内输入检索词，然后单击"OK"按钮，即可进行检索。

作者途径：该途径由三个检索项组成，即：姓氏、名字或名字的首字母、中间名字或首字母。用户只需将所需要查询的作者姓名相关信息输入对应的检索项，然后单击"OK"按钮，即可进行检索。

公司/机构名称途径：该途径仅提供一个检索对话框，用户只需在该框内输入所需查询的公司或机构名称，然后单击"OK"按钮，即可进行检索。

（2）物质搜索

提供两种检索途径，即化学结构途径（Chemical Structure）和分子式途径（Molecular Formular）。

化学结构途径：单击该检索前的图标，会弹出结构绘图窗口，用户只需在该窗口绘制、导入或者粘贴所要查找物质的化学结构，单击"获取物质（Get Substances）"按钮，然后选择确切的匹配项或相关结构，然后单击"OK"按钮，即可进行检索。

分子式途径：该途径仅提供一个检索对话框，用户只需在该框内输入所需查询物质的分子式，然后单击"OK"按钮，即可进行检索。

（3）反应搜索

仅提供一种检索途径，即反应结构途径（Reaction Structure）。用户只需单击该途径前面的图标，在所弹出窗口内绘制所需查找物质的反应结构图，单击"OK"按钮，即可进行检索。

2. 查找模块

查找模块分文献查找和物质查找两种，如图 5.105 所示。

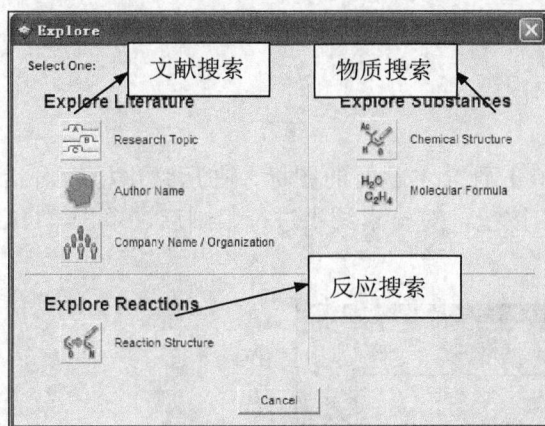

图 5.104 搜索模块　　　　　　　　　　　　图 5.105 查找模块

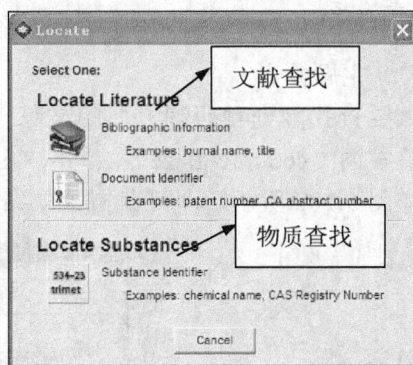

（1）文献查找

提供两种检索途径，即文献著录信息（Bibliographic Information）途径和文献分类号途径。

文献著录信息途径：通过该途径可查找两类文献，即期刊文献和专利文献。期刊文献查找提供四个检索项，即作者姓名、期刊名、出版时间和文献题名；专利文献查找仅提供专利号检索项。

（2）物质查找

仅提供一种途径，即物质标识符途径。用户只需单击该途径前面的图标，在所弹出检索对话框内输入要检索的物质名称或 CAS 注册号，即可查找特定的化学物质。

3. 浏览模块

浏览模块用于提供期刊目次浏览，即用户可通过拖动下拉菜单，浏览所需期刊文献信息。通过该途径，用户可直接浏览 2 000 多种期刊目次及文献信息。此外，用户也可以通过单击"Edit"下拉菜单中的"Find"按钮，在所弹出检索对话框内输入具体刊名，浏览所需期刊相关信息，如图 5.106 所示。

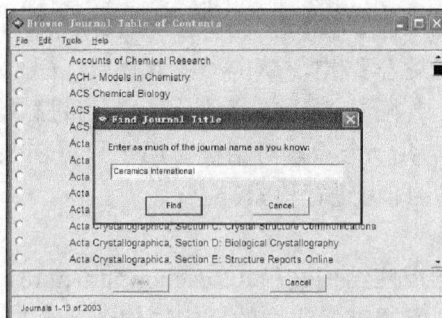

图 5.106　期刊浏览模块

5.8.3　检索示例

1. 搜索途径

（1）主题检索

如要查找陶瓷釉研制方面的文献，可单击研究主题前的图标，在所弹出检索对话框内输入检索词"ceramic glaze"，单击"filter"按钮，对检索结果进行限制后，单击"OK"按钮，如图 5.107 所示，即可获得检索结果。

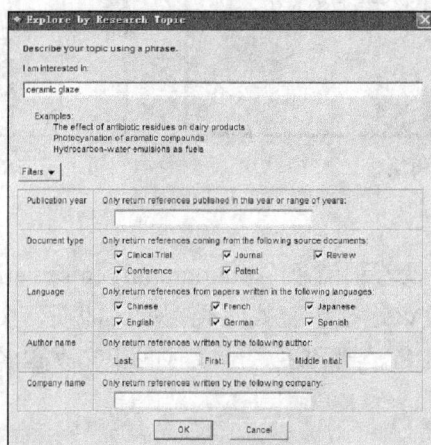

图 5.107　主题检索实例

检索结果列出了不同检索要求获得的不同结果，用户可根据需要，在所需结果前的标记框内打上"√"，单击"Get References"按钮，如图 5.108 所示，即可浏览文献题录信息，如图 5.109 所示。

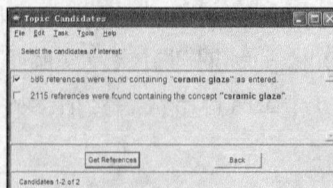

图 5.108　主题检索结果

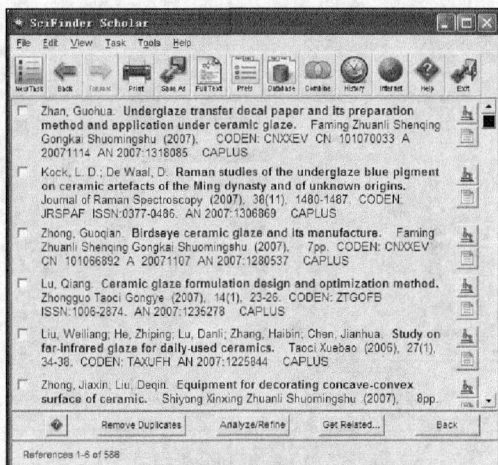

图 5.109 文献题录信息

单击"Analyze/Refine"按钮，用户可对检索结果进行分析或优化处理，如图 5.110 所示。用户可根据需要从作者、刊名、作者机构、出版年、文献类型等 11 个方面对部分或全部检索结果进行分析，以更好地了解该研究的相关情况。

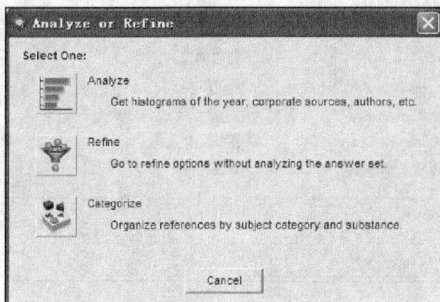

图 5.110 分析/优化处理

如对检索结果按期刊名分析，如图 5.111 所示，可得出分析结果，如图 5.112 所示；如对检索结果按公司/机构名称进行分析，可得出结果，如图 5.113 所示。

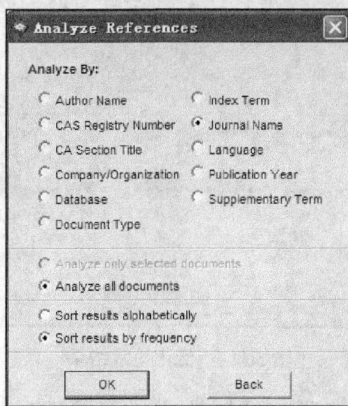

图 5.111 按期刊名分析

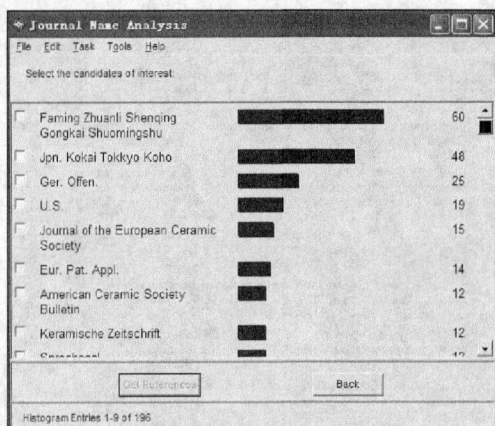

图 5.112　按期刊分析结果

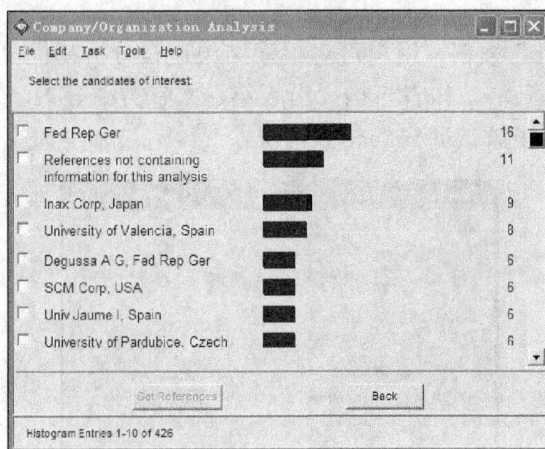

图 5.113　按公司/机构名称分析结果

此外，用户还可以根据需要对检索结果进行研究主题、机构名称、作者、出版时间、文献类型等七个类别的优化处理，如图 5.114 所示，即在检索结果中进行二次检索。

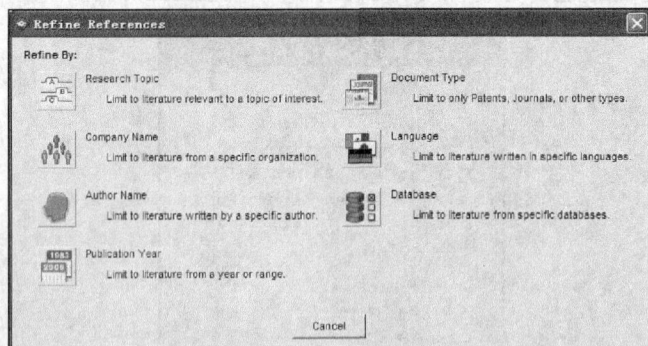

图 5.114　优化检索结果

如要了解景德镇陶瓷学院在该研究领域论文发表情况，可单击优化检索结果中机构途径前的图标，在所弹出检索对话框内输入检索词"Jingdezhen Ceramic Institute"，如图 5.115 所示，单击"OK"按钮，即可检索出景德镇陶瓷学院陶瓷釉研制方面发表论文被 CA 的收录情况，如图 5.116 所示。

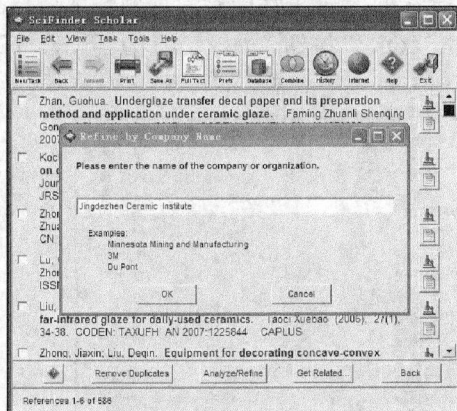

图 5.115 按机构优化检索结果

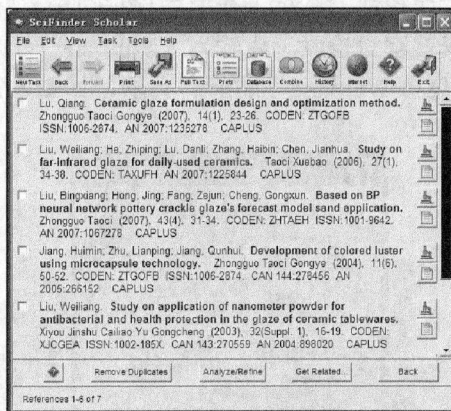

图 5.116 得出优化检索结果

单击题录右侧的"显微镜"图标，用户可浏览所需文献的摘要信息，如图 5.117 所示。单击"Get Related"按钮，可浏览该篇文献的相关信息，如引文信息、被引信息、物质信息、反应信息、网上相关信息等，如图 5.118 所示。

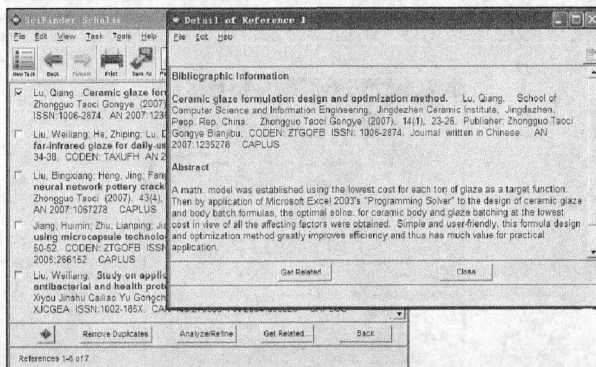

图 5.117 浏览所选文献摘要信息

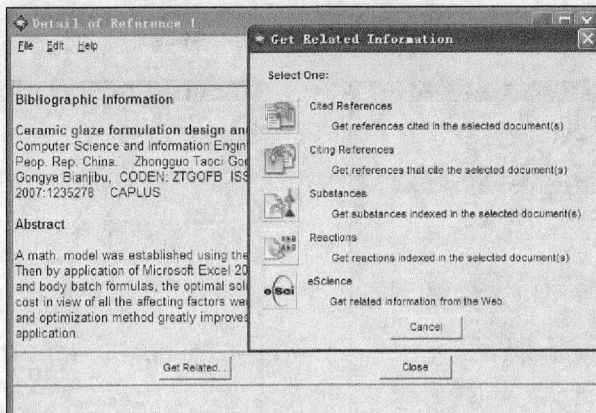

图 5.118 获取所选文献相关信息

（2）作者检索

如要查找景德镇陶瓷学院刘维良教授发表的论文被收录情况，可直接利用作者途径检索。单击作者途径前的图标，在所弹出窗口中，输入检索词，即在姓氏检索项内输入"Liu"，在中间名或首字母检索项内输入"Weiliang"，单击"OK"按钮，如图 5.119 所示，即可查出作者为"Liu Weiliang"的所有文献，如图 5.120 所示，共 25 篇。

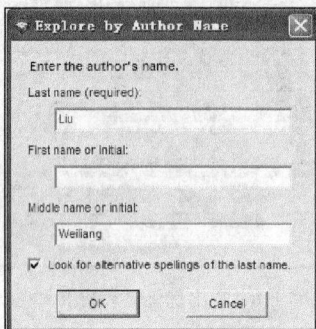

图 5.119　作者检索实例

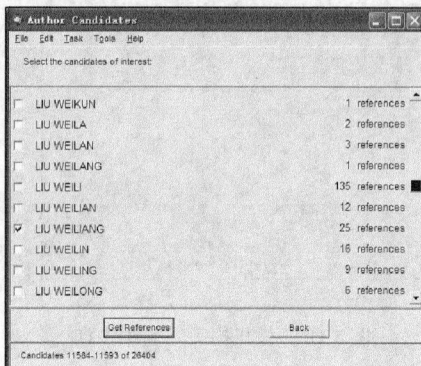

图 5.120　作者检索结果

单击"Get References"，可浏览文献题录信息，如图 5.121 所示。单击"Analyze/Refine"按钮，选择按机构对检索结果进行二次检索，即在机构检索对话框内输入检索词"Jingdezhen Ceramic Institute"，单击"OK"按钮，如图 5.122 所示，得出检索结果，如图 5.123 所示。

图 5.121　作者检索结果题录信息

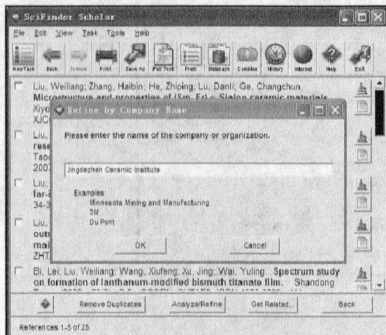

图 5.122　按作者机构优化检索实例

图 5.123　按作者机构优化检索得出结果

（3）机构检索

如要查找景德镇陶瓷学院发表论文被收录情况，可直接单击机构检索前的图标，在所弹出检索对话框内输入检索词"Jingdezhen Ceramic Institute"，单击"OK"按钮，如图 5.124 所示，即可得出检索结果，如图 5.125 所示。

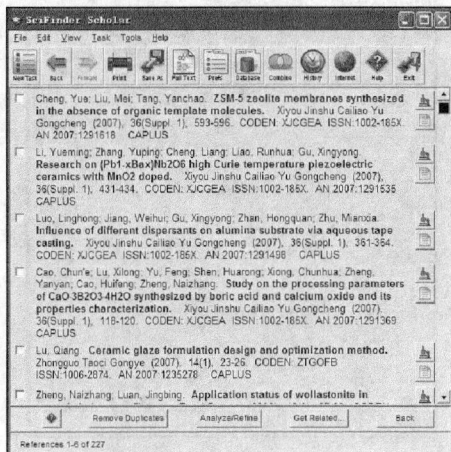

图 5.124　机构检索实例

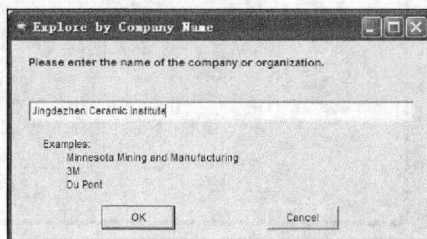

图 5.125　机构检索结果

（4）分子式检索

如要查找氧化铝（Al_2O_3）方面的信息，可直接单击分子式检索前的图标，在所弹出检索对话框内输入检索词"Al_2O_3"，单击"OK"按钮，如图 5.126 所示，即可得出检索结果，如图 5.127 所示。单击单条记录前的"显微镜"图标，可浏览更为详细的信息。

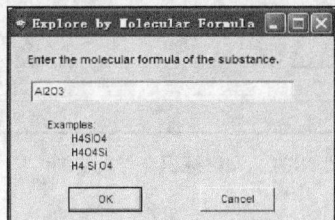

图 5.126　分子式检索实例

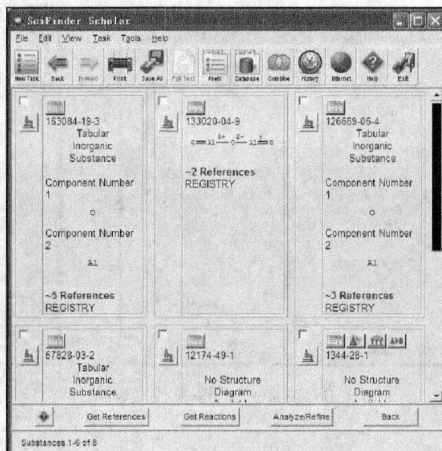

图 5.127　分子式检索结果

2. 查找途径

（1）通过著录信息查找

如要查找《中国陶瓷工业》杂志上发表的釉料研制方面的论文被收录的情况，可直接单击查找模块中著录信息查找前的图标，在所弹出检索对话框期刊文献查找之刊名检索对话框内输入检索词"Zhongguo Taoci Gongye"，同时在文章标题检索对话框内输入检索词"glaze"，然后单击"OK"按钮，如图 5.128 所示，即可得出检索结果，如图 5.129 所示。单击记录右侧的"显微镜"图标，可浏览更为详细的信息。

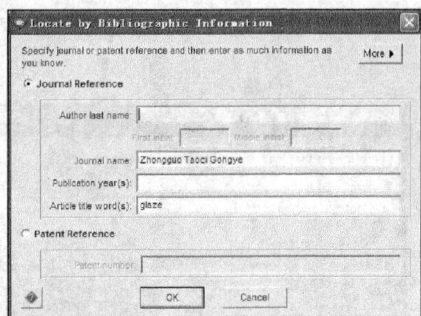

图 5.128　著录信息查找实例

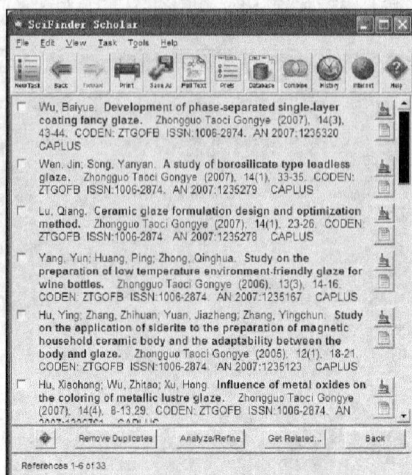

图 5.129　著录信息查找结果

（2）通过文献标识号码查找

如要查找一件专利号为 US4877758 的专利，可直接单击文献标识号码查找前的图标，在所弹出检索对话框内输入检索词"US4877758"，然后单击"OK"按钮，如图 5.130 所示，即可得出检索结果，如图 5.131 所示。

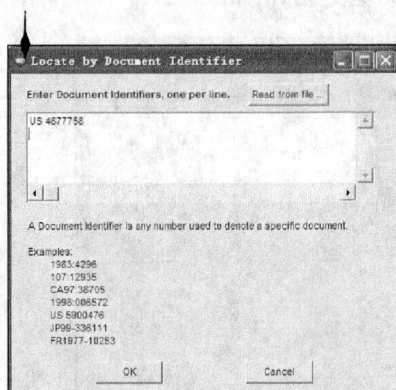

图 5.130　文献标识符查找实例

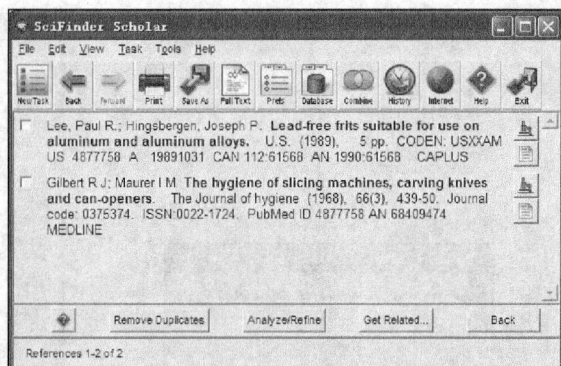

图 5.131　文献标识符查找结果

3. 浏览功能

如要查看"American Ceramic Society Bulletin"期刊的目录及文献信息，可通过该途径浏览。单击期刊目录浏览前的图标，会出现所有收录期刊列表，各期刊按字母顺序排列。当光标移至"American Ceramic Society Bulletin"期刊时，在该期刊前面的圆形标记框内打上标记，然后单击"view"按钮，如图 5.132 所示，默认结果显示的是最新一期上发表的文章题录信息，如图 5.133 所示。

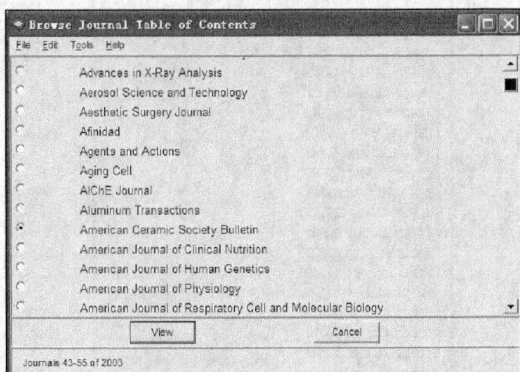

图 5.132　期刊浏览实例

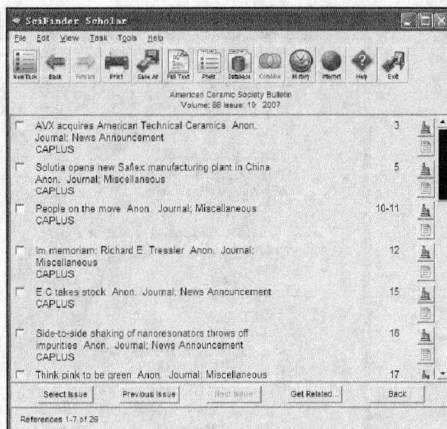

图 5.133　期刊浏览结果

　　题录下面有五个功能按钮，即："选择期次（Select Issue）"、"上一期（Previous Issue）"、"下一期（Next Issue）"、"获取相关信息（Get Related）"、"返回（Back）"等。用户可根据需要进行选择。如要浏览其他期次信息，可单击"选择期次（select issue）"按钮，便会弹出各期次的链接，如图 5.134 所示。单击具体期次，便可浏览到该期次上发表的文章题录信息，如图 5.135 所示。单击题录右边的"显微镜"图标，可浏览该篇文章的详细摘要信息。对于有原文提供的文献，系统会提供全文的相关链接，单击该链接，即可浏览到文章全文。除了通过浏览方式获取所需期刊信息外，用户还可以通过单击"Edit"下拉菜单中的"Find"按钮，在所弹出检索对话框内输入具体刊名，即可浏览到所需期刊各期题录及详细信息。

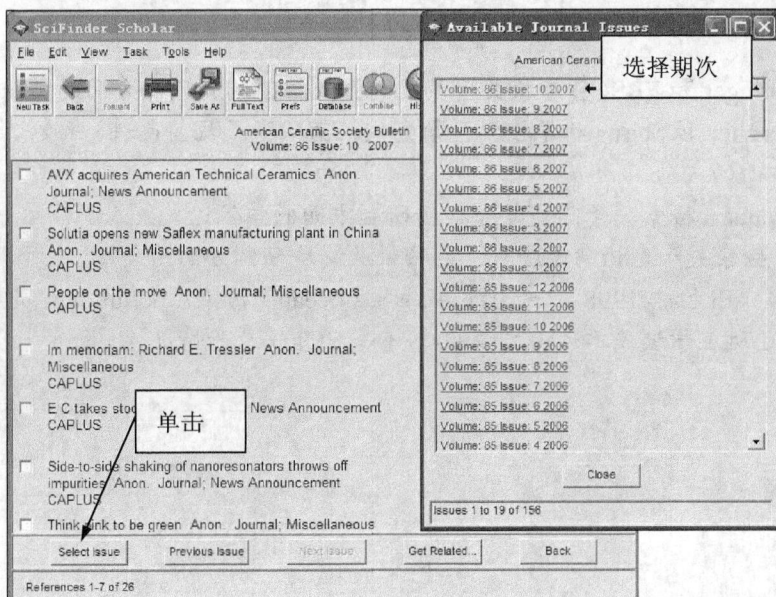

图 5.134　选择期次

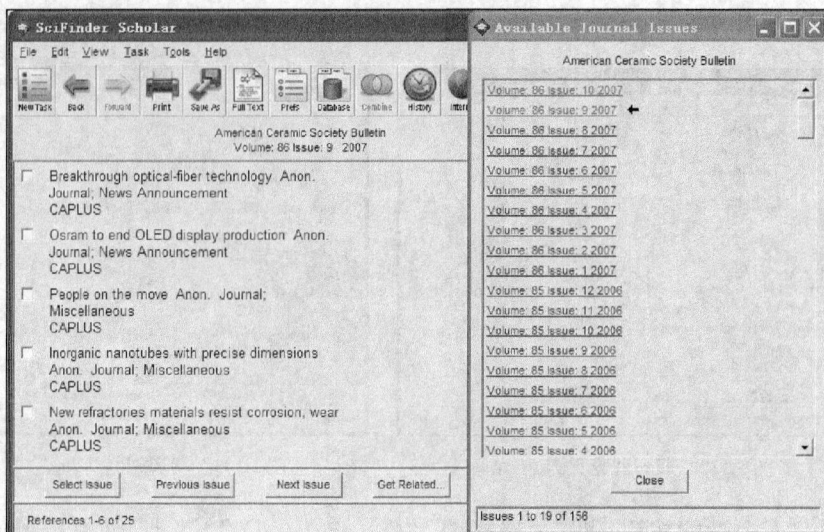

图 5.135　浏览具体期次信息

　　无论是哪种检索，用户都可以根据需要对检索结果进行选择性（部分或全部）浏览（题录信息、摘要信息、全文信息、引文信息、被引信息、物质信息、反应信息、网上相关信息等）、打印或保存等处理。

习　题

1. 利用 Springer 和 EBSCO 查找关于多孔陶瓷或抗菌陶瓷研制方面的文献。
2. 利用 Elsevier 和 Scirus 科学搜索引擎查找抗菌陶瓷或抗菌色料、釉料、色剂、颜料及熔块研制方面的文献。
3. 利用 Proquest 检索关于陶瓷复合材料研制方面的学位论文。
4. 利用 Ei 检索关于无铅陶瓷颜料、色釉料及熔块研制方面的文献。
5. 利用 CA、Ei 检索 1998 年～2011 年海洋（ocean）污染（pollution）研究方面的文献。
6. 检索自己所在学校或单位论文被 CA、Ei、SCI 收录的情况。

第6章

专利与标准信息的网络检索

本章的内容包括两部分。一是在比较系统地阐述专利法知识的基础上，系统介绍了 Internet 上中国、美国和欧洲等国家和地区专利信息检索系统的情况、检索方法与技巧；二是在简介标准概念的基础上，以中国标准服务网为例介绍了标准文献信息的检索方法。

6.1　专利基础知识

1474 年 3 月，威尼斯共和国颁布了世界上第一部专利法。英国于 1624 年，美国于 1790 年也通过了专利法。随后，法国于 1791 年，俄国于 1870 年，德国于 1877 年，日本于 1885 年都相继建立了专利制度。据统计，全世界实行专利制度的国家和地区在 1900 年有 45 个，1958 年有 99 个，1980 年有 158 个，到目前已达 175 个。

我国于 1980 年 1 月经国务院批准成立专利局。1983 年 8 月国务院常务会议审查通过经多次研究修改的专利法（草案），1984 年 3 月在第六届人大常委会第四次会议上正式通过了《中华人民共和国专利法》。这部专利法于 1985 年 4 月 1 日起正式生效。1992 年 9 月对专利法作了第一次修正，修正后的专利法于 1993 年 1 月 1 日起实施。2000 年 8 月对专利法作了第二次修正，修正后的专利法于 2001 年 7 月 1 日起实施。2008 年 12 月对专利法作了第三次修正，修正后的专利法于 2009 年 10 月 1 日起实施。

6.1.1　专利的基本概念

专利包含几种含义，并且有其独特的特点。

1. 专利的基本概念

专利是专利法中最基本的概念。公众对它的认识一般有 3 种含义：一是指专利权，二是指受到专利法保护的发明创造，三是指专利说明书。

（1）专利权

专利权是指由国务院专利行政部门依照专利法的规定，对符合授权条件的专利申请的申请人，授予一种实施其发明创造的专有权。这一概念是从法律角度来说的。

（2）受专利法保护的发明创造

受专利法保护的发明创造也就是专利技术，它有两个特点：一是它必须具备专利法规定的新颖性、创造性和实用性条件，二是它的技术内容必须详细记述于专利说明书中。专利说明书由各国专利行政部门公开出版发行，任何人均可购买订阅，因此，专利技术是不保密的，任何人都可以得到，但却是不能随意使用或仿造的技术。这一概念是从技术的角度来说的。

（3）专利说明书

专利说明书记载着发明创造的详细内容和受专利法保护的技术范围，它既是法律文件，又是价值较高的技术情报。

2．专利权的特点

专利权是知识产权的一种，属于无形财产，它与有形财产的产权相比有其独特的特点。

（1）专有性

专有性又称独占性。专有性是指专利权人对其发明创造所享有的独占性的制造、使用、销售和进口的权利。也就是说任何单位或者个人未经专利权人许可，都不得实施其专利，即不得以生产经营为目的制造、使用、许诺销售、销售、进口其专利产品，或者使用其专利方法，以及使用、许诺销售、销售、进口依照该专利方法直接获得的产品。否则，就是侵犯专利权。

（2）时间性

专利权的时间性是指专利权只在其保护期限内有效，期限届满或专利权已经终止的就不再受专利法保护，该发明创造就成了全社会的共同财富，任何人都可以自由利用。我国专利法规定发明专利权的保护期限为 20 年，实用新型专利权和外观设计专利权的保护期限为 10 年，均自申请日起计算。

（3）地域性

专利权的地域性是指一个国家授予的专利权，只在该授予国的法律管辖的地域内有效，对其他国家没有任何法律约束力。每个国家所授予的专利权，其效力是互相独立的。

6.1.2　专利法

专利法是一个独立部门法，由国家制定，在本国地域内有效。各国专利法不仅都规定了专利权的产生、变更、消失等的必要条件，还规定了申请人、专利权人等应尽的义务，同时也规定了有关专利权的申请、审查、批准的手续，以及有关实施专利和公开发明内容的方式、方法等。

1．专利的归属

专利的归属就是明确专利权授予谁的问题，也就是专利法的主体。

（1）专利申请人、专利权人及发明人

这三者是不同的概念。专利申请人是专利申请阶段权利的主体；专利权人是专利权授予后权利的主体；而发明人是对发明项目做出创造性贡献的人，其他辅助人员不能作为发明人。

在一般情况下，专利权人与专利申请人是一致的，即其专利申请被授予专利权后，专利申请人就成为专利权人。但并不是每件专利的申请都能被授予专利权，有些专利申请人若其专利未被授予专利权就不能成为专利权人。如果申请人在专利权授予之前就将取得专利的权利转让给另一个人，那么后者则成为专利权人。

发明人若属于职务发明则不能作为专利申请人，也就不能成为专利权人。若其发明属于非职务发明则可作为专利申请人。

（2）职务发明与非职务发明

① 职务发明。我国专利法规定：发明人或设计人在执行本单位的任务，或者主要是利用本单位的物质技术条件所完成的发明创造为职务发明创造。

对于职务发明，我国专利法规定，申请专利的权利属于该单位；申请被批准后，该单位为专利权人。但同时还规定，职务发明若单位与发明人或设计人另订有合同，对申请专利的权利和专利权的归属做出约定的，从其约定。

② 非职务发明。非职务发明是指发明人或设计人在其单位业务范围外，在没有得到单位的任何物质条件帮助之下做出的发明创造。

非职务发明创造，申请专利的权利属于发明人或者设计人；申请被批准后，该发明人或者设计人为专利权人。

（3）合作完成或受委托完成的发明创造

我国专利法规定，两个以上单位或者个人合作完成的发明创造，一个单位或者个人接受其他单位或者个人委托所完成的发明创造，除另有协议的以外，申请专利的权利属于完成或者共同完成的单位或者个人；申请被批准后，申请的单位或者个人为专利权人。

（4）先申请原则与先发明原则

专利权是一种独占权、排他权，如果同样的发明创造有两个或两个以上的人分别申请专利时，专利权究竟授予谁，各国专利法都有相应的规定，常用的有以下两种原则。

① 先申请原则：即谁先申请就把专利权授予谁，不管发明是谁先完成的。也就是说，有两个或两个以上的申请人分别就同样的发明创造申请专利的，专利权授予最先申请的人，而其他的申请一律驳回。我国采用的就是先申请原则。日本、德国、法国、英国等大多数国家也采用这一原则。

② 先发明原则：即谁先发明就把专利权授予谁。只要能证明该项发明在他人之先，尽管申请在后，也能取得专利权。如：加拿大、美国等少数国家采用这一原则。

（5）优先权

专利申请人与专利权人在一定条件下享有优先权，这种优先权有两种。

① 公约优先权。根据巴黎公约的规定，成员国的自然人与法人均享有优先权。

公约优先权指巴黎公约成员国的自然人或法人，第一次向其中一个成员国正式提出专利申请后，在一定期限内（一般为 6~12 个月），又向其他成员国正式提出专利申请时，仍以首次申请的日期作为后继申请的日期。

我国专利法规定，申请人自发明或者实用新型在外国第一次提出专利申请之日起 12 个月内，或者自外观设计在外国第一次提出专利申请之日起 6 个月内，又在中国就相同主题提出专利申请的，依照该外国同中国签订的协议或者共同参加的国际条约，或者依照相互承认优先权的原则，可以享有优先权。

② 国内优先权

国内优先权是指申请人就相同主题发明创造在本国第一次提出专利申请之日起 12 个月内，又向本国专利行政部门提出专利申请的可以享受优先权。专利行政部门把首次申请的日期作为本专利的申请日。

我国专利法规定，申请人自发明或者实用新型在中国第一次提出专利申请之日起 12 个月内，又向国务院专利行政部门就相同主题提出专利申请的，可以享有优先权。本国优先权不包括外观设计专利。

优先权的设立，方便了申请人，使申请人不仅有了 1 年的时间可以考虑是否要向其他国家提交专利申请，或向本国专利行政部门再次提出申请，而且该申请人可在优先权时间范围内，在其原始申请的基础上，对其原始申请保护的技术方案做出改正，或在保证发明单一性的原则下，把几个相关申请（发明或实用新型）作为一项申请提出。这种制度有效地保护了申请人的合法权益，避免或减少了不必要的重复申请。

2. 专利的种类及保护期限

我国专利法保护的专利有发明专利、实用新型专利和外观设计专利 3 种类型。并规定发明专利保护期限为 20 年，实用新型专利、外观设计专利保护期限为 10 年，均自申请日起计算。

（1）发明专利

专利法所称发明，是指对产品、方法或者其改进所提出的新的技术方案。

专利法保护的发明有 4 种类型。

① 物品发明：是指人工制造的各种制品或产品。如机器、设备等各种各样的产品。

② 方法发明：是指把一个对象或某一物质改变成另一种对象或物质所利用的手段的发明。如化学方法、机械方法等。

③ 物质发明：是指以任何方法所取得的两种或两种以上元素的合成物。

④ 应用发明：是指对已知物品、方法或物质的新的利用。

（2）实用新型专利

实用新型是指对机器、设备、装备、用具等产品的形状与构造或组合的重新设计，亦称"小发明"、"小专利"。专利法所称实用新型，是指对产品的形状、构造或者其结合所提出的适于实用的新的技术方案。

（3）外观设计专利

专利法所称外观设计，是指对产品的形状、图案或者其结合，以及色彩与形状、图案的结合所做出的富有美感并适于工业应用的新设计。因此外观设计专利的保护对象是产品的装饰性或艺术性的外形和外表设计，这种设计可以是平面图案，也可以是立体造型，还可以是二者的结合，以及色彩与形状、图案的结合。如日用瓷、卫生洁具等产品的造型，釉面砖的装饰图案等可申请外观设计专利。

申请外观设计专利必须符合以下条件。

① 外观设计要具有人的视力能够感觉到的外观特点，肉眼可见的设计才能称得上是外观设计。从外部看不见的物品内部结构的设计，不是外观设计。

② 外观设计必须和物品结合在一起，应用在具体的物品上。因此外观设计的对象必须是工业产品，单纯的图案设计题材不能作为外观设计专利保护的对象，这就是它与绘画和工艺美术作品的区别所在。

③ 外观设计专利所指的产品应具有独立性和完整性，且富有美感的新设计。

外观设计专利与实用新型专利都涉及产品的形状，但其有根本的区别，其区别在于：外观设计是保护产品外表的形状、图案、色彩或它们的结合，一般与工业上的技术无关；而实用新型专利保护的是形状、构造、组合的设计，涉及到技术。

3. 授予专利权的条件

（1）授予发明和实用新型专利权的条件

一项发明创造要获得专利保护必须符合专利法规定的条件。我国专利法规定要取得专利必须同时具备新颖性、创造性和实用性，也称之为专利三性，它是授予发明专利权与实用新型专利权必需的条件。

① 新颖性。新颖性是指在申请日以前没有同样的发明或者实用新型在国内外出版物上公开发表过、在国内公开使用过或者以其他方式为公众所知，也没有同样的发明或者实用新型由他人向国务院专利行政部门提出过申请，并且记载在申请日以后公布的专利申请文件中。

确定新颖性主要有以下 3 条客观标准。

- 公开标准：公开主要是指书面公开、使用公开和口头公开的方式。
- 时间标准：是以申请日的时间为标准。
- 地区标准：书面公开与使用公开上都采用了绝对世界性地区标准。也就是说在文献上申请日前任何国家或地区的文献上都没有记载过，在使用上申请日前也没有公开过，否则就失去了新颖性。

考虑到实际情况，我国专利法还规定申请专利的发明创造在申请日以前 6 个月内，有下列情形之一的，不丧失新颖性。

- 在中国政府主办或者承认的国际展览会上首次展出的。
- 在规定的学术会议或者技术会议上首次发表的。
- 他人未经申请人同意而泄露其内容的。

这里所指的国际展览会，包括国务院、各部委主办或国务院批准由其他机关或者地方政府举办的国际展览会，以及国务院、各部委承认的在外国举办的展览会。这里所指的学术会议或技术会议，是指国务院有关主管部门或全国性学术团体、组织召开的学术会议或技术会议。

② 创造性。创造性是指发明比同一领域的现有技术先进，具有独创性，不是所属技术领域的普通技术人员显而易见的。

我国专利法规定，创造性是指与申请日以前已有的技术相比，该发明有突出的实质性特点和显著的进步，该实用新型有实质性特点和进步。

③ 实用性。实用性是指该发明或者实用新型能够制造或者使用，并且能够产生积极效果。

（2）授予外观设计专利权的几个实质条件

我国专利法规定，授予专利权的外观设计，应当同申请日以前在国内外出版物上公开发表过或者国内公开使用过的外观设计不相同和不相近似，并不得与他人在先取得的合法权利相冲突。

获得外观设计专利权应当具备新颖性和独创性，并且富有美感以及适用于工业应用的条件。

① 新颖性。外观设计的新颖性，是指同申请日以前的外观设计相比，没有同样的设计。外观设计不存在口头公开的的问题，它仅仅指外观设计图片或者照片在公开发行的出版物上发表过，而且还必须是外观设计被应用于公开销售和公开流通的工业品外表上。只有这样的外观设计才算公开了。如果是在一般公众不能得到的内部资料或者只在某种场合口头传播过，不算公开，不影响外观设计的新颖性。

② 独创性。外观设计的独创性就是与已有的外观设计相比有明显的特点，或者不相近似。不能和已有的外观设计的基本组成部分相同，如果两种外观设计看起来近似，那就不具有独创性。

③ 富有美感。从美学的角度讲，美感是人们对美的事物的一种主观感受。专利法所称的富有美感，是指表现在物品表面的图案、色彩等而产生的美感。

④ 适于工业应用。取得专利权的外观设计必须适于工业上的应用。在工业上应用是指外观设计能够应用于可以销售、流通的产品上面，包括半成品、中间产品等。

4. 专利法规定不授予专利权的内容

我国专利法规定不能授予专利权的有以下几方面的内容。

* 对违反国家法律、社会公德或者妨害公共利益的发明创造。
* 对违反法律、行政法规的规定，获取或者利用遗传资源，并依赖该遗传资源完成的发明创造。
* 科学发现。
* 智力活动的规则和方法。
* 疾病的诊断和治疗方法。
* 动物和植物的品种。
* 用原子核变换方法获得的物质。
* 对平面印刷品的图案、色彩或者二者的结合做出的主要起标识作用的设计。

5. 专利的申请和审查流程

（1）专利的申请

① 专利申请前的决策分析。专利申请需要花费大量的时间、精力和财力，因此，申请人在申请前必须对申请专利的利弊得失，申请的时机和申请的国别等问题进行决策分析，这样才有可能在取得专利权后获得较大的利益。

a. 经济利益的分析。专利申请人申请专利的目的是为了获得经济上的利益。因此专利申请人在申请专利前应对其专利技术，或产品的市场需求大小，以及申请费用占获得利益的比例进行分析。对市场需求量大、申请费用仅占获得专利权带来的利益很小部分的，应申请专利保护。

b. 技术分析。当专利申请人确信其申请的专利能带来经济利益时，就需要进一步对其专利申请能否获得专利权进行分析，也就是判断其申请的专利是否符合获得专利权的条件，即专利的"三性"（新颖性、创造性、实用性）。因此，申请人必须对国内外的专利及科技文献进行检索，以确定其申请的专利是否具有新颖性，同时还应判断与同类技术或产品相比是否具有一定的先进性。

c. 专利类别的分析与选择。专利申请人应根据3种专利保护的对象及特点来确定自己申请的专利应选择哪一种专利类型。

d. 申请日的选择。我国采用的是先申请原则，同时申请日又是判断其专利是否具备新颖性的日期。因此申请日的选择十分重要，但也不能说，申请日选择越早越好，因为我国专利法规定，在提出专利申请后，申请人对其专利申请文件的修改不得超出原说明书记载的范围，否则就得重新申请，原申请无效。因此，申请人对申请日的选择一般在发明基本完成，发明的基本构思和请求保护的范围十分明确后。

e. 申请国的选择。一项发明专利只在其申请的国家得到保护，若一项发明技术或产品能获较大的经济效益，在国外也有较大市场，那么还应考虑在国外申请专利。具体在哪些国家申请，要依据其市场来决定。

② 申请发明专利、实用新型专利应提交申请文件。发明或者实用新型专利应当提交的申请文件有：请求书、说明书及其摘要和权利要求书等文件。

a. 请求书。请求书应当写明发明或者实用新型的名称，发明人或者设计人的姓名，申请人姓名或者名称、地址，以及其他事项。

b. 说明书。说明书应当对发明或者实用新型做出清楚、完整的说明，以所属技术领域的技术人员能够实现为准；必要的时候，应当有附图。

c. 摘要。摘要是发明或实用新型专利说明书公开内容的简要概括。摘要本身不具有法律效力，但是摘要方便公众对专利文献的检索，属于一种技术情报性的文件。

d. 权利要求书。权利要求书应当说明发明或实用新型的技术特征，清楚和简要地表述请求保护的范围，它是专利申请中的重要文件。它以说明书为依据，用以限定专利申请的保护范围，同时也是日后发生侵权纠纷时，判断是否侵权的法律依据。

③ 申请外观设计专利应提交的申请文件。申请外观设计专利的，应当提交请求书以及该外观设计的图片或者照片等文件，并且应当写明使用该外观设计的产品及其所属的类别。

（2）专利申请的审查流程

① 发明专利申请的审查流程。

a. 受理。申请提出后，国务院专利行政部门根据所收到的申请文件和办理的申请手续进行简单的形式审查，以决定受理不受理。对决定受理的申请，国务院专利行政部门给予一个顺序号，这个编号叫申请号，表明申请已被受理。国务院专利行政部门把收到专利文件之日作为申请日，申请人还要向国务院专利行政部门缴纳申请费。

b. 形式审查。国务院专利行政部门受理专利申请后，进一步对专利申请文件的形式条件，以及是否属于专利保护范围和是否符合单一性要求等进行审查。对符合形式审查要求的专利申请，国务院专利行政部门按国际专利分类法（IPC）对其进行分类，以便确定进行实质性审查时文献检索的范围和具体审查部门。

c. 早期公开。发明专利申请通过形式审查后，国务院专利行政部门一般自申请日起满18个月（如请求优先权，则自优先权起18个月）即行公布（应做保密处理的除外），即把发明专利申请载于专利公报及出版发明专利申请公开说明书。同时，对此项申请专利的发明给予临时保护。

d. 请求实质性审查。发明专利申请必须提出实质性审查请求后才能交付实质性审查。申请人可以在提交申请的同时，也可以在自申请日起3年内，提出实质性审查请求。请求审查应向国务院专利行政部门提交规定实质性审查请求书和缴纳审查费。申请人逾期不请求实质性审查的，即被视为撤回申请。

e. 实质性审查。国务院专利行政部门收到实质性审查请求后，即将专利申请案转入实质性审查部门，按发明内容的类别，分派给有关审查员对发明进行实质性审查，审查该发明是否具备新颖性、创造性和实用性。实审阶段一般要超过1年。

审查员的审查结果将以书面形式通知申请人或其代理人。如果国务院专利行政部门否定该发明的专利性，决定不授予专利，则必须列举理由。若申请人不服可在 3 个月内请求复审，若对复审结果不服还可在 3 个月内向法院提出起诉。

f. 专利权的授予。发明专利申请经实质审查没有发现驳回理由的，由国务院专利行政部门做出授予发明专利权的决定，发给发明专利证书，同时予以登记和公告。发明专利权自公告之日起生效。

② 实用新型和外观设计专利申请的审查流程。实用新型和外观设计专利申请经初步审查没有发现驳回理由的，由国务院专利行政部门做出授予实用新型专利权或者外观设计专利权的决定，发给相应的专利证书，同时予以登记和公告。实用新型专利权和外观设计专利权自公告之日起生效。

（3）专利的复审程序

国务院专利行政部门设立专利复审委员会。专利申请人对国务院专利行政部门驳回申请的决定不服的，可以自收到通知之日起 3 个月内，向专利复审委员会请求复审。专利复审委员会复审后，做出决定，并通知专利申请人。

（4）专利权的无效宣告

我国专利法规定：自国务院专利行政部门公告授予专利权之日起，任何单位或者个人认为该专利权的授予不符合本法有关规定的，可以请求专利复审委员会宣告该专利权无效。专利复审委员会对宣告专利权无效请求应当及时审查和做出决定，并通知请求人和专利权人。宣告专利权无效的决定，由国务院专利行政部门登记和公告。

对专利复审委员会宣告专利权无效或者维持专利权的决定不服的，可以自收到通知之日起 3 个月内向人民法院起诉。人民法院应当通知无效宣告请求程序的对方当事人作为第三人参加诉讼。

6. 专利权人的权利与义务

我国专利法规定：在专利有效期限内（发明专利权的期限为 20 年，实用新型和外观设计专利的期限为 10 年，均自申请日起计算），专利权人享有一定的权利，并承担一定的义务。

（1）专利权人的权利

① 专有与排他权，即独占权。主要表现在：只有专利权人有权制造、使用、销售其专利产品，其他任何人未经专利权人的许可，不得为生产经营的目的制造、使用、许诺销售、销售、进口其专利产品，或者使用其专利方法以及使用、许诺销售、销售、进口依照该方法直接获得的产品。否则将视为侵权行为，要受到法律制裁。

② 转让权。专利权是一种财产权，具有商品属性，因此专利权人还具有转让其专利权的权利。

专利权人将其专利权卖给他人，需签订合同，其合同需经国务院专利行政部门登记，合同一经生效，发明专利的所有权即行转移。从此专利权人就丧失其独占权，而受让人即获得独占权。

③ 许可权。专利权人不仅可以自己实施其专利，还可以允许他人实施其专利，这就是所谓的许可权。

许可时，专利权人与买主应签订书面合同，也就是许可证。许可证应规定双方的权利和义务，并向国务院专利行政部门和有关部门登记、公告后方能生效。合同生效后，被许可方须向专利权人缴纳一定的使用费，许可证一般分为以下 5 种。

- 独占许可证：在规定的时间和地域内，专利权人把专利卖给一家，使其对专利享有独占使用权，专利权人在该时间和地域内不仅不能再把专利卖给第三方，连专利权人自己也不能使用其专利。
- 独家许可证：在合同限定的时间和地域内，只有买主和专利权人双方可使用该专利，专利权人不能再卖给第三方。
- 普通许可证：专利权人可把专利卖给不同的使用者，可与多人签约。
- 分许许可证：被许可方在限定的时间和地域内有权将许可证使用权再转让给任何第三方。
- 交叉许可证：指两个专利人互相许可使用价值相当的专利发明。

④ 放弃权。专利权人可以放弃其专利权。放弃的方式有两种：一是不缴纳专利年费，二是书面说明，登记在专利公报上。专利权人放弃专利后，其发明创造成为社会的共同财富，任何人都可以自由使用。

⑤ 标记权。专利权人有权在其专利产品或该产品的包装上标明专利标记和专利号。

⑥ 起诉权。当有人没有得到专利权人的许可证而利用了他的发明时，专利权人可以要求侵权人停止使用和赔偿损失。若侵权人不听劝告继续使用，专利权人可以向法院起诉，状告其侵权行为。侵权行为只能从专利权生效日起开始，而不是从申请日起。

（2）专利权人的义务

专利权人在专利有效期内保持各项权利，必须履行下列义务。

① 实施专利发明的义务。实施专利发明不仅是专利权人的权利，也是专利权人的一项义务。许多国家专利法都规定：专利权人在获得专利权后超过若干年（一般为 3 年或 4 年），没有正当理由而不实施或未充分实施其专利发明时，就必须允许他人实施。

② 缴纳专利年费的义务。专利权人除在申请阶段缴纳各项费用外，专利批准后还要向国务院专利行政部门缴纳一定的专利费。如不按期缴纳，就认为自动撤销其专利权。

6.2 专利文献

所谓专利文献，即指实行专利制度的国家及国际性专利组织在审批专利过程中产生的官方文件及出版物的总称。

随着科学技术的飞速发展与社会经济的进步，世界经济的全球化与资源共享的国际化程度日益提高，各国对知识产权的保护也日益重视，绝大多数（90%以上）的新技术都按法定的程序申请了专利，由此产生的专利文献每年以百万件的速度增长。据不完全统计，目前全世界仅专利说明书就达 4 000 多万件。

6.2.1 专利文献的范围

专利文献的概念有广义与狭义之分。狭义上的专利文献仅指专利说明书，包括专利申请说明书和授权后的正式专利说明书。

广义上的专利文献，除专利说明书外，还包括专利公报、专利文摘、索引刊物、国际专利分类表等专利检索工具书，以及专利案例和与专利申请、专利保护有关的出版物等。

（1）专利说明书

这是专利文献的主体。可分为发明专利说明书和实用新型专利说明书（外观设计一般不单独出版说明书，各国均只在专利公报上报导）。

专利说明书的内容一般包括扉页、权利要求书、说明书正文和附图4部分。

扉页：其著录项目包括专利申请日期、申请号、公开（公告）号、公布日期、分类号、发明人（或设计人）、申请人（或专利权人）、优先权、代理人姓名和地址、发明（或实用新型）名称、说明书摘要以及具有代表性的附图或化学公式等。

权利要求书：专利申请的核心，也是该发明创造要求法律给予保护的范围，是判定侵权的依据。未写入权利要求书中的发明创造内容，专利法不予保护。

说明书正文：包括发明创造的背景、所属技术领域、现有技术水平、发明创造的目的、发明创造的细节描述、发明创造的效果和最佳实施方案等。

附图：只是发明创造构思的示意图，绘制尺寸无严格的比例要求。能用文字表达清楚的发明专利申请说明书，可以不带附图。但实用新型专利申请说明书必须带附图。

（2）专利公报

报导专利申请或审批等事项的定期连续出版物。大多数国家每周出版一次。阅读专利公报是了解专利最新情况和一个国家专利的快速方法。

（3）年度索引

将1年内公开或公告的专利的重要著录项目编辑而成，并注明公布这些内容的专利公报的卷、期号，据此可查阅相应卷期的专利公报，以便浏览更多的信息项，并阅读摘要。

一般分为《专利分类索引》和《申请人、专利权人索引》。

（4）专利分类文摘

按照国际专利分类表或各国出版机构自己的专利分类法对专利文献分类，以分册形式出版。其摘要内容大多来源于专利说明书的摘要。

（5）国际专利分类表

是目前国际唯一通用的专利文献分类法，在下面作详细介绍。

6.2.2 专利文献的分类

1. 概述

经济国际化、资源共享国际化导致了专利制度的国际化。人们需要一种统一的分类标准，作为标识与检索专利文献的依据。《国际专利分类表》（International Patent Classification，IPC）正是应这种需要而产生的。它是目前国际唯一通用的专利文献分类的有效工具。现除美、英等少数国家仍按本国的专利分类法对专利文献进行分类外（也标明IPC号），大多数国家采用IPC。采用IPC对专利文献进行分类是大势所趋。

IPC由世界知识产权组织（World Intellectual Property Organization，WIPO）根据《关于国际专利分类斯特拉斯堡协定》编制而成。它从1968年开始出版，以后为了改进分类系统和适应技术的不断发展，分类表定期修订，一般每5年修订一次。因此每版IPC都有相应的有效时间段，如第一版有效期为 1968 年 9 月 1 日至 1974 年 6 月 30 日，第 2 版为 1974 年 7 月 1 日至 1979 年 12 月 31 日，第 6 版为 1995 年 1 月 1 日至 1999 年 12 月 31 日，第 7 版为 2000 年 1 月 1 日至 2004 年 12 月 31 日。第 8 版（2006），自 2006 年 1 月 1 日开始实行，而且从第 8 版开始将不定期修订。检索专利文献应注意 IPC 的时效性，查阅相应版次的分类表。为了使读者了解各版次类目的修订情况，《国际专利分类表》在类目后标注了[2]、[3]、[4]、[5]、[6]、[7]、[8]，分别表示该类目是第 2、3、4、5、6、7、8 版修订的。

国际专利分类的主要目的是为了便于技术主题的检索。专利文献的技术主题分为方法（如聚合、发酵、分离等）、产品（如化合物、组合物、织物等）、设备（如化学或物理工艺设备、各种工具、各种器具等）。IPC 的分类原则是同样的技术主题都归在同一分类位置上，并也应能从这一位置检索到它，也就是力图保证分类位置与技术主题形成一一对应关系。IPC 的分类规则是保证与其发明实质上相关的任何技术主题尽可能作为一个整体来分类，而不是将它们的各组成部分分别分类。IPC 的发明技术的分类方式主要分为"功能分类和应用分类"两种。

例：C04B35/00　　以成分为特征的陶瓷成型制品

35/01　·　以氧化物为基料[6]

35/51　·　以稀土化合物为基料[2]

35/515　·　以非氧化物为基料[6]

例：C04B41/00　　砂浆、混凝土、人造石或陶瓷的后处理

41/45　·　涂覆或浸渍[4]

41/46　··　用有机材料[4]

41/50　··　用无机材料[4]

41/52　··　多次涂覆或浸渍[4]

前一个例子按陶瓷成型制品的化学组成的成分特征分类，属于功能分类。

后一个例子按砂浆等涂覆或浸渍方式和所用材料分类，属于应用分类。

2. 《国际专利分类表》分类体系

IPC 分类体系采用等级制。类目等级包括部、大类、小类、大组和小组 5 级。每级主题类目有效范围包括其所有下一级的类目范围，现将 IPC 类目各等级格式简述如下。

（1）部

IPC 将世界上现有的专利技术领域文献进行总体分类，把它分成 8 个部。每个部的类号，分别由 A 到 H 的 8 个大写字母表示，每个字母表示的技术主题如下。

A：生活需要　　　　　　　　　E：固定建筑物

B：作业、运输　　　　　　　　F：机械工程、照明、加热、武器、爆破

C：化学、冶金　　　　　　　　G：物理

D：纺织、造纸　　　　　　　　H：电技术

《国际专利分类表》按每个部出版一个分册。

（2）大类

由部的类号及其后加的两位数字组成。

例：C 04　水泥；混凝土；人造石；陶瓷；耐火材料

（3）小类

由大类类号加上一个大写的拉丁字母组成。

例：C04B　石灰；氧化镁；矿渣；水泥；其组合物，例如砂浆、混凝土或类似的建筑材料；人造石；陶瓷；耐火材料；天然石的处理

（4）大组

由小类类号加上一个一位到三位的数及"/00"组成。

例：C04B2/00　　石灰，氧化镁或白云石

　　C04B33/00　　粘土制品

（5）小组

由两位或两位以上数字替代大组末尾的"00"组成。

例：C04B33/30·干燥方法

小组也有不同的等级，但它从类号上无法判断，而是由小组类目前的圆点数表示，称为一点小组、二点小组……

例：IPC 第 8 版，C 分册

C04B 35/00 以成分为特征的陶瓷成型制品（多孔制品入 C04B 38/00；以特殊造型为特征的制品见相关类，例如熔铸桶的衬里、中间包、浇口杯或类似物入 B22D 41/02）；陶瓷组合物（含有不用作宏观增强剂的，粘接在碳化物、金刚石、氧化物、硼化物、氮化物、硅化物上的游离金属，例如金属陶瓷或其他金属化合物，例如氧氮化合物或硫化物的入 C22C）；准备制造陶瓷制品的无机化合物的加工粉末（无机化合物粉末的化学制备入 C01）〔4〕

35/01···以氧化物为基料的〔6〕

35/03···以用白云石生成的氧化镁、氧化钙或氧化物混合物为基料的〔6〕

35/035···用含非氧化物耐火材料，例如碳的粒度混合物制造的耐火材料〔6〕

35/04···以氧化镁为基料的〔6〕

35/043···用粒度混合物制造的耐火材料〔6〕

35/047···含氧化铬或铬矿的〔6〕

35/05···熔铸法耐火材料〔6〕

35/053···精细陶瓷〔6〕

35/057···以氧化钙为基料的〔6〕

35/06···以用白云石生成的氧化物混合物为基料的〔6〕

35/08···以氧化铍为基料的〔6〕

35/10···以氧化铝为基料的〔6〕

35/101···用粒度混合物制造的耐火材料〔6〕

35/103···含非氧化物耐火材料的，例如碳（C04B 35/106 优先）〔6〕

35/105···含氧化铬或铬矿的〔6〕

35/106···含氧化锆或锆英石(ZrSiO4)的〔6〕

35/107···熔铸法耐火材料〔6〕

35/109···含氧化锆或锆英石(ZrSiO4)的〔6〕

35/111···精细陶瓷〔6〕

35/113···以 β-氧化铝为基料的〔6〕

35/115···半透明制品或透明制品〔6〕

上例中，C04B35/053 与 C04B35/111 中都含有"精细陶瓷"的技术主题，C04B35/053 为小组中四级类目，它的小组上级类目依次是：C04B35/04、C04B35/03、C04B35/01、C04B35/00；而 C04B35/111 为小组中三级类目，它的上级类目依次是 C04B35/10、C04B35/01、C04B35/00。小组类目的含义在其各级上位类内容限定范围内，因此下级类目应与其所有上级类目结合起来理解。例中两个精细陶瓷的类目，根据其上级类目可判断：前一个精细陶瓷是以白云石生成的氧化镁为基料的精细陶瓷成型品；后者是以氧化铝为基料的精细陶瓷成型品。

使用《国际专利分类表》时，明确每个类目的含义非常重要，判断方式除根据各类目之间内容的层层隶属关系而限定之外，还应根据相应类目的附注说明、参照项来明确。IPC 类目系统有着详尽的附注说明，其表述精确且具体。

另外，每一版国际专利分类表都配有一本单独出版的《国际专利分类表关键词索引》，用以帮助用户确定技术主题的分类范围和准确的分类号。

IPC 的一个完整分类号可以到大组级也可以到小组级。

如：C04B35/00（至大组级）

　　C04B35/04（至小组级）

6.2.3　中国专利文献

中国专利文献主要指各种专利申请文件、专利说明书、专利公报、专利分类表、专利索引等。知识产权出版社公开正式出版的专利文献主要有中国专利公报、专利说明书和中国专利索引。

专利公报以快捷的方式，刊登向国家知识产权局申请专利和被授予专利的产品或技术的有关信息。专利说明书包括对这些产品或技术的权利要求，以及对专利产品或技术内容的详尽描述。专利索引则为读者快速查找有关专利信息及专利说明书提供了一个简明的检索途径。

（1）专利公报

① 专利公报的出版情况及内容。《专利公报》于 1985 年创刊，由知识产权出版社出版，初为月刊，后改为周刊，一年称为一卷，在每期《专利公报》封面上印有"第×卷，第×号"，表示其卷、期号，如"第 13 卷　第 32 号"，表示 1997 年第 32 周出版，又称第 32 期。根据我国的专利类型，知识产权出版社出版的专利公报有 3 种，即《发明专利公报》、《实用新型专利公报》和《外观设计专利公报》，这 3 种专利公报是检索近期中国专利最有效的工具。

a.《发明专利公报》。《发明专利公报》为文摘型周刊，自 1985 年 9 月 10 日起公开出版发行，1986 年 7 月前为月刊，1986 年 7 月起改为周刊，是国家知识产权局对申请的发明专利通过形式审查后，一般自申请日起满 18 个月，即在《发明专利公报》上给予公开，对已授予专利权的专利给予公告。《发明专利公报》先报道发明专利申请公开、国际专利申请公开，再报道发明专利授予情况，每项文摘正文按照文献号（公开号或公告号）的顺序及专利的第一个 IPC 号顺序编排。发明专利权授予没有摘要内容。最后还报道发明专利事务如专利申请的驳回，专利权的撤销，专利权的无效宣告，专利权的终止等项。每期文摘后还附有供读者检索的索引，包括申请公开索引和授权公告索引等内容。申请公开索引有 IPC 索引、申请号索引、申请人索引；授权公告索引有 IPC 索引、专利号索引、专利权人索引。

b.《实用新型专利公报》。《实用新型专利公报》为文摘型周刊。自 1985 年 9 月 10 日起公开出版发行，1986 年 1 月前为月刊，1986 年 1 月起为周刊。国家知识产权局对实用新型专利授予专利权后，即在《实用新型专利公报》上给予公告。《实用新型专利公报》的文摘正文按照文献号（公告号）顺序及专利的第一个 IPC 号顺序编排。《实用新型专利公报》主要报道实用新型专利权授予，同时也报道实用新型专利事务。文摘后附有授权公告索引（含 IPC 索引、专利号索引、专利权人索引和授权公告号/专利号对照表索引）。

c.《外观设计专利公报》。《外观设计专利公报》自 1985 年 9 月 10 日起公开出版发行。1987 年 12 月前为月刊，1988 年 1 月起为半月刊，1990 年 1 月起改为周刊。国家知识产权局对申请的外观设计专利授予专利权后即在《外观设计专利公报》上给予报道，并把专利申请人按要求向国家知识产权局提交的外观设计图，全部在专利公报上公布。因此外观设计专利不另外再出版专利说明书。《外观设计专利公报》正文按文献号（公告号）和外观设计分类号的顺序编排。同时也报道了外观设计专利事务及授权公告索引等事项。

② 专利公报的著录内容。专利公报著录的内容主要有国际专利分类号、公开号（公告号）、申请号、专利号、申请日、公开日（公告日）、优先权项、申请人（专利权人）、发明人、专利代理机构、发明人、发明名称、摘要等内容。3 种专利公报的著录格式分别如下。

a. 发明专利公报。发明专利申请公开著录样例。

[51]Int.Cl.^{6} C04B 35/18
[11]公开号 CN1228395A
[21]申请号 99101289.5
[22]申请日 99.1.26
[43]公开日 99.9.15
[30]优先权
[31]62192/98 [32]99.2.26
[33]JP [33]JP [31]271085/98
[71]申请人 株式会社小原
　　地址 日本神奈川县
[72]发明人 后藤直雪 中岛耕介 石冈顺子
[74]专利代理机构 中国专利代理（香港）有限公司
　　代理人 卢新华 钟守期
[54]发明名称 用于磁信息存储媒体的高刚性玻璃陶瓷基片

[57]摘要 本发明涉及一种用于磁信息存储媒体的高刚性玻璃陶瓷基片，其扬氏模量与比重的比率为 37~63，它含 Al_2O_3 量为 10%~<20%。该玻璃陶瓷基片的主要结晶相，由选自 β–石英、β–石英固溶体、顽辉石、顽辉石固溶体、镁橄榄石和镁橄榄石固溶体的一种或多种晶体组成。

国际专利申请公开著录样例。

[51]Int.Cl.C03C 12/02
[11]公开号 CN1252042A
[21]申请号 98803947.8
[22]申请日 1998.4.17
[43]公开日 2000.5.3 [30]优先权

[32]1997.4.18　[33]JP　[31]101499/1997

[86]国际申请　PCT/US98/07618　1998.4.17

[87]国际公布　WO98/47830　英　1998.10.29

[85]进入国家阶段日期　1999.10.8

[71]申请人　美国 3M 公司

　　地址　美国明尼苏达州

[72]发明人　笠井纪宏　　　K·D·布德

　　　　　　S·L·利德　J·A·莱尔德

　　　　　　横山周史　　　小野博彦

　　　　　　松本研二　　　H·欧诺

[74]专利代理机构　上海专利商标事务所

　　　　代理人　白益华

[54]发明名称　透明微球和它们的制造方法

[57]摘要　本发明提供透明熔凝实心微球。在一个实施方案中，微球含氧化铝、氧化锆和二氧化硅，以熔凝实心微球总重量为基准，它们的总含量至少约为 70%（重量），其中氧化铝和氧化锆总含量高于二氧化硅含量，所述微球的折射率至少大约 1.6，它可用作镜片单元。

发明专利授权公告著录样例。

[51]Int.Cl.^{6} H01L 41/187　　H01L 41/22

　　　　　H01B 3/12　　　C04B 35/00

[11]授权公告号　CN1031537C

[21]申请号　93112369.0

　　专利号　ZL93112369.0

[22]申请日　93.3.16

[24]颁证日　96.2.18

[73]专利权人　中国科学院上海硅酸盐研究所

　　地址　200050　上海市长宁区长宁路 865 号

[72]发明人　李承恩　卢永康　周家光

　　　　　　王志超　朱为民　赵梅瑜

　　　　　　倪焕尧

[74]专利代理机构　中国科学院上海专利事务所

　　　　代理人　聂淑仪

[54]发明名称　改性偏铌酸铅高温压电陶瓷材料及其制备方法

b. 实用新型专利公报

实用新型授权公告著录样例。

[51] Int.Cl.^{6}F16J 15/10

[11]专利公告号　CN2301581Y

[21]申请号　97234948.0

　　专利号　ZL97234948.0

[22]申请日　97.7.2　[24]颁证日　98.11.7

[45]授权公告日　98.12.23

[73]专利权人　侯小斌

　　　　地址　201400　上海市贤南桥军民路 12 号

[72]设计人　侯小斌

[74]专利代理机构　上海市东方专利事务所

　　　　代理人　叶克英

[54]实用新型名称　一种卫生洁具排出口密封圈

[57]摘要　本实用新型涉及一种卫生洁具排出口密封圈，包括橡胶圈，其特征是橡胶圈内有一发泡材料环，本实用新型的优点是能有效密封卫生洁具排出口，避免卫生洁具陶瓷被水泥胀裂，引起卫生洁具陶瓷漏水。

　　c．外观设计公报

　　外观设计授权公告著录样例。

[11]授权公告号　CN3137882D

　　　　分类号　11-02-T0353

[21]申请号　99311362.1

　　专利号　99311362.1

[22]申请日　1999.8.17

[24]颁证日　2000.1.22

[45]授权公告日　2000.2.9

[73]专利权人　唐山亚利陶瓷有限公司

　　　　地址　063300　河北省唐山丰南市开发区

[72]设计人　雷娜土恩

[74]专利代理机构　唐山专利事务所

　　　　代理人　杨聚楼

[54]使用外观设计的产品名称　小摆设（陶瓷工艺品托盘 442）

说明：

　　专利公报的著录中，每一项前有一个方括号括起的，里面有两位数字的标注，它国际标准代码（Internationally agreed Numbers for the Identification of Data，INID），每一个代码代表一种著录项目。如：[51]表示国际专利分类号，[21]表示专利申请号，[30]表示优先权项。

　　国际专利分类号（International Patent Classification，Int.Cl.）右上角的阿拉伯数字代表国际专利分类表的版次。如 Int.Cl.[6] 代表第六版。从 2006 年起在分类号后圆括号内指示版本的年代。如 C04B33/00 (2006.01)

　　公开号是发明专利申请给予公开时给的一个号码，公告号是授予专利权后给的一个号码。公开号、公告号也称文献号，是提取说明书的号码，它是由国别代码、专利类型代码、流水号、文献类型代码四部分组成的。如：CN1228395A，CN 是中国的国别代码，第一位数字代表三种不同的专利类型。"1"为发明专利；"2"为实用新型专利；"3"为外观设计专利。后面 6 位数字表示各种专利申请公开或授权公告的顺序号。最后一位英文大写字母表示专利说明书的类型：A 表示发明申请公开说明书；C 表示授予专利权的发明专利说明书；Y 表示实用新型专利说明书；D 表示外观设计专利权授予。如 CN1228395A 向国家知识产权局提取的是一份在中国申请的发明专利申请公开说明书。

国家知识产权局对专利申请号与专利号采取一致性原则，即专利申请时给的专利申请号在授予专利权后就成为专利号，只不过在专利号前一般冠以"ZL"标志，专利申请号是由 8 位数字与小数点后的一位数字或字母组成。如 97234948.0，前面两位数字代表专利申请的年份，第 3 位数字代表三种不同专利类型，"1"代表发明专利，"2"代表实用新型专利，"3"代表外观设计专利，后面 5 位数字是流水号，小数点后一位是计算机校验号。专利号 ZL97234948.0 表示是一件 97 年申请的实用新型专利。

在《专利公报》中，国际专利款目中还含有优先权一项。如[30]优先权，[32]98.2.26，[33]JP [31]6219218 [32]表示优先申请日期 [33]表示优先申请国，JP 代表日本 [31]表示优先申请号。

"专利合作条约"（Patent Cooperation Treaty，PCT）是巴黎公约之下的一个专利领域的专门性国际公约。我国自 1994 年 1 月 1 日起就成为 PCT 成员国。它的基本内容是：规定了要求一个发明在几个国家取得保护的"国际申请"问题，在申请人自愿选择的基础上，通过一次国际申请即可获得部分缔约国或全部缔约国的专利权。这样的国际申请与分别向每个国家提出的申请具有同等效力。

国际申请是指 PCT 成员国的国民要在 PCT 成员国中的多个国家申请专利时，只要提交一份国际申请，指定想在哪些国家获得专利权，世界知识产权国际局指定国际审查单位对其专利进行审查，审查后并给予国际公布。最后各国专利局根据国际审查的结果决定是否授予专利权。

（2）中国专利索引

《中国专利索引》从 1985 年开始出版发行。该索引是将当年三种专利公报上公布的发明专利申请公开、发明专利权授予、实用新型专利权授予和外观设计专利权授予等有关内容按半年度或季度汇集在一起的题录型检索工具书，便于读者快速查找有关专利文献内容。该索引的著录项目有：国际专利分类号（国际外观设计分类号）、申请号（专利号）、公开号（公告号）、申请人（专利权人）、专利名称、卷期号六项。

（3）专利说明书

国家知识产权局在出版专利公报的同时，除外观设计专利外，均出版相应的专利说明书单行本，即《发明专利公报》中发明专利申请公开栏中公布的每件专利均出版有《发明专利申请公开说明书》单行本，发明专利授权公告栏中公布的每件已授权专利均出版有《发明专利说明书》单行本。《实用新型专利公报》中公布的每件专利均出版有《实用新型专利说明书》单行本，因此在专利公报中检索到的专利均可索取到相应的说明书。

（4）中国专利文献种类代码

- 发明专利申请公开说明书，文献种类代码为 A。
- 发明专利申请审定说明书，文献种类代码为 B（1993 年以后不出版）。
- 发明专利说明书，文献种类代码为 C（1993 年以后出版）。
- 实用新型专利申请说明书，文献种类代码为 U（1993 年以后不出版）。
- 实用新型专利说明书，文献种类代码为 Y （1993 年以后出版）。
- 外观设计专利申请公告（专利公报），文献种类代码为 S（1993 年以后不出版）。
- 外观设计授权公告（专利公报），文献种类代码为 D （1993 年以后出版）。

（5）中国专利文献的编号

中国专利文献的编号变化经历了三个阶段，第一阶段为 1985 年~1988 年,，第二阶段为

1989 年~1992 年，第三阶段为 1993 以后， 2003 年 10 月 1 日专利申请号开始实施行业标准 ZC 0006-2003 专利申请号标准。

① 1985~1988 年专利编号的特点。

• 三种专利申请号均由 8 位数字组成，按年编排，如 88100001。前两位数字表示申请年份；第三位数字表示要求专利保护的类型，1——发明，2——实用新型，3——外观设计；后五位数字表示当年该类专利申请的顺序号。

• 一号多用，所有文献号沿用申请号。专利号前的 ZL 为汉语"专利"的声母组合。

② 1989~1992 年专利编号的特点。

• 自 1989 年开始出版的专利文献中，三种专利申请号都由 9 位组成，按年编排。前 8 位数字的含义不变，增加小数点及 1 位数字或字母计算机校验码。

• 自 1989 年开始出版的所有专利说明书的文献号均由 7 位数字组成，按各自流水号序列顺排，逐年累计。起始号分别是：

• 发明专利申请公开号自 CN 1030001A 开始

• 发明专利申请审定号自 CN 1003001B 开始

• 实用新型专利申请公告号自 CN 2030001U 开始

• 外观设计专利申请公告号自 CN 3003001S 开始。

• 首位数字表示要求专利保护的类型：1——发明，2——实用新型，3——外观设计。

③ 1993 年以后专利编号的特点。

• 进入中国国家阶段的 PCT 申请均给予国家申请号，仍由 9 位数字组成。1994 年~1997 年间，前两位数字表示申请年代；第三位数字表示 PCT 申请要求专利保护的类型：1——发明，2——实用新型；第四位数字 8 或 9 表示进入中国国家阶段的 PCT 申请；后四位数字表示进入中国国家阶段的顺序编号；小数点后第九位数字为校验位。

• 自 1998 年开始，将 9 位数字中的第三位用于表示进入中国国家阶段的 PCT 申请：8——进入中国国家阶段的 PCT 发明专利申请，9——进入中国国家阶段的 PCT 实用新型专利申请。

• 国内三种专利申请的申请号组成及含义与前一阶段相同。

• 自 1993 年开始出版的发明专利说明书、实用新型专利说明书、外观设计专利公告的编号都称为授权公告号，分别延续原审定号或原公告号序列，文献种类标识代码相应改为 C、Y、D。进入中国国家阶段的 PCT 申请出版时的说明书名称以及文献编号均纳入相应的说明书及文献编号序列，不再另行编排。

ZC 0006-2003 专利申请号标准

• 生效时间：2003 年 10 月 1 日

• ZC 0006-2003 专利申请号标准的特点：

• ——专利申请号用 12 位阿拉伯数字表示，包括年号、申请种类号和申请流水号三个部分。专利申请号中的第 1-4 位数字表示受理专利申请的年号；第 5 位数字表示专利申请的种类：1——发明，2——实用新型，3——外观设计，8——进入中国国家阶段的 PCT 发明专利申请，9——进入中国国家阶段的 PCT 实用新型专利申请。第 6 至 12 位数字（共 7 位）为流水号，表示受理专利申请的相对顺序。

（6）专利文献著录项目统一代码（INID）

为便于公众识专利文献著录项目，也为便于计算机管理，巴黎联盟专利局间情报国际合作委员会（ICIREPAT）为专利文献著录项目制定了统一代码（INID）。这种代码由圆圈或括号所括的两位阿拉伯数字表示，现介绍如下：

[10]文献标志

[11]文献号（或专利号）

[12]文献类别

[13]公布专利文献的国家或机构

[20]国内登记项目

[21]专利申请号

[22]专利申请日期

[23]其他登记日期

[24]所有权生效日期

[30]国际优先权案项目

[31]优先申请号

[32]优先申请日期

[33]优先申请国家

[40]公布日期

[41]未经审查和尚未批准专利的说明书，向公众提供阅览或接受复制日期

[42]经审查但尚未批准专利的说明书，向公众提供阅或接受复制日期

[43]未经审查和尚未批准专利的说明书出版日期

[44]经审查但尚未批准专利的说明书出版日期

[45]经审查批准专利的说明书出版日期

[46]专利申请中权利要求的出版日期

[47]已批准专利的说明向公众提供阅览或复制的日期

[50]技术情报项目

[51]国际专利分类号(International Patent Classification,缩写成 Int. cl)，右上角的
阿拉伯数字代表 《国际专利分类表》的版本，如 Int. cl 代表第五版。

[52]本国专利分类号

[53]国际十进制分类号

[54]发明题目

[55]关键词

[56]已发表过的有关技术水平的文献

[57]文摘及专利权项

[58]审查时所需检索学科的范围

[60]其他法定的有关国内专利文献的参考项目

[61]增补专利

[62]分案申请

[63]继续申请

[64]再公告专利

[70]与专利文献有关的人事项目

[71]申请人姓名（或公司名称）

[72]发明人姓名

[73]受让人姓名（或公司名称）

[74]律师或代理人的发明人姓名

[75]同是申请人的发明人姓名

[76]既是发明人也是申请人和受让人的姓名

[80]国际组织有关项目

[81]专利合条约的指定国

[82]选定国

[84]EPO 指定国

[86]国际申请著录项目，如申请号、出版文种及申请日期

[87]国际专利文献号、文种及出版日期

[88]欧洲检索报告的出版日期

[89]相互承认保护文件协约的起源国别及文件号

上述代码的统一使用，使专利文献的著录实现了国际统一化标准。

6.3 中国国家知识产权局专利检索系统

Internet 上的专利数据库很多，大多是国际专利组织或各国专利局提供的，也有少部分由信息服务机构推出，提供的检索服务绝大多数是免费的，而且大多能得到全文。中国专利数据库主要有国家知识产权局的中国专利检索系统（http://www.sipo.gov.cn）、中国知识产权网专利信息服务平台（http://www.cnipr.com）、中国专利信息网（www.patent.com.cn）、中国专利网（http://www.cnpatent.com）、中国知网与万方的专利技术数据库、国家科技图书文献中心的中国专利库等。下面详细介绍国家知识产权局网站的中国专利检索系统。

6.3.1 资源介绍

国家知识产权局的中国专利检索系统提供 1985 年 9 月 10 日以来公布的所有中国专利信息，包括发明、实用新型和外观设计三种专利的著录项目及摘要，并可免费浏览各种说明书全文及外观设计图形。

6.3.2 检索平台

国家知识产权局网站的中国专利检索系统平台提供简单检索、高级检索与 IPC 分类检索三种检索方式，如图 6.1 所示。

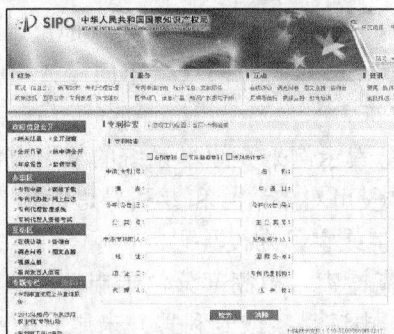

图 6.1　中国专利检索系统首页面

（1）简单检索

简单检索提供专利（申请）号、申请日、公开（公告）号、公开（公告）日、申请（专利权）人、发明（设计）人、名称、摘要、主分类号 9 个检索项检索。选择检索项，在关键字输入框输入检索词即可执行检索。

简单检索支持相关检索项的模糊检索（如在申请专利号项中检索 99120%），但检索项内不支持"and"、"or"、"not"的逻辑组配。

（2）高级检索

可选择在全部专利、发明专利、实用新型或外观设计范围内进行检索，提供申请（专利）号、名称、摘要、申请日、公开（公告）日、公开（公告）号、分类号、主分类号、申请（专利权）人、发明（设计）人、地址、国际公布、颁证日、专利代理机构、代理人与优先权 16 个检索项。各检索项基本上都可实现模糊检索（用"%"表示），与主题和名称相关的检索项目支持与（用"*"或"and"）、或（用"+"或"or"）、非（用"−"或"not"）的组合检索，日期检索项可限定起讫时间。但各检索项之间是逻辑与的关系。

可查看各检索项的输入格式说明。各检索项的使用说明，可以从检索平台的"使用说明"链接进入查看，或者将鼠标移向检索项的输入框，则会显示该检索项检索词的输入方法。如将鼠标移向"名称"输入框，则会显示按名称检索相关示例，如图 6.2 所示。

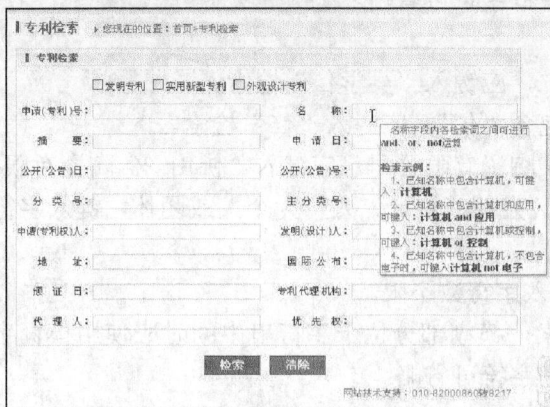

图 6.2　检索项输入提示界面

本检索系统提供了申请（专利）号、名称、摘要、地址、分类号等字段的检索入口，并且在多个字段支持模糊检索。其中，字符"?"（半角问号），代表 1 个字符；模糊字符"%"（半角百分号），代表 0～n 个字符。

下面从各个字段的含义和检索示例来介绍本系统的使用方法。

① 申请（专利）号。该字段可对申请号和专利号进行检索。申请号和专利号由 8 位或 12 位数字组成，小数点后的数字或字母为校验码。

申请（专利）号可实行模糊检索。模糊部分位于申请号（或专利号）起首或中间时应使用模糊字符"?"或"%"，位于申请号（或专利号）末尾时模糊字符可省略。

检索示例：

已知申请号为 99120331.3，可键入"99120331"或"99120331.3"检索。

已知申请号前五位为 99120，应键入"99120%"检索。

已知申请号中间几位为 2033，应键入"%2033%"检索。

已知申请号中包含 91 和 33，且 91 在 33 之前，应键入"%91%33"检索。

② 申请日。申请日由年、月、日三部分组成，各部分之间用圆点隔开；"年"为 4 位数字，"月"和"日"为 1 或 2 位数字。

检索示例：

已知申请日为 1999 年 10 月 5 日，应键入"1999.10.5"检索。

已知申请日在 1999 年 10 月，应键入"1999.10"检索。

已知申请日在 1999 年，应键入"1999"检索。

如需检索申请日为 1998 到 1999 年之间的专利，应键入"1998 to 1999"检索。

③ 公开（告）号。公开（告）号由 7 位或 8 位数字组成。公开（告）号可实行模糊检索。模糊部分位于公开号起首或中间时应使用模糊字符"?"或"%"，位于公开（告）号末尾时模糊字符可省略。

④ 公开（告）日。公开（告）日由年、月、日三部分组成，各部分之间用圆点隔开，检索方法与申请日相同。

⑤ 申请（专利权）人。申请（专利权）人可为个人或团体，键入字符数不限。

申请人可实行模糊检索，模糊部分位于字符串中间时应使用模糊字符"?"或"%"，位于字符串起首或末尾时模糊字符可省略。

检索示例：

已知申请人为吴学仁，应键入"吴学仁"检索。

已知申请人名字中包含"仁"，应键入"仁"检索。

已知申请人为佛山某陶瓷有限公司，应键入"佛山 % 陶瓷有限公司"检索。

⑥ 发明（设计）人。发明（设计）人可为个人或团体，键入字符数不限，检索方法与申请人相同。

⑦ 地址。地址的键入字符数不限。

地址可实行模糊检索，模糊部分位于字符串中间时应使用模糊字符"?"或"%"，位于字符串起首或末尾时模糊字符可省略。

检索示例：

已知申请人地址为香港新界，应键入"香港新界"检索。

已知申请人地址邮编为 100088，应键入"100088"检索。

已知申请人地址邮编为 300457，地址为某市泰华路 12 号，应键入"300457%泰华路 12 号"（注意邮编在前）检索。

已知申请人地址为陕西省某县城关镇某街 72 号，应键入"陕西省%城关镇%72 号"；也可键入"陕西省%72 号"、"城关镇%72 号"或"72 号"检索。

⑧ 名称。专利名称的键入字符数不限。

专利名称可实行模糊检索，模糊检索时应尽量选用关键字，以免检索出过多无关文献。模糊部分位于字符串中间时应使用模糊字符"？"或"%"，位于字符串起首或末尾时模糊字符可省略。字段内各检索词之间可进行"and""or""not"的逻辑运算。

检索示例：

已知名称中包含"陶瓷"的专利，应键入"陶瓷"检索。

已知名称中包含"陶瓷"和"釉"的专利，且"陶瓷"在"釉"之前，应键入"陶瓷 % 釉"检索。

已知名称中包含"陶瓷"和"釉"，且"陶瓷"和"釉"位置不限，应键入"陶瓷 * 釉"检索。

已知名称中包含"骨质瓷"、"骨灰瓷"、"骨瓷"等方面的专利，应键入"骨？瓷 + 骨瓷"检索。

已知名称中包含"陶瓷"，但不包含"釉"，应键入"陶瓷 not 釉"检索

⑨ 摘要。专利摘要的键入字符数不限，检索方法与名称相同。

⑩ 分类号。专利申请的分类号可由《国际专利分类表》查得，键入字符数不限（字母大小写通用）。

分类号可实行模糊检索，模糊部分位于分类号起首或中间时应使用模糊字符"？"或"%"，位于分类号末尾时模糊字符可省略。

检索示例：

已知分类号为 G06F15/16，应键入"G06F15/16"检索。

已知分类号起首部分为 G06F，应键入"G06F"检索。

已知分类号中包含 15/16，应键入"%15/16"检索。

已知分类号前三个字符和中间三个字符分别为 G06 和 5/1，应键入"G06%5/1"检索。

已知分类号中包含 06 和 15，且 06 在 15 之前，应键入"%06%15"检索。

⑪ 主分类号。同一专利申请中具有若干个分类号时，其中第一个称为主分类号。主分类号的键入字符数不限（字母大小写通用），检索方法与分类号相同。

⑫ 颁证日。颁证日由年、月、日三部分组成，各部分之间用圆点隔开，检索方法与申请日相同。

⑬ 专利代理机构。专利代理机构的键入字符数不限。

专利代理机构可实行模糊检索，模糊部分位于字符串中间时应使用模糊字符"？"或"%"，位于字符串起首或末尾时模糊字符可省略。

⑭ 代理人。专利代理人通常为个人。专利代理人可实行模糊检索，模糊部分位于字符串中间时应使用模糊字符"？"或"%"，位于字符串起首或末尾时模糊字符可省略。

⑮ 优先权。优先权信息中包含表示优先权日、国别的字母和优先权号。

优先权可实行模糊检索，模糊部分位于字符串中间时应使用模糊字符"?"或"%"，位于字符串起首或末尾时模糊字符可省略。

检索示例：

已知专利的优先权日为 1994.12.28，应键入"1994.12.28"检索。

已知专利的优先权属于日本，应键入"JP"（字母大小写通用）检索。

已知专利的优先权号为 327963/94，应键入"327963/94"检索。

已知专利的优先权属于日本，且编号为 327963，应键入"JP%327963"检索。

⑯ 国际公布。国际公布信息中包括国际公布号、公布的语种和公布的日期。

检索示例：

已知国际公布的语种为日文，应输入"日"检索。

已知 PCT 公开号为 wo94/17607，应输入"wo94/17607"，或输入"wo94.17607"，或输入"94/17607"检索。

已知公布日期为 1999.3.25，应输入"1999.3.25"，或输入"99.3.25"检索。

（3）IPC 分类检索。可通过查表方式进行 IPC 分类检索。通过 IPC 的分类列表，逐级深入，单击分类号左边的"搜"字链接，可以浏览各级类目的专利信息；单击类目名称链接，则可以与高级检索表格结合使用。但到目前为止，只能浏览发明专利与实用新型专利，如图 6.3 所示。

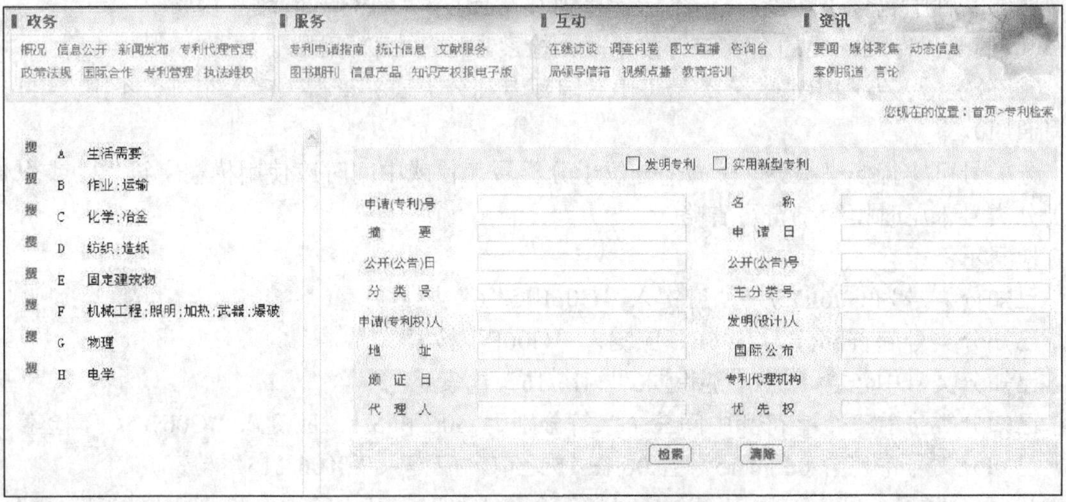

图 6.3　中国专利检索系统 IPC 分类检索界面

（4）检索结果处理

检索结果页面只显示序号、申请号和专利名称三项，如图 6.4 所示。单击申请号或专利名称，可显示该条结果的题录与摘要信息，如图 6.5 所示。单击"申请公开说明书"链接，可逐页浏览、保存与打印说明书。

本系统提供的专利说明书为 TIF 格式文件。要阅读说明书全文，可通过检索系统主页上的"说明书浏览器下载"链接，下载并安装说明书专用浏览器（或用超星的专利浏览器）。但使用该专用浏览器只能整页保存，无法截取其中的部分内容，用超星专利浏览器或 ACDSEE 则可以将每页中的内容第一段作图像复制，但也无文字识别功能。

图 6.4 检索结果题录信息

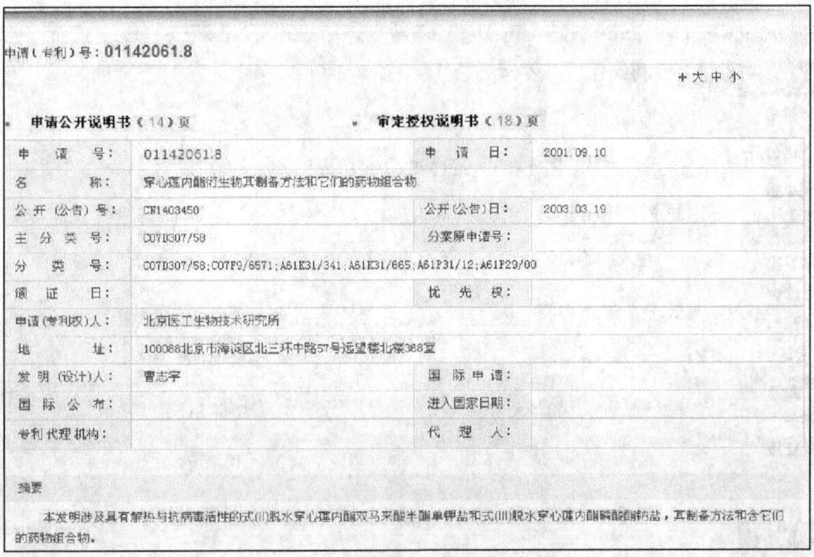

图 6.5 检索结果摘要信息

（5）其他相关信息查询

国家知识产权局中国专利检索界面还提供了专利法律状态查询、事务性公告查询、专利证书发文信息查询、通知书发文信息查询、收费信息查询等相关信息查询功能。

6.3.3 检索示例

查找 2007 年公开（公告）的、清华大学申请的有关压电陶瓷方面的发明专利与实用新型专利。

检索课题：查找 2007 年公开（公告）的、清华大学申请的有关压电陶瓷方面的发明专利与实用新型专利。

检索工具：国家知识产权局专利检索。

检索方式：高级检索。

检索策略：通过分析该课题，得出这是一个由 3 个条件同时限制的检索课题，它们之间为逻辑"与"的关系；同时，压电陶瓷可以看成一个复合概念，应将其拆分成 2 个单一的关键词：压电、陶瓷。

检索词：2007、清华大学、压电、陶瓷。

检索项：公开（公告）日、申请（专利权）人、名称。

检索表达式：公开（公告）日=2007 and 申请（专利权）人=清华大学 and 名称=(压电 and 陶瓷)。

检索步骤：

① 在检索对话框中将"发明专利"、"实用新型专利"前的小框内打上"√"，"外观设计专利"前面的小框保持空，表示我们仅检索"发明专利"和"实用新型专利"。

② 在检索对话框中名称项内输入检索词"压电 and 陶瓷"，公开（公告）日项目中输入检索词"2007"，申请（专利权）人项中输入检索词"清华大学"，如图 6.6 所示。

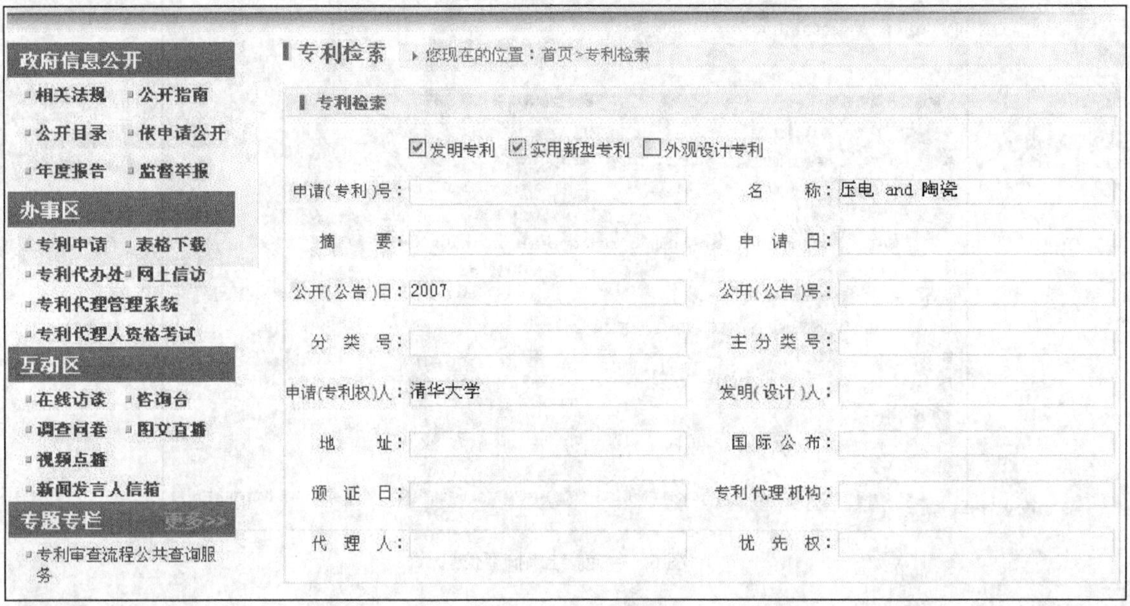

图 6.6 高级检索实例

③ 单击"检索"按钮。

④ 得出检索结果，共检索出 3 条记录，如图 6.7 所示。

⑤ 检索结果的选择与处理。

对检索结果进行选择，按需要复制或打印其题录与摘要，并逐页下载或打印说明书全文。为了减少可能造成的漏检，可在"摘要"检索项输入"压电 and 陶瓷"，进行检索核实。

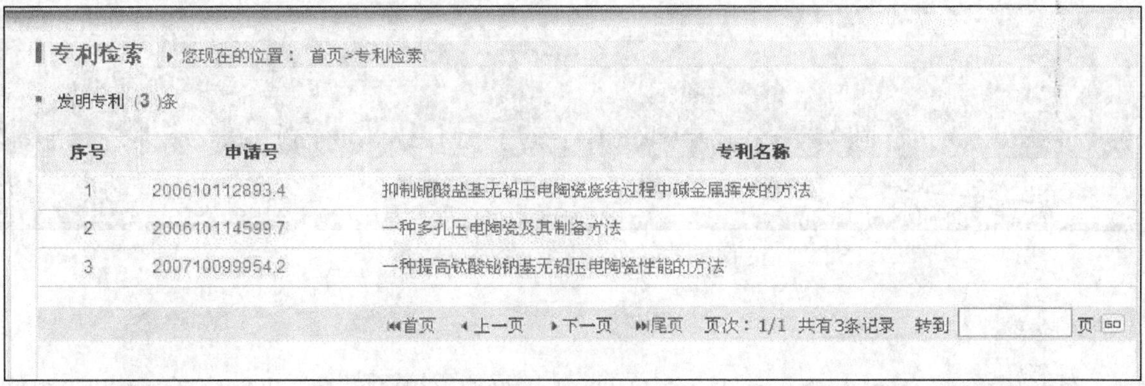

序号	申请号	专利名称
1	200610112893.4	抑制铌酸盐基无铅压电陶瓷烧结过程中碱金属挥发的方法
2	200610114599.7	一种多孔压电陶瓷及其制备方法
3	200710099954.2	一种提高钛酸铋钠基无铅压电陶瓷性能的方法

图 6.7　检索结果

检索结果：共 3 条。

前三条专利的基本信息：

[1] 200610112893.4　　　抑制铌酸盐基无铅压电陶瓷烧结过程中碱金属挥发的方法

[2] 200610114599.7　　　一种多孔压电陶瓷及其制备方法

[3] 200710099954.2　　　一种提高钛酸铋钠基无铅压电陶瓷性能的方法

6.4　中国知识产权网专利信息服务平台

中国知识产权网专利信息服务平台（CNIPR）是国家知识产权局知识产权出版社针对专利信息应用和专利战略咨询的需求，开发的专利数据库资源共享平台。

6.4.1　资源概述

专利信息服务平台（CNIPR）包括专利信息采集、信息加工、信息检索、信息分析和信息应用等部分，通过中国知识产权网（www.cnipr.com）提供服务。其内容涵盖了来自全球 90 多个国家与地区的超 9 000 万件文献信息。

利用专利信息服务平台检索数据的流程如下：

选择模式→确定范围→编写条件→结果初览→调整条件→内容详览。

6.4.2　检索平台

专利信息服务平台的检索平台提供简单检索、高级检索和法律状态检索三种检索方式。其中高级检索中又包含中外专利混合检索（分为表格检索和逻辑检索）、行业分类导航、专利报告、我的专利管理、失效专利检索、中国专利法律状态检索等功能；法律状态检索包含中国专利法律状态检索、专利权利转移检索、专利质押保全检索和专里实施许可检索。平台检索入口如图 6.8 所示。

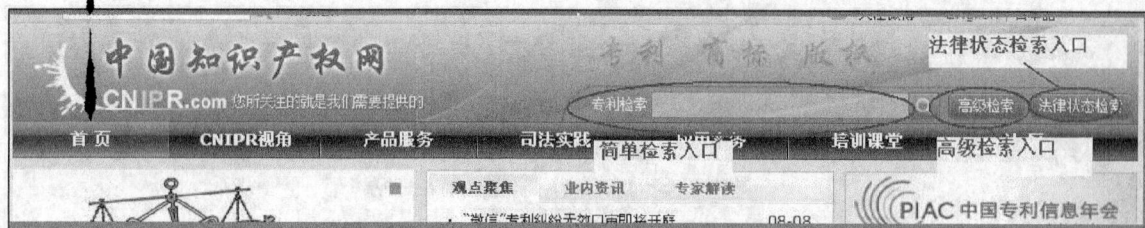

图 6.8　专利信息服务平台检索入口

1.简单检索

简单检索提供针对名称，申请（专利权）人，发明（设计）人，优先权号，专利代理机构，代理人，地址，申请国代码，国省代码，摘要，主权项等检索项的检索功能。在关键字输入框输入检索词即可执行检索。

简单检索支持相关检索项的模糊检索，同时检索项内支持"and"和"or"的逻辑组配。

2. 中外专利混合检索的表格检索

首先要选择中国专利类型范围或专利国家范围，如图 6.9 所示。中国专利类型范围可选择中国发明专利、中国实用新型、中国外观设计、中国发明授权，或同时选择其中的几项；国外专利范围可以选择 91 个国家、地区和组织的专利，详细国家和组织列表可以单击"其它国家和地区"按钮展开。

除专利类型和专利地区范围选择之外，专利信息服务平台还提供附加检索项选择平台：

"同义词检索"：是对用户在名称或摘要中输入的关键词，从后台自动找到其同义词，然后二者结合起来进行检索，以扩大检索范围，提高查全率（例如用户在名称中输入"计算机"并选择同义词检索选项，则系统会自动将"电脑"这个关键词相关的专利也检索出来）。

"跨语言检索"：可实现中到英、英到中之间的跨语言检索。如在著录项目中，输入中文（英文），选英文（中文）专利数据范围时，点跨语言检索，就可实现英文（中文）专利的自动检索。

"保存检索表达式"：如果用户希望保存本次检索条件以供今后使用，可以勾选"保存检索表达式"选项。

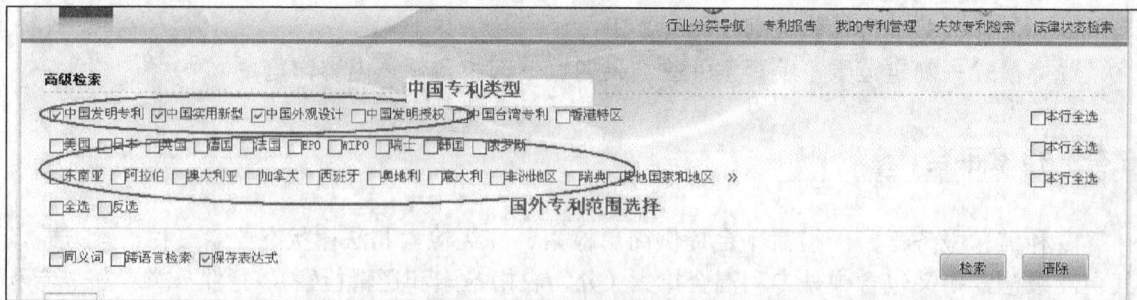

图 6.9　专利检索范围选择界面

可查看各检索项的输入格式说明。各检索项的使用说明，可以从检索平台的"帮助"链接进入查看，或者将鼠标单击检索项输入框后面的"？"按钮，则会显示该检索项检索词的输入方法。如将鼠标单击"名称"输入框后的"？"，则会显示按名称检索相关示例，如图 6.10 所示。

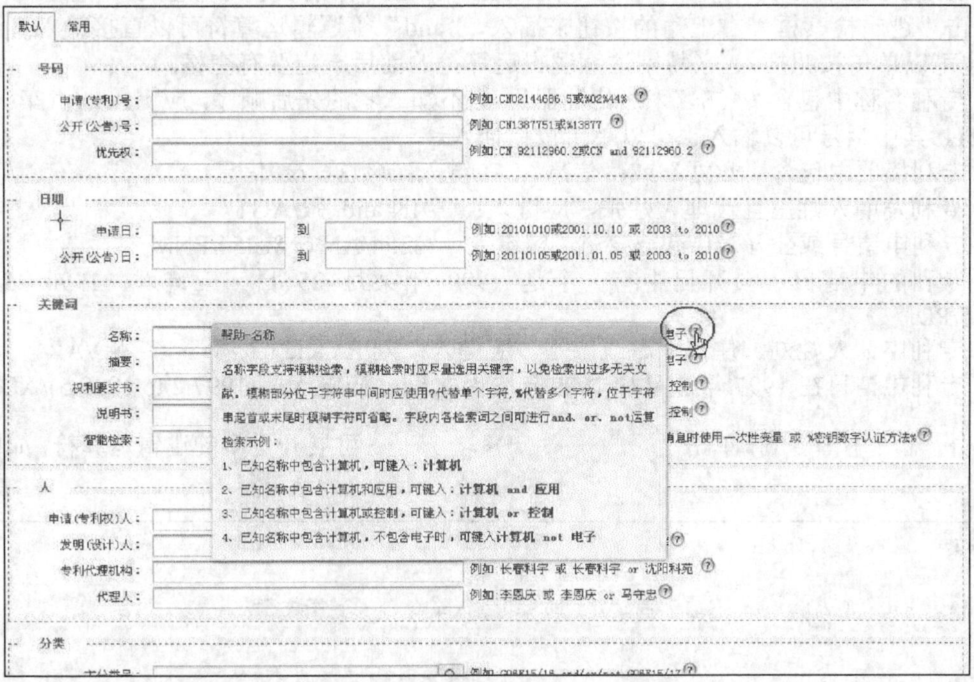

图 6.10　中外混合检索平台界面

本检索系统提供了号码、日期、关键词、人、分类、地址、同族等检索字段的检索入口，并且在多个字段支持模糊检索。其中，字符"？"（半角问号），代表 1 个字符；模糊字符"%"（半角百分号），代表 0～n 个字符。

3. 中外专利混合检索的逻辑检索

与"表格检索"相并列的是"逻辑检索"。逻辑检索是一种高级检索方式，用户可以输入一个复杂的表达式，指定在哪些字段中检索哪些关键字，并支持模糊检索和逻辑运算（注意当使用逻辑检索框时，上面的表格检索框失效，此时所有检索结果以逻辑检索框里的输入为准）。

逻辑检索框在表格检索的下方，如图 6.11 所示：

图 6.11　组合逻辑检索界面

检索示例：

a. 代理人为：李恩庆；地址为：吉林省；名称中有："红参"：可以键入：李恩庆/AGT and 吉林省/AR and 红参%/TI，其中"/AGT"、"/AR"、"/TI"分别表示"代理人""地址""名称"：可以单击"逻辑检索框"右上角的按钮来插入。"and"等逻辑运算符可以直接输入（半角英文），也可以单击按钮插入。（特别注意逻辑运算符的前后一定要有空格。）

b. 专利名称中包含"汽车"和"化油器"，但不知二者的先后顺序，应键入：(汽车 and 化油器)/TI。其中括号可以输入也可以单击按钮插入。

c. 专利摘要中包含"数据"或"信息"，应键入：(数据 or 信息)/AB

d. 专利发明人姓王且代理人姓张，应键入：王/IN and 张/AGT

e. 专利申请号或公开号中包含254，应键入：%254/AN or %254/PNM

f. 专利的申请日、公开日中有一个是 1990 年某月 25 日，应键入：1990..25/AP or 1990..25/PD

g. 专利申请人姓刘，住在上海或广州，应键入：刘/PA and (上海 or 广州)/AR

h. 专利申请日在 1997 年 2 月和 1999 年 5 月之间，应键入：(1997.2 to 1999.5)/AD

此外，对于中国专利，单击 `and or not ( ) >> 字段名称` 可展开更多的逻辑运算符，如图 6.12 所示。

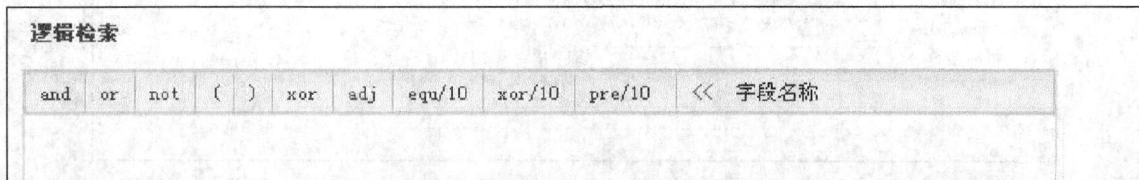

逻辑检索

and	or	not	(	)	xor	adj	equ/10	xor/10	pre/10	<<	字段名称

图 6.12 组合检索逻辑运算符

- xor（逻辑异或） 例如：摘要中检索含有"变速"或"装置"，但不能同时含有"变速"和"装置"的专利，应键入：(变速 xor 装置)/AB，或键入：(变速 or 装置)/AB not (变速 and 装置)/AB

- adj（两者邻接，次序有关） 例如：摘要中检索含有"变速"和"装置"，且"变速"在"装置"前面的专利，应键入：(变速 adj 装置)/AB

- equ/n（两者相隔 n 个字，次序有关（默认相隔 10 个字）） 例如：摘要中检索含有"方法"和"装置"，且"方法"在"装置"前面，方法和装置相隔 10 个字的专利，应键入：(方法 equ/10 装置)/AB

- xor/n（两者在 n 个字之内不能同时出现（默认相隔 10 个字）） 例如：摘要中检索含有"方法"和"装置"，且"方法"和"装置"在 10 个字内不能同时出现的专利，应键入：(方法 xor/10 装置)/AB

- pre/n（两者相隔至多 n 个字，次序有关（默认相隔 10 个字）） 例如：在摘要中检索含有"方法"和"装置"，且"方法"在"装置"前面，"方法"和"装置"至多相隔 10 个字的专利，应键入：(方法 pre/10 装置)/AB

4. 行业分类导航

专利信息服务平台上面第一图标即"行业分类导航"检索，它是人工总结标注的数据库导航，方便用户在自己所关心的领域进行专利浏览，如图 6.13 和图 6.14 所示。

图 6.13　行业分类导航界面

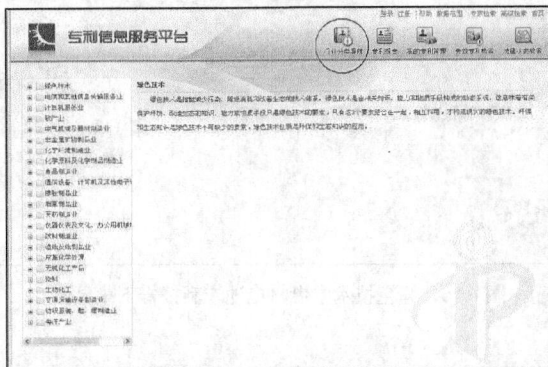

图 6.14　行业分类导航界面

操作说明：

① 单击某类别前面的"+"号，可以进一步展开，进入子类。

② 当鼠标移到类名上时可显示"中"、"外"两个小图标，"中"对应浏览该行业分类的中国专利，"外"对应浏览该行业分类的外国及中国香港、中国台湾地区专利。

③ 接下来可进一步查阅专利题录信息并阅读说明书全文。

5．专利报告

专利报告提供对国民经济行业专利报告、专家报告进行下载功能，专利信息服务平台上面第二图标即"专利报告"，如图 6.15 所示。

图 6.15　IPC 分类导航检索界面

操作说明：

单击相应的行业名称，可以下载该行业专利报告，如图 6.16 所示：

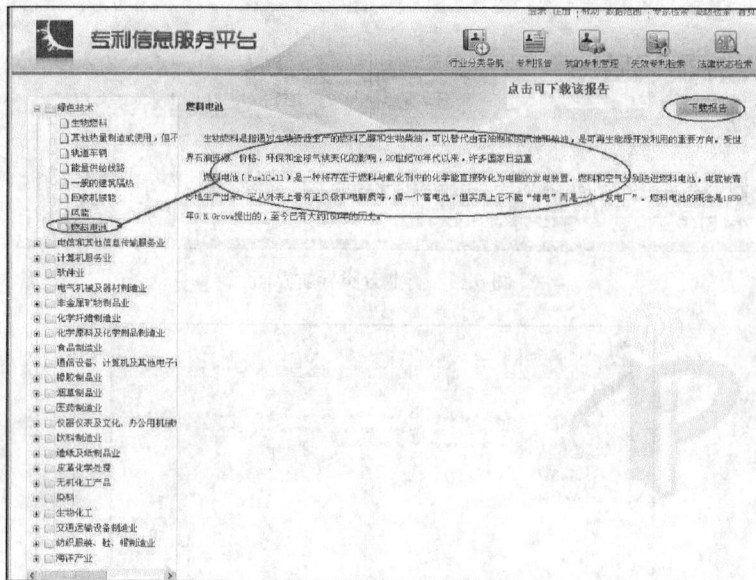

图 6.16　绿色技术中燃料电池专利报告下载界面

6. 失效专利检索

失效专利检索为专利检索的一分支，即在原有的专利检索基础上加上专利状态为失效的条件，专利信息服务平台上面第四图标即"专利报告"，如图 6.17 所示。

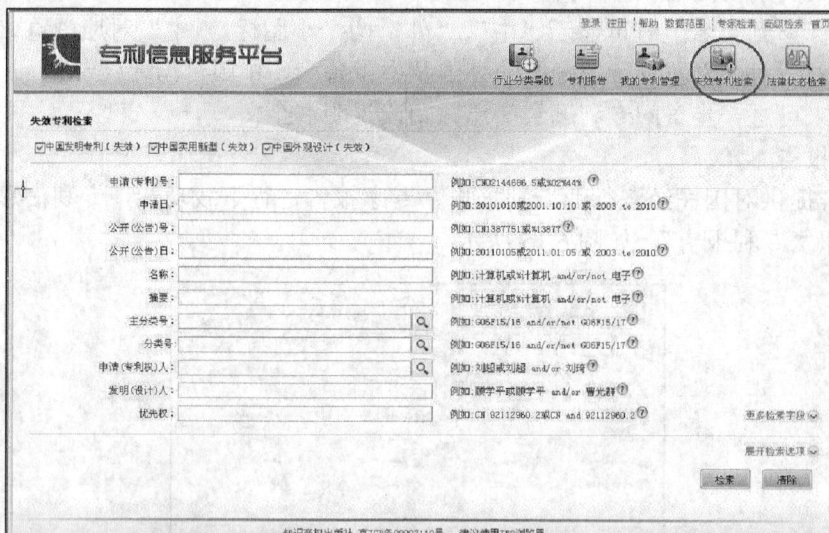

图 6.17　失效专利检索界面

7. 中国专利法律状态检索

中国专利法律状态检索可以从 cnipr 首页进入或者从专利信息平台的最后一个"法律状态检索"图表进入，如图 6.18 所示。

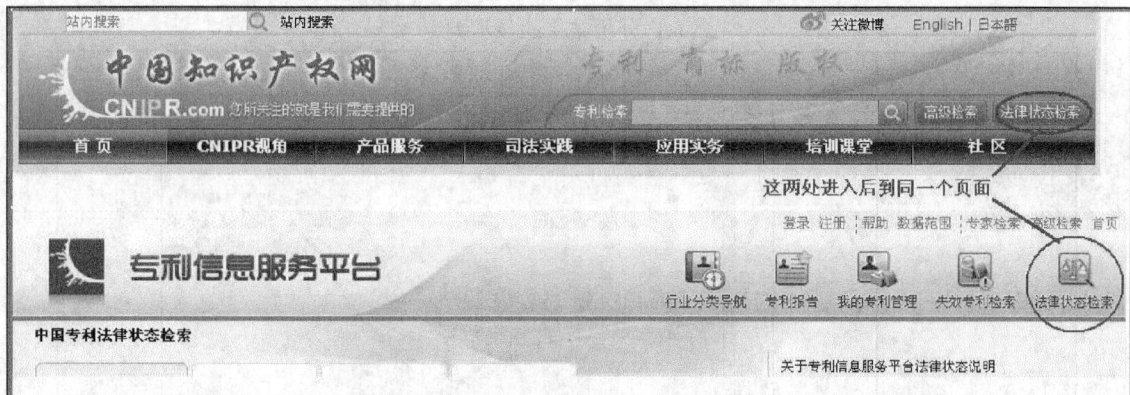

图 6.18　法律状态检索入口

中国专利法律状态检索包含中国专利法律状态检索、专利权利转移检索、专利质押保全检索、专利实施许可检索，如图 6.19 所示。

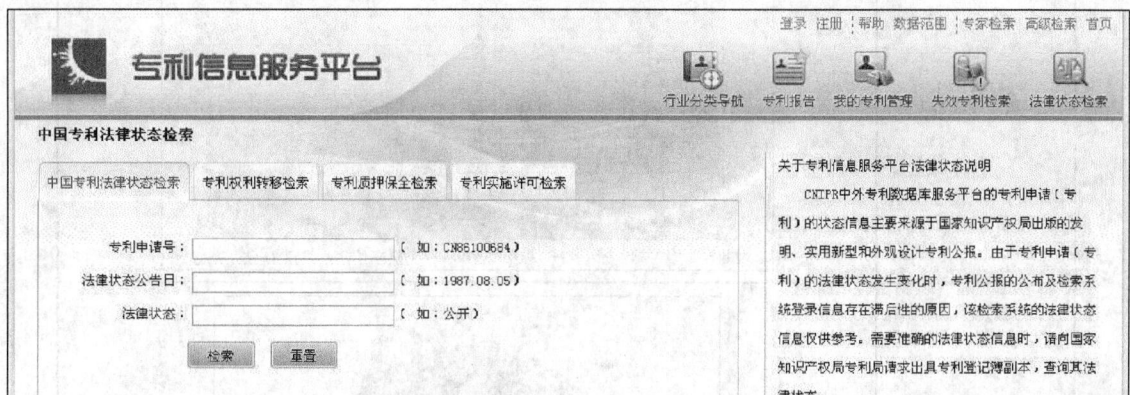

图 6.19　中国专利法律状态检索界面

各种状态检索在其右边均有使用说明。

6.4.3　信息分析功能

专利信息分析是将专利数据经过系统化处理后，分析整理出直观易懂的结果，并以图表的形式展现出来。通过把专利数据升值为专利情报，可以帮助用户全面、深层地挖掘专利资料的战略信息，促进产业技术的升级，研究、制定和实施企业发展的专利战略。

分析系统的分析结果以表格或者图形方式呈现出来，其中分析图形有多种显示方式，表 6.1 所示为各种图形的显示效果以及在界面中对应的图标。

表 **6.1** 分析结果的显示类型

图形名称	显示效果
折线图	
柱状图	
饼状图	
区域图	

系统的专利分析功能共包括总体趋势分析、区域分析、申请人分析、发明人分析、技术分析、聚类分析六大类。

分析结果页面，由图形展示区、详细报表区、条件设置区三部分组成（"合作申请人分析"、"申请人综合比较"、"合作发明人分析"、"技术关联度分析"结果没有图形展示区），各区域可以通过页面右上角的 收起▼ 图标或者 展开▲ 图标执行展开或隐藏 操作。图形展示区如图 6.20 所示。

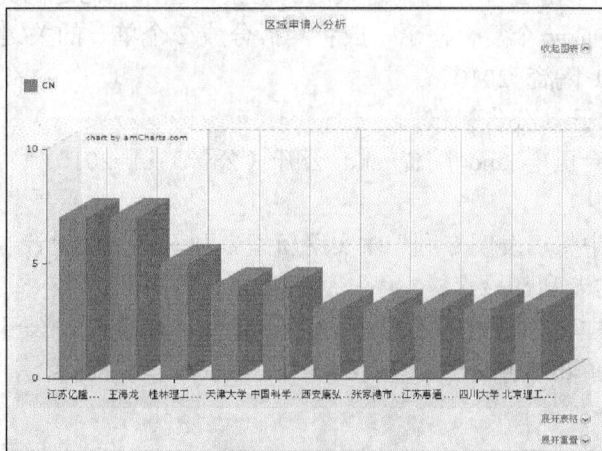

图 6.20　图形展示区

条件设置区主要有两种条件设置，一种是设置时间范围，如图 6.21 所示，一种是设置用户感兴趣的数据范围，如图 6.22 所示。在第二种条件设置中，一般会在顶部有一个 □全选 复选框，选中获取消选中该复选框，可以选中获取消选中当前页面的所有数据选项复选框；在底部有翻页菜单 上一页 1 2 3 4 … 49 下一页 ，单击相应页码会到相应页面，单击 上一页 会到前一页，单击 下一页 会到后一页。

图 6.21　时间条件设置区

图 6.22　技术分类和申请人条件设置区

6.4.4 检索与分析示例

查找 2010 年公开（公告）的有关压电陶瓷方面的专利。

检索课题：查找 2010 年公开（公告）的有关压电陶瓷方面的专利。

检索工具：知识产权出版社专利信息平台。

检索方式：高级检索。

检索策略：这是一个由 2 个条件同时限制的检索课题，它们之间为逻辑"与"的关系；同时，压电陶瓷可以看成一个复合概念，应将其拆分成 2 个单一的关键词：压电、陶瓷。

检索词：压电 and 陶瓷 2010。

检索项：名称、公开（公告）日。

检索表达式：名称=压电 and 陶瓷 and 公开（公告）日=2010。

检索步骤：

① 在检索对话框中将"发明专利""实用新型专利""外观设计专利"前的小框内打上"√"，表示三种类型的专利都检索。

② 在检索对话框中名称项内输入检索词"压电 and 陶瓷"，公开（公告）日项目中输入检索词"2010"，如图 6.23 所示。

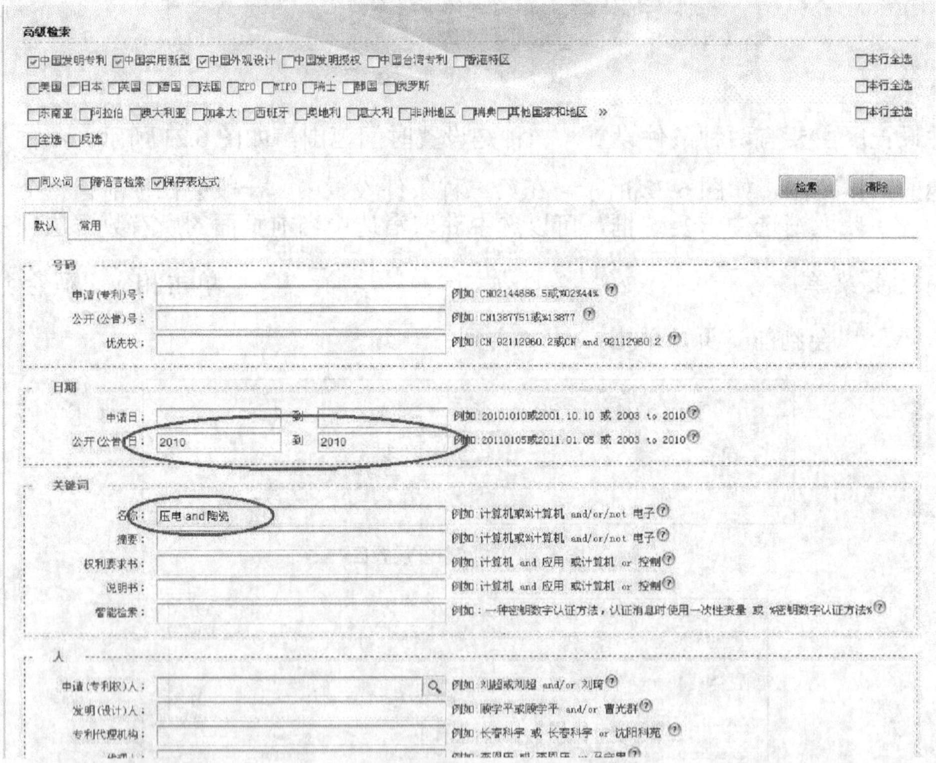

图 6.23 表格检索实例

③ 单击"检索"按钮。

④ 得出检索结果，共检索出 107 条记录，如图 6.24 所示。

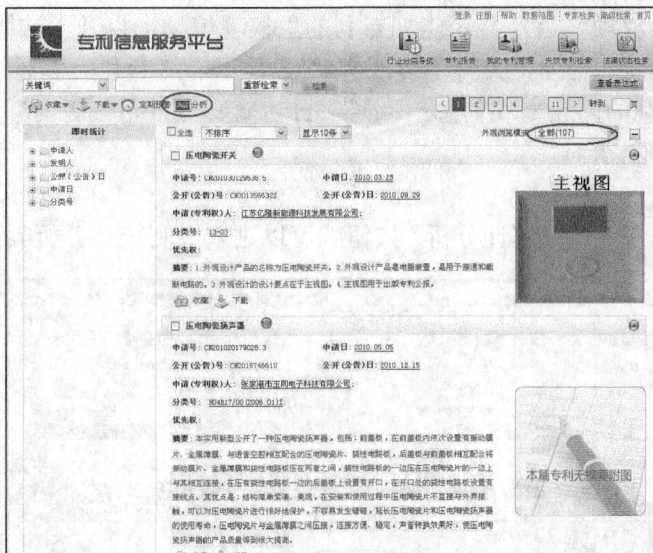

图 6.24 检索结果页面

⑤ 检索结果的选择与处理。

检索结果：共 107 条。

前三条专利的基本信息：

[1] CN201030129538.5　　压电陶瓷开关

[2] CN201020179028.3　　压电陶瓷扬声器

[3] CN200920132595.0　　压电陶瓷扬声器

结果的查看：单击搜索结果中某条专利的申请号，则会进入专利细览界面，如图 6.25 所示，可以查看著录项、摘要、摘要附图、主权项等信息。

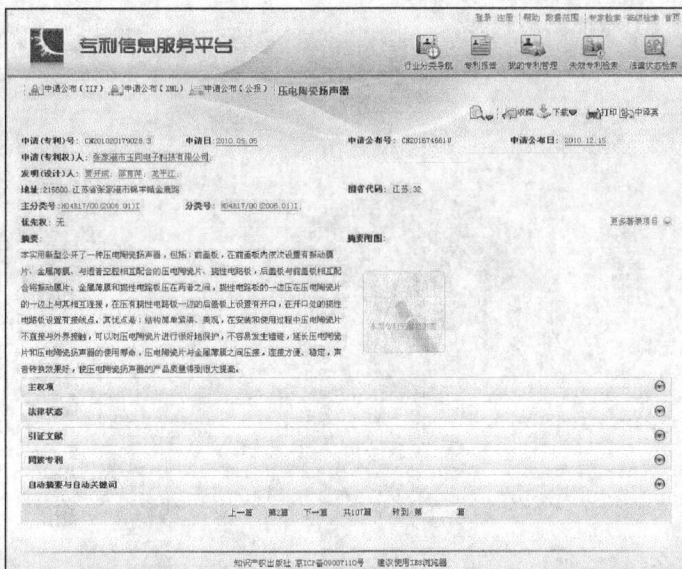

图 6.25 专利细览界面

其中，点开"主权项"后，显示当期专利的主权项信息；点开"法律状态"后，会显示当前专利的详细法律状态信息；点开"引证文献"，显示当前专利的引证信息；点开"同族专利"，可查看当前专利的同族专利信息；点开"自动摘要与自动关键词"，可查看当前专利的自动摘要和自动标引主题词。

结果的统计分析：

单击结果列表页左上的"统计分析"按钮就可以进入专利统计分析界面，如图 6.26 所示。

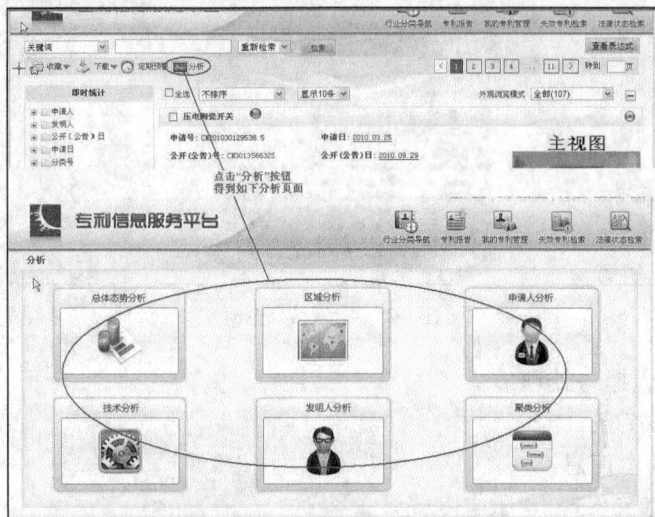

图 6.26 分析入口及界面

可以针对检索结果做简单的分析，如图 6.27 所示的"申请人构成"的分析和图 6.28 所示的"技术申请人分析"。

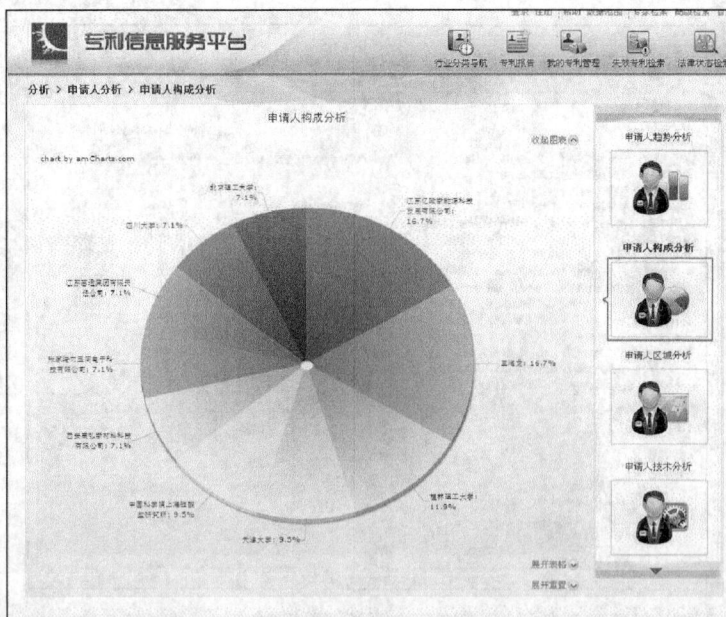

图 6.27 申请人构成分析

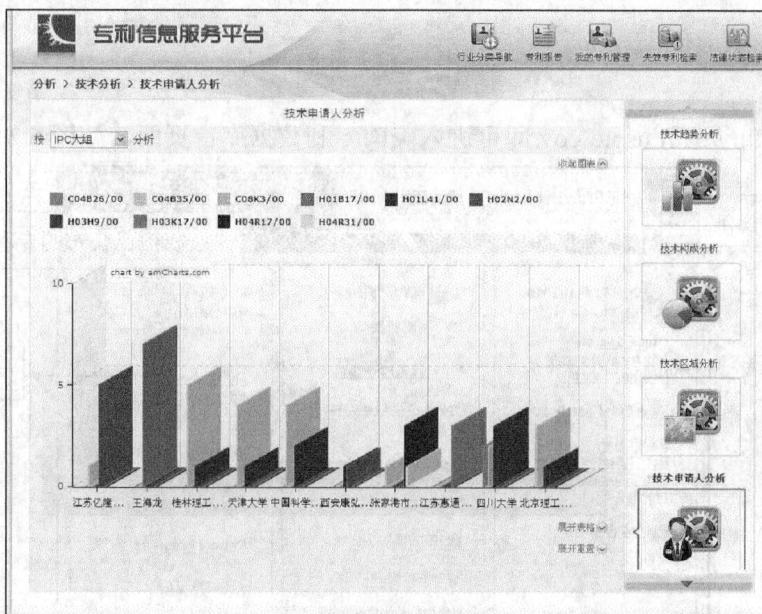

图 6.28　技术申请人分析

6.5　美国专利局专利检索系统

美国专利数据库是由美国专利商标局（USPTO）建设的美国专利全文数据库，是 Internet 上的一个重要的信息资源。该库收录了 1790 年 7 月 31 日以来的美国专利，数据库每周更新一次，提供专利说明书全文。

6.5.1　数据库概述

美国专利数据库通过 Internet 免费提供 1790 年以来的全部美国专利，包括发明专利说明书（U.S Utility Patent Specification）、防卫性公告（Defensive Publication）、法定发明登记（Statutory Invention Registration，SIR）、再公告专利说明书（Reissued Patent Specification）、植物专利说明书（Plant Patent Specification）、外观设计专利（Design Patent）。数据库每周更新，并提供 1790 年至 1975 年的专利全文扫描图像，称为 USPTO Web Patent Databases，用户可直接输入美国专利数据库网站 http:// patft.uspto.gov 免费查询。

该库由文献著录信息库（Bibliographic Database）、文本全文库（Full-Text Database）组成。专利全文扫描图像为 TIFF（Tagged Image File Format）格式的文件。

在检索结果的专利文本全文页面中，提供了专利扫描图像的链接。大部分的 Web 浏览器并不能直接浏览该图像，需要在浏览器中安装 TIFF G4 插件。USPTO 提供了唯一支持 TIFF G4 压缩的免费插件 Medical Informatics Engineering 的 AlternaTIFF，可以直接安装在 Web 浏览器以便浏览。

第6章　专利与标准信息的网络检索

6.5.2 检索平台

输入网址 http://patft.uspto.gov 即可进入美国专利数据库首页面，如图 6.29 所示。

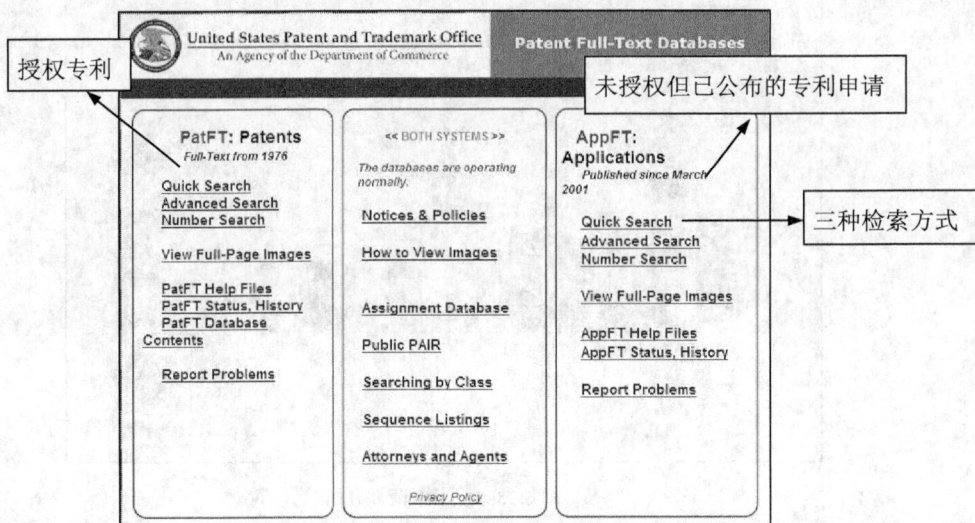

图 6.29 美国专利数据库首页面

美国专利数据库检索平台提供 "and"、"or"、"andnot" 的逻辑组配功能，系统提供的截词符为 "$"，如输入 "glaz$"，检索结果中会出现 "glaze"、"glazes"、"glazed"、"glazing"、"glazings"、"Glazzard" 等词，有助于提高查全率。

数据库提供了三种检索途径，分别是快速检索（Quick Search）、高级检索（Advanced Search）和专利号检索（Number Search）。需要注意的是，1790 年至 1976 年的专利只能用专利号检索。

1. 快速检索

快速检索可满足所有检索字段进行单一检索或任意两字段进行布尔逻辑组配检索。可选算符有 "and"、"or"、"andnot"。检索时只需选择字段、在相应的检索对话框内输入检索词，单击 "Search" 按钮即可，如图 6.30 所示。

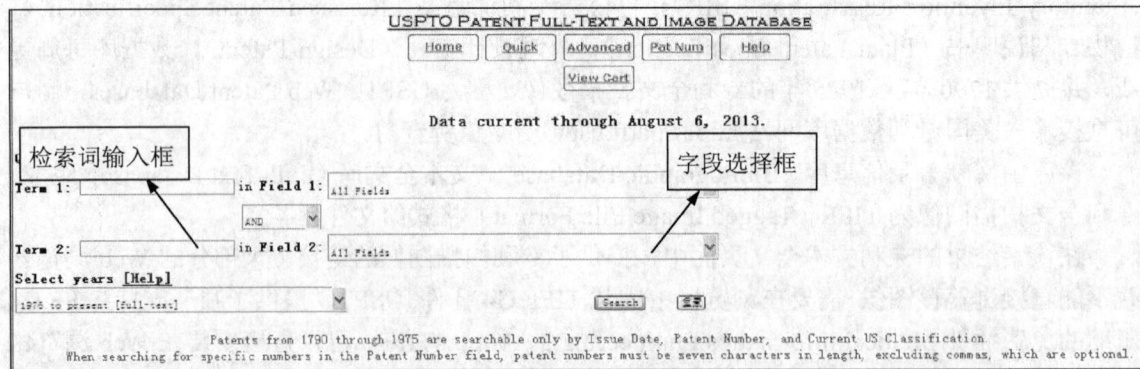

图 6.30 快速检索界面

2. 高级检索

美国专利数据库的高级检索界面除提供检索式输入框之外，还提供了字段代码表，如图 6.31 所示。字段的限制用"/"来表示，检索界面上有检索实例可供参照。字段检索时，字段代码在前，检索词在后进行检索。

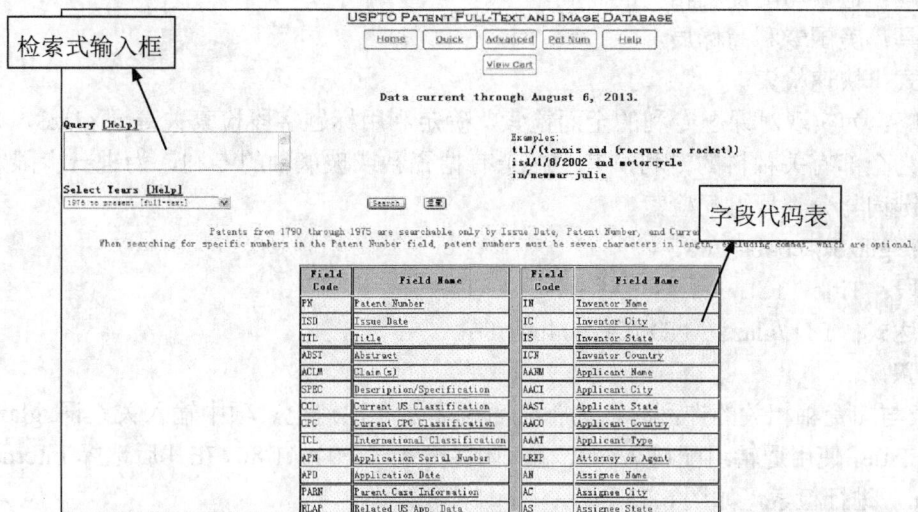

图 6.31　美国专利数据库高级检索界面

需注意的是，如输入 AN/MCNC AND TTL/solder 表示检索代理人名称字段中含有 MCNC，同时标题中含有 solder 的专利。词组检索时用双引号。如 "bowling balls"；日期字段检索时，其格式为月/日/年。如：ISD/11/1/1997->5/12/1998 表示检索公告日期为 1997 年 11 月 1 日到 1998 年 5 月 12 日的专利；检索字的前方一致，用$表示。如 electronic$表示检索词中含有 electronic 或、electronically 等的专利。

3. 专利号检索

专利号检索仅提供一个检索对话框，如图 6.32 所示。专利号检索时，用户只需在该框内输入专利号即可检索出相应的文献。需要注意的是，1790 年至 1976 年的专利只能用专利号检索。

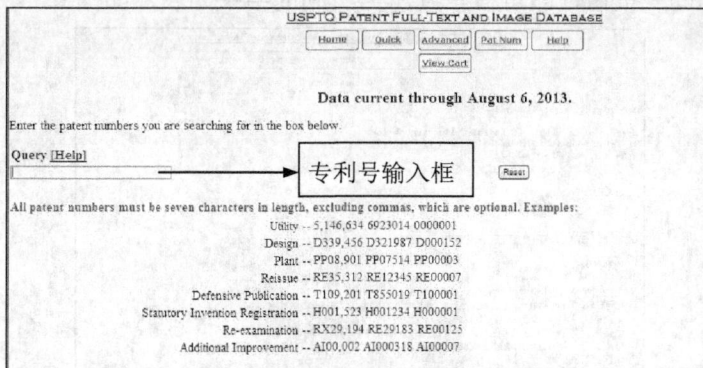

图 6.32　专利号检索界面

6.5.3 检索示例

1. 快速检索

  检索课题：检索与陶瓷釉相关的专利。
  检索工具：美国专利商标局。
  检索方式：快速检索。
  检索策略：为实现对课题专利的全面检索，确定利用标题字段检索关键词 glaz$，如此检索到的专利为全部有关釉料的专利，其中参杂有搪瓷釉或玻璃釉的专利，为进一步限定陶瓷釉，需将关键词与分类号组配检索。
  检索词：glaz$、c04b41/86。
  检索字段：Title、ICL。
  检索表达式：TTL/glaz$ AND ICL/c04b41/86。
  检索步骤：
  ① 检索与陶瓷釉相关的专利时，为保证查全率，在快速检索项中输入关键词 glaz$，选择检索字段 Title，使用逻辑组配符 AND，输入国际分类号 c04b41/86，在其后选择 International Classification，进行检索，如图 6.33 所示。

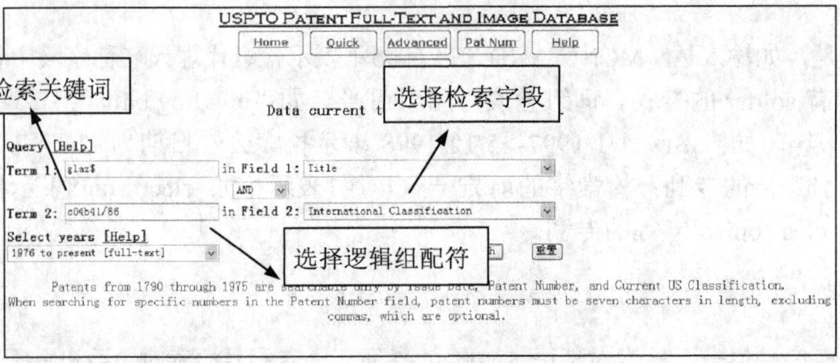

图 6.33　输入关键词检索

  ② 单击"Search"按钮，即可检索到所需专利的结果列表，如图 6.34 所示。

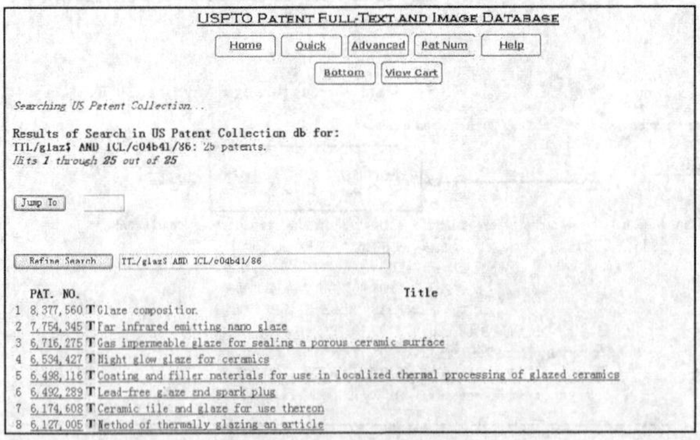

图 6.34　快速检索结果

③ 从检索结果列表中选取任一篇文献，打开文献显示窗口，就可以直接浏览到该专利的全文，如图 6.35 所示。

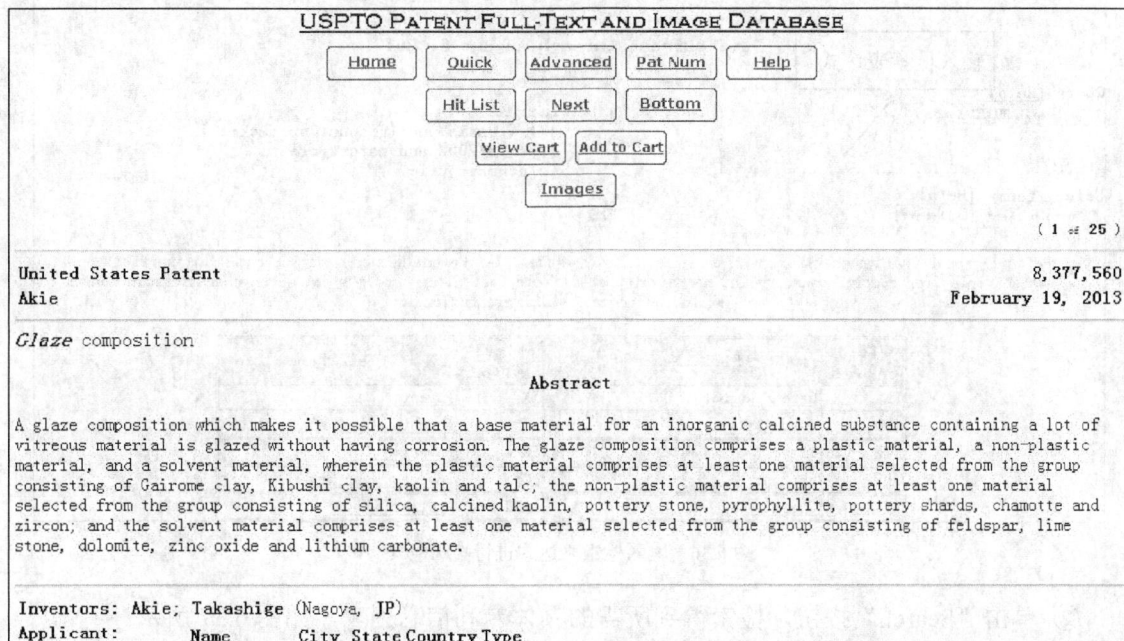

图 6.35　专利全文

检索结果：共检索专利 25 件。

前三件专利的题录信息：

[1] Glaze composition，8 377 560。

[2] Far infrared emitting nano glaze，7 754 345。

[3] Gas impermeable glaze for sealing a porous ceramic surface，6 716 275。

2. 高级检索

检索课题：检索由 Kondo 发明并申请的陶瓷釉专利。

检索工具：美国专利商标局。

检索方式：高级检索。

检索策略：首先分析检索课题可知，检索的关键词为陶瓷釉和 Kondo，因此检索表达式由标题 glaz$ 和发明人 Kondo 两者通过逻辑组配符 AND 构建得到，另外由于发明人已经确定因此不必考虑国际分类号的限定。

检索词：glaze$、Kondo。

检索字段：TTL、IN。

检索表达式：TTL/glaze$ AND IN/Kondo。

检索步骤：

① 检索发明人名称为 Kondo，同时标题中含有陶瓷釉的专利，则需输入检索表达式"TTL/glaze$ AND IN/Kondo"即可，如图 6.36 所示。

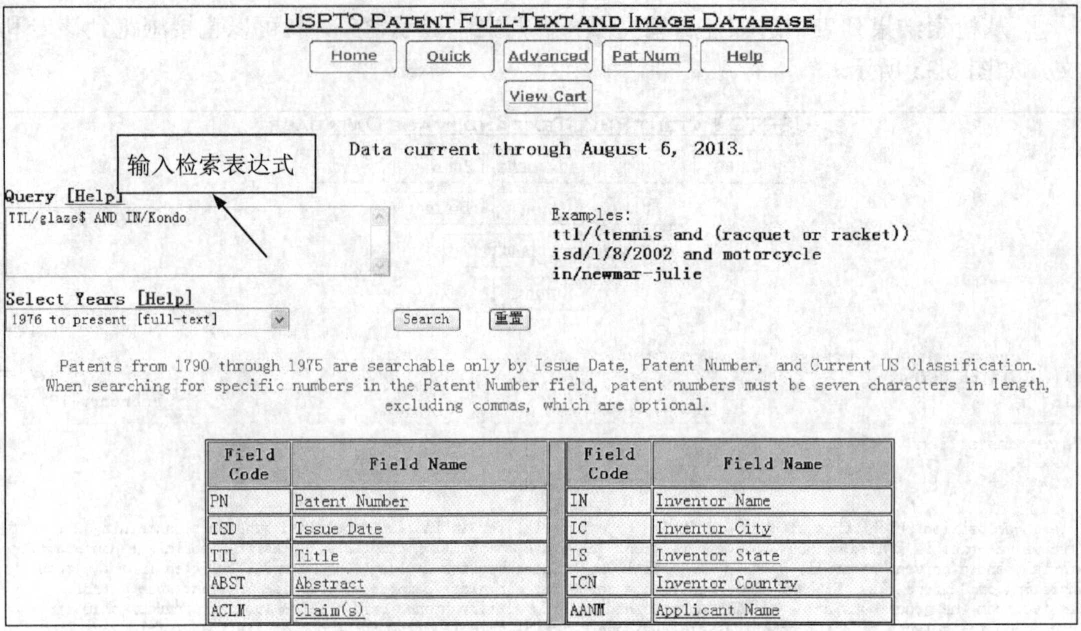

图 6.36　输入检索表达式进行高级检索

② 单击"Search"按钮，检索得到所需的具体专利信息列表，如图 6.37 所示。

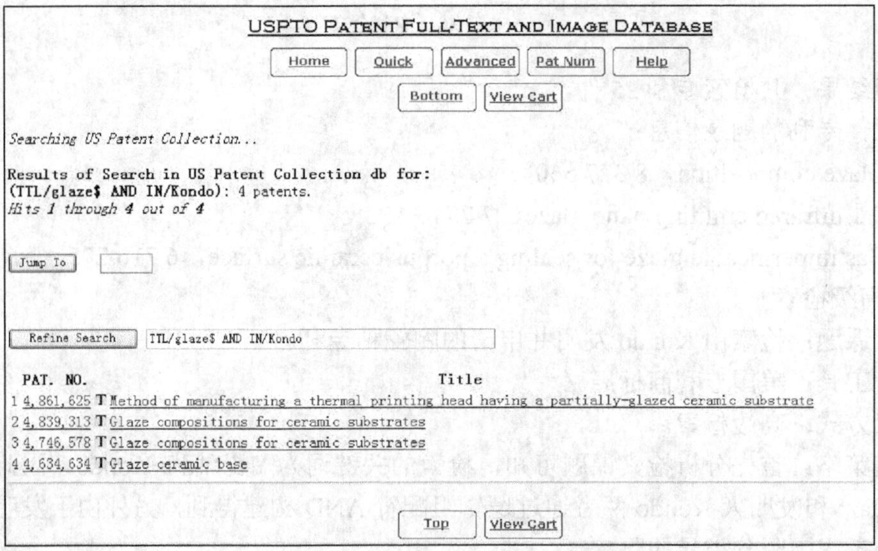

图 6.37　高级检索结果

检索结果：共检索专利 4 件。

前三件专利的题录信息：

[1] Method of manufacturing a thermal printing head having a partially-glazed ceramic substrate，4 861 625

[2] Glaze compositions for ceramic substrates，4 839 313

[3] Glaze compositions for ceramic substrates，4 746 578

6.6 欧洲专利局专利数据库

欧洲专利局专利数据库作为世界最全的专利数据库之一，内容涵盖了世界上几乎所有国家的专利文献。

6.6.1 数据库概述

欧洲专利数据库为免费全文数据库，由欧洲专利局（The European Patent Office，EPO）的专利数据库 EP、世界知识产权组织（The World Intellectual Property Organization，WIPO）的专利数据库 WIPO 和世界范围专利数据库 Worldwide（包含 7 000 万件专利）3 个数据库组成。用户可直接进入欧洲专利局专利数据库网站 http://worlldwide.espacenet.com 免费查询。

EP 数据库和 WIPO 数据库分别收录最近两年该组织公布的专利文献数据；截至 2011 年 4 月，Worldwide 专利数据库收录 80 多个国家的 7000 万件专利的著录信息。世界范围专利库，专利题目与文摘为英文，而说明书全文为原文。如日本专利，其题目与文摘为英文，说明书全文为日文。欧洲专利数据库有 3 个版本，即：英文版、法文版、德文版，可任意选用。

简言之，欧洲专利数据库主要包括以下 3 个部分。

（1）世界专利数据库（worldwide）：约 80 多个国家和地区的专利文献。

（2）WIPO 数据库：近两年世界知识产权组织公开的国际专利文献。

（3）EP 数据库：近两年欧洲专利局公开的专利文献。

6.6.2 检索平台

在浏览器地址栏中输入网址 http://worlldwide.espacenet.com 即可进入欧洲专利局专利数据库检索平台（系统）的主界面。

欧洲专利局专利数据库检索平台提供"and""or""not"的逻辑组配功能，系统提供的截词符为"*"，如输入"glaz*"，检索结果中会出现"glaze""glazes""glazed""glazing""glazings""Glazzard"等词，有助于提高检全率。

该界面提供三种检索途径，分别是智能检索（Smart Search）、高级检索（Advanced Search）和分类号检索（Classification Search），如图 6.38 所示。

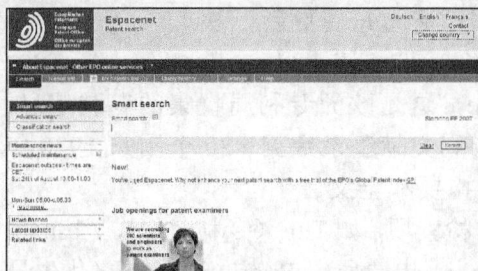

图 6.38 欧洲专利局专利数据库检索平台主界面

1．智能检索

智能检索默认对世界专利数据库进行检索。每次检索能输入最多 20 个检索条件，不支持左截断，必须使用英文检索条件来确保检索结果的准确性，支持布尔逻辑运算符，只能使用的日期格式为 DD/MM/YYYY，不能检索出全文，最多使用 5 个括弧，如图 6.38 所示。

2．高级检索

高级检索可对数据库类型进行选择，如图 6.39 所示。

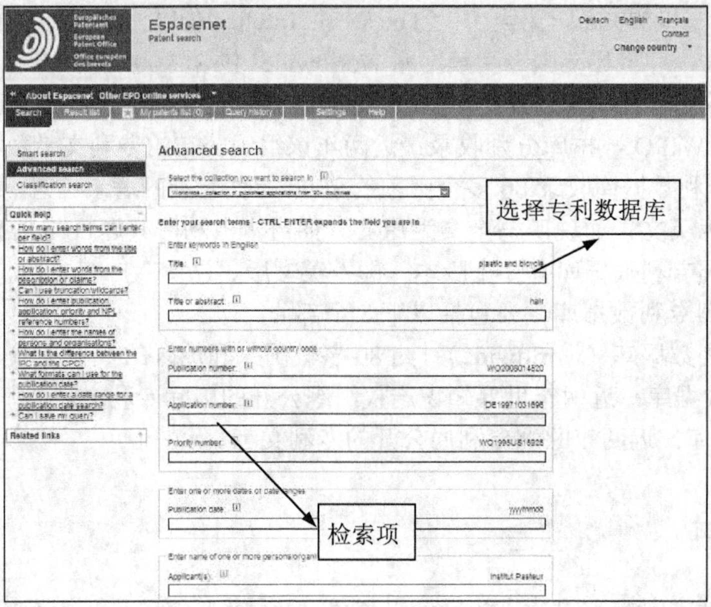

图 6.39　高级检索界面

可供选择的数据库类型简介如下。

① EP - complete collection including full text of European published applications：可检索的数据简称为 EP data，它指最近两年由欧洲专利局出版的专利。EP data 数据库每周星期三更新一次。

② WIPO - complete collection including full text of PCT published applications：可检索的数据简称为 WIPO documents，指最近两年由世界知识产权组织 WIPO 出版的 PCT 专利（国际申请案）。数据库通常每周更新一次。

③ Worldwide - collection of published applications from 90+ countries：可检索的数据简称为 Worldwide database，这是欧洲专利局收集的专利信息的总和，它包括 90 多个国家或地区约近 30 年来的专利文献著录数据、20 个国家 1920 年以来的专利扫描图像以及 10 个专利机构的专利英文摘要和全文。

高级检索界面提供多个检索项，如 Title（专利名称）、Abstract（文摘）、Publication number（公开号）、Application number（申请号）、Priority number（优先号）、Publication date（公开日期）、Applicant（申请人）、Inventor（发明人）、European Classification（欧洲专利分类号）、International Patent Classification（国际专利分类号）。

在每个检索字段中，可使用布尔逻辑运算符对多个检索词或检索项进行组配。在发明名称及文摘中检索逻辑关系为"与"的多个词时，可输入每个单词并用空格将它们隔开。例如：在 Title 字段中检索同时有 laser 及 printer 两个词的专利，输入形式为"laser printer"，相当于输入检索式"laser and printer"。需要注意的是：Publication number，Application number，Priority Number 三项的入口中空格默认操作符为 or；而 Keyword(s) in title，Keyword(s) in title or abstract，Applicant，Inventor，IPC，ECLA 几项的入口中空格默认操作符为 and。

在发明名称及文摘中检索短语或词组时，检索词作为字符串可使用双引号。例如输入字符串"laser printer"。

用户在多个检索字段输入检索词或检索语句时，检索系统将各个字段进行"与"运算，从而进一步限定检索结果。

在发明人、申请人、发明名称及文摘字段中，系统提供截词符："?"代表一个字符或 0 个字符；"#"代表一个字符；"*"代表无限个字符。这些截词符在使用时应遵守以下规则："*"只能在不少于 3 个字符的检索词之后使用；"?"及"#"在最多 3 个字符的检索词中，最多允许输入 3 次；在超过 3 个字符的检索词中，"?"及"#"最多允许输入 7 次。

同样地，检索完毕，系统在窗口显示的检索结果主要有：检索结果列表、数据库与检索式匹配的件数。从检索结果列表中选取任一篇文献，将打开文献显示窗口。在该窗口显示所选取文献的信息包括：题录数据、文本形式的说明书和权利要求书、附图、扫描图像专利全文说明书及法律状态。

3．分类号检索

欧洲专利局可以使用欧洲分类号（ECLA）检索专利。本方式提供关键词与欧洲专利分类号的双向检索功能。

页面列出了 ECLA 分类的 8 个部（与 IPC 相同），用户可以浏览欧洲专利局的分类系统，也可以直接在输入框中输入检索项进行分类查询。

通过两种类型进行检索：① 输入关键词查找相应的分类号；② 对某个分类号进行文字描述，如图 6.40 所示。

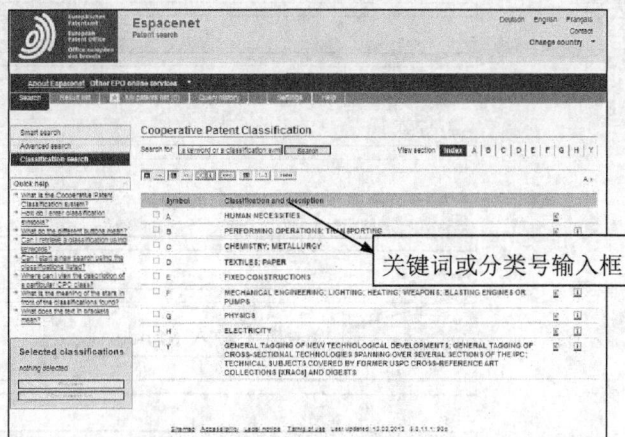

图 6.40　分类号检索界面

6.6.3 检索示例

1. 高级检索

检索课题：检索由 Kondo 发明并申请的陶瓷釉专利。

检索工具：欧洲专利局。

检索方式：高级检索。

检索策略：首先分析检索课题可知，检索的关键词为陶瓷釉和 Kondo，因此检索表达式由标题 glaz*和发明人 Kondo 两者通过逻辑组配符 AND 构建得到，另外由于发明人已经确定因此不必考虑国际分类号的限定。

检索词：glaz*、Kondo。

检索字段：Title、Inventor(s) 。

检索表达式：Title=glaz* AND Inventor(s)=Kondo。

检索步骤：

① 检索发明人名称为 Kondo，同时标题中含有陶瓷釉的专利，则需在 Title 对应的检索框中输入 glaz*，在 Inventor(s)对应的检索框中输入 Kondo，如图 6.41 所示。

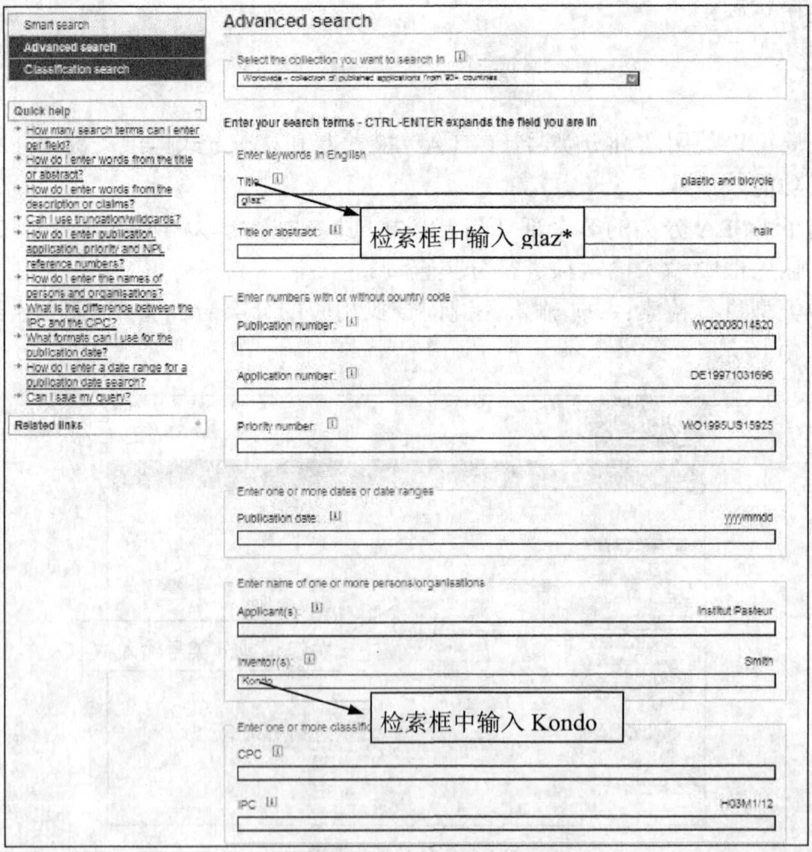

图 6.41　高级检索实例

② 单击"Search"按钮,，即可检索到所需专利，如图 6.42 所示。在检索结果列表中单击所需专利标题，会弹出专利信息显示窗口，用户可根据需要选择浏览该件专利的相关信息。

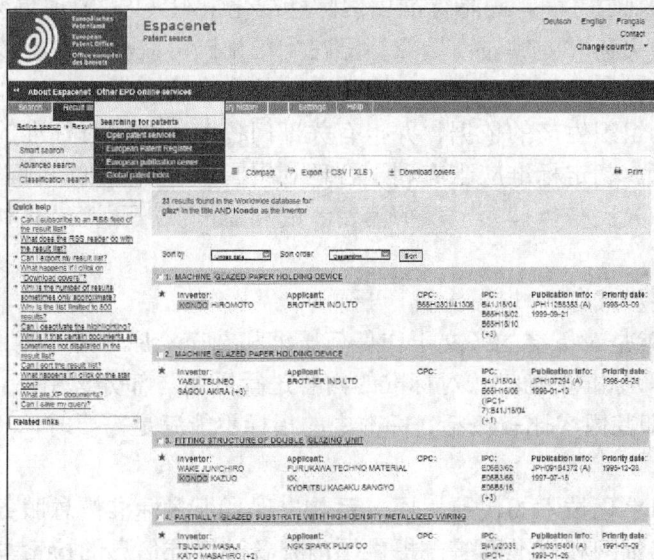

图 6.42　高级检索结果

检索结果：共检索专利 23 件。

前三件专利为：

[1] MACHINE GLAZED PAPER HOLDING DEVICE

[2] FITTING STRUCTURE OF DOUBLE GLAZING UNIT

[3] PARTIALLY GLAZED SUBSTRATE WITH HIGH DENSITY METALLIZED WIRING

6.7　标准信息的网络检索

标准作为一种规范性文件在促进科技与经济发展中起到重要的作用。本节在简介标准概念的基础上，以中国标准服务网为例介绍了标准文献信息的检索方法。

6.7.1　标准概述

GB/T 20000.1-2002《标准化工作指南　第 1 部分：标准化和相关活动的通用词汇》中对标准的定义是：为了在一定范围内获得最佳秩序，经协商一致制定并由公认机构批准，共同使用的和重复使用的一种规范性文件。

标准具有多种类型，按使用范围划分有国际标准、区域标准、国家标准、专业标准、企业标准；按内容划分有基础标准（一般包括名词术语、符号、代号、机械制图、公差与配合等）、产品标准、辅助产品标准（工具、模具、量具、夹具等）、原材料标准、方法标准（包括工艺要求、过程、要素、工艺说明等）；按成熟程度划分有法定标准、推荐标准、试行标准、标准草案。在标准的制定方面，国际标准由国际标准化组织（ISO）理事会审查，ISO 理事会接纳国际标准并由中央秘书处颁布；国家标准在中国由国务院标准化行政主管部门制定；行业标准由国务院有关行政主管部门制定；企业生产的产品没有国家标准和行业标准的，应当制定企业标准，作为组织生产的依据，并报有关部门备案。法律对标准的制定另有规定的，依照法律的规定执行。制定标准应当有利于合理利用国家资源，推广科学技术成果，提高经济效益，保障安全和人民身体健康，保护消费者的利益，保护环境，有利于产品的通用互换及标准的协调配套等。

标准贯彻的主要形式有 3 种。

① 直接贯彻，就是对标准的条文不作任何压缩和补充，原原本本地进行贯彻；

② 压缩贯彻。即标准贯彻时，对标准的内容进行压缩与部分选用；

③ 补充贯彻。即其内容比较概括、标准中的指标不能满足需要时，对其内容和质量指标补充后再贯彻。

随着因特网和数字化技术的快速发展，目前出现了很多标准信息服务网站，如中国标准服务网、中国标准咨询网和标准网等，提供国内外各种标准信息的检索与全文下载。以下以中国标准服务网为例介绍标准文献信息的检索方法。

6.7.2　中国标准服务网

中国标准服务网是国家标准文献的一个共享服务平台，提供标准动态信息采集、编辑、发布，标准文献检索，标准文献全文传递和在线服务等功能。

1. 资源概述

国家标准馆是我国唯一的国家级标准文献、图书、情报的馆藏、研究和服务机构，隶属中国标准化研究院，是国家标准化管理委员会的基础信息支撑机构。国家标准馆是国家标准文献中心，是国家科技图书文献中心（NSTL）的成员单位，是我国历史最久、资源最全、服务最广、影响最大的权威性标准文献服务机构。

国家标准馆成立于 1963 年，馆藏资源有一个世纪以来国内外各类标准文献 97 万余件，包括齐全的中国国家标准和 66 个行业标准，60 多个国家、70 多个国际和区域性标准化组织、450 多个专业协（学）会的成套标准，160 多种国内外标准化期刊及标准化专著。

国家标准馆自 2005 年开始进行的"标准文献共享网络建设"，在整合全国已有标准文献资源的基础上，形成了规模庞大标准文献题录数据库、全文数据库和专业数据库。目前标准文献题录数据库数据量已达 130 万余条，是我国迄今为止最全的标准文献信息库。为方便国内外用户，服务社会，国家标准馆与 30 多个国家及国际标准化机构建立了长期、稳定的标准文献信息交换关系，并且与众多的国内外标准出版发行机构建立了良好的合作机制，从事国内外及国际标准的代理服务。

国家标准馆通过门户网站"中国标准服务网（http://www.cssn.net.cn）"提供各类在线服务。

2. 检索平台

标准检索提供 4 种检索方式，即简单检索、高级检索、专业检索和分类检索。

简单检索提供用户按标准号或标准名称快捷模糊检索的途径，如图 6.43 所示。

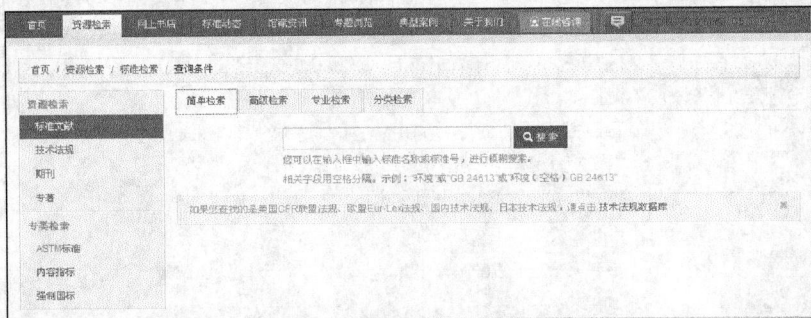

图 6.43　标准简单检索界面

标准高级检索提供了可输入多种条件、不同条件进行组合的检索方式，用户能够更准确地查找所需的标准，如图 6.44 所示。

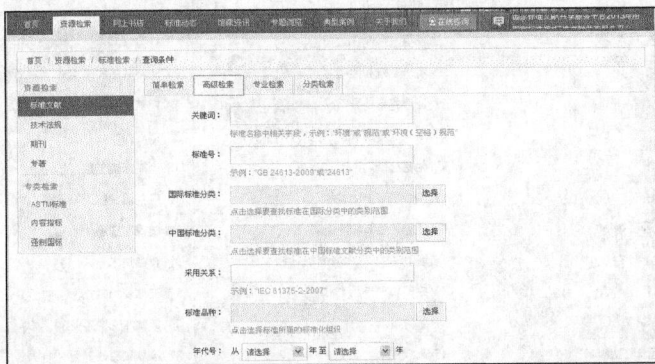

图 6.44　标准高级检索界面

标准专业检索提供通过输入检索词和下拉选择检索项与逻辑关系精确检索标准文献的方式，如图 6.45 所示。

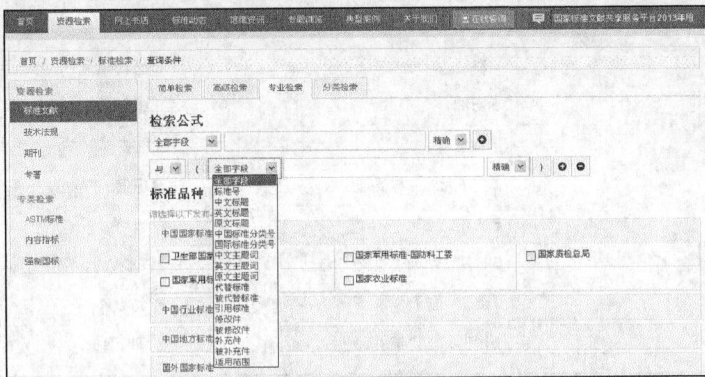

图 6.45　标准专业检索界面

　　标准分类检索提供了按国际标准或中国标准分类逐级浏览标准文献的方式。分为按"国际标准分类"和"中国标准分类"两种。用户可单击自己感兴趣的分类，单击后页面会显示当前类别下的明细分类，直到显示该分类下的所有标准列表，如图 6.46 至图 6.49 所示。

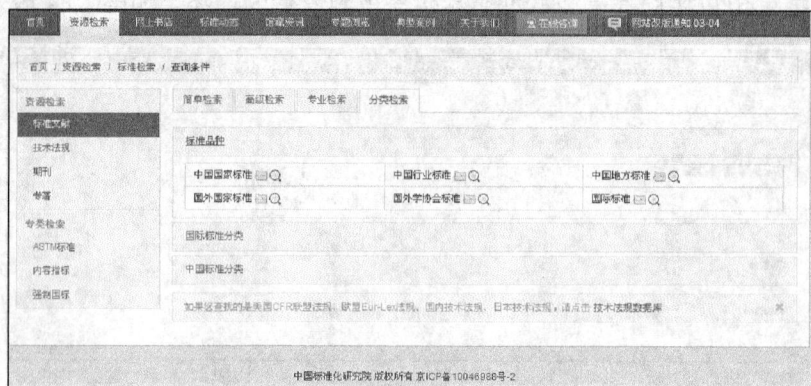

图 6.46　标准分类检索主界面

图 6.47　国际标准分类一级分类界面

图 6.48　中国标准分类一级分类界面

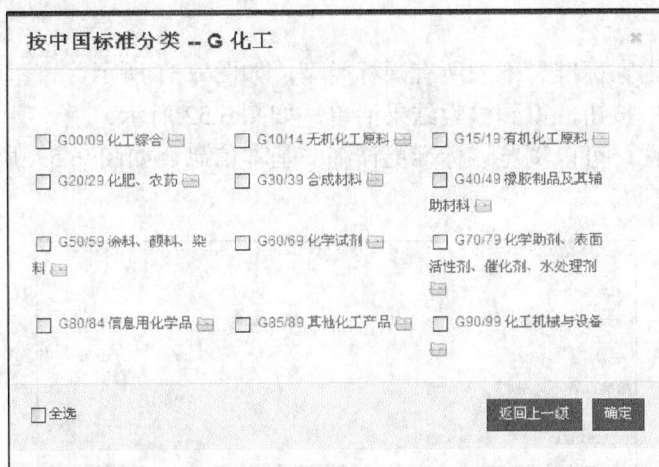

图 6.49　中国标准分类二级分类界面

如单击二级类目"G50/59 涂料、颜料、染料",进入二次检索界面。在此,可输入检索词在结果中检索,也可重新检索,如图 6.50 所示。

图 6.50　中国标准二级分类后的检索界面

3. 检索示例

检索课题:查找有关温度传感器的中国国家标准。

检索工具:中国标准服务网。

检索方式:专业检索。

检索策略:分析检索课题,包括两个关键词"温度""传感器"。

检索词:温度、传感器。

检索项:中文标题。

检索表达式:中文标题=温度 and 中文标题=传感器。

检索步骤:

① 为获得较好的查准率,可选择"中文标题"作为检索项。

② 分别在第一、二行的检索框中输入"温度""传感器",两行之间选择"与"的逻辑组

配关系。

③ 勾上"中国国家标准"下的所有国标类型，如图 6.51 所示。

④ 单击"搜索"按钮，得到检索结果清单。如图 6.52 所示。

⑤ 单击标准名称，可以浏览该标准更详细的基本信息，如图 6.53 所示，但欲浏览标准原文，则需要付费订购。

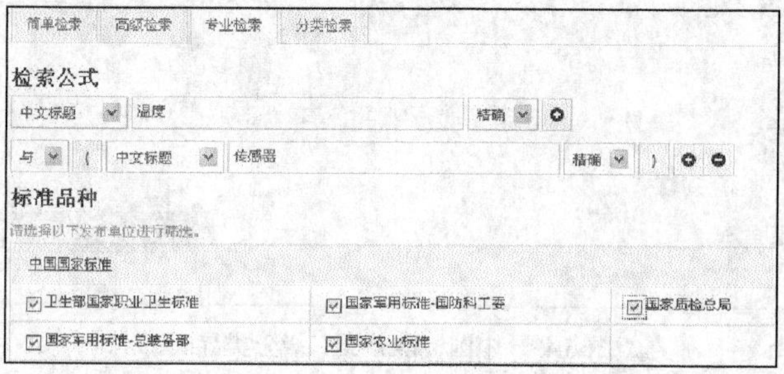

图 6.51　中国标准专业检索界面

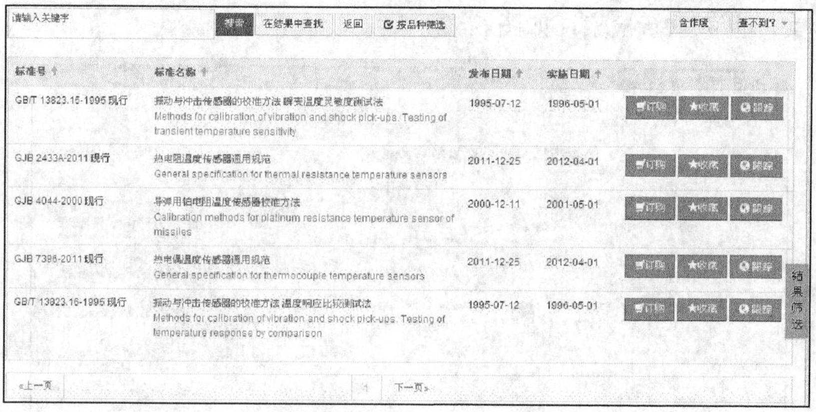

图 6.52　中国标准检索结果清单界面

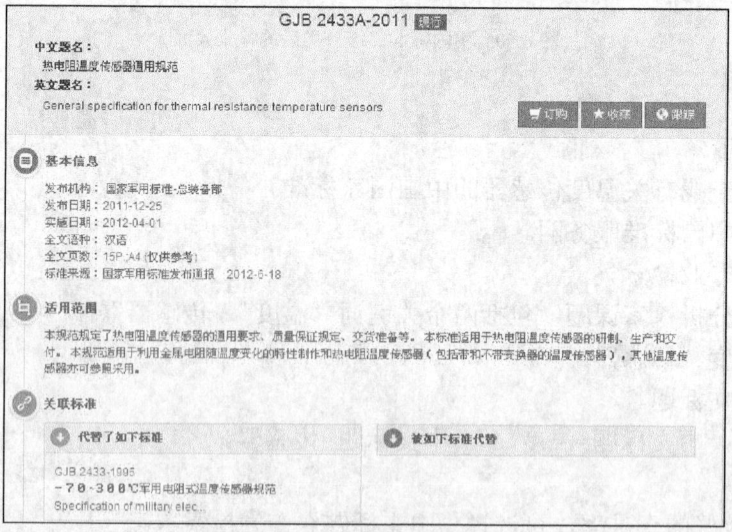

图 6.53　中国标准基本信息

检索结果：共 5 条。

前三条结果的题录信息（参考文献格式）：

[1] GB/T 13823.15-1995，振动与冲击传感器的校准方法 瞬变温度灵敏度测试法[S].

[2] GJB 2433A-2011，热电阻温度传感器通用规范[S].

[3] GJB 7396-2011，热电偶温度传感器通用规范[S].

习　题

1. 专利申请从何时得到保护？

2. 如何从经济角度考虑专利的申请？

3. 我国有哪些专利类型，它们的保护期限分别是多少？

4. 专利的许可证有几种？

5. 国际专利分类体系是什么？

6. 国家知识产权局中国专利检索系统有哪几种检索方式？

7. 中外专利数据库服务平台有哪些具体功能？

8. 利用美国专利局专利检索系统和欧洲专利局专利数据库检索陶瓷釉方面的国外专利。

9. 利用中国标准服务网检索国内外建筑陶瓷标准。

第 7 章

网络信息的综合利用

实际的网络信息资源检索实践不仅仅是对某种或某类网络信息资源的检索，而是对各类网络信息资源的综合检索，并通过对检索结果的组织、阅读、鉴别与整理等实现对网络信息资源的充分、有效利用。本章讲述的即为网络信息资源的综合检索原则与途径，信息的组织、阅读、鉴别与整理方法，并在此基础上，介绍学术论文与学位论文的写作，以及核心期刊、三大检索工具及其投稿方面的知识。

7.1　网络信息资源的综合检索

网络信息资源的综合检索指对各类数据库和 Internet 网络信息资源进行系统检索，以达到满足课题研究所需信息资源的目的。

7.1.1　网络信息综合检索的原则

为了节约网络信息检索的时间，提高检索效率，网络信息资源的综合检索应该遵循以下原则。

① 先中文后外文。由于中文文献信息不存在自然语言障碍，阅读起来得心应手，先查中文文献，再查相关的外文文献，可以省去阅读与中文文献内容基本相同的外文文献的时间。

② 先近后远，先己后人。先查所在单位和所在地区图书馆或信息机构的网络信息资源，并获取相关原文；如果本单位只有题录文摘信息，利用原文传递服务获取全文；对于本单位没有的数据库，才需要到其他机构检索或向其他机构申请代查代检和全文提供服务；最后一条途径就是通过读秀学术搜索或百度知道等向网友或读友请求文献互助。

7.1.2　各类网络信息的综合检索

以下主要介绍各类网络信息的综合检索，并且只作综合性的概述，或简介其特点，或说明选择该资源的原因，资源的详细使用方法参见前面相关章节内容。

1. 期刊论文的综合检索

在学术类网络信息中，人们查找最多是期刊论文。检索时，一般先中文后外文，在有些情况下，也会直接查找外文论文。

（1）查找中文期刊论文

① 中国学术期刊网络出版总库。

网址是 http://www.cnki.net

由于其收录的学术期刊种数多、时间长、检索功能强大、检索限定全面、原文处理方便等优势，成为检索中文期刊论文的首选。

② 万方数据知识服务平台的学术期刊全文数据库。

网址是 http://www.wanfangdata.com.cn

万方的学术期刊全文数据库收录了 6000 多种科技期刊的 2000 多万篇论文全文，而且有部分核心期刊（尤其是医学类核心期刊）是中国知网的中国学术期刊网络出版总库未收录的，因此，可作为中国学术期刊网络出版总库的补充。

③维普网的中文科技期刊数据库。

网址是 http://www.cqvip.com/

该库收录历年以来累计 12 000 余种中文科技期刊的 3000 多万篇论文，分为全文版和引文版两个版本，是目前收录中文期刊最多的期刊数据库，可作为以上两个数据库的补充。

（2）查找外文期刊论文

① Elsevier ScienceDirect。

网址是 http://www.sciencedirect.com/

Elsevier ScienceDirect 提供 Elsevier 公司出版的 2 000 余种高质量学术期刊的摘要与全文，是最重要的外文期刊数据库之一，收费较高，有条件的用户可作为查找外文期刊论文的首选。

② SpringerLink 外文期刊数据库。

网址是 http://link.springer.com/

作为居全球领先地位的、高质量的科学技术和医学类全文数据库，SpringerLink 收录了各类期刊 2700 多种（多数是 SCI、Ei 收录的核心刊）、丛书近 4000 多种、图书 14 0000 多册、参考工具书 270 余种，含摘要与原文，是一种重要的外文期刊资源。

③ EBSCOhost 外文数据库。

网址是 http://search.ebscohost.com

EBSCOhost 主要包括 ASP（Academic Search Premier）、BSP（Business Source Premier）、Newspaper Source 与 MEDLINE 等外文数据库。收录数千种同时被 SCI/SSCI 收录的全文期刊、图书、报纸等内容，有的有全文，有的只有书目信息，但大多提供国内收藏的单位名称。

④ 国家科技图书文献中心的西文期刊库、日文期刊库与俄文期刊库。

网址是 http://www.nstl.gov.cn/

三库分别收录西文、日文与俄文期刊论文的题录文摘信息。目前西文期刊库收录近 2100 万条，日文期刊库收录 166 万余条，俄文期刊库收录 67 万多条。检索功能灵活好用，并可以通过电子邮件、传真、邮寄等方式申请原文传递。

2. 学位论文的综合检索

学位论文是高等院校或研究机构的学生为获得学位而提交的学术性研究论文。学位论文作为学术论文的一种形式，也是一种重要的学术资源。

检索学位论文主要使用如下数据库。

（1）中国优秀硕士学位论文全文数据库与中国博士学位论文全文数据库

网址是 http://www.cnki.net

这是中国知网的主要数据库之一。收录我国 400 多家培养单位的博士学位论文和 620 多家硕士培养单位的优秀硕士学位论文共 195 万余篇。虽然收录论文的数量目前不是最多的，但具有强大的检索功能、全面的检索限定和多样化的原文处理形式（提供在线浏览、整本下载、章节下载、分页下载多种方式）等优势。

（2）万方数据知识服务平台的中国学位论文全文数据库

网址是 http://www.wanfangdata.com.cn

作为万方数据知识服务平台的主要数据库之一，中国学位论文全文数据库收录自 1990 年以来各院校、研究所等单位向中国科学技术信息研究所（国家法定的学位论文收藏单位）送交的自然科学与社会科学领域的硕士、博士、博士后论文。目前已达 263 万余篇，是目前我国收录学位论文最多的数据库。

（3）国家科技图书文献中心的中文学位论文数据库

网址是 http://www.nstl.gov.cn/

该库收录了 220 万多篇中文学位论文的题录文摘信息。检索功能灵活好用，可以通过电子邮件、传真、邮寄等方式申请原文传递。

（4）PQDD 博硕士论文据库

PQDD（ProQuest Digital Dissertations）是美国 Bell & Howell 信息学术公司（原 UMI 公司）出版的博硕士论文数据库，是 DAO（Dissertation Abstracts Ondisc）光盘数据库的网络版。它已收录了欧美 1000 余所大学文、理、工、农、医等领域的 250 多万篇学位论文的题录文摘，其中 100 万篇论文有原文收藏，是目前世界上最大和最广泛使用的学位论文数据库。PQDD 的收录分为 A、B 两辑。A 辑为人文与社会科学，由 CALIS 全国文理文献中心全资引进。B 辑为工程技术，由 CALIS 全国工程文献中心组织清华大学、中国科技大学、浙江大学等国内数十所大学图书馆，以集团购买的方式引进，目前购买了 25 万余篇博硕士论文全文。PQDD 是查找欧美学位论文最重要的资源。

（5）国家科技图书文献中心的外文学位论文数据库

网址是 http://www.nstl.gov.cn/

该库收录了 30 万多篇外文学位论文的题录文摘信息。检索界面为中文，检索功能灵活好用，并可以通过电子邮件、传真、邮寄等方式申请原文传递，是重要的外文学位论文信息资源之一。

3．会议论文的综合检索

除中国知网和万方数据知识服务平台外，目前 Internet 上的会议论文数据库一般只提供题录和内容提要，并不提供全文。

（1）国内外重要会议论文全文数据库

网址是 http://www.cnki.net

收录国内外重要会议论文全文 170 多万篇。

（2）万方数据知识服务平台的中国学术会议论文全文数据库

网址是 http://www.wanfangdata.com.cn

万方数据知识服务平台的主打数据库之一，收录自 1990 年以来由国际及国家级学会、协会、研究会组织召开的各种学术会议论文全文，是目前国内收集学科最全、数量最多的会议论文数据库，总量已达 227 万余篇。

（3）国家科技图书文献中心中文会议论文库

网址是 http://www.nstl.gov.cn/

该库收录了 160 万多篇中文会议论文的题录文摘信息。可以通过电子邮件、传真、邮寄等方式申请原文传递。

（4）国家科技图书文献中心外文会议论文库

网址是 http://www.nstl.gov.cn/

该库收录了 590 万多篇外文会议论文的题录文摘信息。可以通过电子邮件、传真、邮寄等方式申请原文传递。

4. 科技报告的综合检索

（1）国家科技图书文献中心的国外科技报告数据库

网址是 http://www.nstl.gov.cn/

该库收录了 124 万多篇国外科技报告的题录文摘信息。检索界面为中文，检索功能灵活好用，并可以通过电子邮件、传真、邮寄等方式申请原文传递。

（2）NTIS 美国政府报告（文摘）数据库

NTIS（National Technical Information Service）是美国国家技术情报社出版的美国政府报告文摘题录数据库，主要收录美国政府立项研究及开发的项目报告，少量收录世界各国（包括中国）的科学研究报告。包括项目进展过程中所做的一些初期报告、中期报告、最终报告等，反映政府重视的项目的最新进展。该库 75% 的文献是科技报告，其他文献有专利、会议论文、期刊论文、翻译文献；25% 的文献是美国以外的文献；90% 的文献是英文文献；专业内容覆盖科学技术各个领域。

NTIS 数据库已在清华大学图书馆设立镜像服务器，向用户提供 Web 方式的检索服务。

（3）DOE Information Bridge

网址是 http://www.osti.gov/bridge/

该网站能够检索并获得美国能源部（Department of Energy）提供的研究与发展报告全文，内容涉及物理、化学、材料、生物、环境和能源等领域。

（4）NBER Working Papers

网址是 http://www.nber.org

该网站提供美国国家经济研究局（National Bureau of Economic Research）的研究报告文摘。

（5）EconPapers

网址是 http://econpapers.repec.org/paper/

该网站搜集整理了 Internet 上的经济类报告，并提供全文下载。

5. 中外专利的综合检索

Internet 上的专利数据库很多，多为国际专利组织或各国专利局提供的免费检索服务，而且大多能浏览全文，也有部分信息服务机构推出免费检索与有偿下载专利说明书原文服务。

（1）知识产权出版社的中外专利检索系统

网址是 http://www.cnipr.com

该系统检索功能强大，提供中外专利混合检索（包括表格检索、职能检索和组合检索）、IPC 分类检索、行业分类导航、中国专利法律状态检索等方式，提供中国和国外近 100 个国家、地区与国际组织的 9000 多万篇中外专利文献，是系统检索中外专利的首选信息资源。

（2）美国专利数据库

网址是 http://patft.uspto.gov/

该网站是系统检索美国专利的最佳网站，可检索 1790 年以来的美国专利，并能免费浏览说明书全文。

（3）欧洲专利局检索系统

网址是 http://worldwide.espacenet.com/

该系统由 EP 数据库、WIPO 数据库、Worldwide 数据库三个子数据库组成。利用该系统，可检索欧洲专利局最近 24 个月内公开的专利申请、WIPO 最近 24 个月内公布的国际申请以及全球 80 个以上国家与地区的专利申请著录项目数据，大多可浏览权利要求书（Claims）、说明书正文（Desc）和附图（Drawing）。如果检索结果太多，只能查看前 500 条。

（4）日本特许厅的工业产权数字图书馆

网址是 http://www.ipdl.inpit.go.jp

该网站有英文版和日文版两种文字的版面。其英文版提供日本专利英文文摘数据库（PAJ-Patent Abstracts of Japan）的检索，可检索 1976 年以来日本公布的专利申请（公开特许公报）著录项目与文摘（含主图）以及 1993 年以来的专利法律状态信息。

6. 标准的综合检索

因特网上有许多可以查询标准信息的网站，大都提供标准目录或题录。

（1）中国标准服务网

网址是 http://www.cssn.net.cn

中国标准服务网是国家级标准文献共享服务平台。中国标准化研究院负责网站的标准信息维护、网络管理和技术支撑。

中国标准服务网的标准信息主要依托于国家标准化管理委员会、中国标准化研究院标准馆及院属科研部门、地方标准化研究院（所）及国内外相关标准化机构。由于其种类齐全、信息权威、更新及时、服务快捷等特点，成为检索国内外标准的首选信息资源。

网站提供标准的简单检索、高级检索、专业检索与分类检索（浏览）功能。还列出了近几年新作废的标准供浏览标准题录信息。

欲直接浏览或下载标准全文，必须付费购买使用账号。

（2）中国标准咨询网

网址是 http://www.chinastandard.com.cn/

可查询 GB 标准、ISO 标准、IEC 标准、ANSI 标准、ASTM 标准、HB 标准、GBJ 标准、JIS 标准、IEEE 标准等数十万件中外标准的详细题录。普通用户查到标准的名称后，可通过 E-mail 方式购买标准全文的电子文本；欲直接浏览或下载标准全文，必须购买标准阅读卡。

7. 经济信息的综合检索

除检索经济类的文献信息需要利用以上相关资源外，查找各类经济类信息，首选中国经济信息网（http://www.cei.gov.cn/）或中经专网（http://ibe.cei.gov.cn）。中国经济信息网提供丰富而权威的综合性经济信息，并具有以下几个突出特点。

① 及时性，无论是哪一类信息都是最新内容。

② 准确性，每条信息都有来源，有据可查。

③ 系统性，完整的信息框架，只要是经济信息，中国经济信息网上都有。

还有中华人民共和国商务部（http://www.mofcom.gov.cn/）、中华人民共和国国家统计局（http://www.stats.gov.cn/）、中国海关总署（http://www.customs.gov.cn/publish/portal0/）等官方网站。这些网站，大部分信息可免费浏览，无法免费查阅的，可通过电话与 E-mail 联系，付费索取相关资料。

8. 数据与事实信息的网络检索

对于名词术语、中外文翻译、参数、分子式、人物、地名、时间、史实与科学事实、法律法规条文等数据与事实信息，可以利用网络版百科全书、年鉴、字典、词典、手册、大全、汇编、名录、指南、政书、类书等数值型数据库和指南型数据库来查询。

如，百度翻译提供数种语言的在线翻译功能，百度词典提供双语、汉语、成语词典的查询；Google 翻译提供数十种语言间的在线翻译功能。

以下网址也提供了在线参考工具书的查询。

（1）中国国家图书馆主页的"工具书在线"栏目

网址是 http://dportal.nlc.gov.cn:8332/nlcdrss/gjs/gjs.htm

（2）北京大学图书馆主页的"在线参考工具"栏目

http://www1.lib.pku.edu.cn/zixun/zixun_zxck.htm

（3）清华大学图书馆主页的"参考工具"栏目

网址是 http://vrs.lib.tsinghua.edu.cn/pub/index.htm

（4）在线新华字典

网址是 http://xh.5156edu.com

（5）爱词霸汉语词典（iCIBA）

网址是 http://hanyu.iciba.com

（6）中国大百科

网址是 http://ecph.cnki.net/

（7）英语缩略语词汇

网址是 http://www.acronymfinder.com/

9. Internet 信息资源的利用

除利用以上网络信息资源网站和数据库外，还可以利用 Internet 上丰富的免费信息资源查找所需学术信息与一般信息，尤其是要充分利用搜索引擎与专业学术网站。例如：访问专业学会、协会、研究中心网站，可以得到大量的学科专业信息。

还可访问各专业著名大学图书馆网站的 Internet 导航。国内外都有一些大学图书馆的资源导航做得非常出色，具有很高的参考价值。如北京大学图书馆的重点学科网络资源导航库、清华大学图书馆的学术信息资源门户、中国科学院国家科学图书馆网络信息资源导航等，系统性与专业性均很强。

7.1.3 检索示例

检索课题：氧化铝质泡沫陶瓷制备工艺的研究。

1. 课题分析

泡沫陶瓷材料是一种具有三维空间网络结构的高空隙率的多孔陶瓷。因其具有特殊的性能，如高比表面积、高渗透性、低容重、低热导率等特性而日益引起各方面的重视，材质也由最初的普通粘土质发展到耐高温、耐腐蚀、耐热冲击性材质，如碳化硅、氧化铝、堇青石和莫来石等。在这些材料中氧化铝或高铝质陶瓷材料因具有原料来源广泛、价格低廉、优良的耐酸碱腐蚀性、机械强度高等优点，使其在有色金属高温熔体过滤、高温气体过滤、催化及耐火材料等应用领域有较明显的优势。泡沫陶瓷的制备方法很多，如有机物燃失法、添加造孔剂法、发泡法以及有机前驱体浸渍法等。在实际生产中，需要合理地利用各种方法，以提高泡沫陶瓷的性能。该选题主要涉及泡沫陶瓷这种多孔陶瓷的制备技术，其中，材质为氧化铝质（Al_2O_3），但是，其他材质的泡沫陶瓷制备工艺也有较大的借鉴意义。泡沫陶瓷材料的研究始于 20 世纪 70 年代，2000 年以后的研究成果逐渐增多。为了解最新的研究成果，检索年限先限定 2006 年至今，根据检索结果情况，再往前追溯。

2. 检索策略

① 年限：2006 年~2013 年 6 月（标准不限时间）。
② 关键词。
中文：氧化铝、三氧化二铝、刚玉、Al_2O_3，泡沫陶瓷，制备、制造、研制、试制、生产、工艺。
英文：alumina oxide、alumina、corundum、Al_2O_3，foam ceramic、ceramic foam，preparation、prepared、development、manufacturing、manufacture、process、technology、technique。
③ 检索式。
中文：
检索式一：（氧化铝 OR 三氧化二铝 OR 刚玉 OR Al_2O_3）AND 泡沫陶瓷 AND（制备 OR 制造 OR 研制 OR 试制 OR 生产 OR 工艺）。
检索式二：（氧化铝 OR 三氧化二铝 OR 刚玉 OR Al_2O_3）AND 泡沫陶瓷。
英文：
检索式一：（alumina OR corundum OR Al_2O_3）AND（foam ceramic OR ceramic foam）AND（preparation OR prepared OR development OR manufacturing OR manufacture OR process OR technology OR technique）。
检索式二：（alumina OR corundum OR Al_2O_3）AND foam AND ceramic。

中文和英文的检索式二可扩大检索范围，检出摘要中未出现制备、工艺等词语，但实际上为制备和工艺研究的文献。

④ 数据库。

期刊库：中国知网（CNKI）、万方数据知识服务平台；Springer 电子期刊、EBSCOhost、Elsevier Science 电子期刊、国家科技图书文献中心（查外文期刊）。

学位论文库：中国知网、万方数据知识服务平台、国家科技图书文献中心（查外文学位论文）。

会议论文库：中国知网、万方数据知识服务平台、国家科技图书文献中心（查外文会议论文）。

科技报告数据库：国家科技图书文献中心（NSTL）。

科技成果库：万方数据知识服务平台、中国知网。

专利库：知识产权出版社的中外专利库。

标准库：中国标准服务网。

⑤ 为提高查全率，选择在摘要（标准为名称，专利为名称、摘要和主权项）中检索，再逐条检查，剔除无关结果。

3. 检索结果

（1）主要期刊论文

• CNKI（中文检索式一）：共 43 篇，以下列出其中的 10 篇。

[1] 况敏,赵海全,赵丹,姜雨婷. 冶金用高性能碳化硅泡沫陶瓷制备研究[J]. 重庆科技学院学报(自然科学版),2011(1).

[2] 曹志强,郭庆涛,李廷举,王同敏. 对含有 Al_2O_3 的铝熔体电磁分离实验研究[J]. 大连理工大学学报,2011(2).

[3] 于景媛,李强,唐骥,孙旭东. 植物种子模板法制备 Al_2O_3 泡沫陶瓷的研究[J]. 铸造,2010(3).

[4] 王莹,陈军超,任凤章. 泡沫载体的表面处理对泡沫陶瓷性能的影响[J]. 中国陶瓷,2010,(6).

[5] 张瑞,马战红,张衡,张静,张现邦,杨雅静. 复合粘结剂对 Al_2O_3 基小孔径陶瓷过滤器性能的影响[J]. 陶瓷,2010(5).

[6] 刘属兴,谭训彦,李毅坚,谈军,刘维良,周生娣. 碳化硅泡沫陶瓷过滤板的研制[J]. 稀有金属材料与工程,2008(S1).

[7] 刘磊,梁小平,李权舟. 氧化铝泡沫陶瓷浆料的研究[J]. 硅酸盐通报,2010(2).

[8] 贾江议,熊毅. 刚玉质泡沫陶瓷过滤器的研制[J]. 轻金属,2010(10).

[9] 刘生长,苏鹏,冀树军,郭学益. 铝用泡沫陶瓷过滤板改性研究[J]. 湖南有色金属,2009(1).

[10] 卢丹丽,何志平,黄毅,邓义群. 烧成工艺对莫来石增韧泡沫陶瓷强度的影响[J]. 山东陶瓷,2009(2).

• CNKI（中文检索式二）：经阅读文摘筛选并与上面查重后有 8 条，以下列出其中的 5 条。

[1] 王霞. 浅谈硅微粉在氧化铝泡沫陶瓷中的作用[J]. 佛山陶瓷,2010(5).

[2] 何志平,卢丹丽,黄毅,邓义群. 莫来石晶体增韧泡沫陶瓷中晶体的生长过程[J]. 陶瓷科学与艺术,2009(2).

[3] 唐竹兴,田贵山,杨晴晴. ZrB_2- Al_2O_3 泡沫陶瓷的研制[J]. 硅酸盐通报,2007(6).

[4] 曹大力,麦开华,马雷,何铃铃,孙绍波. 碳化硅质泡沫陶瓷过滤器的研制[J]. 铸造,2008(3).

[5] 陈少静,辛庆辉,王宝利,沙镇虎,孙绍波,曹大力. 混合碳酸稀土对泡沫陶瓷过滤器性能的影响[J]. 沈阳化工学院学报,2008(2).

- 万方数据库（中文检索式一）：与上面查重后 0 条。
- 万方数据库（中文检索式二）：经筛选并与上面查重后 0 条。
- Springer 电子期刊（英文检索式一）：共 0 条。
- Springer 电子期刊（英文检索式二）：7 条，以下列出其中的 5 条。

[1] Imre N. Orbulov, Janos Dobranszky and Arpad Nemeth.Microstructural characterisation of syntactic foams[J].Journal of Materials Science, 2009, Volume 44, Number 15, Pages 4013-4019

[2] Hermes S. Costa, Alexandra A. P. Mansur, Edel F. Barbosa-Stancioli, Marivalda M. Pereira and Herman S. Mansur.Morphological, mechanical, and biocompatibility characterization of macroporous alumina scaffolds coated with calcium phosphate/PVA[J].Journal of Materials Science, 2008, Volume 43, Number 2, Pages 510-524

[3] X. He, Y. Z. Zhang, J. P. Mansell and B. Su.Zirconia toughened alumina ceramic foams for potential bone graft applications: fabrication, bioactivation, and cellular responses[J].Journal of Materials Science: Materials in Medicine, 2008, Volume 19, Number 7, Pages 2743-2749

[4] S. E. Porozova, V. B. Kul'met'eva, I. A. Borisova and S. V. Volochai.Distribution of alloying elements and impurities in the secondary zinc alloy after filtration[J].Russian Journal of Non-Ferrous Metals, 2007, Volume 48, Number 1, Pages 51-56

[5] Laurent Gremillard, Romaric Casadei, Eduardo Saiz and Antoni P. Tomsia.Elaboration of self-coating alumina-based porous ceramics[J].Journal of Materials Science, 2006, Volume 41, Number 16, Pages 5200-5207

- EBSCOhost（英文检索式一）：结果 25 条，无与以上重复者，以下列出其中的 3 条。

[1] Gonzenbach, Urs T.; Studart, André R.; Steinlin, David; Tervoort, Elena; Gauckler, Ludwig J..Processing of Particle-Stabilized Wet Foams Into Porous Ceramics[J]. Journal of the American Ceramic Society, Nov2007, Vol. 90 Issue 11, p3407-3414

[2] Sifontes, Angela B.; Urbina, Marianis; Fajardo, Frank; Melo, Luis; Mediavilla, Marta; Carrión, Nereida; Brito, Joaquín L..Preparation of γ-alumina ceramic foams employing hydrophilated polyester polyurethane sponges[J]. Journal of Materials Science, Aug2009, Vol. 44 Issue 16, p4507-4509

[3] Vogt, U.F.; Gorbar, M.; Dimopoulos-Eggenschwiler, P.; Broenstrup, A.; Wagner, G.; Colombo, P..Improving the properties of ceramic foams by a vacuum infiltration process[J]. Journal of the European Ceramic Society, Nov2010, Vol. 30 Issue 15, p3005-3011

- Elsevier Science 电子期刊（英文检索式一）：0 条。
- Elsevier Science 电子期刊（英文检索式二）：经筛选并与上面查重后有 13 条，以下列出前 3 条。

[1] Faure, Raphaël;Rossignol, Fabrice;Chartier, Thierry;Bonhomme, Claire;Maître, Alexandre;Etchegoyen, Grégory;Del Gallo, Pascal;Gary, Daniel.Alumina foam catalyst supports for industrial steam reforming processes[J]. Journal of the European Ceramic Society, 31 (3), p.303

[2] Ganesh, Ibram.Fabrication of magnesium aluminate (MgAl2O4) spinel foams.Ceramics International, In Press, Corrected Proof,Apr 2011

[3] Lo, Y.W. ;Wei, W.C.J.;Hsueh, C.H..Low thermal conductivity of porous Al2O3 foams for SOFC insulation.Materials Chemistry and Physics, In Press, Corrected Proof,May 2011

- NSTL 西文期刊论文（英文检索式一）：0 条。
- NSTL 西文期刊论文（英文检索式二）：0 条。

（2）学位论文

- CNKI（中文检索式一）：共 16 条，以下列出其中的 10 条。

[1] 蔡雷. 热防护用仿毛细血管丛自愈合材料的研究[D]. 南京航空航天大学: 南京航空航天大学,2010.

[2] 李立新. 氧化铝泡沫陶瓷的制备及性能研究[D]. 长安大学: 长安大学,2009.

[3] 周峰. 氧化铝/莫来石复合泡沫陶瓷的制备研究[D]. 中南大学: 中南大学,2009.

[4] 徐飞. 原位合成莫来石晶须结合 SiC 泡沫陶瓷的制备[D]. 武汉理工大学: 武汉理工大学,2010.

[5] 林宏骞. SHS 法制备 AlON 泡沫陶瓷的工艺优化及性能表征[D]. 哈尔滨工业大学: 哈尔滨工业大学,2007.

[6] 张小凯. AlON 泡沫陶瓷燃烧合成研究[D]. 哈尔滨工业大学: 哈尔滨工业大学,2006.

[7] 韦保. 陶瓷浆料成分及流变性对泡沫陶瓷过滤器性能的影响[D]. 哈尔滨工业大学: 哈尔滨工业大学,2006.

[8] 王玲艳. 电致发热多孔 SiC 陶瓷的制备工艺与应用研究[D]. 西安科技大学: 西安科技大学,2006.

[9] 江润峰. 泡沫陶瓷的制备工艺技术研究[D]. 苏州大学: 苏州大学,2007.

[10] 张波. 多孔陶瓷过滤板的制备及性能研究[D]. 内蒙古工业大学: 内蒙古工业大学,2007.

- CNKI（中文检索式二）：经筛选后结果为 0 条。
- 万方数据库（中文检索式一）：经筛选并与上面查重后共 8 条，以下列出其中的 5 条。

[1] 谢高峰. 氧化镁与铸钢用氧化铝泡沫陶瓷过滤器的研制 [D]. 南昌航空大学: 南昌航空大学，2008.

[2] 李中原. 净化软磁合金用碳化硅质泡沫陶瓷过滤器的研制 [D]. 内蒙古科技大学: 内蒙古科技大学，2008.

[3] 闵思斯. 莫来石结合碳化硅泡沫陶瓷的制备及性能研究 [D]. 武汉理工大学: 武汉理工大学，2010.

[4] 马培勇. 外置瑞士卷多孔介质燃烧器特性研究 [D]. 中国科学技术大学: 中国科学技术大学，2010.

[5] 陈军超. 浸渍法制备细孔径氧化铝基泡沫陶瓷过滤器 [D]. 河南科技大学: 河南科技大学，2010

- 万方数据库（中文检索式二）：经筛选并与上面查重后共 0 条。
- NSTL 外文学位论文（英文检索式一）：0 条。
- NSTL 外文学位论文（英文检索式二）：0 条。

（3）会议论文

- CNKI（中文检索式一）：共 2 条。

[1] 于景媛,孙旭东,李强,李晓东,刘志刚. 离心成型技术制备孔径均匀的 $Al_2O_3ZrO_2$ 泡沫陶瓷[A]. .《硅酸盐学报》创刊 50 周年暨中国硅酸盐学会 2007 年学术年会论文摘要集[C].《硅酸盐学报》创刊 50 周年暨中国硅酸盐学会 2007 年学术年会论文摘要集，2007.

[2] 于景媛,孙旭东,李强,李晓东,刘志刚. 聚合物模板法制备氧化铝-氧化锆泡沫陶瓷[A]. 黄勇.《硅酸盐学报》创刊 50 周年暨中国硅酸盐学会 2007 年学术年会论文集（一）[C].《硅酸盐学报》创刊 50 周年暨中国硅酸盐学会 2007 年学术年会论文集（一）:《硅酸盐学报》编辑室,2007.

- CNKI（中文检索式二）：结果为 0 条。
- 万方数据库（中文检索式一）：经筛选并与上面查重后 2 条。

[1] 温鲲鹏,毛仲佳. 低温烧结高铝质泡沫陶瓷的研制 [A]. 耐火材料—第五届国际耐火材料学术会议论文集[C]. 2007 .

[2] 曹大力,马雷,王慧华等. 添加混合碳酸稀土对莫来石—碳化硅质泡沫陶瓷过滤器性能的影响 [A]. 第三届沈阳科学学术年会论文集[C]. 2006 .

- 万方数据库（中文检索式二）：0 条。
- NSTL 外文会议论文（英文检索式一）：0 条。
- NSTL 外文会议论文（英文检索式二）：0 条。

（4）科技报告

- NSTL 国外科技报告：0 条。

（5）科技成果

- 万方数据库（中文检索式一）：1 条。

[1] 泡沫网状陶瓷填料生产技术[Z].山东理工大学，2008

- 万方数据库（中文检索式二）：经筛选 0 条。
- CNKI（中文检索式一）：0 条。
- CNKI（中文检索式二）：0 条。

（6）专利文献

- 知识产权出版社的中国专利检索（中文检索式一）：19 条，以下列出其中的 5 条。

[1] 陈建春，黄克明，吴荣庭等.一种泡沫陶瓷铝熔体过滤管及制作方法和过滤装置[Z].CN101927105A，2010.

[2] 熊友辉.一种基于纳米氧化铝的泡沫陶瓷制备方法[Z] CN101817693A，2010.

[3] 黄剑锋，曹丽云，李颖华等.一种利用粉煤灰制备泡沫陶瓷保温板的方法[Z].CN101597178，2009.

[4] 唐竹兴.高温泡沫陶瓷的制备方法[Z] CN101323538，2008.

[5] 李军虎，关晋军，逯文强等.碳化硅质泡沫陶瓷过滤器[Z]. CN101164655，2008.

- 知识产权出版社的中国专利检索（中文检索式二）：经筛选并与上面查重后 1 条。

[1] 陈勇刚,陈建春,黄克明.复式结构泡沫陶瓷过滤板及制作方法和铝熔体过滤装置[Z].CN101869794A，2010.

- 知识产权出版社的国外专利检索（英文检索式一）：15 条，以下列出其中的 5 条。

[1] JURANITCH JAMES CHARLE.LARGE SCALE SYNGAS BTU ENHANCEMENT FOR POWER GENERATION[Z]. WO2011008263(A2)，2011.

[2] CHI FENGKHAAK DEHVID POBRI LEONARD.CORROSION-PROOF CERAMIC FOAM FILTER WITH LOW EXPANSION RATIO FOR FILTRATION OF MELT ALUMINIUM[Z]. RU2380136(C1)，2010.

[3] LEE HYUN JAEJEONG WON MOO.THE METHOD OF MULTILAYER ADSORBENT ELEMENT[Z]. KR20080093699(A)，2008.

[4] Ceramic foam filter for filtering molten metals[Z]. KR100804939(B1)， 2008.

[5] BYUN CHONG BAEBYUN SUNG JUNYOON YANG SEOKKIM SOO JUN.CERAMIC FOAM FILTER FOR FILTERING MOLTEN METALS[Z]. KR20070115060(A)，2007.

• 知识产权出版社的国外专利检索（英文检索式二）：经与上面查重后 11 条，以下列出其中的 5 条。

[1] CHI FENGHAACK DAVID PAUBREY LEONARD.LOW EXPANSION CORROSION RESISTANT CERAMIC FOAM FILTERS FOR MOLTEN ALUMINUM FILTRATION[Z]. EP2001574(B1)，2011.

[2] CHI FENGHAACK DAVID PAUBREY LEONARD.LOW EXPANSION CORROSION RESISTANT CERAMIC FOAM FILTERS FOR MOLTEN ALUMINUM FILTRATION[Z]. US2010113244(A1)，2010.

[3] BORETTO GIANMARIADEBENEDETTI MASSIMOMARZORATI DIEG.METHOD FOR MANUFACTURING A PARTICULATE FILTER FOR DIESEL ENGINES, USING A HIGH-PERFORMANT CERAMIC FOAM[Z]. EP1196230(B1)，2010.

[4] REINSCH BERNDOEDEKOVEN ALBRECHTSULZBERGER KLAUS-DIETERFRISSE HANS-PETERKOMORI TERUOTHUENER LARSBRESSLER HARAL.Particle filter for exhaust gas of internal combustion engine, in particular diesel engine of private car or truck, has filter surface and filter volume with characteristic values for engine performance and engine capacity[Z]. DE102006053127(A1)，2008.

[5] CHI FENGHAACK DAVID PAUBREY LEONARD.LOW EXPANSION CORROSION RESISTANT CERAMIC FOAM FILTERS FOR MOLTEN ALUMINUM FILTRATION[Z]. WO2007120483(A2)，2007.

（7）标准文献（中国标准服务网）

检索式：题名=泡沫陶瓷，不作时间限定，结果如下。

① GB/T 25139-2010 铸造用泡沫陶瓷过滤网

② JC/T 895-2001 泡沫陶瓷过滤器

无国际标准。

4. 原文获取

以上检索结果的原文，大多可以在线浏览与下载。如网络信息资源、中文期刊论文（如 CNKI、万方等）、外文期刊论文，可直接下载或复制原文。有些网站不提供原文（如 NSTL），可通过原文传递的方式获取。

7.2 网络信息的组织、阅读、鉴别与整理

网络信息经过系统检索后，就要根据课题研究或论文写作的需要进行一定的组织、阅读、鉴别与整理，使信息素材运用到课题的研究或论文的写作中去。本节介绍信息的组织、阅读、鉴别与整理方法。

7.2.1 网络信息的组织

这里所说的组织是指对收集的网络信息按照课题或论文的要求进行分类与排序，是对网络信息进行一定的形式组织工作。

对于通过数据库检索或搜索引擎搜索得到的网络文献信息，一般通过设置不同的文件夹、建立不同的文件进行组织。主要有地区分类组织法、时间分类组织法和内容分类组织法，根据不同课题或论文的性质选择。一般以内容分类组织居多，其程序如下。

首先，按课题或论文所涉及的主题或关键词建立文件夹，如课题包含子课题或者文件夹中的资料太多，可先建立一级文件夹，再建立二级、三级文件夹。

其次，将下载的文献原文依据其内容相关性拖入相应的文件夹。最好的方法是在信息的综合搜索前，分析研究课题与论文选题，建立好用于存储文献原文的文件夹。

最后，利用 Windows 操作系统排列图标的功能，对文件夹及其所属的文件按照名称或类型排列，使之系统化、有序化，以便查找。

对于下载的文献的题录信息可以集中存储在一个 Word 文档或文本文档中，如果下载的文献数量较多，也可按照一级文件夹名称建立多个 Word 文档或文本文档，以存储各自文件夹中文献的题录信息。

对于网页信息，如果需要保存整个网页的，采取与文献原文文件相同的组织方式，将下载的网页文件分别存放在相关的文件夹下。如果只需要网页的部分内容的，信息搜集时，只需复制所需内容到新建的 Word 文档中，但应及时在该段内容后面用括号注明其网络地址、作者、网上发表时间和下载时间，以便撰写论文或研究报告引用该段文字时注明出处。

7.2.2 网络信息的阅读

网络信息经过形式组织后，接下来就是阅读。为了达到良好的阅读效果，一般来说，应遵循这样一个阅读顺序：先中文，后外文；先综述，后专题；先近期，后远期；先文摘，后全文；先泛读，后精读。

信息的"阅读"与阅读小说、诗歌等文学作品和一般的休闲、消遣性的读物不同，它是一种带有一定的专业目标的定向阅读。阅读的主要方法如下。

1. 泛读法

泛读法也快速阅读法，指通过快速浏览信息的部分内容，来决定是否要对其进行精读。

可分为部分浏览法与全文通读法两种。

① 部分浏览法。如读一篇论文，可先浏览题目、摘要、前言、结论；读一本书，可先读序言、跋和目次表，再决定是否该精读或应该精读的部分。

② 全文通读法。即将信息从头到尾快速通读一遍，把握文献的总体中心思想、总体思路，捕捉各种重要信息内容，判断是否需要精读、精读何处。

2. 精读法

对于一些综述信息、经典文章和著作或通过泛读决定应该精读的部分，应该逐字逐句地认真研读，反复琢磨，深刻领会其中的观点、论据和论证方法与技巧，以资借鉴。

泛读和精读缺一不可，只有泛读，无法深刻体会重要的学术观点，只有精读，难以涉猎大量文献。只有把精度与泛读有机地结合起来，才能取得最佳的阅读效果。

阅读信息时，应注意以下几点。

① 阅读信息时，应根据研究和写作的需要，及时将资料中有参考价值的内容，如主要观点、论证过程、名言警句、数据或图表等复制下来。注意要忠实于原文，并在其后注明出处（即文献的题录信息）。

② 在阅读信息的过程中产生的某些想法或灵感要及时记录下来，因为它们往往具有很大的创造性，对于学术论文写作和科学研究可能有着很高的价值。

③ 要注意带着旁观者的眼光来阅读，以免受作者的观点束缚，无法发挥自己的主观能动性。

7.2.3 网络信息的鉴别

通过各种途径检索的网络信息，数量大，内容广泛，必须对其进行鉴别和选择，认真研究这些信息是否真实、新颖、适用、典型，能否反映事物的本质特征。只有通过认真的鉴别、科学的分析与审定，才能去粗存精、去伪存真，优选出最有价值、最适用的信息素材。

对网络信息的初步鉴别其实在信息的形式组织阶段就已经开始了，根据信息的篇名，辅以浏览文摘，即可将收集的信息分为具有重要参考价值的核心信息、一般相关信息和无关信息，而将无关信息直接剔除。对核心信息和相关信息的深入鉴别，则必须通过阅读的方法，才能实现。这种对信息质量的深层次鉴别是从信息的可靠性、先进性和适用性三方面来判断的。

（1）可靠性判断

可靠性亦称可信度，是指网络信息的真实性和准确性，即文献的技术内容的科学、准确、完整与成熟的程度，能否恰如其分地反映科学研究和生产实践活动。可以从两方面来衡量。

① 根据信息的内容衡量。这可以从文献提出的基本观点、论点论据、主要结论、技术内容、成熟程度等几个方面来判断。一般来说，概念明确、立论科学、数据精确、逻辑严谨、论证充分、技术成熟、被实践证实了的信息可靠性较高。

② 根据信息的来源衡量。可通过文章作者及其单位的身份与地位、成就大小、文章是否刊登在该学科专业的核心期刊上、文章引用的参考文献的权威性、文章的被引用率、文献的出版类型及出版单位等进行判断。

（2）先进性判断

网络信息的先进性，主要是考察信息内容的新颖性和创造性。主要信息是否提出了新观点、新理论、新假设、新技术，以及实际应用和应用范围如何，以及对资源消耗和环境保护的影响，是否属于节能减排型。另外，还可以从文献发表的时间、发表的国家、期刊的水平来判断。

（3）适用性判断。网络信息的适用性是指信息内容对本课题研究或论文写作的适用程度。凡是与课题中心论点无关的内容应一律舍弃；对于与课题论点相关的内容，也要视其能否较好地证明中心论点而决定取舍。对于技术信息，要判断文献涉及的原料、工艺、材料和设备是否适合本国、本地区、本部门的具体情况，是否与本课题的研究条件相匹配等。

对于具有相似主题的信息的鉴别，通常采用比较法。这种方法是将主题相同或相近的信息放在一起，进行阅读，比较其论点和论据、来源与出处，从而判断出哪个论点是正确的，哪些材料是真实可靠的，哪些是含有水分的或虚假的。

7.2.4 网络信息的整理

阅读、鉴别与选择网络信息后，即可围绕研究课题和论文论题进行信息内容的整理。整理的对象是经过阅读记录、并经鉴别选择留下来的内容。信息内容的整理主要包括如下工作。

① 统一不同材料中的度量衡和币制单位，统一人名和地名的译名等。

② 重新绘制以图片方式拷贝下来的图表，核实图表中的数据与符号，对有些图表数据进行汇总分析，重新制表或绘图。

③ 对相同的观点进行合并，相近的观点进行归纳，不同的论点进行对比分析。

④ 汇总相同或相近的论据材料。

⑤ 整理相关附录。

⑥ 汇总参考文献清单等。

经过内容整理的信息素材，即可用于撰写论文或研究报告了。

7.3 学术论文与学位论文的写作

撰写学术论文不仅是科学研究人员的工作需要，也是对我国大学生与研究生的学业要求。我国绝大多数高校对大学生有撰写毕业论文的要求，几乎所有的高校和研究机构都要求研究生必须通过学位论文答辩，同时要发表一定数量和质量的学术论文。因此，学术论文的写作是大学生尤其是研究生完成学业的重要阶段。

7.3.1 学术论文的写作

下面将从学术论文的含义与特点出发，介绍其写作方法与步骤。

1. 学术论文的含义

学术论文（scientific papers）也称科学论文、科研论文或研究论文。

国家标准《GB 7713-1987 科学技术报告、学位论文和学术论文的编写格式》（该标准的科学技术报告部分内容被《GB/T 7713.3-2009 科技报告编写规则》替代，学位论文部分被《GB/T 7713.1-2006 学位论文编写规则》替代，但一般学术论文的概念与规定仍可作为参考）中将学术论文定义为：某一学术课题在实验性、理论性或观测性上具有新的科学研究成果或创新见解和知识的科学记录；或是某种已知原理应用于实际中取得新的进展的科学总结，用以提供学术会议上宣读、交流或讨论；或在学术刊物上发表；或作其他用途的书面文件。

由此可见，学术论文是对某一学科领域中的问题进行探讨与研究后，将研究成果总结表述而成的文章。它不同于一般的文学作品，必须进行一定的理论与实践应用的探讨或科学总结，其表现形式可以是学术刊物上发表、学术会议交流，或作其他用途（如高校学生的课程论文和一般的研究报告）。

2. 学术论文的特点

学术论文具有学术性、创新性与科学性三个基本特点。

（1）学术性

学术论文，顾名思义，必须具有学术性。按照《辞海》的解释，学术是指较为专门的、有系统的学问。学术性，指纯学术性质的，也就是说，将专门性的知识系统化，然后加以探讨、研究。学术论文就是研究某一学科专业的专门性学术问题，研究事物发展的内在本质和发展变化规律的文章。

学术性是学术论文最基本的要求，是其与一般议论文和文学作品的首要区别。学术性要求材料选择、用词和语言表达的专业性，推理论证的逻辑性与表达的简洁性。

（2）创新性

学术论文的创新性指其创造性与新颖性。

学术论文应提供新的科技信息，其内容应有所发现、有所发明、有所创造、有所前进，而不是重复、模仿、抄袭前人的工作。这是对学术论文创新性的具体要求。

学术论文的创新性，是相对于人类总的知识与研究成果而言的，是在世界范围内来衡量的。创新性是衡量学术论文价值的根本标准。

（3）科学性

科学性是学术论文的生命，是学术论文区别于其他文章的主要特征。科学性要求态度诚实认真、实事求是，论文内容客观真实，数据准确可靠，方法切实可行，论证严谨缜密，观点前后一致，表述全面清晰，其所反映的研究成果，能够经得起实践的重复实验。

3. 学术论文的类型

学术论文按其出版形式可分为以下三种。

（1）期刊论文

期刊论文是指发表在科学期刊上的学术论文。这是最常见的学术论文形式，其篇幅大多不长，一般在 3 000～5 000 字，多者 6 000～10 000 字。因此，学术论文的选题不能太大，否则，难以充分论证。

（2）会议论文

　　会议论文是指为参加国内外的各学科专业的学术会议而撰写的学术论文，以提供学术会议上宣读、交流、讨论。其篇幅与要求与期刊论文类似。

　　会议论文可以会前预印本和会后会议录的形式正式或非正式出版。

　　（3）学位论文

　　学位论文是指为申请学位而撰写和提交的论文。与申请的学位相对应，学位论文包括学士学位论文、硕士学位论文和博士学位论文。学位论文具有一般学术论文的特点，必须遵守学术论文的撰写要求，但它又是一种特殊的学术论文，字数较多，篇幅较大，而且有其独特的出版形式。

　　此外，学术论文还包括发表在报纸理论版的学术文章；不公开发表的学术报告、考察报告、调查报告和科技研究报告的缩写版等，也具有学术论文的性质。

4. 学术论文的基本构成

　　一篇学术论文的基本构成一般包括题名、作者姓名和单位、摘要、关键词、正文和参考文献。

　　（1）题名（Title，Topic）

　　题名也称标题或题目。可用一个或几个字、一个或几个词，或者一、两句话准确表达论文的内容。题名要求准确、精练和新颖，对全文起到画龙点睛的作用。准确就是不要过于笼统、含糊不清，也不要模棱两可、产生歧义；精练就是字少词精，中文题名一般不宜超过20个字，外文题名一般不宜超过10个实词；新颖就是要使题名吸引读者的注意，如用比喻或象征性的词语作标题，或采用正副标题的形式。例如，"人类灵魂的审问者——余华与卡夫卡悖谬美学观比较研究"，"从文献线索提供到知识挖掘的跨越——对信息检索智能化的展望"。

　　论文题名位于论文的最前面一行的居中位置。

　　（2）作者姓名和单位（Author and department）

　　作者姓名位于题名下一行，位置居中。在另起一行正中的位置标明单位、所在城市及邮政编码，并用括号括起。例如：

常 春

（中国科学技术信息研究所　　北京　100038）

　　如有多个作者，应按其对研究工作与论文撰写贡献大小的降序排列，再在下一行的括号内注明各个作者的单位、城市与邮政编码。例如：

白世贞[1]　郑小京[2]

（1.东南大学，江苏　南京　210096；2.哈尔滨商业大学，黑龙江　哈尔滨　150076）

若多个作者为同一个单位，则不需分别注明工作单位、所在地城市与邮政编码。例如：

罗晓宁　鄢春根

（景德镇陶瓷学院，江西　景德镇　333001）

　　（3）摘要（Abstract）

　　学术论文一般应有摘要，为了国际交流，还应有外文（多用英文）摘要。学术论文的摘要是论文的内容不加注释和评论的简短陈述。

　　摘要应具有独立性和自含性。摘要能使读者不用阅读全文，就能获得必要的信息，从而使他们决定是否需要阅读全文。

国家标准《GB 6447-1986 文摘编写规则》对文摘（摘要）的编写有明确的规定。如结构要严谨，表达要简明，语义要确切；文摘不得简单地重复题名中已有的信息。

文摘中的商品名需要时应加注学名；缩略语、略称、代号，除了相邻专业的读者也能清楚理解的以外，在首次出现处必须加以说明。

要用第三人称的写法。应采用"对……进行了研究"、"报告了……现状"、"进行了……调查"等记述方法标明一次文献的性质和文献主题，不必使用"本文"、"作者"、等作为主语。

中文摘要一般不宜超过 300 字；外文摘要不宜超过 250 个实词。期刊论文与会议论文的文摘一般比较简短，多者 4～5 行，少的 2～3 行。

（4）关键词（Key Word）

关键词是为了文献标引工作从报告、论文中选取出来用以表示全文主题内容信息款目的单词或术语。

每篇报告、论文可选取 3～8 个词作为关键词，以显著的字符另起一行，排在摘要的左下方。

关键词可以从学术论文的题名、摘要和正文中的各级标题与全文中提取，有时还需综合全文内容提出论文涉及主题的上位概念或相关概念做关键词。如有可能，尽量用《汉语主题词表》等词表提供的规范词。

为了国际交流，应标注与中文对应的英文关键词。

（5）正文（Main Body）

正文是学术论文真正的原文，一般由引言、本论、结论三部分组成。

引言也称绪论或序论，简要说明为什么要研究这个题目，解释这一论题讨论、研究的意义，应言简意赅（学位论文的引言较为详细，可独立出来）。

本论是论文的核心内容，它占论文的主要篇幅，约为全文的三分之二。要详细阐述所研究的成果，特别是作者自己提出的新的、独创性的意见。可以包括：调查对象、实验和观测方法、仪器设备、材料原料、实验和观测结果、计算方法和编程原理、数据资料、经过加工整理的图表、论证的过程、形成的论点和导出的结论等。必须实事求是，客观真切，准确完备，合乎逻辑，层次分明，简练可读。

正文中的图（如曲线图、构造图、示意图、图解、框图、流程图、记录图、布置图、地图、照片、图版等）应具有"自明性"，即只看图、图题和图例，不阅读正文，就可理解图意。每一图应有简短确切的题名，连同图号置于图下。必要时，应将图上的符号、标记、代码，以及实验条件等，用最简练的文字，横排于图题下方，作为图例说明。

正文中的表也应有自明性。每一表应有简短确切的题名，连同表号置于表上。必要时应将表中的符号、标记、代码，以及需要说明事项，以最简练的文字，横排于表题下，作为表注，也可以附注于表下。

表的编排一般是内容和测试项目由左至右横读，数据依序竖排。如数据已绘成曲线图，可不再列表。

符号和缩略词的使用应遵照有关国家标准和规定。如不得不引用某些不是公知公用的、且又不易为同行读者所理解的、或系作者自定的符号、记号、缩略词、首字母缩写字等时，均应在第一次出现时一一加以说明，给以明确的定义。

结论是学术论文最终的、总体的结论，不是正文中各段的小结的简单重复。结论应该准确、完整、明确、精练。如果不可能导出应有的结论，也可以没有结论而进行必要的讨论。可以在结论或讨论中提出建议、研究设想、仪器设备改进意见、尚待解决的问题等。

正文中的注释。当论文中的字、词或短语，需要进一步加以说明，而又没有具体的文献来源时，用注释。注释的做法在社会科学论著中居多。注释有三种著录方法：集中著录在"文后"；分散著录在"脚注"；分散著录在"文中"。

（6）参考文献（references）

即文后参考文献（bibliographic references），是指为撰写或编辑论文和著作而引用的有关文献信息资源。参考文献的著录方法有顺序编码制和著者—出版年制两种，但使用前者居多。文后的参考文献表按顺序编码制组织时，各篇文献要按正文部分标注的序号依次列出。

在正文中标注引用的文献时，按出现的先后顺序从 1 开始连续编码，并将序号置于方括号中，然后设成上标。如"……这些定义都将与"后面的测度框架"直接关联[1]……""

各种类型的参考文献应严格按照《中华人民共和国国家标准：GB/T 7714-2005 文后参考文献著录规则》进行著录。

① 专著。

著录格式：

主要责任者.题名:其他题名信息[文献类型标志].其他责任者.版本项.出版地:出版者，出版年:引文页码[引用日期].获取和访问路径.

其中，文献类型标志，电子文献必备，其他文献任选；引用日期，联机文献必备，其他电子文献任选；获取和访问路径，联机文献必备。

示例：

[1]余敏.出版集团研究[M].北京:中国书籍出版社,2001:179-193.

[2]昂温 G，昂温 PS.外国出版史[M].陈生铮,译.北京:中国书籍出版社,1988.

[3]全国文献工作标准化技术委员会第七分委员会.GB/T 5795-1986 中国标准书号[S].北京:中国标准出版社,1986.

[4]辛希孟.信息技术与信息服务国际研讨会论文集:A 集[C].北京:中国社会科学出版社,1994.

[5]孙玉文.汉语变调构词研究[D].北京:北京大学出版社,2000.

[6]YUFIN S A. Geoecology and computers: proceedings of the Third International Conference on Advances of Computer Methods in Geotechnical and Geoenvironmental Engineering, Moscow, Russia, February 1-4,2000[C]. Rotterdam: A. A. Balkema, 2000.

② 专著中的析出文献。

著录格式：

析出文献主要责任者.析出文献题名[文献类型标志].析出文献其他责任者//专著主要责任者.专著题名:其他题名信息.版本项.出版地:出版者,出版年:析出文献的页码[引用日期].获取和访问路径。

其中，文献类型标志，电子文献必备，其他文献任选；析出文献其他责任者任选；引用日期，联机文献必备，其他电子文献任选；获取和访问路径，联机文献必备。

示例：

[1]程根伟.1998 年长江洪水的成因与减灾对策[M]//许厚泽，赵其国.长江流域洪涝灾害与科技对策.北京:科学出版社，1999:32-36.

③ 连续出版物中的析出文献。

著录格式：

析出文献主要责任者.析出文献题名[文献类型标志].连续出版物题名:其他题名信息，年，卷(期):页码[引用日期].获取和访问路径.

其中，文献类型标志，电子文献必备，其他文献任选；引用日期，联机文献必备，其他电子文献任选；获取和访问路径，联机文献必备。

示例：

[1]李晓东，张庆红，叶瑾琳.气候学研究的若干理论问题[J].北京大学学报:自然科学版，1999,35(1):101-106.

[2]刘彻东.中国的青年刊物:个性特色为本[J].中国出版,1998(5):38-39.

④ 学位论文。

示例：

[1]张志祥.间断动力系统的随机扰动及其在守恒律方程中的应用[D].北京:北京大学数学学院,1998.

⑤ 论文集、会议录。

示例：

[1]中国力学学会.第 3 届全国实验流体力学学术会议论文集[C].天津:[出版者不详],1990.

无出版者的中文文献著录"出版者不详"，外文文献著录"s.n."，并置于方括号内。

⑥ 科技报告。

示例：

[1]U.S. Department of Transportation Federal Highway Administration. Guidelines for bandling excavated acid-producing materials, PB 91-194001[R].Springfield: U. S. Department of Commerce National Information Service, 1990.

⑦ 专利文献。

著录格式：

专利申请者或所有者.专利题名:专利国别，专利号[文献类型标志].公告日期或公开日期[引用日期].获取和访问路径。

其中，文献类型标志，电子文献必备，其他文献任选；引用日期，联机文献必备，其他电子文献任选；获取和访问路径，联机文献必备。

示例：

[1]姜锡洲.一种温热外敷药制备方案:中国,88105607.3[P].1989-07-26.

[2]西安电子科技大学.光折变自适应光外差探测方法:中国,01128777.2 [P/OL].2002-03-06 [2002-05-28].http://211.152.9.47/sipoasp/zljs/hyjs-yx-new.asp?recid=01128777.2&Ieixin=0.

⑧ 电子文献。

凡属电子图书、电子图书中的析出文献以及电子报刊中的析出文献的著录项目与著录格式分别按①、②和③中的有关规则处理。除此之外的电子文献根据本规则处理。

著录格式：

主要责任者.题名:其他题名信息[文献类型标志/文献载体标志].出版地:出版者,出版年（更新或修改日期）[引用日期].获取和访问路径.

示例：

[I]PA CS-L:the publi-access computer systems forum[EB/OL].Houston, Tex: University of Houston Libraries,1989[1995-05-17].http://info.lib.uh.edu/pacsl.html.

5. 学术论文的编排格式

学术论文由前置部分和主体部分组成，主体部分的章、条与正文中的图表应采用阿拉伯数字分级编号。

（1）前置部分

学术论文（学位论文除外）的前置部分一般只包括题名、作者、摘要和关键词，如图7.1所示。

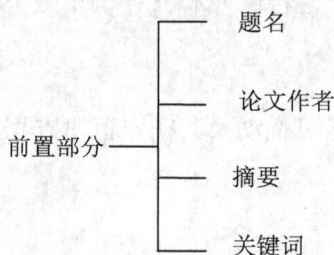

图 7.1　学术论文的前置部分

（2）主体部分

学术论文（学位论文除外）的主体部分包括引言、正文（本论）、结论和参考文献，如图7.2所示。

6. 学术论文的写作步骤

学术论文的写作包括：选题、材料的收集和整理、确定主题与拟定写作提纲、撰写成文、修改定稿、投稿等步骤。

（1）选题

选题是撰写学术论文的第一步。选题是指选定学术论文所要研究的主要问题或方向、范围与对象，即研究课题。选题并不是确定论文的题目，选题的外延要比论文的题目大得多，因为此时还无法确定论文题目。

引言—1
正文—2
2.1
2.2
2.3
2.3.1
2.3.2
2.3.2.1
2.3.2.2
·
·
·
主体部分
图1（或图2.1）
图2（或图2.2）
结论
表1（或表2.1）
表2（或表2.2）
·
参考文献表

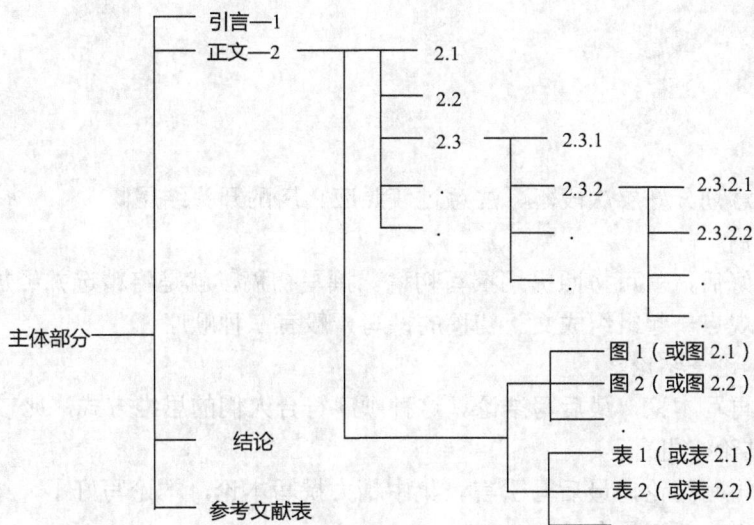

图7.2 学术论文的主体部分

选题至关重要，"好的选题意味着成功的一半"。可选某学科领域的前沿问题、热点问题、亟待解决的课题、开创性的课题、填补空白的课题、争鸣性的课题、总结实践经验的课题、补充前说、纠正通说的课题，同时，要根据研究条件、自己的专业方向与研究能力选择大小适中的课题。

（2）资料的收集与整理

任何的科学研究都是在前人研究成果的基础上完成的，因此，在正式撰写论文前必须收集大量的资料，并加以阅读、鉴别和整理。

（3）确定主题，初步确定论文的题名

主题是指作者在一篇论文中提出的基本观点或中心论点，是课题研究的结论部分。

在阅读大量的与自己选题相关的文献资料后，进行分析、概括、比较、提炼，即可得出学术论文的中心论点，并进而初步确定论文的题名。

（4）拟定写作提纲

写作提纲是论文写作的内容框架。它一般包括题名、中心论点、内容提要、章节标题。其格式可以表示如下：

题名

中心论点

内容提要

1．引言

提出中心论点

说明写作意图

2．本论

2.1 ……

2.1.1 ……

2.1.2 ……

2.1.3 ……

2.2 ······

2.2.1 ······

2.2.2 ······

3．结论

同时，要注意划分好层次段落、注意过渡照应、斟酌开头结尾。

（5）撰写初稿

写作提纲拟好后，就可按照提纲撰写初稿。撰写初稿，就是将精选并经加工整理的素材与自己的思想、观点一起组织成文。初稿的撰写一般有三种顺序。

① 引言→本论→结论。

先写引言，再写本论，最后写结论。这种顺序符合人们的思维方式，比较常用。

② 本论→结论→引言。

先写本论，再写结论，最后写引言。集中精力撰写本论，本论写好了，结论自然就出来了，再反过来写引言就容易多了。

③ 结论→本论。

先写结论，再写本论。这是一种类似倒叙的方法，先在文章开头提出结论，再来论证，而没有引言部分。这种写法也较多见。

初稿尽可能写得全面而详细、内容充分，以便修改，同时，力求一气呵成，待完整的初稿完成后，再去斟酌字词、补充资料，以保证思路的连续性和完整性。

（6）修改定稿

初稿只是论文的雏形，还需反复修改、充实与润色，形成定稿。

由于初稿一般是作者根据自己的初步想法撰写而成，难免出现各种问题，如论点与论据脱节、论据不充分、推理不严密、语言含糊不清等。因此，应该多次反复修改，使论文主题鲜明、标题简练而涵义到位；内容完整；引用文献客观真实、保持原意；推敲语言，用词准确，简洁，恰到好处；推理严密；同时注意文字书写、标点符号、参考文献的使用要符合相关标准规范。

7．学术论文的投稿

除学位论文和一些研究报告外，学术论文修改定稿后，下一步就是投稿发表，以向学术界公开研究成果，并体现其价值。稿件可以投向学术期刊、学术会议和专业报纸，但以学术期刊为主。投稿时应注意以下事项。

① 要了解学术期刊的详细情况。包括期刊的性质、收录范围、栏目内容、出版周期，对论文、对作者的具体要求，以及期刊的等级等。比照自己论文的内容、质量与发表时间要求，决定投稿期刊。水平高的论文可投向核心期刊，甚至国家级核心期刊或 SCI、Ei 收录期刊，水平一般或较低的投向一般期刊。选定期刊后，再根据期刊的特殊要求，对论文格式和作者简介等进行局部修改。

② 要尽量投正刊，而不要投增刊或年刊，也不要投没有正式刊号（ISSN）的刊物。大多数单位考核个人学术成果或评聘职称时，对发表在增刊或年刊和非正式刊物上的论文是不算的。

③ 要避免投稿时上当受骗。近些年，为了迎合一些作者为评职称或课题结题而急于发表论文的需要，一些非法刊物冒充正式刊物、虚构 ISSN 号，甚至冒充核心期刊，欺骗作者，骗

取版面费；也有不法人员以帮人在核心期刊上发表论文为诱饵行骗。因此，在投稿前，一定要查实清楚，可利用《中文核心期刊要目总览 2008 年版》核实其是否为核心期刊，登录新闻出版总署网站（http://www.gapp.gov.cn/）核实或直接向新闻出版总署报刊司咨询其是否为有 CN 号的正式刊物。

④ 不要"一稿多投"。"一稿多投"指作者将同一论文同时投向多家期刊。它可能造成所投期刊重复发表同一文章，有损作者声誉和期刊的质量，同时也影响作者今后在这些刊物发表论文。我国有关条例规定"作者不得一稿多投"，几乎所有的期刊也是明确反对"一稿多投"的。

7.3.2 学位论文的写作

学位论文（dissertations）是指为申请学位而撰写和提交的论文。

1. 学位论文的类型

根据授予学位的级别不同，可以将学位论文分为以下 3 种类型。

（1）学士论文

学士论文是指高等院校本科毕业生的毕业论文。尽管《中华人民共和国学位条例》（2004）没有明确规定各高等院校的应届大学毕业生必须撰写学位论文，但绝大多数高校对此有要求。学士论文应该能够反映作者已较好地掌握了本门学科的基础理论、专门知识和基本技能，并具有从事科学研究工作或担负专门技术工作的初步能力。

（2）硕士论文

硕士论文是指高等学校和科学研究机构的研究生，或具有研究生毕业同等学力的人员为申请硕士学位而撰写的论文。《中华人民共和国学位条例》（2004）第五条规定，申请者必须通过硕士学位的课程考试和论文答辩，成绩合格，才能授予硕士学位。

硕士论文应该能够反映作者在本门学科上掌握了坚实的基础理论和系统的专门知识，对所研究课题有新的见解，并具有从事科学研究工作或独立承担专门技术工作的能力。

（3）博士论文

博士论文是指高等学校和科学研究机构的研究生，或具有研究生毕业同等学力的人员为申请博士学位而撰写的论文。《中华人民共和国学位条例》（2004）第六条规定，申请者必须通过博士学位的课程考试和论文答辩，成绩合格，才能授予博士学位。

博士论文表明作者已在本门学科上掌握了坚实宽广的基础理论和系统深入的专门知识，在科学或专门技术上做出了创造性的成果，并具有独立从事创新科学研究工作或独立承担专门技术开发工作的能力。

2. 学位论文的特点

学位论文作为学术论文的一种形式，除具有学术论文的学术性、创新性与科学性特点外，还有其独自的特性。

① 有规范的操作程序。

学位论文写作有一套完整的、规范化的操作程序，写作之前要做开题报告，写作完后，要进行论文答辩。只有答辩成绩合格，才有可能获得相应的学位。

② 篇幅较长。一般的学术论文少则 3 000～4 000 字，多则 6 000～7 000 字，而学位论文以国内大学为例，一般本科生论文应达到 1 万字左右，硕士研究生论文 2～4 万字，博士研究生论文则应达到 5 万字以上，当然根据学科不同字数要求也有差别。

③ 格式、装订与版式有特殊要求。国家标准《GB/T 7713.1-2006 学位论文编写规则》对学位论文的完整组成部分做了明确的规定，如除主体部分外，还要有题名页、摘要页和目次页等，还可有封面、封二、致谢、附录、索引等内容。各学位授予单位对学位论文也有相对统一的装订和版式等方面的要求，如纸张的大小、排版格式、封面与封底的颜色、装订的位置与方法等。

3. 学位论文的组成部分

关于学位论文的组成部分（构成要素），国家标准《GB/T 7713.1-2006 学位论文编写规则》中有明确规定。现依据该标准加以说明。

学位论文除了具有学术论文的基本构成，即包括题名、作者姓名和单位、摘要、关键词、正文和参考文献外，还需要或可有其特有部分。学位论文一般包括前置部分、主体部分、参考文献、附录和结尾 5 个组成部分（参见图 7.4 学位论文结构图）。

（1）前置部分

① 封面。学位论文可有封面。学位论文封面应包括题名页的主要信息，如论文题名、论文作者等。其他信息可由学位授予机构自行规定。

② 封二。学位论文可有封二。包括学位论文使用声明和版权声明及作者和导师签名等，其内容应符合我国著作权相关法律法规的规定。

③ 题名页。学位论文应有题名页。题名页主要内容包括中图分类号（采用《中国图书馆分类法》第 4 版或《中国图书资料分类法》第 4 版标注）、学校代码、UDC（按《国际十进分类法》进行标注）、密级（按《GB/T 7156-2003 文献保密等级代码与标识》标注）、学位授予单位、题名和副题名（题名以简明的词语恰当、准确地反映论文最重要的特定内容，一般不超过 25 字，应中英文对照。题名通常由名词性短语构成，应尽量避免使用不常用缩略语、首字母缩写字、字符、代号和公式等）、责任者（包括研究生姓名，指导教师姓名、职称等）、申请学位（包括申请的学位类别和级别）、学科专业、研究方向（指本学科专业范畴下的三级学科）、论文提交日期、培养单位等。

④ 英文题名页。英文题名页是题名页的延伸，必要时可单独成页。

⑤ 勘误页。学位论文如有勘误页，应在题名页后另起页。在勘误页顶部应放置题名、副题名（如有）和作者名信息。

⑥ 致谢。放在摘要页前，一般有如下致谢对象。

a. 国家科学基金，资助研究工作的奖学金基金，合同单位，资助或支持的企业、组织或个人。

b. 协助完成研究工作和提供便利条件的组织或个人。

c. 在研究工作中提出建议和提供帮助的人。

d. 给予转载和引用权的资料、图片、文献、研究思想和设想的所有者。

e. 其他应感谢的组织和个人。

⑦ 摘要页。摘要页内容包括摘要和关键词，分为中文摘要页和英文摘要页。

学位论文的中文摘要一般字数为 300～600 字，外文摘要实词在 300 个左右。如遇特殊需要字数可以略多。

摘要中应尽量避免采用图、表、化学结构式、非公知公用的符号和术语。

关键词应体现论文特色，具有语义性，在论文中有明确的出处，并应尽量采用《汉语主题词表》或各专业主题词表提供的规范词。

为便于国际交流，应标注与中文对应的英文关键词。

学位论文的英文摘要页一般另起一页。

⑧ 序言或前言（如有）。学位论文的序言或前言，一般是作者对本篇论文基本特征的简介，如说明研究工作缘起、背景、主旨、目的、意义、编写体例，以及资助、支持、协作经过等。这些内容也可以在正文引言（绪论）中说明。

⑨ 目次页。学位论文应有目次页，排在序言和前言之后，另起页。

⑩ 图和附表清单（如有）。学位论文中如图表较多，可以分别列出清单置于目次页之后。图的清单应有序号、图题和页码。表的清单应有序号、表题和页码。

⑪ 符号、标志、缩略词、首字母缩写、计量单位、名词、术语等的注释表（如有）。符号、标志、缩略词、首字母缩写、计量单位、名词、术语等的注释说明，如需汇集，可集中置于图表清单之后。

（2）主体部分

主体部分应从另页右页开始，每一章应另起页；一般从引言（绪论）开始，以结论或讨论结束。

引言（绪论）应包括论文的研究目的、流程和方法等。

论文研究领域的历史回顾，文献回溯，理论分析等内容，应独立成章，用足够的文字叙述。

主体部分由于涉及的学科、选题、研究方法、结果表达方式等有很大的差异，不能做统一的规定，但是必须实事求是、客观真切、准备完备、合乎逻辑、层次分明、简练可读。

图应有编号。图的编号由"图"和从"1"开始的阿拉伯数字组成，图较多时，可分章编号。图最好有图题。

表应有编号。表的编号由"表"和从"1"开始的阿拉伯数字组成，表较多时，可分章编号。表最好有表题。

正文中注释应控制数量，不宜过多。由于学位论文篇幅较长，建议采用文中编号加"脚注"的方式。最好不用采用文中编号加"尾注"。

学位论文主体部分的其他组成部分（如引言、引文标注、结论等）与一般学术论文类似，可参阅本书"7.3.1 学术论文的写作"中的相关内容。

（3）参考文献表

参考文献表是文中引用的有具体文字来源的文献集合，其著录项目和著录格式遵照《GB/T 7714-2005》的规定执行。

参考文献表应置于正文后，并另起页。

所有被引用文献均要列入参考文献表中。正文未被引用但被阅读或具有补充信息的文献可集中列入附录中，其标题为"书目"。

引文采用著作—出版年制标注时，参考文献表应按著者字顺和出版年排序。

（4）附录

附录作为主体部分的补充，并不是必需的。

下列内容可以作为附录编于论文后。

① 为了整篇论文材料的完整，但编入正文又有损于编排的条理和逻辑性，这一类材料包

括比正文更为详尽的信息、研究方法和技术更深入的叙述，对了解正文内容有用的补充信息等。

②由于篇幅过大或取材于复制品而不便于编入正文的材料。

③不便于编入正文的罕见珍贵资料。

④对一般读者并非必要阅读，但对本专业同行有参考价值的资料。

⑤正文中未被引用但被阅读或具有补充信息的文献。

⑥某些重要的原始数据、数学推导、结构图、统计表、计算机打印输出件等。

附录编号、附录标题各占 1 行，置于附录条文之上居中位置。每一个附录通常应另起页，如果有多个较短的附录，也可接排。

附录与正文连续编页码。

附录依序用大写正体 A，B，C，……编序号，如"附录 A"。附录中的图、表、式、参考文献等另行编序号，与正文分开，也一律用阿拉伯数字编码，但在数码前冠以附录序码，如"图 A1"、"表 B2"、"式(B3)"、"文献〔A5〕"等。附录格式如图 7.3 所示。

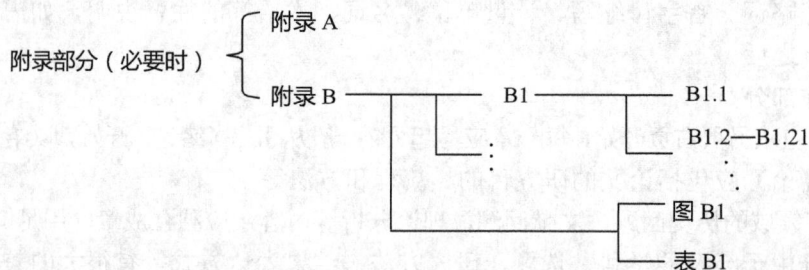

图 7-3　学位论文的附录格式

（5）结尾部分（如有）

① 分类索引、关键词索引（如有）。

② 作者简历。包括教育经历、工作经历、攻读学位期间发表的论文和完成的工作等。

③ 其他。包括学位论文原创性声明等。

④ 学位论文数据集。由反映学位论文主要特征的数据组成，包括关键词、密级、中图分类号等 33 项（详情可查阅国家标准《GB/T 7713.1-2006 学位论文编写规则》的附录 H）。

4. 学位论文结构图

学位论文包括前置部分、主体部分、参考文献、附录和结尾部分，其结构如图 7.4 所示。

前置部分
- 封面
- 封二（如有）
- 题名页
- 英文题名页（如有）
- 勘误页（如有）
- 致谢
- 摘要页
- 序或前言（如有）
- 目次页
- 插图和附表清单（如有）
- 缩写和符号清单（如有）
- 术语表（如有）

主体部分
- 引言（绪论）
- 章、节
- 图
- 表
- 公式
- 引文标注
- 注释
- 结论

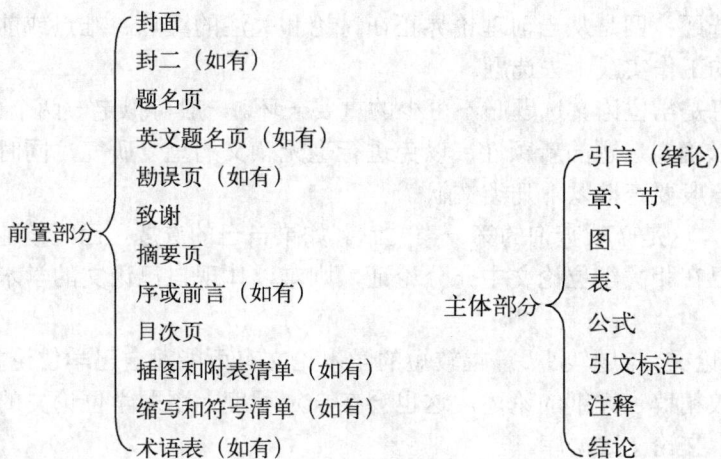

参考文献表
附录

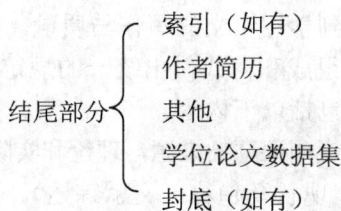

结尾部分
- 索引（如有）
- 作者简历
- 其他
- 学位论文数据集
- 封底（如有）

图 7.4　学位论文的前置部分

5. 学位论文的开题与写作步骤

与一般的学术论文一样，学位论文的撰写也是从选题开始。学位论文与期刊论文、会议论文有所不同，其选题较大，耗时较长。学士学位论文不需撰写开题报告，但应与指导教师反复沟通，确定适当的论题；研究生学位论文则必须撰写开题报告，并通过答辩，才能开始论文写作。研究生学位论文的开题包括选题和撰写开题报告两个步骤。

（1）选题

选题是学位论文写作的关键性一步，是撰写学位论文的基础。学位论文选题准备工作应尽早考虑，要求在入学后第二学期着手进行，最迟于第三学期末必须完成。

学位论文选题的好坏，直接涉及论文的水平，甚至决定学位论文能否顺利完成。

选题应该具有新颖性和创造性，不能有歧义，以免产生误解，还应该根据学位论文的级别、自己的专业特点、研究条件与科研能力，选择大小适中、难度得当的课题。一般来说，学士学位论文题目应当小些，具体些，硕士学位论文与博士学位论文题目应当大一些，但也不应该太大，已免造成泛泛而论。

选题可以从以下几个方面来考虑：一是从所学的专业课中去选题，或根据老师讲课中的启发而产生课题；二是结合导师承担的科研项目选题；三是从自己正在申报的科研项目或正在研究的课题中选题；四是从当前理论界正在讨论和关注的重点、难点或前沿热点问题去选题；五是从自己的工作实践中去选题。

查阅文献信息是学位论文选题必不可少的重要一环。一般可拟定一两个可能的研究方向，然后查阅文献，以确定选题的新颖性，以免进行毫无意义的重复研究，同时还可启发思路、借鉴方法。选题一般要查询以下几类文献。

① 学位论文。这是必须查询的第一类文献。如果自己的选题，已经被他人作为学位论文写过，或者他人已在相关学位论文中充分论证，则难以体现自己论文的学术创新，应该改换论题。

② 一般学术论文。论题较小、篇幅较短的学术论文有可能对自己学位论文中的某些章节、某些观点做了比较精辟、详细的论述，这也会在一定程度上削弱学位论文的创新性。因此，必须查询常用的中文论文数据库。

③ 科研成果、专利与产品数据库。应用研究或实验性、实践类的学位论文还要查询科技成果、产品等事实型数据库和专利文献数据库，以确认没有相关的专利、成果、产品等。

（2）开题报告

撰写开题报告是研究生学位论文写作的重要环节，是对论文选题进行系统总结的过程。开题报告质量的高低，直接关系到学位论文的写作与质量。

虽然国家没有对开题报告的组成和格式作出统一的规定，各学位授予单位、各学科有所差别，但总体来说，开题报告应包括以下内容。

① 论文选题的理由和意义，说明课题的来源，理论和实际意义、价值与可能达到的水平。

② 国内外关于该论题的研究现状及趋势（文献综述）。

③ 研究内容、方法与技术路线。包括研究目标、内容、拟突破的难题或攻克的难关、论文的创新点或实际应用价值，拟采用的研究方法、实验方案或可行性分析。

④ 研究计划与进度安排（包括预计中期报告及论文答辩的时间）。

⑤ 估算论文工作所需经费，并说明其来源。

⑥ 主要参考文献。

有的单位还对开题报告有字数的规定（如 5 000 字以上）和参考文献数量的规定（如中文文献不少于 15 篇，英文文献不少于 5 篇）。

开题报告写好后，要填写研究生学位论文开题报告表。然后，要召开开题报告会（或答辩会），接受由 3 人以上专家（其中至少 2 人应具有副高级以上职称）组成的专家小组评议。专家主要考查学位论文的先进性和可行性，包括选题是否适当，技术路线是否合理，实验方法是否可行，研究工作计划是否明确等方面。最后，专家填写开题报告审查表，签署是否同意开题的意见。

如开题报告未能通过答辩，则必须重做开题报告。若再次开题不能通过，则取消研究生学籍，终止培养。

学位论文的写作步骤与普通学术论文类似，开题后，要经过材料的收集和整理、确定主题与拟定写作提纲、撰写成文、修改定稿等步骤，其内容与要求可参见 7.3.1 的相关部分。

7.4 核心期刊、三大检索工具及其投稿指引

本节将介绍核心期刊的概念，国际著名的三大检索工具及其投稿方法与技巧。

7.4.1 核心期刊简介

按照《中文核心期刊要目总览 2011 年版》研究报告中的定义，某学科核心期刊是指"刊载某学科（或专业）论文较多，能够反映该学科最新成果和前沿动态，使用率（包括被引率、文摘率、流通率等）较高，学术影响力较大，受到该学科（或专业）读者重视的期刊。"

核心期刊最初被用来揭示学科文献量在期刊中的分布规律，后来逐步发展到用来揭示学科文献量和影响力的分布规律。

1. 中文核心期刊

（1）《中文核心期刊要目总览 2011 年版（第六版）》

我国对核心期刊的研究工作始于 20 世纪 70 年代。目前国内有 7 大核心期刊（或来源期刊）遴选体系：北京大学图书馆"中文核心期刊"、南京大学"中文社会科学引文索引（CSSCI）来源期刊"、中国科学技术信息研究所"中国科技论文统计源期刊"（又称"中国科技核心期刊"）、中国社会科学院文献信息中心"中国人文社会科学核心期刊"、中国科学院文献情报中心"中国科学引文数据库（CSCD）来源期刊"、中国人文社会科学学报学会"中国人文社科学报核心期刊"以及万方数据股份有限公司的"中国核心期刊遴选数据库"。

目前，影响最大、应用最多的核心期刊表是北京大学图书馆组织人员研究出版的《中文核心期刊要目总览》。在实践中，该书被广泛应用于职称和学位评审等方面，成为近些年来我国普遍采用的学术评价体系之一。《中文核心期刊要目总览》自 1992 年 9 月问世以来，每四年修订一次，2011 年开始缩短到三年。该书作为一项文献计量学科研成果，其出版得到我国新闻出版界、教育界、科技界、科研管理部门、图书馆和情报机构较高的评价，普遍认为该书适应了社会需要，填补了在此之前国内缺少该类工具的空白。目前已出版到第六版，即《中文核心期刊要目总览 2011 年版》。该版共评选出 1982 种核心期刊，分属 7 大编 73 个学科类目（含文学类，不含军事类）。

《中文核心期刊要目总览 2011 年版》评价期刊的指标采用了被索量、被摘量、被引量、他引量、被摘率、影响因子、被重要检索系统收录、基金论文比和 Web 下载量 9 个评价指标。但《中文核心期刊要目总览》没有对"论文"与"文章"做出必要的区分，对学术与非学术也未作区分，不少的非学术期刊（如《收获》、《十月》、《当代》、《诗刊》、《小说界》等文学期刊）也作为核心期刊收录进来了。因此，核心期刊不等于刊载优秀论文的学术期刊，它主要是用来供图书馆订购期刊时作参考的，而不是用来评价学术论文水平的。正如《中文核心期刊要目总览 2011 年版》的研究报告中所说"核心期刊是一个相对的概念，是根据某学科论文的信息和使用情况在期刊中的分布状况，来揭示一定时期内某学科期刊的发展概貌，为图书情报界、出版界等需要对期刊进行评价的用户提供参考，不具备全面评价期刊优劣的作用，不能作为衡量期刊质量的标准，更不能作为学术评价的标准"。因此，在评价论文质量时，还

应请学科专家来评审论文本身的学术水平。

（2）中国国家级期刊

中国国家级期刊是指由中央机关（如《求是》）、中国科学院及其研究所、中国社会科学院及其研究所、一级学科的国家级学会主办，以"中央"、"中国"冠名的研究院（所）主办，国务院各部委等机构主办，某些国家级研究会、协会、联合会、促进会、公司主办，各民族党派中央和全国性人民团体主办，某些部属机构主办而确属某学科（专业）领域的国内最高级别的期刊，某些权威国家级出版机构主办的期刊，国内著名高等院校主办的期刊。

2. 国外核心期刊

国外的核心期刊一般有以下几种期刊表。

（1）《科学引文索引》（SCI）和《工程索引》（Ei）中收录的国外期刊

由于 SCI 和 Ei 在人们心中较高的学术地位（参见下一节"三大检索工具"中的相关内容），该期刊表得到更广泛的应用。SCI 和 Ei 收录的期刊每年都有变化，可到各自的网站上查询。

（2）《国外科学技术核心期刊总览》2004 年版（即第二版）

该书已出版过 2003 年版（第一版，1995～1997 年统计数据，南京大学图书馆等单位编辑）。2004 年版由北京大学图书馆等单位编辑，戴龙基、蔡蓉华任主编。北京高校期刊研究会成员馆、中国科技信息研究所、中科院文献中心、中国农科院图书馆、中国化工信息中心、冶金信息研究院、中国地质图书馆等单位的数十名专家和期刊工作者参加了研究。

本版评选出 2 500 种核心期刊，分属 40 个学科类目。

该书目前还无最新版本。由于时间较早，仅作参考之用。

（3）《国外人文社会科学核心期刊总览》2004 年版（即第三版）

该书于 1996 年、2000 年和 2004 年出版过三版，目前还无最新版本。由北京大学图书馆编辑，戴龙基、蔡蓉华任主编。北京高校期刊研究会成员馆、国家图书馆等单位的数十名专家和期刊工作者参加了研究。

本版评选出 1 400 种核心期刊，分属 13 个学科。

由于出版时间较早，仅作参考之用。

7.4.2 三大检索工具及相关数据库介绍

1. 三大检索工具简介

国家科技部下属的"中国科学技术信息研究所"从 1987 年起，每年以国外四大检索工具 SCI、ISTP、Ei、ISR 为数据源进行学术排行。由于 ISR（《科学评论索引》）收录的论文与 SCI 有较多重复，且收录我国的论文偏少，因此，1993 年起不再把 ISR 作为论文的统计源。而其中的 SCI、ISTP（现已改名为 CPCI-S）、Ei 数据库就是图书情报界常说的国外三大检索工具。

（1）《科学引文索引》

《科学引文索引》（Science Citation Index，SCI）是世界最重要的自然科学领域基础理论学科方面的引文（文摘索引型）检索工具，被列在国际著名检索系统之首。它创建于 1961 年，创刊于 1963 年，1979 年后为双月刊，由美国科学情报研究所（Institute Scientific Information，

ISI）编辑出版。SCI 的出版形式包括印刷版期刊、光盘版、联机数据库与 Internet Web 版数据库。

SCI 光盘版收录全世界约 3 600 种核心期刊自 1945 年以来重要的学术成果信息，涉及数、理、化、农、林、医、生命科学、天文、地理、环境、材料、工程技术等自然科学学科；SCI 扩展版（SCIE—SCI Expanded ）不仅包括 SCI 光盘版的内容还有所扩展，主要收录自然科学、工程技术领域最具影响力的重要期刊和部分会议录，收录期刊 5 800 多种，学科覆盖 150 多个领域，其中医药、物理、化学和生物学方面的文献量较大。ISI 通过它严格的选刊标准和评估程序挑选刊源，而且每年略有增减，从而使 SCI 收录的文献能全面覆盖全世界最重要和最有影响力的研究成果。2013 年，SCIE 收录中国期刊 124 种，其中大陆期刊 75 种（参见附录一）。

SCIE 被集成到 Web of Science，作为其重要组成部分，并通过 ISI Web of Knowledge 平台进行检索。

此外，ISI 每年还出版《期刊引用报告》(Journal Citation Reports, JCR)。JCR 对期刊之间的引用和被引用数据进行统计、运算，并针对每种期刊定义了影响因子（Impact Factor）等指数加以报道。一种期刊的影响因子，指的是该刊前二年发表的文献在当前年的平均被引用次数。一种刊物的影响因子越高，也即其刊载的文献被引用率越高，一方面说明这些文献报道的研究成果影响力大，另一方面也反映该刊物的学术水平高。因此，JCR 以其大量的期刊统计数据及计算的影响因子等指数，而成为一种期刊评价工具。图书馆可根据 JCR 提供的数据制定期刊引进政策；论文作者可根据期刊的影响因子排名决定投稿方向。

JCR 网络版为 JCR Web（Journal Citation Reports on the Web）。ISI 在每年 6 月份左右公布上一年的期刊引用报告（JCR Web）。JCR Web 可以按照影响因子（Impact Factor）、被引总次数（Total Cites）、立即影响指数（Immediacy Index）、文献总数（Articles）、被引半衰期（Cited Half-life）对期刊排序。

JCR Web 与 Web of Science 平台已经实现了链接，用户可以从 Web of Science 检索结果的显示界面直接链接到 JCR 的相关记录，获得文献所在期刊的统计信息。

SCI 既是一种从引文的角度查找期刊论文的文献检索工具，又是评价科研能力与学术水平的一种依据。通常将科研机构被 SCI 收录的论文总量，作为评价整个机构的科研、尤其是基础研究的水平的重要指标；将个人的论文被 SCI 收录的数量及被引用次数，作为评价其研究能力与学术水平的重要指标。SCI 还被国内外学术界当作制定学科发展规划和进行学术排名的重要依据。

但同时也应该注意，由于 SCI 期刊学科（注重基础学科，如医药类约占30%）、语种及地域分布不均衡等原因，仅仅用被 SCI 收录的论文数、被引用次数和收录期刊的影响因子来评价个人的科研水平，也并不是十分客观的。

（2）《工程索引》

《工程索引》（Engineering Index，Ei）是世界著名的工程技术类综合性文摘题录型检索工具。创刊于 1884 年，目前由 Elsevier Engineering Information Inc. 编辑出版，月刊。Ei 收录 5 100 种工程期刊、会议文集和技术报告、标准、图书等出版物，数据覆盖了核技术、生物工程、交通运输、化学和工艺工程、照明和光学技术、农业工程和食品技术、计算机和数据处理、应用物理、电子和通信、控制工程、土木工程、机械工程、材料工程、石油、宇航、汽车工程等所有工程领域，但不收录纯基础理论方面的论文，其中大约 22%为会议文献，90%的文献语种是英文。

Ei 的出版形式有印刷版、电子版（磁带）、缩微胶片与网络版。1995 年以来，Ei 公司开发了称为"Village"的一系列产品，主要有 Engineering Village 2 平台（Compendex—Ei 网络版及 INSPEC 和 NTIS 数据库）。

Ei 曾经把它收录的论文分为两个档次，即 Ei Compendex（它收录论文的题录、摘要，并以主题词、分类号进行标引深加工。其中收录的期刊常称为 Ei 核心刊）和 Ei Page One（主要以题录形式报道。有的也带有摘要，但未进行深加工，没有主题词和分类号。其中收录的期刊称为 Ei 非核心刊）。但 2009 年开始不再区分核心刊与非核心刊。Ei 收录的期刊每年都有变动，从 1992 年开始收录中国期刊。2013 年 Ei 收录中国期刊 196 种（参见附录二）。

（3）《科学技术会议录索引》

《科学技术会议录索引》（Conference Proceedings Citation Index – Science，CPCI-S）创刊于 1979 年，2008 年 10 月 20 日 ISI Web of Knowledge 升级改版前称为 Index to Scientific & Technical Proceedings，简称 ISTP。CPCI-S 由美国科学情报研究所编制，主要收录国际上著名的科技会议文献。收录范围包括农业、环境科学、生物化学、分子生物学、生物技术、医学、工程、计算机科学、化学、物理学等学科。CPCI-S 汇集了 1990 年以来世界上最新出版的会议录资料，包括专著、丛书、预印本以及来源于期刊的会议论文，提供了综合全面、多学科的会议论文资料，最明显的特点是增加了会议论文的摘要信息。

2. 与三大检索工具相关的其他数据库简介

《社会科学引文索引》（SSCI）创刊于 1969 年，收录数据的时间范围从 1956 年至今，是社会科学领域重要的期刊文摘索引数据库。数据覆盖了历史学、政治学、法学、语言学、哲学、心理学、图书情报学、公共卫生等社会科学领域。

《艺术与人文科学引文索引》（A&HCI）创刊于 1976 年，收录数据从 1975 年至今，是艺术与人文科学领域重要的期刊文摘索引数据库。数据覆盖了考古学、建筑学、艺术、文学、哲学、宗教、历史等艺术与人文学科领域。

《社会科学及人文科学会议录索引》（Conference Proceedings Citation Index - Social Sciences & Humanities，CPCI-SSH) 创刊于 1979 年，2008 年 10 月 20 日前称为 Index to Social Science & Humanities Proceedings，简称 ISSHP。数据涵盖了社会科学、艺术与人文科学领域的会议文献。这些学科包括哲学、心理学、社会学、经济学、管理学、艺术、文学、历史学、公共卫生等领域。

7.4.3 核心期刊投稿指引

以下介绍向中外核心期刊投稿的方法与技巧。

1. 向中文核心期刊投稿

向国内中文核心期刊投稿，应参考最新版的《中文核心期刊要目总览》和《中国科技期刊引证报告》（CJCR），从中选择自己想要找的学科类别，参考排名，选择适合的核心期刊。

然后从以下途径获得该期刊的收录范围、栏目设置、特殊要求、投稿地址等信息。

① 从最新一期的印刷版期刊了解。

② 通过中文搜索引擎搜索该期刊的网站信息。有的期刊拥有自己的独立网站，而且这种网站一般会及时更新。

③ 利用参考工具书《中文核心期刊要目总览》，或登录中国知网（CNKI）的期刊导航、学术期刊论文投稿平台，或者万方数据知识服务平台的学术期刊、投稿服务栏目，查找该期刊的基本情况与投稿信息。但应注意，这样所得的信息有可能不是该刊物的最新信息，应加以核实。

参考文献应遵循 GB/T 7714-2005《文后参考文献著录规则》。

2. 向国外核心期刊投稿

向国外核心期刊投稿，可参考 SCI 和 Ei 中收录的国外期刊、《国外科学技术核心期刊总览》或《国外人文社会科学核心期刊总览》。最好参考 JCR（包括科技版和社科版），选择自己想要找的学科类目，按照影响因子排序，挑选适合的期刊。然后在《乌利希国际期刊指南》的网站（http://www.ulrichsweb.com/ulrichsweb/）查找期刊的地址或网站信息，登录期刊的网站，查找在线投稿信息。

明智的选择是在撰写英文稿件之前，就了解期刊的相关信息，如期刊偏好，论文的书写格式要求，有无字数限制等，尤其要认真阅读期刊的稿约（Information for authors, Instructions for authors, Author's guide, Guide to authors, etc），按期刊的稿约撰写文章。

由于 SCI 和 Ei 收录的期刊每年都有变化，有条件的话，最好在准备投稿某一期刊之前，检索最近几个月期刊被收录的状况，来核实该期刊是否正在被 SCI 或 Ei 收录。

在格式方面，要注意按照期刊的要求编排正文、撰写摘要，同时，参考文献也不可忽视。首先格式要规范，应遵循 GB/T 7714-2005《文后参考文献著录规则》并参考所投国外期刊的具体要求；其次，应多参考论文，少参考教科书，以突出论文的创新性；还要将参考文献译成英文。单位署名也要规范，要注意作者单位的完整与准确。向国外刊物投稿时，还要加上城市名和国别，如写景德镇陶瓷学院要同时写上 Jingdezhen, Peoples Republic of China，这在 SCI 中尤其要注意。

应灵活选择投稿方式。如先向发表过你的论文的 SCI 或 Ei 源刊投稿；向国内的 SCI 或 Ei 源刊投稿；应积极参加相关学科的国际会议（尤其是在国内举办的应力争参加），并积极投稿，因为 SCI 和 Ei 收录大量的国际会议论文集，对国际会议论文很感兴趣，而 CPCI 则是专门收录国际上著名的科技会议的会议录的。

国外期刊一般都使用 E-mail 投稿，除了正文文章作为附件发送以外，还需要写一封信，叫 cover letter（投稿信）。cover letter 的内容主要是向编辑详细地介绍你的文章的主要内容，突出文章的创新性、价值，还有你为什么要发表这篇文章，还可以简要指出目前该领域的发展方向，最好你的文章就是朝向这个方向的。其他就是要按照常规要求撰写，如用语恰当，格式规范等。一封好的 cover letter 可以起到很好的作用，因为国外期刊编辑的权利很大，基本上可决定你的文章能否发表。

如果对自己的英语水平没有足够的信心，有条件的话，最好将所撰写的论文和 cover letter 给母语是英语的人修改。

最后，在向中文或国外核心期刊投稿时，也要尽量投正刊，而不要投增刊或年刊。大多数单位考核个人学术成果或评聘职称时，对发表在增刊或年刊上的论文是不算的，核心期刊也不例外。

习　　题

1. 自拟一个具体的检索课题，实施对网络信息资源的综合检索。
2. 对检索的信息如何进行阅读？
3. 如何鉴别信息？
4. 学术论文与学位论文的基本构成要素各有哪些，有什么区别？
5. 三大检索工具指哪 3 种？它们的收录范围有什么不同？

2013 年 SCI 收录中国期刊目录

共 124 种。

序号	期刊英文名缩写	备注或期刊中文名	收录库	ISSN 号
1	ADVANCED STEEL CONSTRUCTION	中国香港期刊	SCI CD、SCIE	1816-112X
2	ARTS OF ASIA	中国香港期刊	SCI CD、SCIE	0004-4083
3	ASIAN JOURNAL OF SURGERY	中国香港期刊	SCI CD、SCIE	1015-9584
4	ASIA PACIFIC LAW REVIEW	中国香港期刊	SCI CD、SCIE	1019-2557
5	CHINA REVIEW-AN INTERDISCIPLINARY JOURNAL ON GREATER CHINA	中国香港期刊	SCI CD、SCIE	1680-2012
6	CHINA ECONOMIC REVIEW	中国香港期刊	SCI CD、SCIE	1043-951X
7	HONG KONG JOURNAL OF DERMATOLOGY & VENEREOLOGY	中国香港期刊	SCI CD、SCIE	1814-7453
8	HONG KONG JOURNAL OF EMERGENCY MEDICINE	中国香港期刊	SCI CD、SCIE	1024-9079
9	HONG KONG JOURNAL OF PAEDIATRICS	中国香港期刊	SCI CD、SCIE	1013-9923
10	HONG KONG JOURNAL OF OCCUPATIONAL THERAPY	中国香港期刊	SCI CD、SCIE	1569-1861
11	JOURNAL OF CHINESE LINGUISTICS	中国香港期刊	SCI CD、SCIE	0091-3723
12	JOURNAL OF EXERCISE SCIENCE & FITNESS	中国香港期刊	SCI CD、SCIE	1728-869X
13	JOURNAL OF THE FORMOSAN MEDICAL ASSOCIATION	中国香港期刊	SCI CD、SCIE	0929-6646
14	LOGOS & PNEUMA-CHINESE JOURNAL OF THEOLOGY	中国香港期刊	SCI CD、SCIE	1023-2583
15	TRANSPORTMETRICA	中国香港期刊	SCI CD、SCIE	1812-8602
16	ACTA CARDIOLOGICA SINICA	中国台湾期刊	SCI CD、SCIE	1011-6842
17	AEROSOL AND AIR QUALITY RESEARCH	中国台湾期刊	SCI CD、SCIE	1680-8584

序号	期刊英文名缩写	备注或期刊中文名	收录库	ISSN 号
18	ASIAN JOURNAL OF CONTROL	中国台湾期刊	SCI CD、SCIE	1561-8625
19	ASIAN JOURNAL OF WTO & INTERNATIONAL HEALTH LAW AND POLICY	中国台湾期刊	SCI CD、SCIE	1819-5164
20	BIOMEDICAL ENGINEERING-APPLICATIONS BASIS COMMUNICATIONS	中国台湾期刊	SCI CD、SCIE	1016-2356
21	BOTANICAL BULLETIN OF ACADEMIA SINICA	中国台湾期刊	SCI CD、SCIE	0006-8063
22	CHINESE JOURNAL OF PHYSICS	中国台湾期刊	SCI CD、SCIE	0577-9073
23	CHINESE JOURNAL OF PHYSIOLOGY	中国台湾期刊	SCI CD、SCIE	0304-4920
24	DERMATOLOGICA SINICA	中国台湾期刊	SCI CD、SCIE	1027-8117
25	INTERNATIONAL JOURNAL OF FUZZY SYSTEMS	中国台湾期刊	SCI CD、SCIE	1562-2479
26	ISSUES & STUDIES	中国台湾期刊	SCI CD、SCIE	1013-2511
27	JOURNAL OF BIOMEDICAL SCIENCE	中国台湾期刊	SCI CD、SCIE	1021-7770
28	JOURNAL OF DENTAL SCIENCES	中国台湾期刊	SCI CD、SCIE	1991-7902
29	JOURNAL OF FOOD AND DRUG ANALYSIS	中国台湾期刊	SCI CD、SCIE	1021-9498
30	JOURNAL OF INFORMATION SCIENCE AND ENGINEERING	中国台湾期刊	SCI CD、SCIE	1016-2364
31	JOURNAL OF INTERNET TECHNOLOGY	中国台湾期刊	SCI CD、SCIE	1607-9264
32	JOURNAL OF MARINE SCIENCE AND TECHNOLOGY-TAIWAN	中国台湾期刊	SCI CD、SCIE	1023-2796
33	JOURNAL OF MECHANICS	中国台湾期刊	SCI CD、SCIE	1727-7191
34	JOURNAL OF MICROBIOLOGY IMMUNOLOGY AND INFECTION	中国台湾期刊	SCI CD、SCIE	1684-1182
35	JOURNAL OF POLYMER RESEARCH	中国台湾期刊	SCI CD、SCIE	1022-9760
36	JOURNAL OF THE CHINESE INSTITUTE OF CHEMICAL ENGINEERS	中国台湾期刊	SCI CD、SCIE	0368-1653
37	JOURNAL OF THE CHINESE CHEMICAL SOCIETY	中国台湾期刊	SCI CD、SCIE	0009-4536

序号	期刊英文名缩写	备注或期刊中文名	收录库	ISSN 号
38	JOURNAL OF THE CHINESE INSTITUTE OF CHEMICAL ENGINEERS	中国台湾期刊	SCI CD、SCIE	0368-1653
39	JOURNAL OF THE CHINESE SOCIETY OF MECHANICAL ENGINEERS	中国台湾期刊	SCI CD、SCIE	0257-9731
40	JOURNAL OF THE FORMOSAN MEDICAL ASSOCIATION	中国台湾期刊	SCI CD、SCIE	0929-6646
41	JOURNAL OF THE TAIWAN INSTITUTE OF CHEMICAL ENGINEERS	中国台湾期刊	SCI CD、SCIE	1876-1070
42	KAOHSIUNG JOURNAL OF MEDICAL SCIENCES	中国台湾期刊	SCI CD、SCIE	1607-551X
43	LANGUAGE AND LINGUISTICS	中国台湾期刊	SCI CD、SCIE	1606-822X
44	MATERIALS CHEMISTRY AND PHYSICS	中国台湾期刊	SCI CD、SCIE	0254-0584
45	STATISTICA SINICA	中国台湾期刊	SCI CD、SCIE	1017-0405
46	TAIWANESE JOURNAL OF MATHEMATICS	中国台湾期刊	SCI CD、SCIE	1027-5487
47	TERRESTRIAL ATMOSPHERIC AND OCEANIC SCIENCES	中国台湾期刊	SCI CD、SCIE	1017-0839
48	UNIVERSITAS-MONTHLY REVIEW OF PHILOSOPHY AND CULTURE	中国台湾期刊	SCI CD、SCIE	1015-8383
49	ZOOLOGICAL STUDIES	中国台湾期刊	SCI CD、SCIE	1021-5506
50	ACTA CHIMICA SINICA	化学学报	SCI CD、SCIE	0567-7351
51	ACTA MECHANICA SINICA	力学学报（英文版）	SCI CD、SCIE	0567-7718
52	ACTA PHARMACOLOGICA SINICA	中国药理学报	SCI CD、SCIE	1671-4083
53	ACTA PHYSICA SINICA	物理学报	SCI CD、SCIE	1000-3290
54	CELL RESEARCH	细胞研究	SCI CD、SCIE	1001-0602
55	CHEMICAL JOURNAL OF CHINESE UNIVERSITIES-CHINESE	高等学校化学学报	SCI CD、SCIE	0251-0790
56	CHINESE JOURNAL OF CHEMISTRY	中国化学	SCI CD、SCIE	1001-604X
57	CHINESE MEDICAL JOURNAL	中华医学杂志	SCI CD、SCIE	0366-6999
58	CHINESE PHYSICS	中国物理	SCI CD、SCIE	1009-1963
59	CHINESE PHYSICS LETTERS	中国物理快报	SCI CD、SCIE	0256-307X

续表

序号	期刊英文名缩写	备注或期刊中文名	收录库	ISSN 号
60	CHINESE SCIENCE BULLETIN	科学通报	SCI CD、SCIE	1001-6538
61	COMMUNICATIONS IN THEORETICAL PHYSICS	理论物理通讯（英文版）	SCI CD、SCIE	0253-6102
62	EPISODES	地质幕	SCI CD、SCIE	0705-3797
63	SCIENCE IN CHINA SERIES A-MATHEMATICS	中国科学 A—数学，物理，天文学（英文版）	SCI CD、SCIE	1006-9283
64	SCIENCE IN CHINA SERIES B-CHEMISTRY	中国科学 B—化学（英文版）	SCI CD、SCIE	1006-9291
65	SCIENCE IN CHINA SERIES C-LIFE SCIENCES	中国科学 C—生命科学（英文版）	SCI CD、SCIE	1006-9305
66	SCIENCE IN CHINA SERIES D-EARTH SCIENCES	中国科学 D—地球科学（英文版）	SCI CD、SCIE	1006-9313
67	SCIENCE IN CHINA SERIES E-TECHNOLOGICAL SCIENCES	中国科学 E—技术科学（英文版）	SCI CD、SCIE	1006-9321
68	SCIENCE IN CHINA SERIES G-PHYSICS ASTRONOMY	中国科学 G—物理天文学	SCI CD、SCIE	1672-1799
69	ACTA BIOCHIMICA ET BIOPHYSICA SINICA	生物化学与生物物理学报	SCIE	0582-9879
70	ACTA BOTANICA SINICA	植物学报	SCIE	1672-6650
71	ACTA GEOLOGICA SINICA-ENGLISH EDITION	地质学报（英文版）	SCIE	1000-9515
72	ACTA MATHEMATICA SCIENTIA	数学物理学报（英文版）	SCIE	0252-9602
73	ACTA MATHEMATICA SINICA-ENGLISH SERIES	数学学报（英文版）	SCIE	1439-8516
74	ACTA MECHANICA SOLIDA SINICA	固体力学学报	SCIE	0894-9166
75	ACTA METALLURGICA SINICA	金属学报	SCIE	0412-1961
76	ACTA OCEANOLOGICA SINICA	海洋学报（英文版）	SCIE	0253-505X
77	ACTA PETROLOGICA SINICA	岩石学报	SCIE	1000-0569
78	ACTA PHYSICO-CHIMICA SINICA	物理化学学报	SCIE	1000-6818
79	ACTA PHYTOTAXONOMICA SINICA	植物分类学报	SCIE	0529-1526
80	ACTA POLYMERICA SINICA	高分子学报	SCIE	1000-3304
81	ADVANCES IN ATMOSPHERIC SCIENCES	大气科学进展(英文版)	SCIE	0256-1530

序号	期刊英文名缩写	备注或期刊中文名	收录库	ISSN 号
82	ALGEBRA COLLOQUIUM	代数集刊（英文版）	SCIE	1005-3867
83	APPLIED MATHEMATICS AND MECHANICS-ENGLISH EDITION	应用数学与力学（英文版）	SCIE	0253-4827
84	ASIAN JOURNAL OF ANDROLOGY	亚洲男性学杂志（英文版）	SCIE	1008-682X
85	BIOMEDICAL AND ENVIRONMENTAL SCIENCES	生物医学与环境科学（英文版）	SCIE	0895-3988
86	CHEMICAL RESEARCH IN CHINESE UNIVERSITIES	高等学校化学研究	SCIE	1005-9040
87	CHINA OCEAN ENGINEERING	中国海洋工程	SCIE	0890-5487
88	CHINESE ANNALS OF MATHEMATICS SERIES B	数学年刊：B 辑	SCIE	0252-9599
89	CHINESE ASTRONOMY AND ASTROPHYSICS	中国天文学和天体物理学	SCIE	0275-1062
90	CHINESE CHEMICAL LETTERS	中国化学快报	SCIE	1001-8417
91	CHINESE JOURNAL OF ANALYTICAL CHEMISTRY	分析化学	SCIE	0253-3820
92	CHINESE JOURNAL OF ASTRONOMY AND ASTROPHYSICS	中国天文学和天体物理	SCIE	1009-9271
93	CHINESE JOURNAL OF CATALYSIS	催化学报	SCIE	0253-9837
94	CHINESE JOURNAL OF CHEMICAL ENGINEERING	中国化学工程学报	SCIE	1004-9541
95	CHINESE JOURNAL OF CHEMICAL PHYSICS	化学物理学报	SCIE	1003-7713
96	CHINESE JOURNAL OF ELECTRONICS	电子学报（英文版）	SCIE	1022-4653
97	CHINESE JOURNAL OF GEOPHYSICS-CHINESE EDITION	地球物理学报-中文版	SCIE	0001-5733
98	CHINESE JOURNAL OF INORGANIC CHEMISTRY	无机化学学报	SCIE	1001-4861
99	CHINESE JOURNAL OF ORGANIC CHEMISTRY	有机化学	SCIE	0253-2786
100	CHINESE JOURNAL OF STRUCTURAL CHEMISTRY	结构化学	SCIE	0254-5861

序号	期刊英文名缩写	备注或期刊中文名	收录库	ISSN 号
101	FUNGAL DIVERSITY	真菌多样性	SCIE	1560-2745
102	HIGH ENERGY PHYSICS AND NUCLEAR PHYSICS-CHINESE EDITION	高能物理与核物理	SCIE	0254-3052
103	JOURNAL OF CENTRAL SOUTH UNIVERSITY OF TECHNOLOGY	中南工业大学学报（英文版）	SCIE	1005-9784
104	JOURNAL OF COMPUTATIONAL MATHEMATICS	计算数学（英文版）	SCIE	0254-9409
105	JOURNAL OF COMPUTER SCIENCE AND TECHNOLOGY	计算机科学与技术学报（英文版）	SCIE	1000-9000
106	JOURNAL OF ENVIRONMENTAL SCIENCES-CHINA	环境科学学报	SCIE	1001-0742
107	JOURNAL OF INFRARED AND MILLIMETER WAVES	红外与毫米波学报	SCIE	1001-9014
108	JOURNAL OF INORGANIC MATERIALS	无机材料学报	SCIE	1000-324X
109	JOURNAL OF IRON AND STEEL RESEARCH INTERNATIONAL	钢铁研究学报	SCIE	1006-706X
110	JOURNAL OF MATERIALS SCIENCE & TECHNOLOGY	材料科学技术	SCIE	1005-0302
111	JOURNAL OF RARE EARTHS	中国稀土学报	SCIE	1002-0721
112	JOURNAL OF UNIVERSITY OF SCIENCE AND TECHNOLOGY BEIJING	北京科技大学学报（英文版）	SCIE	1005-8850
113	JOURNAL OF WUHAN UNIVERSITY OF TECHNOLOGY-MATERIALS SCIENCE EDITION	武汉理工大学学报（英文版）	SCIE	1000-2413
114	NEW CARBON MATERIALS	新型炭材料	SCIE	1007-8827
115	PEDOSPHERE	土壤圈	SCIE	1002-0160
116	PLASMA SCIENCE & TECHNOLOGY	等离子体科学和技术	SCIE	1009-0630
117	PROGRESS IN BIOCHEMISTRY AND BIOPHYSICS	生物化学与生物物理学进展	SCIE	1000-3282
118	PROGRESS IN CHEMISTRY	化学进展	SCIE	1005-281X

网络信息检索与综合利用

序号	期刊英文名缩写	备注或期刊中文名	收录库	ISSN 号
119	PROGRESS IN NATURAL SCIENCE	自然科学进展	SCIE	1002-0071
120	RARE METAL MATERIALS AND ENGINEERING	稀有金属材料与工程	SCIE	1002-185X
121	RARE METALS	稀有金属	SCIE	1001-0521
122	SCIENCE IN CHINA SERIES F-INFORMATION SCIENCES	中国科学 F—信息科学	SCIE	1009-2757
123	SPECTROSCOPY AND SPECTRAL ANALYSIS	光谱学与光谱分析	SCIE	1000-0593
124	TRANSACTIONS OF NONFERROUS METALS SOCIETY OF CHINA	中国有色金属学会会刊（英文版）	SCIE	1003-6326

来源：http://www.docin.com/p-660833711.html

2013 年 Ei 收录中国期刊目录

共 196 种

序号	ISSN	刊　名
1	0567-7718	Acta Mechanica Sinica
2	1006-7191	Acta Metallurgica Sinica (English Letters)
3	0253-4827	Applied Mathematics and Mechanics (English Edition)
4	0890-5487	China Ocean Engineering
5	1004-5341	China Welding
6	1004-9541	Chinese Journal of Chemical Engineering
7	1022-4653	Chinese Journal of Electronics
8	1000-9345	Chinese Journal of Mechanical Engineering (English Edition)
9	1671-7694	Chinese Optics Letters
10	1673-7350	Frontiers of Computer Science in China
11	1006-6748	High Technology Letters
12	1674-4799	International Journal of Minerals, Metallurgy and Materials
13	1004-0579	Journal of Beijing Institute of Technology (English Edition)
14	1005-9784	Journal of Central South University of Technology
15	1672-5220	Journal of Donghua University (English Edition)

序号	ISSN	刊　名
16	1005-9113	Journal of Harbin Institute of Technology (New Series)
17	1001-6058	Journal of Hydrodynamics
18	1005-0302	Journal of Materials Science and Technology
19	1002-0721	Journal of Rare Earths
20	1674-4926	Journal of Semiconductors
21	1007-1172	Journal of Shanghai Jiaotong University (Science)
22	1003-7985	Journal of Southeast University (English Edition)
23	1004-4132	Journal of Systems Engineering and Electronics
24	1009-6124	Journal of Systems Science and Complexity
25	1003-2169	Journal of Thermal Science
26	1000-2413	Journal of Wuhan University of Technology -Materials Science Edition
27	1673-565X	Journal of Zhejiang University SCIENCE A
28	1674-5264	Mining Science and Technology
29	1001-0521	Rare Metals
30	1006-9291	Science in China, Series B: Chemistry
31	1672-1799	Science in China, Series G: Physics, Astronomy
32	1005-8885	The Journal of China Universities of Posts and Telecommunications
33	1005-1120	Transactions of Nanjing University of Aeronautics and Astronautics
34	1003-6326	Transactions of Nonferrous Metals Society of China

序号	ISSN	刊　名
35	1006-4982	Transactions of Tianjin University
36	1007-0214	Tsinghua Science and Technology
37	1674-2370	Water Science and Engineering
38	1001-1455	爆炸与冲击
39	1001-5965	北京航空航天大学学报
40	1001-053X	北京科技大学学报
41	1001-0645	北京理工大学学报
42	1007-5321	北京邮电大学学报
43	1000-1093	兵工学报
44	1001-4381	材料工程
45	1009-6264	材料热处理学报
46	1005-3093	材料研究学报
47	1673-3363	采矿与安全工程学报
48	1671-8879	长安大学学报自然科学版
49	1001-1595	测绘学报
50	1007-7294	船舶力学
51	1001-1552	大地构造与成矿学
52	1000-2383	地球科学：中国地质大学学报
53	0001-5733	地球物理学报

序号	ISSN	刊　名
54	1006-3021	地球学报
55	1005-2321	地学前缘
56	0253-4967	地震地质
57	1005-0388	电波科学学报
58	1000-6753	电工技术学报
59	1007-449X	电机与控制学报
60	1000-1026	电力系统自动化
61	1006-6047	电力自动化设备
62	1000-3673	电网技术
63	1001-0548	电子科技大学学报
64	0372-2112	电子学报
65	1009-5896	电子与信息学报
66	1005-3026	东北大学学报
67	1001-0505	东南大学学报　（自然科学版）
68	1000-7032	发光学报
69	1673-0224	粉末冶金材料科学与工程
70	1001-3555	分子催化
71	1000-3851	复合材料学报
72	1672-3813	复杂系统与复杂性科学

序号	ISSN	刊　名
73	1003-6520	高电压技术
74	1000-7555	高分子材料科学与工程
75	0251-0790	高等学校化学学报
76	1003-9015	高校化学工程学报
77	1000-4750	工程力学
78	0253-231X	工程热物理学报
79	1001-9731	功能材料
80	1006-2793	固体火箭技术
81	1005-0086	光电子. 激光
82	1000-0593	光谱学与光谱分析
83	1004-924X	光学精密工程
84	0253-2239	光学学报
85	1004-4213	光子学报
86	0454-5648	硅酸盐学报
87	1001-2486	国防科技大学学报
88	1006-7043	哈尔滨工程大学学报
89	0367-6234	哈尔滨工业大学学报
90	0253-360X	焊接学报
91	1006-9941	含能材料

序号	ISSN	刊　名
92	1000-8055	航空动力学报
93	1000-6893	航空学报
94	0258-0926	核动力工程
95	1001-9014	红外与毫米波学报
96	1007-2276	红外与激光工程
97	1674-2974	湖南大学学报
98	1000-565X	华南理工大学学报　自然科学版
99	1671-4512	华中科技大学学报
100	0438-1157	化工学报
101	1001-6929	环境科学研究
102	1002-0446	机器人
103	0577-6686	机械工程学报
104	1671-5497	吉林大学学报（工学版）
105	1003-9775	计算机辅助设计与图形学学报
106	1006-5911	计算机集成制造系统
107	0254-4164	计算机学报
108	1000-1239	计算机研究与发展
109	1007-9629	建筑材料学报
110	1000-6869	建筑结构学报

序号	ISSN	刊　名
111	1671-1637	交通运输工程学报
112	1009-6744	交通运输系统工程与信息
113	0412-1961	金属学报
114	1000-8152	控制理论与应用
115	1001-0920	控制与决策
116	1000-0992	力学进展
117	0459-1879	力学学报
118	0253-2417	林产化学与工业
119	0459-1879	煤炭学报
120	1004-0595	摩擦学学报
121	1000-0925	内燃机工程
122	1000-0909	内燃机学报
123	1002-6819	农业工程学报
124	1000-1298	农业机械学报
125	1000-680X	汽车工程
126	1001-4322	强激光与粒子束
127	1000-0054	清华大学学报
128	0253-2409	燃料化学学报
129	1000-985X	人工晶体学报

序号	ISSN	刊　名
130	1000-9825	软件学报
131	1006-2467	上海交通大学学报
132	0371-0025	声学学报
133	1000-7210	石油地球物理勘探
134	1000-0747	石油勘探与开发
135	1000-1441	石油物探
136	0253-2697	石油学报
137	1001-8719	石油学报: 石油加工
138	0253-9985	石油与天然气地质
139	1001-6791	水科学进展
140	0559-9350	水利学报
141	1009-3087	四川大学学报 （工程科学版）
142	0254-0096	太阳能学报
143	0493-2137	天津大学学报
144	1672-1926	天然气地球科学
145	1000-0976	天然气工业
146	1006-2106	铁道工程学报
147	1003-4722	铁道科学与工程学报
148	1001-8360	铁道学报

序号	ISSN	刊　名
149	1000-436X	通信学报
150	0253-374X	同济大学学报
151	1000-131X	土木工程学报
152	1001-4055	推进技术
153	1000-3290	物理学报
154	1000-324X	无机材料学报
155	1671-8860	武汉大学学报 (信息科学版)
156	1001-2400	西安电子科技大学学报
157	0253-987X	西安交通大学学报
158	1000-2758	西北工业大学学报
159	0258-2724	西南交通大学学报
160	1004-0277	稀土
161	0258-7076	稀有金属
162	1002-185X	稀有金属材料与工程
163	1000-6788	系统工程理论与实践
164	1001-506X	系统工程与电子技术
165	1673-9078	现代食品科技
166	1009-6582	现代隧道技术
167	1007-8827	新型碳材料

序号	ISSN	刊 名
168	1002-0861	烟草科技
169	1000-6915	岩石力学与工程学报
170	1000-4548	岩土工程学报
171	1000-7598	岩土力学
172	0254-3087	仪器仪表学报
173	1005-0930	应用基础与工程科学学报
174	1000-1328	宇航学报
175	1000-6931	原子能科学技术
176	1008-973X	浙江大学学报（工学版）
177	1672-7126	真空科学与技术学报
178	1004-6801	振动测试与诊断
179	1004-4523	振动工程学报
180	1000-3835	振动与冲击
181	1004-2997	质谱学报
182	0258-8013	中国电机工程学报
183	1001-7372	中国公路学报
184	1005-6734	中国惯性技术学报
185	1000-6923	中国环境科学
186	0258-7025	中国激光
187	1000-1964	中国矿业大学学报

序号	ISSN	刊　名
188	1003-0174	中国粮油学报
189	1009-7848	中国食品学报
190	1673-5005	中国石油大学学报
191	1001-4632	中国铁道科学
192	1004-5708	中国烟草学报
193	1004-0609	中国有色金属学报
194	1000-4882	中国造船
195	1672-7207	中南大学学报
196	0254-4156	自动化学报

来源：http://kyc.hbzy.edu.cn/TeSeZiYuan/2013-04/493.html

参考文献

[1] 吉家凡等编著. 网络信息检索[M]. 武汉：华中科技大学出版社，2010.

[2] 陈泉主编. 网络信息资源检索与利用[M]. 北京：清华大学出版社，2010.

[3] 郜峻，刘文科主编. 网络信息检索实用教程[M]. 北京：电子工业出版社，2010.

[4] 隋莉萍主编. 网络信息检索与利用[M]. 北京：清华大学出版社，2008.

[5] 罗晓宁主编. 网络信息检索与利用[M]. 上海：同济大学出版社，2011.

[6] 朱江岭主编. 网络信息资源检索与利用[M]. 北京：海洋出版社，2007.

[7] 谢新洲主编. 网络信息检索技术与案例[M]. 北京：北京图书馆出版社，2005.

[8] 王曰芬，李晓鹏，丁晟春编著. 网络信息资源检索与利用[M]. 南京：东南大学出版社，2003.

[9] 中国文献编目规则编撰小组编. 中国文献编目规则[M]. 广州：广东人民出版社，1996.

[10] 朱强，蔡蓉华，何峻主编. 中文核心期刊要目总览：2011 年版[M]. 北京：北京大学出版社，2011.

[11] 郑雅真. 新浪微博的发展研究[D]. 北京：北京交通大学，2010：14.

[12] 蒋岩. 文献检索引擎技术的研究与实现[D]. 贵州大学，2009.

[13] 刘敏. 学校信息素质教育现状及其发展对策研究[D]. 北京：中国科学技术信息研究所，2007.

[14] 彭冬莲. 网络信息资源组织研究[D]. 湘潭大学，2003.

[15] 朱贵玲，杨祖国，王洪礼. 《科学引文索引》与《工程索引》收录期刊投稿指南[M]. 天津：天津科学技术出版社，2006.

[16] 刘亮. 网络信息资源保存问题研究[D]. 北京：北京邮电大学，2006：7.

[17] 彭奇志，沈艳红，严而清等. 从信息检索教材审视信息素质教育的变革与发展[J]. 图书馆建设，2010（10）：98-102.

[18] 王子舟，王碧滢. 知识的基本组分——文献单元和知识单元[J]. 中国图书馆学报，2003（1）.

[19] 张柏秋，吴晓镝. 科技查新检索中的关键词选择[J]. 情报科学，2008（09）.

[20] 王莉莎. 埃及金字塔与 SCI 及 ISI(1)[J]. 中国组织工程研究与临床康复，2007（9）.

[21] 王莉莎. 埃及金字塔与 SCI 及 ISI(1)[J]. 中国组织工程研究与临床康复，2007（13）.

[22] 苏坤，夏旭. 搜索引擎分类研究的现状与发展[J]. 图书馆论坛，2005（1）：69-71.

[23] 高慧，刘小杰. 关于报道性摘要字数的建议[J]. 编辑学报，2004（6）：224.

[24] 《中华人民共和国学位条例》(2004).

[25] 国家标准《GB/T 20000.1-2002 标准化工作指南 第 1 部分：标准化和相关活动的通用词汇》.

[26] 国家标准《GB/T 7713.1-2006 学位论文编写规则》.

[27] 国家标准《GB/T 7714-2005 文后参考文献著录规则》.

[28] 国家标准《GB 7713-87 科学技术报告、学位论文和学术论文的编写格式》.

[29] 国家标准《GB 6447-86 文摘编写规则》.

[30] 标准贯彻的主要形式是什么？
[EB/OL]. 2009-11-27[2011-04-13]. http://www.chinagb.org/article-57715.html.

[31] 中经专网产品简介[EB/OL].[2011-04-13].http://ibe.cei.gov.cn/index/cpjj.htm.

[32] 代佑果.2010 SCI 收录中国期刊目录
[EB/OL].2011-05-17[2011-05-20].http://www.haodf.com/zhuanjiaguandian/daiyouguo_146826380.htm.

[33] 2010 年 SCI 收录的中国期刊及影响因子
[EB/OL].2010-12-08[2011-04-06].http://wenku.baidu.com/view/f2e28d976bec0975f465e2a6.html.

[34] 2009EI 收录中国期刊
[EB/OL].2009-11-11[2011-04-06].http://lib.sytu.edu.cn/files/zwwxx/2009-EI-china.htm .